전자 상거래

조준서

박영사

머리말

전자상거래(e-Commerce)는 PC 기반의 전자상거래를 시작으로, 모바일 커머스, 소셜 커머스, 그리고 4차 산업혁명 기술들과 융합된 전자상거래로 진화하였고, 특히 코로나19 팬데믹은 전 세계 전자상거래 시장의 폭발적인 성장과 고객들의 온라인 구입 성향을 높이게 하였으며, 전자상거래의 글로벌화를 정착시키는 계기가 되었다.

혁신을 통한 지속적인 전자상거래의 성장과 발전은 4차 산업혁명과 함께 또 한번의 도약을 하였으며, 새로운 IT 기술의 등장과 활용은 전자상거래의 발전을 가속화하였다.

온라인, 모바일 등 다양한 사회 환경하에서 지속적으로 상장하고 있는 전자상거래에 엄청난 변화를 가져온 것은 코로나19 팬데믹이다. 그 누구도 예상하지 못했던 일이 전 세계적으로 발생하였고, 그 기간 동안 시민들은 생활을 위해 온라인 시장에서 활동하게 되었고, 이는 전 세계 모든 사람들을 전자상거래 고객으로 만들었다.

더 이상 전자상거래는 사회생활의 한 분야가 아닌 우리의 모든 생활과 밀접한 관계를 가지고 있으며, 급격한 사회적 기술적 변화 환경에서 전자상거래를 이해하는 것은 무엇보다 우선되어야 하며, 이 책을 통해서 독자들에게 이제는 일상생활이 되어버린 전자상거래를 이해하고 활용하도록 하고자 한다.

목차

제1장

제5장

전자상거래와 기업 시스템 144

제6장

모바일 커머스, 소셜 커머스 그리고 라이브 커머스 184

제8장

전자화폐와 가상화폐 276

제1장

전자상거래 이해하기

1. 전자상거래의 시작
2. 전자상거래(e-Commerce)란?
3. 전자상거래의 모델
4. 전자상거래 플랫폼
5. 전자상거래와 모바일 커머스의 활용

제1장

전자상거래 이해하기

전자상거래(electronic commerce, e-Commerce)란 인터넷, 이동통신 등의 전자적인 통신망을 이용하여 이루어지는 다양한 형태의 거래를 모두 포함하는 개념이다. 인터넷의 폭발적 확산과 이동통신의 발전, 모바일 시장의 성장, 그리고 4차 산업혁명 등으로 인해 전자상거래는 지속적으로 성장했으며, 앞으로도 더욱 성장할 것이다.

또한 COVID-19 Pandemic의 시간을 거치면서 전 세계는 전자상거래의 의존도와 사용이 크게 증가하였으며, 고객들의 다양한 요구사항과, 그 활용 폭이 크게 증가하였다. 이는 전자상거래의 성장 걸음을 예상보다 크게 하였다.

전자상거래 시장이 계속해서 성장하는 이유는 혁신적인 성향에 있다. 전자상거래는 기존의 전통적 상거래가 가지고 있던 기업의 입장에서는 임대료, 임금 등의 거래비용을 획기적으로 줄여주는 동시에, 소비자의 입장에서는 여러 편의성을 도모할 수 있기 때문이다. 또한 판매자 입장에서는 온라인과 오프라인에서 동시에 거래할 수 있으므로 매출 향상을 기대할 수 있다.

이와 같이 이미 기존의 상거래에 혁신적인 변화를 불러온 전자상거래는 다시 한번 거대한 혁신이라는 4차 산업혁명과 함께 전자상거래 기업들은 미래의 시장의 경쟁에서 우위를 점하기 위한 노력을 하고 있다.

언제부터 소비자는 스마트폰으로 원하는 물건을 주문하고, 결제를 하고, 그리고 원하는 곳에서 배송을 받고 있다. 또한 다양한 정보를 얻어서 선택의 폭을 넓히고, 빠르고 안전한 배송을 이용하고 있다. 이러한 모든 과정은 또한 실시간으로 모니터링이 되고 있다.

새로운 IT기술의 등장은 언제나 전자상거래를 한 단계 발전시키는 계기가 되어왔다. 앞에서 언급한 것처럼 4차 산업혁명은 전자상거래 분야에 기존의 전자상거래와 신기술의 융합이라는 개념으로 또 다른 발전을 만들어 나가고 있다.

[그림 1.1]은 전자상거래 성장과정을 보여주고 있는데 1970년에 시작하여 다양한 사회적, 기술적 변화와 함께 지속적으로 다음과 같이 성장해 왔다.

그림 1.1 전자상거래 성장 과정

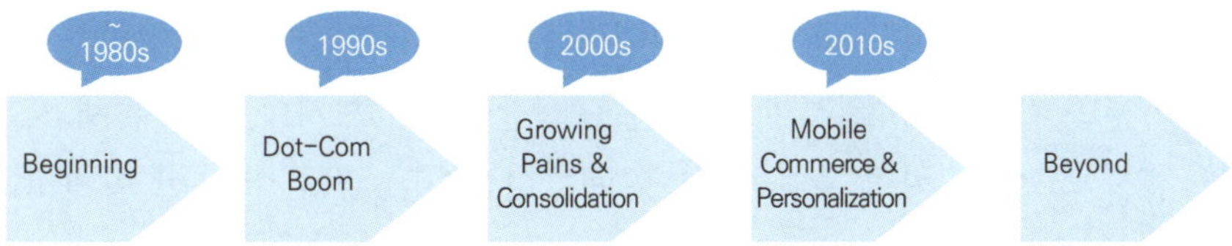

• 시작 시기: 1970s-1980s

전자상거래는 1970년대에 기업들이 전자 데이터 교환(EDI)을 사용하여 다른 회사와 비즈니스 문서를 공유하기 시작하면서 시작되었다. 이는 종이 문서를 우편으로 보내던 전통적인 방식을 대체하여 디지털 상호작용의 토대를 마련했다.

그러나 진정한 소비자 중심 전자상거래가 시작된것은 1980년대였다. 가정용 컴퓨터와 모뎀의 등장이 결정적인 역할을 했다. 컴퓨서브(CompuServe)와 같은 선도적인 기업들은 사용자들에게 전자 우편 서비스를 제공하기 시작했다. 하지만 초기 기술과 소비자들의 회의적인 태도로 인해 거래는 제한적이었다.

• 닷컴 활황 시대: 1990s

1990년대는 전자상거래의 획기적인 발전이었다. 1991년 월드 와이드 웹(WWW)이 대중에게 공개되었고, 1994년에는 넷마켓(NetMarket)이라는 플랫폼을 통해 최초의 안전한 온라인 구매인 스팅(Sting) CD가 이루어졌다.

이를 통해 1994년과 1995년에 각각 세계적인 거대 기업 아마존(Amazon)과 이베이(eBay)와 같은 새로운 기업들이 설립되었고, 1998년에 페이팔(Paypal) 서비스가 시작되었다.

두 가지 중요한 발전이 전자상거래의 성장을 촉진했다. 첫째, 넷스케이프(Netscape) 브라우저는 SSL 암호화를 사용하여 거래를 안전하게 보호할 수 있는 플랫폼을 제공했다. 둘째, 더 많은 가구가 개인용 컴퓨터와 인터넷을 사용하게 되면서 잠재적인 온라인 쇼핑객의 기반이 확대되었다.

• 성장의 어려움 그리고 강화: 2000s

2000년대 초 닷컴 버블 붕괴 이후 많은 전자상거래 기업들이 문을 닫았지만, 이 시기는 결코 침체된 시기가 아니었다. 오히려 2000년대는 온라인 소매업에 대한 더욱 성숙하고 소비자 중심적인 접근 방식이 두드러진 시기였다.

아마존과 같은 기업들은 제품 라인을 다각화하여 도서와 같은 틈새 시장에서 상상할 수 있는 거의 모든 제품 카테고리로 진출했다. 중국의 알리바바와(Alibaba) 같은 신규 진입 기업들은 세계적인 전자상거래 강자로 자리매김했다. 더욱이 결제 방식도 발전했다. 페이팔과 같은 플랫폼이 등장하여 온라인 거래를 간소화하고 사용자 신뢰를 강화했다.

또한 이 시기는 판매자가 전 세계 고객에게 쉽게 다가갈 수 있게 되면서 온라인 마켓플레이스의 성장을 예고했다. 2000년대 말에는 전 세계에 여러 기업이 생겨났고, 사람들은 온라인 쇼핑을 통해 필요한 것을 구매하는 데 익숙해졌다.

• 모바일 커머스와 개인화: 2010s

스마트폰의 보편화는 전자상거래의 또 다른 성장인 모바일 커머스를 촉진했다. 전 세계의 정보와 방대한 시장을 활용하게 되면서 소비자들은 이전에는 상상할 수 없었던 편의성으로 온라인 쇼핑을 시작했는데, 특히 2014년에 모바일 결제 서비스인 애플페이(Applepay) 서비스가 시작되며 모바일 커머스 시장의 또 다른 변화를 가져왔다.

이 시기는 온라인 쇼핑의 개인화가 두드러진 시기였다. 기업들은 다양한 방법론을 사용하여 사용자 행동을 분석하고 개인화된 제품 추천을 제공함으로써 쇼핑을 더욱 직관적으로 만들었다. Birchbox나 Blue Apron과 같은 구독 모델이 인기를 끌면서 큐레이션되고 개인화된 경험을 제공했다.

더욱이 소셜 미디어와 전자상거래의 경계가 모호해지기 시작했다. 인스타그램이나 핀터레스트와 같은 플랫폼은 지금 쇼핑하기 기능을 통합하여 소셜 미디어 플랫폼을 쇼핑 포털로 전환하였다.

• 이후

오늘날의 전자상거래는 풍부한 역사와 최첨단 기술 발전이 융합된 형태이다. AI 기반 개인화, 증강현실 쇼핑 경험, 드론 배송은 단순한 개념이 아니라 새롭게 부상하는 현실이다. 더욱이, 기존 소매 채널을 우회하는 직접 소비자 대상 브랜드는 제품 개발, 마케팅, 유통 방식을 새롭게 변화시키고 있다.

1 전자상거래의 시작

1990년대부터 본격화된 전자상거래는 1990년대말 닷컴 버블의 시대를 거치고, 스마트폰과 ICT 발전, 그리고 새로운 IT 기술들의 등장으로 사회적으로 엄청난 영향을 미치면서 지속적으로 성장하고 있다.

전자상거래(e-Commerce)는 온라인을 통해 제품이나 서비스를 구매하거나 판매하는 프로세스이다. 전자상거래라는 용어는 일반적으로 온라인 상에서 제품 및 서비스와 금전적 또는 데이터 거래가 포함된다. 예를 들어 온라인 쇼핑 매장, 온라인 경매, 도매업체, 구독 기반 사업, 디지털 제품 판매(전자책, 소프트웨어, 비디오 강좌, 오디오 등), 크라우드 펀딩 플랫폼, 온라인 마켓플레이스 등이 있으며, 프리미엄 넷플릭스(Netflix) 요금제에 가입한 사용자나 업워크(Upwork) 또는 프리랜서(Freelancer)와 같은 플랫폼을 통해 프리랜서와 협력하는 조직을 모두 전자상거래라 할 수 있다.

전자상거래의 시작은 인터넷의 등장과 함께 온라인상의 본격적인 전자상거래, 특히 B2C가 시작되었다고 할 수 있다. 물론 B2B분야에서는 오래전부터 EDI(Electronic Data Interchange) 등의 방법을 사용하는 상거래가 있었으나, 현재의 전자상거래는 인터넷 함께 시작되었다고 할 수 있다.

90년대 인터넷과 PC기반의 전자상거래에서, 90년대 말에는 닷컴 버블의 현상까지 나타날 정도로 폭발적인 성장을 하였으나, 2000년대 초반에 버블이 꺼지면서 전자상거래 시장도 조정기에 들어갔다. 이때 등장했던 대표적인 기업들이 야후(Yahoo), 아마존(Amazon), 구글(Google), 프라이스라인(Priceline), 다음, 네이버, 페이스북(Facebook), X(트위터), 유튜브(YouTube), 인스타그램(Instagram) 등이 있다.

2000년대 중반부터 스마트폰의 등장과 함께 모바일 커머스의 등장으로 고객들은 영화, TV 에피소드, 음악, 전자책, 비디오 게임, 게임 등 디지털 전송을 포함하는 전자상거래를 의미하는 디지털 상거래가 시작되었다.

전자상거래는 전형적으로 선점의 효과를 나타내는 분야이기에, 초기에 시작한 기업들이 분야별로 주요 기업으로 활동하는 경향이 있는데, 대표적인 기업들로 해외에는 야후, 아마존, 익스피디아, 구글, 국내에는 네이버, 다음 등이 있다. 하지만 현재는 시장진입이 다소 쉬운 전자상거래의 특징과 사용자 성향의 변화로 인해 다수의 기업들이 시장에서 치열하게 경쟁하는 상황이다.

2 전자상거래(e-Commerce)란?

전자상거래란 온라인상에서 개인이나 기업 등이 상품과 서비스를 사고 파는 거래를 말한다. 전자상거래는 다양한 유형의 시장 부문에서 운영되며 컴퓨터, 태블릿, 스마트폰 등 다양한 디지털 디바이스를 통해 수행될 수 있다. 책, 음악, 여행, 영화, 게임, 주식 투자, 온라인 뱅킹과 같은 금융 서비스 등 모든 제품과 서비스를 전자상거래를 통해 이용할 수 있다.

전자상거래의 지속적이고 폭발적인 성장으로 인해 전자상거래 시장은 확장되고 점점 더 가치 있고 필요한 도구가 되어 기업에 다음과 같은 도움을 주고 있다.

- 경쟁사와 차별화
- 전 세계 어느 지역에서나 더 많은 고객에게 도달
- 온라인 채널을 통해 고객과 직접 거래하고 오프라인 매장 수를 줄여 비용

을 절감

- PC나 스마트폰 등 고객이 선호하는 디지털 단말기를 사용하여 언제 어디서나 접속하여 구매할 수 있도록 지원
- 온라인상에서 고객 데이터 확보
- 신제품, 서비스, 브랜드 및 비즈니스 마케팅 비용의 최소화
- 저렴한 비용으로 원하는 사업영역으로 신속하게 확장
- 업무 효율성 및 수익성 극대화

전자상거래를 구성하고 있는 다양한 기본 기술들 중에서 인터넷, 웹 등 온라인 기반기술과 다양한 결제 서비스를 위한 결제 기반기술, 그리고 4차산업 혁명 기술 등이 있는데 자세한 것은 4장에서 다시 논의하겠다.

인터넷은 공통 표준을 기반으로 구축된 전 세계 컴퓨터 네트워크이다. 1960년대 후반에 소수의 메인 프레임 컴퓨터와 사용자를 연결하기 위해 만들어진 인터넷은 그 이후로 세계 최대 규모의 네트워크로 성장했으며, 스마트폰, 태블릿과 같은 컴퓨터와 모바일 기기, 스마트워치, 커넥티드 TV 등 인터넷 연결 기기가 전 세계적으로 활용되고 있다. 인터넷은 기업, 교육 기관, 정부 기관, 개인을 연결하고 사용자들에게 이메일, 문서 전송, 쇼핑, 검색, 인스턴트 메시징, 음악, 비디오, 뉴스 등의 서비스를 제공한다.

월드 와이드 웹(World Wide Web)은 인터넷 인프라에서 실행되는 정보 시스템으로, 인터넷을 상업적으로 흥미롭고 엄청난 인기를 끌게 한 최초의 킬러 앱이었다. 웹 이전의 인터넷은 주로 텍스트 통신, 파일 전송 및 원격 컴퓨팅에 사용되었는데, 웹은 상거래에 직접적인 관련이 있는 훨씬 더 강력한 기능을 도입했다. 본질적으로 웹은 인터넷에 색상, 음성 및 비디오를 추가하여 TV, 라디오, 잡지 및 도서관에 필적하는 통신 인프라 및 정보 저장 시스템을 구축했다.

모바일 플랫폼은 인터넷 인프라의 중요한 부분이 되었는데, 무선 네트워크 또는 휴대폰 서비스를 통해 스마트폰 및 태블릿과 같은 다양한 모바일 기기에서 인터넷에 액세스할 수 있는 기능을 제공하며, 모바일 기기는 인터넷 액세스에서 점점 더 중요한 역할을 하고 있다.

전자상거래 초창기에는 웹과 웹 브라우저가 유일한 수단이었으나, 현재는

모바일 기기의 모바일 앱을 통해 온라인에 접속하는 사용자가 훨씬 많다.

대표적으로 전자상거래는 거래주체에 따라 B2B(기업 대 기업), B2C(기업 대 소비자), C2C(소비자 대 소비자), G2B(정부 대 기업), G2C(정부 대 소비자), G2G(정부 대 정부) 등 전자적으로 실행되는 모든 상거래가 포함된다.

전자상거래를 통해 구매자는 전자상거래 소프트웨어나 시스템, 플랫폼에서 제공하는 다양한 기능을 활용하여 구매 결정의 모든 단계를 수행할 수 있다. 대부분의 비즈니스 단계는 물리적으로 수행되지 않고 온라인상에서 전자적으로 수행된다. 일반적인 서류 작업이 필요하지 않으며, 신체적 접촉도 필요하지 않으며, 온라인상에서 비대면으로 상품, 서비스, 정보 등을 거래하는 개념이다.

이러한 전자상거래 모델에는 B2B(Business-to-Business), B2C(Business-to-Consumer), C2C(Consumer-to-Consumer), C2B(Consumer-to-Business), P2P(Peer-to-Peer), G2C(Government-to-Consumer), G2B(Government-to-Business), D2C(Direct-to-Consumer), O2O(Offline-to-Online) 등 다양한 유형의 모델이 있다. 이같이 전자상거래는 목적이나 환경의 변화에 따라서 모델은 다양하게 진화하고 있다.

1) 전자상거래의 사용 목적

전자상거래를 사용하는 목적으로 사용자나 판매자나 온라인상에서 효율적인 거래 환경을 지향하며, 새로운 수익모델을 찾고, 고객데이터를 활용한 다양한 영업 및 마케팅을 하고 있다.

(1) 효율성 도모

전자상거래를 사용하는 사용자 입장에서는 무엇보다도 제품과 서비스 선택이 넓어졌고, 효율적인 거래가 가능해졌다. 기업의 입장에서는 전자상거래를 통해서 기업은 재고를 효율적으로 관리해 재고 비용을 감소시킬 수 있다. 기존에는 재고를 보관하기 위한 물리적인 창고가 존재했고, 이에 따라 재고를 관리하기 위한 비용이 들었다. 그러나 전자상거래에서 창고는 물리적인 공간이 아닌 가상에서 존재하는 정보로 대체될 수 있다. 창고는 고객이 받을 제품의 존재 사실을 확인시켜 주기 위해 필요한 공간이다. 따라서 고객이 제품이 특정 시간에 어디에 존재하는지, 목적지에 도달하는 데 얼마나 걸리는지에 관한 정보를 알고 있다면 제품을 창고에 보관해야 할 필요성이 줄어든다. 이에 따라 제품을 장기간 창고에 보관할 필요성 역시 줄고, 재고 관리의 비용을 줄일 수 있다. 즉, 전자상거래에서는 창고가 제품의 위치에 대한 정보를 통해 대체될 수 있어 재고 관리를 더욱 효율적으로 할 수 있다.

또한, 공급 사슬망을 가상으로 연결해 제품의 생명 주기를 단축시켜 효율성을 증진시킬 수 있다. 기존의 상거래에서는 공급사슬망 없이 하나의 기업 내에서 모든 생산이 이루어졌다. 이에 따라 자동차 같은 제품은 조립라인 안에서 부품 조달을 받지 못하고 방치되는 부품들이 많았다. 하지만 전자상거래를 통해 다양한 공급 업체를 가상으로 연결하는 것이 가능하게 되어 다양한 업체에 동시에 작업 지시를 내릴 수 있게 되었다. 이처럼 전자상거래는 공급 사슬망을 가상으로 연결하는 것을 가능하게 하여 제품 생산에 있어 효율성을 재고하게 되었다.

(2) 새로운 수익 모델

전자상거래는 판매와 구매 환경을 바꾸어 새로운 비즈니스 모델을 창출하고 기업들에게 신규 수익 확보 방법을 제시했다. 기존의 기업들은 전자상거래의 등장으로 비용 구조와 경쟁 전략 등을 다시 수립하였다. 전자상거래는 효율적인 업무 절차 및 조직 구조, 협업 등을 가능하게 해주었고, 이러한 전자상거래의 특징들을 기업이 얼마나 유연성 있게 활용하였는지에 따라 기업의 재조직화 성공 여부가 결정되었다.

전자상거래 기업 모델을 재화 판매 웹사이트, 온라인 쇼핑몰, 쇼핑몰 서비스를 제공하는 포털, 중개 사이트, 비교 구매 사이트 등 다양한 비즈니스 모델이 등장하였다.

(3) 고객 관계 강화

전자상거래의 목적 중 하나는 고객과의 관계를 강화하고 이를 통해 고객 가치를 높이며, 궁극적으로는 기업의 수익을 극대화시키는 것이다. 대부분의 기업이 고객과의 관계 구축이 기업의 최고 경쟁력이라고 할 정도로 고객관계관리는 기업 역량의 중요한 기준이 되었다.

전자상거래에서는 소비자 중심의 관계가 형성되어 고객의 충성도가 높아지고 고객이탈을 최소화하며 고객유지가 극대화된다는 특징이 있다. 또한, 채팅,

전화, 이메일, 팩스 등 다양한 커뮤니케이션을 통해 자사의 규모 및 회원수를 관리하거나, 서비스 품목, 고객 특성 등을 다각도로 분석할 수 있다. 이러한 디지털 환경의 강점들은 활용하여 기업들은 고객과의 관계를 더욱 효율적으로 관리할 수 있게 되었다.

이처럼 기업들은 새로운 디지털 환경 변화에 대응하여 발전하였고, 가상에서 다양한 형태로 수익 구조를 창출할 수 있는 기업들이 등장하였다. 이와 같이 전자상거래에 종사하는 기업들은 고객 관계를 유지하는 것이 매우 중요하게 작용하였으며, 고객 관계 관리 역량에 따라 기업의 성장도 결정되었다.

2) 전자상거래의 특징

전자상거래의 특징은 기존 오프라인 상거래와 비교했을 때 몇 가지 중요한 차이점을 가지고 있다. 전자상거래는 온라인 플랫폼을 통해 이루어지기 때문에, 시간과 공간 제약없이 상품과 서비스를 거래할 수 있다. 또한, 다양한 기술이 결합되어 거래 과정의 효율성, 편리성, 그리고 사용자 맞춤형 서비스를 제공하는 데 중요한 역할을 한다.

첫째, 시간과 장소에 제약이 없다는 특징이 있다. 전자상거래는 온라인상에서 이루어지기 때문에, 24시간 언제 어디서나 쇼핑이 가능하다. 소비자는 출퇴근 시간이나 여가 시간을 활용해 쇼핑을 할 수 있고, 온라인 상점은 문을 닫는 시간이 없다. 이는 소비자에게 매우 큰 편리함을 제공하며, 특히 바쁜 일정을 가진 사람들에게 유용하다. 또한, 전자상거래는 국경을 넘어 글로벌 거래가 가능하다. 해외에 있는 소비자도 손쉽게 다른 국가의 상품을 구매할 수 있으며, 이는 전통적인 오프라인 상거래에서는 불가능한 점이다.

둘째, 다양한 결제 방법을 제공한다는 점이다. 전자상거래에서는 신용카드, 체크카드, 모바일 결제, 가상화폐 등 다양한 결제 방법을 지원한다. 결제 시스템은 더 간소화되고, 사용자의 편의성을 고려한 간편결제 서비스가 도입되어 빠르게 결제할 수 있다. 예를 들어, 애플페이나 삼성페이, 카카오페이와 같은 모바일 결제 서비스는 결제 과정을 신속하게 처리할 수 있게 해 준다. 또한, 자동 결제 서비스를 통해 소비자는 반복되는 결제나 구독 서비스를 더욱 편리하게 이용할 수 있다.

셋째, 소비자 맞춤형 쇼핑 경험이 중요한 특징 중 하나이다. 전자상거래 플랫폼은 빅데이터와 인공지능 기술을 활용하여 사용자의 구매 기록, 검색 기록 등을 분석하고, 이를 바탕으로 개인 맞춤형 상품을 추천한다. 예를 들어, 고객이 과거에 구매한 제품이나 검색한 항목을 기반으로, 그 고객에게 적합한 상품을 자동으로 추천하는 시스템이 활성화되고 있다. 또한, 소비자의 행동을 분석하여 할인 쿠폰이나 특별 혜택을 제공하는 등, 고객에게 더 나은 쇼핑 경험을 제공하는 방식이 점점 더 보편화되고 있다.

넷째, 소셜 미디어와의 결합이다. 소셜 커머스라는 소셜 미디어와 전자상거래가 결합된 새로운 형태의 쇼핑이 등장했다. 인스타그램, 페이스북, X(트위터), 틱톡 등의 소셜 미디어는 쇼핑 기능을 추가하여 사용자가 게시물이나 실시간 방송을 통해 제품을 발견하고 바로 구매할 수 있는 환경을 제공한다. 특히, 라이브 커머스라는 방식이 인기를 끌고 있으며, 실시간으로 방송을 보면서 제품을 구매하는 형태가 많은 소비자에게 새로운 쇼핑 경험을 제공한다. 이는 소비자와 판매자가 실시간으로 소통하며, 제품에 대한 신뢰를 높이는 효과를 가져온다.

다섯째, 빠르고 효율적인 배송 서비스는 전자상거래에서 중요한 요소이다. 전통적인 오프라인 상거래에서는 소비자가 직접 매장을 방문하여 제품을 구매하고 배송을 기다려야 했지만, 전자상거래에서는 빠른 배송이 핵심 경쟁력이 되었다. 예를 들어, 쿠팡의 로켓배송이나 아마존 프라임 배송 서비스는 소비자들에게 매우 큰 인기를 끌고 있다. 또한, 새벽 배송과 같은 옵션도 제공되어, 소비자들은 원하는 시간에 맞춰 제품을 받아볼 수 있다. 더욱이, 드론 배송이나 자율주행 차량을 활용한 배송 혁신이 진행 중이며, 이는 배송의 속도와 효율성을 한층 향상시킬 것으로 기대된다.

여섯째, 친환경적인 접근이 강조되고 있다는 점이다. 최근에는 지속 가능성에 대한 관심이 커지면서, 친환경 전자상거래가 중요한 트렌드로 자리잡고 있다. 예를 들어, 친환경 포장이나 재활용 가능한 물류 시스템을 도입하고, 전기차나 탄소중립 물류 시스템을 사용하여 배송 환경을 개선하는 등의 노력이 이루어지고 있다. 이는 기업들이 환경에 미치는 영향을 최소화하려는 노력이며, 소비자들 또한 환경 친화적인 제품과 서비스를 선호하는 경향이 증가하고 있다.

마지막으로, 글로벌화는 전자상거래의 주요 특징이다. 온라인 플랫폼을 통해 소비자는 지리적 한계를 넘어서 전 세계의 다양한 상품을 구매할 수 있다. 이로 인해, 해외 직구 시장이 확대되었고, 소비자들은 쉽게 해외 제품을 구매할 수 있게 되었다. 또한, 글로벌 전자상거래 플랫폼인 아마존, 알리바바, 이베이 등의 거대 기업들이 시장을 주도하면서, 글로벌 상거래 환경이 더욱 더 활성화되고 있다.

전자상거래는 이렇게 시간과 공간의 제약을 뛰어넘고, 다양한 기술을 통해 사용자 맞춤형 경험을 제공하며, 글로벌 시장에서 더욱 발전하고 있다. 또한, 빠르고 효율적인 배송과 친환경적인 접근을 강조하면서, 전통적인 오프라인 상거래와는 다른 혁신적인 방식으로 발전하고 있다. 이러한 특징들은 전자상거래를 더욱 편리하고, 빠르며, 개인화된 쇼핑 경험을 제공하게 한다.

3) 전자상거래의 급격한 성장 이유

전자상거래는 90년대 이후 닷컴 버블 등을 거치기는 했지만 ICT의 발전, 사용자 요구사항이나 환경의 변화 등과 함께 지속적으로 성장해오고 있으며, 앞으로도 성장해 가리라 기대한다.

(1) 인터넷의 보급과 ICT 발전

전자상거래는 인터넷의 보급과 ICT의 발전 덕분에 빠르게 성장할 수 있었다. 고도화된 초고속 인터넷망과 모바일 네트워크의 발달은 소비자와 판매자가 상호작용하고 거래를 진행하는데 훨씬 더 원활하고 효율적인 환경을 제공하였다. 특히, 스마트폰과 같은 모바일 기기의 대중화는 시간과 장소에 제약없이 소비자가 언제든지 상품과 서비스를 탐색하고 구매할 수 있는 환경을 조성하였다. 이러한 변화는 전자상거래의 일상화와 대중화를 가속화하였고, 디지털 경제의 중심이 되었다. 이를 통해 전통적인 오프라인 거래방식에서 벗어나 더 유연하고 즉각적인 거래가 가능하게 되었고, 소비자들의 쇼핑 활동은 이전보다 훨씬 더 개인화되고 편리하게 되었다.

(2) 소비자 행동 변화

디지털 환경에 익숙해진 현대 소비자들은 오프라인보다 온라인에서 더 많은 시간을 보내며, 다양한 상품과 서비스를 쉽게 탐색하고 비교하는 데 익숙해졌다. 특히 장기간의 코로나19 팬데믹으로 인해 비대면 소비가 급격히 증가하면서 전자상거래는 필수적인 구매 방식으로 자리잡았다. 온라인 쇼핑은 물리적 제약 없이 글로벌 시장의 다양한 제품을 구매할 수 있다는 장점을 제공하며, 이는 전통적인 오프라인 쇼핑보다 더욱 매력적인 요소로 작용하고 있다. 소비자는 시간과 장소에 제약없이 구매 결정을 내릴 수 있으며, 이를 통해 쇼핑 활동이 더욱 편리하게 되었다.

(3) 물류 및 결제 시스템의 발달

향상된 물류 시스템과 혁신적인 결제 수단의 도입은 전자상거래가 보다 효율적이고 편리하게 이루어질 수 있는 기반을 마련했다. 고도화된 배송 네트워크는 빠르고 안전한 상품 배송을 가능하게 하며, 전자지갑, 신용카드, 모바일 결제와 같은 다양한 결제 서비스는 소비자에게 더욱 쉬운 온라인 구매 경험을 제공한다. 이러한 기술적 발전 덕분에 소비자들은 보다 간편하고 신속하게 원하는 상품을 구매할 수 있으며, 상거래 과정 전반에서 시간과 노력을 절약할 수 있게 되었다.

(4) 기업의 글로벌 시장 진출

전자상거래는 전통적인 지리적 한계를 극복하고, 기업들이 글로벌 시장에 진출할 수 있는 새로운 기회를 제공했다. 이를 통해 기업들은 과거에 접근하기 어려웠던 전 세계의 다양한 소비자들과 직접 거래할 수 있는 플랫폼을 확보하게 되었고, 소비자들 역시 국경을 넘나드는 다양한 제품과 서비스를 손쉽게 접할 수 있게 되었다. 이러한 변화는 특히 소규모 기업에게 큰 이점을 주며, 이들이 비용 부담 없이 더 넓은 시장에서 경쟁할 수 있는 환경을 마련해 주었다. 또한, 소비자들은 더 많은 선택지와 경쟁력 있는 가격을 통해 구매 결정을 할 수 있게 되었다.

(5) 맞춤형 마케팅과 데이터 활용

전자상거래의 급격한 성장 전략 중 하나는 데이터를 활용한 정교한 고객 맞춤형 마케팅 전략이다. 온라인에서 얻을 수 있는 많은 데이터를 활용하는데, 기업들은 소비자들이 남긴 구매 이력, 선호도, 검색 기록 등 다양한 데이터를 체계적으로 분석하여 개인 맞춤형 상품 추천이나 프로모션을 제공한다. 이를 통해 소비자들은 자신에게 적합한 상품을 더 쉽게 발견할 수 있으며, 기업 입장에서는 재구매율을 높이는 데 효과적인 전략으로 작용한다. 이러한 맞춤형 마케팅은 고객 충성도를 강화하고, 장기적인 관계 형성에도 중요한 역할을 한다.

4) 전자상거래 기술의 특징

전자상거래 기술은 다음과 같은 고유한 특징을 가지고 있다. 전자상거래 기술의 이러한 고유한 측면은 마케팅 및 판매에 대한 많은 새로운 가능성을 제시하며, 세분화된 타킷 고객에게 강력하고 개인화된 풍부한 양방향 메시지를 전달할 수 있다.

전자상거래가 개발되기 전에는 상품 마케팅 및 판매가 대량 마케팅과 영업 인력 중심의 프로세스였다. 마케터들은 소비자를 장기적인 제품 인식과 즉각적인 구매 행동에 영향을 미치기 위한 광고 캠페인과 브랜딩 목표의 대상으로 생각했다. 기업들은 잘 차단된 채널을 통해 제품을 판매했으며, 소비자들은 지리적·사회적 경계라는 제한적인 요인으로 좋은 가격과 품질을 광범위하게 검색할 수 없었다. 가격, 비용, 수수료에 대한 정보는 소비자에게 공개되지 않아 판매 기업에 수익성 있는 정보 비대칭을 가져왔다. 정보 비대칭은 거래 당사자 간의 관련 시장 정보의 차이를 의미하는데, 전통적인 소매업에서는 전국 또는 지역 가격을 변경하는 데 너무 많은 비용이 들었기 때문에 단일 전국 가격이 일반적이었고, 시장에 대한 동적 가격 책정은 어려웠다. 이러한 환경에서 제조업체는 맞춤화 또는 개인화할 수 없는 대량의 제품 생산에 의존하여 운영되었다.

전자상거래 기술 덕분에 판매자는 소비자에 대해 훨씬 더 많이 알고 과거보다 훨씬 효과적으로 이 정보를 활용할 수 있게 되었다. 온라인 판매자는 이 정보를 활용하여 새로운 정보 비대칭성을 조성하고, 제품 브랜드 역량을 강화하고,

고품질 서비스에 프리미엄 가격을 부과하고, 시장을 무한한 수의 하위 그룹으로 세분화하여 각각 다른 가격을 적용할 수 있다.

(1) 편재성

전통적인 상거래에서 마켓플레이스는 거래를 위해 방문하는 물리적인 장소이다. 예를 들어, TV와 라디오는 일반적으로 소비자가 어딘가로 가서 구매하도록 유도하는데, 전자상거래는 편재성이 특징으로 언제 어디서나 이용할 수 있다. 전자상거래는 시장을 물리적 공간에 국한되지 않고 데스크톱, 집, 직장, 심지어 자동차에서도 모바일 전자상거래를 통해 쇼핑할 수 있도록 한다. 이는 전통적인 경계를 넘어 시간적, 지리적 위치에서 벗어난 마켓플레이스이다.

소비자 관점에서 편재성은 거래 비용, 즉 시장 참여 비용을 줄여주는데, 거래를 위해 더 이상 시장까지 이동하기 위해 시간과 비용을 사용할 필요가 없다.

(2) 글로벌 도달 범위

전자상거래 기술은 기존 상거래보다 훨씬 편리하고 비용 효율적으로 문화, 지역, 국가 경계를 넘나드는 상거래를 가능하게 한다. 결과적으로 전자상거래 상인의 잠재적 시장 규모는 전 세계 온라인 인구 규모와 거의 같다. 더 현실적으로, 온라인은 국가 내에서 새로운 전자상거래를 통한 판매자가 예전보다 전국적인 고객들에게 빠르고 쉽게 도달할 수 있도록 한다. 전자상거래 사업자가 확보할 수 있는 총 사용자 또는 고객 수는 도달 범위를 측정하는 척도이다.

이와는 반대로 대부분의 기존 상거래는 지역적 또는 지역적 성격을 가지며, 지역 상인 또는 지역 판매점을 가진 전국 상인들에 의해 이뤄진다. 예를 들어, TV, 라디오 방송국, 신문은 주로 지역 및 지역 기관으로, 제한적이지만 강력한 전국적 네트워크를 통해 전국적인 고객을 유치할 수 있다. 전자상거래 기술과 달리, 이러한 기존 상거래 기술은 국경을 넘어 전 세계 고객에게 쉽게 도달하지 못한다.

(3) 보편적 표준

전자상거래 기술의 놀랍도록 특이한 특징 중 하나는 인터넷의 기술 표준, 즉 전자상거래를 수행하는 기술 표준이 보편적 글로벌 표준이라는 것이다. 이와는 대조적으로, 대부분의 전통적인 상거래 기술은 국가마다 다른데, TV와 라디오 표준은 전 세계 국가들마다 다르며, 휴대폰 기술도 마찬가지이다.

전자상거래의 보편적 기술 표준은 시장 진입 비용, 즉 상인들이 상품을 시장에 출시하는 데 드는 비용을 크게 낮춰준다. 동시에 소비자 입장에서는 보편적 표준이 적합한 상품을 찾는데 드는 노력과 비용을 줄여준다. 또한 가격과 제품 설명을 누구나 볼 수 있도록 저렴하게 표시하게 함으로써 가격 검색이 더 간단하고 빠르며 정확해진다. 전자상거래 기술을 통해 전 세계 어디에서나 특정 제품의 공급업체, 가격, 배송 조건을 쉽게 찾고, 이를 일관되고 비교 가능한 환경에서 확인할 수 있게 되었다.

(4) 풍부함

정보 풍부함은 메시지의 복잡성과 내용을 의미한다. 전통 시장, 전국적인 영업 인력, 그리고 소매점은 매우 풍부한 정보를 보유하고 있다. 이들은 판매 과정에서 청각적, 시각적 단서를 활용하여 고객에게 직접 대면 서비스를 제공할 수 있다. 이러한 풍부함은 전통 시장을 강력한 판매 또는 상업 환경으로 만든다. 웹이 개발되기 전에는 풍부함과 도달 범위 사이에 상충 관계가 있었다. 즉, 도달하는 청중이 많을수록 메시지의 풍부함은 줄어드는 것이었다.

전자상거래 기술은 인쇄기, 라디오, TV와 같은 기존 매체보다 훨씬 더 풍부한 정보를 제공할 수 있다. 왜냐하면 전자상거래 기술은 상호작용이 가능하고 개별 사용자에 맞춰 메시지를 조정할 수 있는 맞춤형 서비스가 가능하기 때문이다. 예를 들어, 온라인 판매원과의 채팅은 소규모 소매점에서 영업 사원과의 고객 경험과 매우 유사하다. 전자상거래 기술이 가능하게 한 풍부함 덕분에 소매 및 서비스 업체들은 이전보다 훨씬 더 많은 고객을 대상으로 영업 사원이 직접 대면했던 상품과 서비스를 온라인상에서 비대면으로 마케팅하고 판매할 수 있다.

(5) 상호작용성

전화를 제외하면 20세기의 어떤 상업 기술과도 달리, 전자상거래 기술은 상호작용성을 허용하는데, 판매자와 소비자, 그리고 소비자 간의 양방향 소통이 가능하다.

예를 들어, 전통적인 TV나 라디오는 시청자에게 질문을 하거나 대화를 나누거나, 고객 정보를 양식에 입력하도록 요청할 수 없다. 상호작용성을 통해 온라인 판매자는 대면 경험과 유사한 방식으로 소비자와 소통할 수 있는 댓글 기능, 커뮤니티 포럼, 그리고 좋아요 및 공유 버튼과 같은 소셜 공유 기능을 갖춘 소셜 네트워크는 소비자가 판매자 및 다른 사용자와 적극적으로 상호작용할 수 있도록 한다. 다소 덜 명확한 형태의 상호작용성으로는 반응형 디자인 요소, 즉 사용하는 기기에 따라 형식이 바뀌는 웹사이트, 마우스를 올리면 바뀌는 제품 이미지, 이미지 확대·축소 또는 회전 기능, 작성 중 문제를 알려주는 양식, 사용자가 입력하는 동안 자동으로 채워지는 검색창 등이 있다.

(6) 정보 밀도

전자상거래 기술은 모든 시장 참여자, 소비자, 판매자 모두가 이용할 수 있는 정보의 양과 질, 즉 정보 밀도를 크게 높인다. 전자상거래 기술은 정보 수집, 저장, 처리 및 통신 비용을 절감하며 동시에 정보가 최신의 정확하고 상황에 맞는지를 크게 향상시켜 정보의 유용성과 중요성을 높인다. 결과적으로 정보는 더욱 풍부해지고, 비용은 낮아지며, 품질은 더욱 향상된다.

정보 밀도의 증가는 여러 가지 변화를 가져올 수 있는데, 전자상거래가 가져오는 변화 중 하나는 시장 참여자인 소비자와 판매자 사이의 정보 비대칭성 감소이다. 가격과 비용의 투명성이 더욱 높아지는데, 가격 투명성은 소비자가 시장의 다양한 가격을 쉽게 파악할 수 있음을 나타내며, 비용 투명성은 소비자가 판매자 상품에 지불하는 실제 비용을 파악할 수 있는 능력을 나타낸다. 전자상거래에서는 소비자가 가격과 비용에 대한 정보를 알지 못하도록 하는 것이 더욱 어려워지고, 결과적으로 전체 시장의 가격 경쟁력이 더욱 강화될 가능성이 있다. 하지만 판매자에게도 이점이 있는데, 온라인 판매자들은 소비자에 대해 훨씬 더 많은 정보를 얻을 수 있고 이를 통해 판매자들은 시장을 다양한 가격을 지불할 의향이 있는 집단으로 세분화하고, 가격 차별을 통해 서로 다른 타깃 집단에게 동일한 상품 또는 거의 동일한 상품을 서로 다른 가격으로 판매할 수 있다.

예를 들어, 온라인 판매자들은 소비자가 고가의 해외 휴가에 큰 관심을 가지고 있다는 것을 파악하고, 해당 소비자가 그러한 휴가를 위해 추가 비용을 지불할 의향이 있다는 것을 알고 고가의 해외 휴가 상품을 프리미엄 가격에 판매할 수 있다. 동시에, 가격에 민감한 소비자에게는 동일한 휴가 상품을 더 저렴한 가격에 판매할 수 있다. 또한, 판매자들은 비용, 브랜드, 품질 측면에서 자사 제품을 차별화할 수 있는 역량도 강화된다.

(7) 개인화 및 맞춤 설정

전자상거래 기술은 개인화를 가능하게 한다. 판매자는 특정 개인의 이름, 관심사, 과거 구매 이력에 맞춰 마케팅 메시지를 조정하여 특정 개인에게 타킷팅된 마케팅 메시지를 전달할 수 있다. 이러한 작업은 몇초만에 실행되며, 소비자 프로필에 기반한 개인화된 광고가 만들어진다. 또한, 이 기술은 사용자의 선호도나 이전 행동에 따라 제공되는 제품이나 서비스를 변경하는 맞춤 설정도 가능하게 한다. 전자상거래 기술의 상호작용적 특성으로 구매 시점에 시장에서 소비자에 대한 많은 정보를 수집할 수 있다.

이렇게 정보 밀도가 증가함에 따라 온라인 판매자는 소비자의 과거 구매 및 행동에 대한 방대한 정보를 저장하고 활용할 수 있다. 그 결과, 기존 상거래 기술로는 상상할 수 없었던 수준의 개인화 및 맞춤 설정이 가능해졌다. 예를 들어, 채널을 선택하여 TV에서 시청하는 콘텐츠를 조정할 수는 있지만, 선택한 채널의 콘텐츠를 변경할 수는 없다. 하지만 뉴욕 타임즈 등 온라인 뉴스 미디어는 원하는 뉴스 유형을 선택하여 먼저 보고 싶은 기사를 선택할 수 있으며, 특정 이벤트 발생 시 알림을 받을 수 있다. 개인화 및 맞춤 설정을 통해 기업은 시장 세분화를 정확하게 파악하고 그에 따라 메시지를 조정할 수 있다.

(8) 소셜 기술: 사용자 제작 콘텐츠와 소셜 네트워크

이전의 모든 기술과는 다른 방식으로, 전자상거래 기술은 사용자가 전 세계 커뮤니티와 콘텐츠를 제작하고 공유할 수 있도록 함으로써 훨씬 더 사회적으로 발전했다. 이러한 커뮤니케이션 방식을 통해 사용자는 새로운 소셜 네트워크를 구축하고 기존 네트워크를 강화할 수 있다.

모든 대중 매체는 방송 모델을 사용했는데, 콘텐츠는 전문가가 중앙에서 제작하고, 시청자는 표준화된 제품을 소비하기 위해 거대한 집단에 집중된다. 전자상거래 기술은 사용자에게 대규모로 콘텐츠를 제작하고 배포할 수 있는 권한을 부여하고, 사용자가 콘텐츠 소비를 직접 프로그래밍할 수 있도록 함으로써 표준 미디어 모델을 뒤집을 수 있는 잠재력을 가지고 있다. 전자상거래 기술은 모든 사람들이 서로 소통할 수 있는 대중 커뮤니케이션 모델을 제공한다.

5) 전자상거래의 장점과 단점

전자상거래로의 전환을 통해 기업은 새로운 고객을 확보하고, 효율성을 높여 비용을 절감하고, 상품과 정보의 흐름을 가속화하고, 주문 처리 및 주문 이행의 정확성을 높이며, 고객 수준을 향상시킬 수 있다. 특히 모바일 커머스는 조직과 고객에게 보다 효과적인 경험을 제공할 수 있는데, 언제 어디서나 모바일 커머스의 편리함은 더 높은 수준의 상호작용과 더 많은 구매로 이어진다. 더 많은 거래를 전자상거래로 전환함으로써 비용이 절감되는 것도 중요한 이점이지만, 더 큰 이점은 더 많은 거래가 시작되고 처리된다는 사실에서 비롯되며 다음과 같다.

첫째, 신규 고객 접근이 가능하다는 것이다. 전자상거래 웹 사이트를 구축하면 기업은 새로운 시장에서 새로운 고객에게 다가갈 수 있다. 실제로 이는 조직이 웹 사이트를 구축하는 주요 이유 중 하나이다. 또한 모바일 커머스 애플리케이션은 더 많은 사람들이 전자상거래의 기본 인터페이스로 휴대폰을 사용하고 있음을 나타낸다. 모바일상에서 상품 주문, 은행 서비스와 주식 거래, 게임 등 소비자 사용이 활성화되고 중요해지고 있다.

둘째, 비용 감소가 가능하다는 것이다. 주문 및 배송 프로세스 전반에 걸쳐 시간이 많이 걸리고 노동 집약적인 단계를 제거하거나 줄임으로써 같은 기간에 더 많은 판매할 수 있으며 정확도가 향상된다. 고객 주문 정보의 속도와 정확성이 향상됨에 따라 기업은 모든 중간 제조, 보관 및 운송 지점에서 원자재부터 안전 재고 및 완제품에 이르기까지 재고에 대한 필요성을 줄일 수 있다.

셋째, 상품과 정보의 흐름 속도가 향상된다는 것이다. 조직과 고객이 전자상거래를 통해 연결되면 전자적 연결과 통신이 이미 구축되어 있기 때문에 정보의 흐름이 가속화된다. 결과적으로 정보는 구매자에서 판매자로 쉽고 직접적이며 빠르게 흐를 수 있다.

넷째, 정확성이 향상된다는 것이다. 구매자가 자신의 제품 사양 및 주문 정보를 직접 입력할 수 있도록 함으로써 공급자 측의 인적 데이터 입력 오류가 제거되는 등 온라인상에서의 거래는 주문의 정확성이 향상된다.

다섯째, 고객서비스가 향상된다는 것이다. 배송 날짜와 현재 상태에 대한 정보가 늘어나고 더욱 상세해지면 고객 충성도가 높아질 수 있다. 또한, 고품질의 상품과 서비스로 고객이 원하는 배송 날짜를 지속적으로 충족하여, 고객의 이탈을 방지할 수 있다.

다른 측면에서 전자상거래는 기본적으로 판매자, 구매자 모두에게 혜택을 주는데, 구매자에게는 자세한 정보 제공, 구매 프로세스 가속화, 선호도에 따라 매장 개인화, 반복 비용 절감, 소비자를 위한 가상 지원 리소스 고용 등의 편의성을 제공하며, 다음과 같은 장점 및 단점을 가지고 있다(표 1.1).

표 1.1 전자상거래 장점 및 단점

	구매자	판매자
장점	• 편의성 • 선택 범위의 확대	• 낮은 창업 비용 • 글로벌 판매
단점	• 제한된 고객 서비스 • 즉각적인 만족 부족 • 제품을 만질 수 없다	• 기술에 대한 높은 의존 • 경쟁이 높다 • 보안에 취약

우선, 구매자가 얻는 장점은 다음과 같다.

첫째, 편의성이다. 전자상거래는 24시간, 365일로 온라인상에서 언제, 어디서나 거래가 가능하다. 전자상거래는 시간에 상관없이 매출을 만들어내고 장소에 상관없이 지속적으로 수익을 창출하는 것이 가능하다.

둘째, 선택 범위의 확대이다. 소비자는 다양한 선택이 가능하며, 소비자가 원하는 제품을 검색 등 다양한 기능을 이용해 쉽게 찾을 수 있다. 일반적으로 기업은 매장의 한계로 인해 오프라인 매장보다 온라인에서 훨씬 더 다양한 제품을 제공한다. 그리고 온라인에만 존재하는 많은 상점은 소비자에게 오프라인 매장 다른 곳에서는 제공할 수 없는 독점적인 재고를 제공할 수 있다.

판매자에게는 비즈니스 프로세스를 확장하고, 새로운 고객에게 다가가고, 비용을 절감하는 동시에 비즈니스 조직 전반에 걸쳐 새로운 모델과 시장을 개발할 수 있는 기회를 제공한다. 판매자가 갖는 장점은 다음과 같다.

첫째, 낮은 창업 비용이다. 전자상거래는 쉽게 만들어지고 쉽게 사라진다는 말이 있다. 사업에 따라 다르지만 일반적으로 초기비용이 적고 진입장벽이 낮아 누구나 전자상거래를 할 수 있는 기회를 제공한다. 전자상거래 기업은 창고나 공장 등 필요하지만 일반적으로 오프라인 매장은 필요하지 않다. 전자상거래를 운영하는 비용은 인건비, 임대료, 보험, 건물 유지 관리, 재산세 등을 지불하는 비용보다 저렴하며 비용절감이 가능하다. 오프라인에 창업을 할 때와 비교하여 초기 창업비용이 매우 낮다.

둘째, 글로벌 판매이다. 전자상거래 기업은 전 세계 어느 곳이나 누구에게나 판매할 수 있으며 배송이 가능한 한 물리적 위치에 제한이 없으므로 글로벌 판매를 통해서 더 큰 수익을 창출할 수 있다.

셋째, 더욱 쉬워진 고객 재타킷팅이다. 전자상거래는 온라인상에서 이뤄지므로 고객의 데이터를 쉽게 모으고. 활용하고, 타킷 광고, 팝업 배치 등 마케팅에 활용할 수 있다. 고객이 디지털 매장을 탐색할 때 특정 목적을 겨냥한 광고, 직접 마케팅 캠페인 또는 팝업 등으로 개인적인 관심을 가져올 수 있다.

그러면 단점은 무엇인지 구매자 측면과 판매자 측면에서 알아보자.

구매자 측면에서 단점은 개인적인 접촉이 부족하고, 온라인으로 제품을 구매할 때 직접 볼 수가 없기 때문에 소비자가 품질을 결정하기 어렵다는 등 단점이 있다. 이러한 단점은 제품의 크기, 재질 등이 온라인상에서 정확히 측정이 어렵기 때문에 나타난다.

첫째, 제한된 고객 서비스이다. 대면 기회가 거의 또는 전혀 없기 때문에 제한된 고객 서비스 기회가 제공된다. 예를 들어서 전자제품을 온라인으로 구매하는 경우 단순히 직원에게 특정 모델의 시연 등을 요청하기 어렵다. 일부 웹사이트에서는 직원과 온라인 채팅을 할 수 있지만 이것이 구매자가 실제 경험하는 것이 아니라 매우 제한적이며, 일반적으로 실물을 보지못하고 구매해야 하는 경우가 많다.

둘째, 즉각적인 만족 부족이다. 고객이 제품을 직접 보기 전에 제품을 믿어야 하므로 즉각적인 만족감이 부족하다. 온라인으로 물건을 구매하면 집이나 사무실로 배송될 때까지 기다려야 한다. 지역이나 물건에 따라 배송이 오래 걸리는 경우가 있는데, 아마존은 프라임 서비스, 쿠팡은 로켓 배송 등과 같은 프리미엄 옵션으로 당일 배송을 제공함으로써 기다리는 불편함을 줄였다.

셋째, 제품을 만질 수 없다는 것이다. 구매하기 전에는 사용해 볼 수 없다는 것이다. 즉, 배송될 때까지 제품을 보거나 다룰 수 없다. 온라인 이미지가 반드시 품목에 대한 전체 내용을 전달하는 것은 아니므로, 받은 제품이 소비자의 기대와 일치하지 않으면 전자상거래 구매가 만족스럽지 못할 수 있다. 예로써, 의류 품목이 온라인 이미지에 표시된 것보다 다른 소재로 만들어지거나, 사이즈가 다르거나 등 발생할 수 있다.

판매자 측면에서 단점은 다음과 같다.

첫째, 기술에 대한 의존이 높다는 것이다. 웹 사이트가 다운되거나, 엄청난 양의 트래픽을 발생시키거나, 어떤 이유로든 일시적으로 폐쇄되어야 하는 경우, 비즈니스는 시스템이 회복될 때까지 손실이 발생한다.

둘째, 경쟁이 높다는 것이다. 저가로 진입장벽이 낮다는 것도 장점이지만, 이는 다른 경쟁자들이 쉽게 시장에 진입할 수 있다는 것을 의미한다. 즉, 낮은 진입 장벽과 고객 잠재력으로 인한 경쟁 심화가 있으며, 많은 경쟁자들이 존재할 수 있다. 전자상거래 기업은 신중한 마케팅 전략을 갖고 노력하여 시장에서의 입지를 유지해야 한다.

셋째, 전자상거래는 사이버 범죄 및 사이버 세계에서 일반적으로 발생하는 무단 데이터 액세스, 개인정보 유출 등 보안에 취약하며, 지속적인 보완이 필요하다.

3 전자상거래의 모델

네트워크 및 기타 정보 기술 요소를 통해 활성화되는 전자상거래는 다양한 범주로 발전했다. 처음 인식된 세 가지 범주는 기업 대 기업(B2B), 기업 대 소비자(B2C), 소비자 대 소비자(C2C)였으며, 추후 다양한 모델들이 생겨나거나 진화하였다.

전자상거래 기업의 상품, 서비스 및 조직에 따라 비즈니스는 다양한 운영 방식을 선택할 수 있다. 다음은 대표적인 전자상거래 비즈니스 모델이고, 자세한 내용은 2장에서 논의하겠다.

1) 기업 대 기업(B2B)

B2B(Business-to-Business)는 기업 간의 거래로 전자상거래 사업도 사용자에게 직접 상품을 판매할 수 있는 기업 간의 거래형태이다. B2B 거래에는 종종 더 많은 수량, 더 높은 사양, 더 긴 리드 타임이 수반된다. 반복적인 제조 공정을 위한 구매인 경우 주문하는 회사는 반복 상품을 설정해야 할 수도 있다.

2) 기업 대 소비자(B2C)

B2C(Business-to-Consumer)는 기업이 제품이나 서비스를 고객에게 직접 판매하는 모델이다. B2C 기업은 상품을 중개자에게 유통하는 대신, 최종적으로 상품을 사용하게 될 소비자인 고객과 거래를 한다.

이러한 유형의 비즈니스 모델은 제품 또는 서비스를 판매하는 데 사용될 수 있다. 가장 일반적인 비즈니스 모델로써 대부분의 사람들이 전자상거래라고 생각되는 모델들이다.

3) 소비자 대 소비자(C2C)

C2C(Consumer-to-Consumer)는 소비자와 소비자 간의 거래형태로 디지털 마켓플레이스와 같은 전자상거래 플랫폼은 소비자를 자신의 제품을 등록하고 판매를 실행할 수 있는 다른 소비자와 연결한다.

이러한 C2C 플랫폼은 경매 스타일 목록이거나 제공되는 항목 또는 서비스에 관한 추가 논의를 보장한다. 기술을 통해 구현된 C2C 전자상거래 플랫폼은 소비자가 회사 없이도 구매 및 판매를 모두 할 수 있도록 지원한다.

4) 소비자 대 기업(C2B)

C2B(Consumer-to-Business)는 온라인 플랫폼을 통해 소비자는 특히 단기 계약, 공연 또는 프리랜서 기회와 관련된 회사와 더욱 쉽게 소통하고 서비스를 제공할 수 있다.

소비자는 입찰을 요청하거나 특정 작업을 수행해야 하는 회사와 상호작용할 수 있다. 이러한 방식으로 전자상거래 플랫폼은 기업을 프리랜서와 연결하여 소비자가 가격 책정, 일정 관리 및 고용 요구를 달성할 수 있도록 한다.

5) 소비자 대 정부(C2G)

C2G(Consumer-to-Government)는 전통적인 전자상거래 관계가 아닌 소비자는 C2G 협력을 통해 정부나 정부 관련 기관들과 상호작용할 수 있다. 이러한 협력관계는 서비스 교환이 아닌 의무 거래인 경우가 많다.

예를 들어, 국세나 지방세 등 세금 신고서를 국세청 웹사이트에 업로드하는 것은 정보 교환에 관한 전자상거래이다. 또는 온라인으로 세금을 납부하고, 필요한 공공 문서를 구청 등을 방문하지 않고 열람 및 출력, 다운로드 받을 수 있다.

6) 기업 대 정부(B2G)

B2G(Business-to-Government)는 일부 기업들은 정부 기관이나 행정부에 상품이나 서비스를 제공하는 정부 계약자로 전문화되어 있다.

B2G 전자상거래 회사는 제안 요구 사항에 대한 정부 요청을 충족하고, 프로젝트에 대한 입찰을 요청하고, 구체적인 제품 또는 서비스 기준을 충족해야 하는 경우가 많다. 또한 정부 차원의 인수 계약을 통해 단일 계약을 유도하려는 정부 공동 노력이 있을 수 있다.

4 전자상거래 플랫폼

전자상거래 플랫폼은 온라인 상점을 구축하고 운영하며, 마케팅, 재고 관리, 결제 처리와 같은 제품과 서비스를 판매할 수 있게 작업을 수행하는 소프트웨어 애플리케이션이다

온라인 플랫폼은 기업의 웹사이트, 주문, 결제, 배송, 고객 서비스 등 온라인 상거래를 위한 기본 시스템을 제공한다. 또한 기업이 성장함에 따라 온라인상에서의 운영을 확장할 수 있는 다양한 기능도 제공한다.

온라인상에는 다양한 유형의 전자상거래 플랫폼이 있으며 각각의 제공되는 비즈니스 모델에 따라 고유한 장점과 단점을 가지고 있다. 비즈니스에 적합한 플랫폼은 판매하는 제품, 예산, 기술 전문성 수준에 따라 다르다. 잘 알려진 전자상거래 플랫폼은 쇼피파이(Shopify), 윅스(Wix), 빅커머스(BigCommerce), 어도비커머스(Adobe Commerce), 우커머스(WooCommerce) 등이다. 쇼피파이는 사용하기 가장 쉬운 반면 우커머스는 가장 유연하다.

기업이 어떤 플랫폼을 선택하든 모든 전자상거래 플랫폼에는 기본적으로 필요한기능이 있는데, 다음과 같다.

- 사용자 친화적인 인터페이스: 전자상거래 플랫폼은 사용자가 기술적 전문 지식이 없어도 사용하기 용이해야 한다.
- 제품 추가 및 제거 기능: 재고의 증감 및 감소 등 변경 사항이 발생했을 때 온라인 상점에서 제품 추가와 삭제가 용이해야 한다.
- 결제 처리: 플랫폼은 신용카드, 계좌이체, 페이팔, 삼성페이, 애플페이와 같은 간편결제 등 다양한 결제 옵션을 제공해야 한다.
- 배송 옵션: 플랫폼은 무료 배송, 정액 배송, 새벽 배송, 당일 배송 등 다양한 배송 옵션을 제공해야 한다.
- 고객 서비스: 플랫폼은 도움이 필요한 경우를 대비해 다양한 고객 서비스를 제공해야 한다.

B2B, B2C 등 전자상거래에서 기업은 현재와 미래의 고객 요구를 충족할 수 있는 효율적이고 유연하며 확장 가능한 전자상거래 플랫폼이 필요하다. 전자상거래 플랫폼은 다음과 같은 구성 요소가 필요하다(표 1.2).

표 1.2 전자상거래 플랫폼 구성 요소

유연성	• 하이브리드 클라우드 환경 또는 기타 모델을 사용하여 배포할 수 있는 단일 플랫폼에서 B2B 및 B2C 등 판매를 모두 지원
합리적인 가격	• SaaS(Software as a Service) 구독 모델은 일반적으로 지속적인 대규모 인프라 투자가 필요한 On-Premise 플랫폼보다 저렴
사용자 친화적	• 고객이 상품을 쉽게 검색하고 기업이 플랫폼에서 쉽게 관리 • 사용자 인터페이스는 명확하고 단순
손쉬운 통합	• 기업은 기존 기술을 플랫폼에 쉽게 통합하여 비용을 절감하고 기존 투자를 활용
맞춤형	• 프런트 엔드 고객 경험을 사용자 맞춤화
신속성	• 실행이 손쉽고, 필요에 따라 애플리케이션과 기능을 쉽게 배포 및 추가할 수 있는 셀프 서비스 아키텍처 및 표준 기반 프레임워크를 갖춘 플랫폼이 필요
단순성	• 유지 관리 및 모니터링이 쉽고, 자동 업데이트, 최신 기능에 대한 즉각적인 액세스, 비즈니스 전반의 성능 지표에 대한 실시간 가시성을 제공
보안성	• PCI DSS(Payment Card Industry Data Security Standard), GDPR(일반 데이터 보호 규정) 및 기타 규정을 준수하는 동시에 최신 보안 기능을 항시 제공
확장	• 블랙 프라이데이, 새로운 브랜드의 출시일 등 플랫폼은 항상 고객에게 탁월한 경험을 제공하기 위해 빠르게 변환, 확장 필요

5 전자상거래와 모바일 커머스의 활용

전자상거래와 모바일 커머스는 혁신적이고 흥미로운 방식으로 활용되고 있다. 소매 및 도매, 제조, 마케팅, 광고, 물물교환, 가격비교, 쿠폰, 투자 및 금융, 은행 분야의 다양한 B2B, B2C, C2C 등 모바일 커머스 애플리케이션 중 몇 가지를 살펴보겠다. 신기술과 마찬가지로 모바일 커머스도 사용자에게 실질적인 혜택을 제공할 경우에만 성공할 수 있다. 전자상거래 및 모바일 커머스에 참여하는 기업은 전략을 신중하게 생각하고 고객의 요구 사항을 진정으로 충족하는 서비스를 제공해야 한다.

1) 도매 전자상거래

도매 전자상거래의 주요 부문은 간단한 사무용품부터 업무상 중요한 품목까지 제조, 수리, 운영(MRO) 상품 및 서비스에 대한 지출이다. 제조 시설을 원활하게 운영하는 데 필요한 모터, 펌프, 압축기, 기기 등의 장비이다. MRO 구매는 제조 회사 총 매출의 40%에 달하는 경우가 많지만, 많은 회사의 구매 시스템은 자동화된 제어 없이 무계획적이며, 기업은 오래되고 번거로운 MRO 관리 프로세스로 인해 상당한 내부 비용에 직면하고 있다. 제조 중단 시간은 올바른 부품을 올바른 시간에 올바른 장소에 배치하지 못하여 발생할 수 있고, 그 결과 생산성과 용량이 손실된다. 공장 운영을 위한 전자상거래 소프트웨어는 관리자가 기능적으로 동일한 항목을 식별할 수 있도록 강력한 비교 검색 기능을 제공하여 비용 절감을 위해 구매를 결합할 수 있는 기회를 찾는 데 도움을 준다. 다양한 공급업체를 비교하고 더 적은 공급업체로 더 많은 지출을 통합하면 비용이 절감된다. 또한 자동화된 워크플로우는 일반적으로 프로세스를 간소화할 수 있는 업계 모범 사례를 기반으로 한다.

2) 제조업

많은 제조업체가 수익성을 높이고 고객 서비스를 개선하기 위해 취하는 접근 방식 중 하나는 온라인을 활용하여 공급망을 운영하는 것이다. 여기서 기업들은 제조업체, 공급업체 및 경쟁업체가 상품을 사고 팔고, 시장 정보를 거래하고, 재고 관리와 같은 백오피스 운영을 실행할 수 있는 전자 거래를 형성할 수 있다. 이러한 접근 방식은 원자재와 완제품의 이동 속도를 높이고 유지해야 하는 재고량을 줄인다. 또한 훨씬 더 경쟁적인 시장과 낮은 가격으로 이어지는데, 경쟁의 증가는 결과에 따라 조직에 긍정적일 수도 있고 부정적인 영향을 미칠 수도 있으며, 전반적으로 구매자는 이러한 전자 교환을 통해 더 많은 이점을 갖는 경향이 있다.

전자거래소는 제조업체, 공급업체, 경쟁업체가 상품을 사고 팔고, 시장 정보를 거래하고, 백오피스 운영을 운영하는 전자 포럼이다.

회사는 거래소를 운영하는 사람에 따라 세 가지 유형의 거래소 중 하나에 가입할 수 있다. 민간 거래소는 단일 회사가 소유하고 운영하며, 소유자는 기존 비즈니스 파트너와 독점적으로 거래하기 위해 거래소를 사용한다. 월마트의 Retail Link가 바로 그러한 거래소이다. 컨소시엄 운영 거래소는 공통 조달 요구사항을 가진 전통적으로 경쟁하는 회사 그룹에 의해 운영된다.

예를 들어, Covisint는 3대 자동차 제조업체의 요구를 충족하기 위한 거래소로 개발되었다. 독립 거래소는 특정 시장 내 모든 구매자 및 판매자에게 열려 있고, 회원들에게 서비스와 공통 기술 플랫폼을 제공하며 일반적으로 이를 사용하려는 모든 회사에 유료로 개방된다.

3) 마케팅

웹의 특성으로 인해 기업은 고객과 잠재 고객이 자신의 정보를 수집하고 구매 결정을 내릴 때 고객 행동 및 선호도에 대한 더 많은 정보를 수집할 수 있다. 이 데이터의 분석은 웹의 상호작용성 및 각 방문자가 이름, 주소, 이메일 주소, 전화번호, 인구 통계 데이터와 같은 개인 데이터를 자발적으로 제공하거나 제공을 거부하기 때문에 복잡하다. 온라인 광고주는 데이터를 사용하여 특정 시장을 식별하고 맞춤형 광고 메시지로 타킷팅 한다. 시장 세분화는 잠재 고객 풀을 일반적으로 연령, 성별, 결혼 상태, 소득 수준 및 지리적 위치와 같은 인구통계학적 특성에 따라 정의되는 하위 그룹으로 나누며, 이 데이터를 사용하여 잠재적인 고객을 식별하고, 액세스하고, 분류할 수 있다.

4) 광고

모바일 광고 네트워크는 모바일 웹사이트, 애플리케이션 개발자, 이동통신사 등의 게시자에게 모바일 광고를 배포한다. 대부분의 사람들은 다양한 방식으로 웹에 연결된 스마트폰을 항상 휴대하기 때문에 조직에서는 소비자에게 다가가기 위해 모바일 광고를 광범위하게 활용하려는 인센티브를 갖게 된다. 모바일 광고 노출은 일반적으로 1,000회당 비용(CPM), 클릭당 비용(CPC) 또는 행동당 비용(CPA)으로 구매되며, 고객이 클릭하여 제품이나 서비스를 구매하는 경우에만 광고주가 비용을 지불한다. 성공의 주요 척도는 도달한 사용자 수, 클릭률(CTR), 사용자가 취하는 작업 수이다. 광고주는 광고 지출의 효율성을 측정하기 위해 이 데이터에 큰 관심을 갖고 있으며, 많은 조직은 모바일 광고 네트워크 또는 제3자로부터 데이터를 구입하고자 한다. 일반적으로 모바일 광고 네트워크에는 블라인드, 프리미엄 블라인드, 프리미엄 네트워크의 세 가지 유형이 있지만 이들을 구분하는 명확한 선은 없다.

InMobi는 주요 모바일 커머스 고객을 보유한 기업을 대상으로 클라우드 기반 리소스를 제공하는 글로벌 업체이다. 해당 분야에서 인정받는 선두주자인 이 회사는 특정 유형의 미디어나 앱 사용자가 해당 서비스를 사용하여 광고주와 소통할 가능성을 높이기 위해 적절한 타킷팅이라는 기술을 사용한다. 모바일 커머스를 위해 상호 연결된 모든 장치를 통해 고객과의 상호작용에 대한 보다 통합된 접근 방식을 제공하는 효율성을 더욱 높일 수 있다.

5) 물물교환

2007년과 2009년 사이의 경기 침체기에 많은 사람과 기업이 상품과 서비스를 얻는 수단으로 물물교환에 눈을 돌렸다. 경제가 천천히 회복되더라도 물물교환은 많은 사람들이 어려운 경제 상황을 헤쳐 나가는 데 도움이 되었다. 이 활동을 지원하기 위해 여러 웹사이트가 만들어졌다. 일부 기업은 과잉 재고를 줄이고, 새로운 고객을 확보하거나, 필요한 원자재나 서비스에 대한 현금 지불을 피하기 위해 물물교환을 할 의향이 있다. 현금이 부족한 고객은 물물교환을 희소한 달러를 지불하는 것보다 매력적인 대안으로 여길 수 있다. 일반적으로 물물교환 거래에는 세무 보고, 회계 및 기타 기록 보관 책임이 수반된다.

6) 가격비교

점점 더 많은 회사에서 쇼핑객이 온라인에서 가격과 제품을 비교할 수 있는 모바일 폰 앱을 제공한다. Wirecutter는 가전제품과 기술 가젯에 대한 제품 리뷰를 제공한다. 아마존의 Price Check 앱은 책, DVD, CD 또는 비디오 게임 커버 사진을 찍어 가격을 검색할 수도 있다. 바코드 스캐너 앱을 사용하면 쇼핑객이 UPC 또는 Quick Response 코드를 스캔하여 가격을 비교하고 최신 제품 리뷰를 읽을 수 있다.

7) 쿠폰

많은 기업이 이제 다양한 디지털 쿠폰을 제공하는데, 이는 FSI(Free Standing Insert) 쿠폰보다 더 높은 비율로 사용되는 경향이 있으며, 여기에는 회사 웹사이트에서 제공되거나 이메일로 고객에게 전달되는 인쇄 쿠폰이 포함된다. 일부 소매 체인의 쇼핑객은 매장 웹사이트로 이동하여 디지털 쿠폰을 매장 로열티 카드에 넣을 수 있다. 다른 소매업체는 사용자가 온라인에서 선택한 쿠폰을 사용하기 위해 체크아웃할 때 휴대전화 번호와 PIN을 입력할 수 있는 프로그램을 제공한다. Honey(www.joinhoney.com)는 사용자가 식료품점에서 결제하는 동안 앱을 클릭하여 쿠폰과 할인 혜택을 찾을 수 있도록 한다. 많은 소비재 제조업체와 소매업체 및 기타 기업은 이제 SMS 기술을 통해 모바일 쿠폰을 소비자의 스마트폰으로 직접 보낸다.

구글은 근접 마케팅의 플랫폼 리더가 되었는데, 근접 마케팅은 매장 내 비콘을 사용하여 고객의 알려진 프로필에 따라 개별 광고와 쿠폰으로 쇼핑객을 타킷팅 한다.

8) 투자 및 금융

인터넷, 이동통신 등 온라인은 투자와 금융의 세계를 혁신했다. 이 산업이 너무나 많은 비효율성과 개선의 기회를 가지고 있었기 때문에 이러한 변화가 매우 중요했다.

중개업은 다른 금융 부문보다 인터넷 등 온라인에 더 빨리 적응했는데, 투자자가 빠르고 상세한 조사를 한 다음 몇 초 만에 모든 회사의 주식을 매수할 수 있게 해주는 온라인 거래의 매력은 많은 투자자를 웹으로 끌어들였다. Fidelity는 태블릿, 스마트폰, Apple Watch용 모바일 거래 앱을 제공한다. 이 앱을 통해 투자자는 포트폴리오를 모니터링하고, 실시간 주가를 보고, 우선주를 추적하고,

거래를 실행할 수 있는 안전한 플랫폼을 사용할 수 있다.

9) 은행

온라인 뱅킹 고객은 저축, 당좌예금, 대출 계좌의 잔액을 확인하고, 계좌 간에 돈을 이체하고, 수표를 입금하고, 청구서를 지불할 수 있다. 이러한 고객은 수표를 직접 쓰지 않고, 현재 잔액을 추적하고, 봉투와 우표에 대한 지출을 줄이는 편의성을 누리고 있다. 또한 온라인 뱅킹 고객은 온라인으로 청구서를 지불하면 종이 사용량이 줄어들어 나무를 살리고 온실 가스를 줄일 수 있으므로 환경에 좋다는 만족감을 얻는다.

대부분의 모든 은행들은 고객이 온라인으로 청구서를 지불할 수 있도록 하며, 모바일 기기를 통한 청구서 지불을 지원한다. 은행은 온라인으로 청구서를 지불하는 고객을 더 많이 확보하고자 하며, 이러한 고객은 은행에 더 오래 있고, 현금 잔액이 더 많으며, 은행의 상품과 서비스를 더 많이 이용하기 때문이다. 또한 이 서비스 사용을 장려하기 위해 많은 은행은 온라인 청구서 지불과 관련된 모든 수수료를 없앴다.

모바일 뱅킹에 등록하고 모바일 애플리케이션을 휴대폰에 다운로드한 소비자는 주요 구매를 하기 전에 신용 카드 잔액을 확인하여 신용 거부를 피할 수 있고, 계좌 간 자금을 이체할 수도 있다.

제 2 장

전자상거래 비즈니스 모델

1. B2B(Business-to-Business)
2. B2C(Business-to-Consumer)
3. C2C(Consumer-to-Consumer)
4. P2P(Peer-to-Peer)
5. C2B(Consumer-to-Business)
6. G2C(Government-to-Consumer)
7. G2B(Government-to-Business)
8. G2G(Government-to-Government)
9. D2C(Direct-to-Customer)
10. O2O(Online-To-Offline)

제2장

전자상거래 비즈니스 모델

전자상거래(e-Commerce)는 인터넷, 이동통신 등 디지털 수단을 활용하여 상품과 서비스를 온라인으로 거래하는 행위를 의미하며, 오랜 시간 동안에 걸친 발전을 통해 다양한 형태의 비즈니스 모델로 만들어졌다.

전자상거래는 거래 대상에 따라 다양한 유형으로 가장 일반적인 전자상거래 모델에는 B2B(Business-to-Business), B2C(Business-to-Consumer), C2C(Consumer-to-Consumer), P2P(Peer-to-Peer), C2B(Consumer-to-Business), G2C(Government-to-Consumer), G2B(Government-to-Business), G2G(Government-to-Government)와 스마트폰이 활성화되고 모바일 기반의 전자상거래로 확산되면서 기존의 일반적인 유형에서 진화된 모델인 D2C(Direct-to-Consumer), 그리고 O2O(Online-to-Offline) 등이 있다(표 2.1).

다양한 비즈니스 모델의 특징과 활용 방안 그리고 성공 사례들을 통해, 기업의 성공적인 운영을 위해서는 사업에 대한 철저한 분석과 비즈니스 모델에 대한 이해가 필요하다. 타 기업들과 차별화되기 위해 업계에서 주로 이용하지 않는 비즈니스 모델을 택하는 것도 경쟁력 있는 전략이라고 할 수 있고, 변화해가는 경제 상황에 대한 이해도 필요하다.

표 2.1 **전자상거래 유형**

전자상거래 유형	내용	사례
B2B(Business-to-Business)	• 기업과 기업 간의 상거래	• 알리바바, EC21, KTNET 등
B2C(Business-to-Consumer)	• 기업과 소비자 간의 상거래로 온라인 쇼핑몰 등	• Amazon, 쿠팡, Temu, 등
C2C(Consumer-to-Consumer)	• 소비자 간의 상거래로 소비자가 구매자이면서 동시에 공급자	• 옥션, Gmarket, eBay, Taobao, 당근 등
P2P(Peer-to-Peer)	• 개인 간의 거래	• Skype, 우버 등
C2B(Consumer-to-Business)	• 고객과 기업 간의 상거래 • 고객이 기업에 제품, 서비스, 아이디어 등을 제공하고, 기업이 이를 구매하는 역방향 형태	• 대표적인 예로 소셜 커머스, 티몬, 위메프 등
G2C(Government-to-Consumer)	• 정부와 소비자 간의 거래	• 민원24, 정부24, 위택스 등
G2B(Government-to-Business)	• 정부와 기업 간의 거래	• 나라장터, KONEPS, SBA, Access2Markets 등
G2G(Government-to-Government)	• 정부와 정부 간의 거래	• 온나라시스템, KIND 등
D2C(Direct-to-Consumer)	• 기업이 소비자와 직거래	• 나이키, 펩시, 하인즈 등
O2O(Online-to-Offline)	• 온라인에서 주문, 예약 등 고객 유치, 오프라인에서 상품이나 서비스 이용	• 우버, 볼트, 에어비앤비, 배달의 민족 등

1 B2B(Business-to-Business)

B2B(Business-to-Business) 모델은 기업 간의 전자상거래 모델로 기업과 기업이 온라인상에서 상품과 서비스, 정보 등을 교환 및 거래하는 유형이다. 온라인 거래의 활성화로 전자 매체는 제조, 구매, 조달, 판매, 고객 관리 등 비즈니스 프로세스의 다양한 단계에서 활용되고 있으며, 기업 간 주문 및 구매, 그리고 기업과 금융기관의 자금 이체 등의 업무를 수행한다.

전형적인 B2B 전자상거래에는 제조업체와 도매업체, 도매업체와 소매업체 간의 대량 구매, 원자재 공급, 장비 주문, 각종 비즈니스 서비스에 대한 온라인 상담 및 계약 체결 등이 포함된다. 기업 간 거래는 일반적으로 규모가 크고 빈도가 높기 때문에, B2B 플랫폼은 거래 절차의 체계화와 보안성을 특히 중시한다. 예를 들어, 구매자와 판매자는 전자 데이터 교환(EDI) 시스템을 통해 구매 주문서, 송장, 결제 통지서를 전송함으로써, 각자의 업무 시스템 간 연동을 실현할 수 있다.

B2B 전자상거래는 가상 공급망에서 비즈니스 파트너를 연결하여 재공급 시간을 단축하고 비용을 절감하는 데 유용한 도구이다.

많은 B2B 회사는 플랫폼에 많은 투자를 하여 높아진 기대치에 대응하고 있고, 더 많은 고객을 온라인으로 이전하는 것이 B2B 상거래 성공의 핵심이므로 B2B 기업은 새로운 기술에 투자하는 것 외에도 온라인과 오프라인 모두에서 여러 채널에서 고객과 소통하는 새로운 방법에 집중하고 있다.

또한 B2B 전자상거래는 상품 주문, 계약, 인증 및 지불을 온라인상에서 처리할 수 있게 하여 거래에 참여하는 기업들이 각자의 공급 및 판매 시스템, 재무 상태 및 제품 정보를 정확하게 파악할 수 있게 함으로써 기업의 시장을 확대하고, 적절한 재고 수준을 유지하며, 비용 절감 및 업무 효율성을 개선할 수 있다.

B2B 모델의 주요 장점은 기업의 구매 및 판매 비용을 절감할 수 있다는 점이다. 전자상거래 플랫폼을 통해 기업은 보다 효율적으로 거래 상대를 탐색하고, 가격을 비교하며 주문을 진행함으로써 중간 유통 단계와 정보 비대칭을 줄일 수 있다. 또한 B2B 거래는 일반적으로 규모가 크고 안정적인 장기 계약이 많아, 전자 채널을 통한 긴밀한 협력 관계 형성은 공급망의 전반적 효율을 높이고 재고

및 운영 비용을 절감하는 데 기여한다.

B2B 플랫폼은 고객 및 공급업체 범위를 확장할 수 있게 하며, 중소기업도 글로벌 공급망에 참여하여 대형 거래를 수주할 수 있는 기회를 확보할 수 있다. 또 하나의 장점은 업무 프로세스의 자동화이다. 예를 들어, 주문 자동 처리, 전자 송장 발행, 온라인 결제 등을 통해 거래 속도를 높이고 인적 오류를 줄일 수 있다.

하지만 B2B 전자상거래는 다음과 같은 과제를 안고 있다. 우선 정보기술과 경영 수준에 대한 요구가 높다. 기업은 내부의 재고, 회계 등 관리 시스템을 외부 플랫폼과 연동해야 하며, 이는 많은 중소기업에게 기술적 장벽이 될 수 있다. 또한 기업 간 거래는 협상, 신용, 송장 등 복잡한 절차가 수반되며, 이를 온라인에서 처리하려면 정교한 계약 관리 및 신용 보증 체계가 필요하다.

한편, B2B 시장에는 산업 독점이나 불공정 경쟁의 가능성도 존재하며, 대형 구매자가 플랫폼을 통해 중소 공급업체의 가격을 더욱 압박할 수도 있다. 글로벌 무역 분야의 B2B에서는 물류, 통관, 해외 결제 등의 문제도 복합적으로 얽혀 있어 이를 뒷받침할 수 있는 통합 서비스가 요구된다.

이와 같이 B2B 모델은 거래 규모와 성장 잠재력은 매우 크지만, 그 복잡성으로 인해 참여 기업은 높은 수준의 디지털 역량과 신뢰 기반을 갖추는 것이 필요하다.

B2B 영역에서 주요 비즈니스 모델로는 전자적 유통업자, 전자구매조달 기업, 거래시장, 산업 컨소시엄, 사설산업 네트워크 등이다(표 2.2).

B2B 전자상거래는 기업의 가치창출이 이루어지는 활동을 기업 간 거래에 초점을 둔 것이며, 기업 내부의 거래가 이루어질 수 있도록 원재료나 부품이 입력되는 조달 활동이 중심이다. 주로 EDI, email, SCM 등이 활용되는데 EDI(Electronic Data Interchange)는 기업과 공급업체 간의 거래에 전자 문서 교환 등으로 사용되고, SCM은 기업 간 정보 공유, 판매, 유통 경로, 자금 이체에 사용되며, 또한, 고객 관계 관리(CRM), 수요 관리, 주문 처리, 생산 관리, 조달, 재고 관리와 같은 기업 간 거래의 비즈니스 프로세스도 포함한다.

표 2.2 B2B 비즈니스 모델

비즈니스 모델	내용
전자적 유통업자	• 개별적인 기업들에게 온라인 상에서 제품과 서비스를 공급. 산업의 아마존에 해당(예: staples.com, McMaster-Carr.com grainger.com 등).
전자구매조달	• 시장을 개설하고 그 시장에 비용을 지불하고 참가하는 기업들에게 수많은 종류의 유지·보수를 위한 물품들을 제공하는 다수의 온라인 공급자들을 연결해 주는 제3의 독립적인 중개자(예: 아리바(Ariba) 등).
거래소	• 많은 수의 공급업체들이 적은 수의 대규모 구매업체들을 만날 수 있는 독립적인 디지털 전자시장. 시장을 생성하는 것을 비즈니스로 하는 기업에 의해 독립적으로 소유되며 거래 당사자들 사이에 수수료를 부과하여 수익을 창출(예: ILS(Inventory Locator Service) 등).
산업 컨소시엄	• 특정산업에서 서비스하는 산업 소유의 수직적 마켓플레이스를 의미. 적은 수의 기업에 자신들의 산업에 이해가 있는 제품과 서비스를 공급(예: 엑소스타, Covisint.com 등).
사설 산업 네트워크	• 비즈니스에 함께 참여하는 기업들 사이에서 원활한 의사소통을 위하여 고안된 디지털 네트워크. 네트워크는 단일의 대규모 구매 기업에 의해 소유. 직접 투입재의 장기적인 신뢰관계가 있는 공급업체 등만 참여(예: 월마트, P&G 등).

[표 2.3]은 B2B 전자상거래를 통한 구매자와 판매자 관점에서의 효과를 나타내는데, 무엇보다도 전자상거래를 이용해서 비용절감과 업무의 효율성 향상이 두드러진다.

우선 B2B모델은 기업이 기업을 상대로 여러 서비스와 재화를 판매하는 것으로, 주로 일회성 관계보다는 계약으로 정의된 협력이나 하청관계를 이루고 있다. B2B 모델에서는 EDI(Electronic Data Interchange)를 통하여 기업 간의 데이터를 효율적으로 주고받기 위한 시스템을 구축하였다. 즉 전자 문서 교환을 통하여 업무의 효율성을 증대한 것이다.

표 2.3 B2B 전자상거래 효과

구매자 관점	판매자(생산자) 관점
• 제품 재고현황 및 가격과 관련된 정보의 투명성 • 공급사와의 협력을 위한 기획 확대 • 행정업무 비용의 절감 • 구매사들의 검색비용 절감 • 공급사들 간의 경쟁을 심화, 재고를 최저수준으로 유지시켜 줌으로써 재고비용 감소 • 서류작업을 없애고 구매프로세스의 일부 단계를 자동화함으로써 거래비용 절감	• 판매사들의 주문처리 비용 절감 • 구매사와 판매사 간의 협력을 늘리고 품질하자 문제를 최소화, 제품품질 향상 • 가격투명성을 높일 수 있어 시장에서의 실제 구매 및 판매 가격을 파악할 수 있음 • 부품들의 적시 공급을 통해 생산 유연성의 증대 • 설계 및 생산계획을 공급사와 공유함으로써 제품 개발주기 단축

B2B 모형의 원활한 운영을 위해서는 B2B 마케팅이 필수적이다. 흔히 마케팅이란 B2C의 영역에서 주로 다룬다고 여겨지지만, B2B에서도 다양한 마케팅 기법들을 활용하고 있다. B2B마케팅을 위해서는 목표와 구매주기를 중요시하며, 구매주체가 기업이기 때문에 구매에 관련된 이해관계자도 많고 구매를 위한 여러 프로세스가 존재한다. 또한 B2B의 경우 비교적으로 긴 구매주기를 가지고 있으며 마케팅팀과 영업팀이 역할을 분담해서 고객의 구매주기를 관리한다.

언급한 바와 같이 B2B 전자상거래는 점점 더 디지털화되고 지능화되는 방향으로 발전하고 있는데 다음과 같다.

- 공급망의 온라인 협업이다. IoT 센서를 통해 기업은 재고 및 물류를 실시간으로 모니터링하며, B2B 공급망 내에서 공유 가능한 적정 재고를 구축함으로써 수요·공급의 효율적인 매칭이 가능하다.
- 플랫폼화이다. 기존의 일대일 기업 협력 관계를 넘어서, 업종 중립적인 제3자 B2B 거래 플랫폼이 빠르게 성장하면서 다양한 구매자와 판매자를 모아 B2C 플랫폼과 유사한 네트워크 효과를 형성하고 있다. 이러한 플랫폼은 거래 중개, 신용 보증, 결제 정산 서비스를 제공함으로써 기업의 구매 및 판매 비용을 절감시킨다.

- 디지털 마케팅 방식의 도입이다. 앞에서 언급한 대로 마케팅의 중요성으로 B2C와 같이 디지털 마케팅을 활용한다. 예를 들어서 인공지능을 활용하여 구매자의 행동 데이터를 분석하고 정밀 추천 또는 자동 재구매 알림 기능을 구현함으로써 고객 충성도를 제고하고 있다.
- 블록체인 기술의 활용이다. 공급망 추적, 계약 위변조 방지, 국경 간 결제 정산 등의 분야에 적용되어 기업 간 거래의 신뢰도와 효율성을 높이고 있다.

이와 같이 B2B 전자상거래는 초기에는 정보 제공 및 주문 처리 중심의 도구였으나, 현재는 공급망 전반을 포괄하고 기업의 업무 프로세스를 깊이 통합하는 디지털 생태계로 진화하고 있다.

2 B2C(Business-to-Consumer)

B2C(Business-to-Consumer) 모델은 기업과 소비자 간의 전자상거래를 말하며 일반적으로 사람들에게 가장 익숙한 전자상거래 유형이다. 이는 기업과 소비자 간에 전자 매체를 통해 상품과 서비스가 교환되는 거래를 나타낸다. B2C 전자상거래는 기업들 간의 시간과 공간을 절약하여 거래 등 업무의 효율성을 높일 뿐만 아니라, 기업의 고정 비용과 중개업체를 제거하여 그동안 발생했던 수수료 등 비용을 크게 절감하였다. 이러한 이점과 소비자들의 폭넓은 지지가 결합되어 상당한 발전을 이루었다.

초기 B2C는 전통적인 오프라인 소매업체와 경쟁하여 제품을 소비자에게 직접 판매했다. 예를 들어, Amazon은 초기에 Waldenbooks와 Barnes & Noble와 경쟁하였으며, 2003년까지 수익을 내지 못했지만 그 이후로 전 세계 고객에게 다양한 제품을 판매하는 거대 기업이 되었다. 더불어 모바일 기기의 사용 확대로 수익은 더욱 증가하고, 사용자도 확대되었다.

B2C 전자상거래를 사용하여 소비자에게 직접 판매함으로써 생산자와 소비자 제품 제공자는 자신과 소비자 사이의 중개자 또는 중개자를 없앨 수 있었다. 많은 경우, 이를 통해 공급망에서 비용과 비효율성이 줄어들고 기업의 수익이

증가하고 소비자의 가격이 낮아질 수 있었다.

B2C 모델의 장점은 소비자 쇼핑의 편리성을 극대화하고, 상품의 전 세계 접근성을 확보하며, 24시간 거래 가능성을 제공하는 것이다. 기업 입장에서는 많은 소비자에게 직접 접근할 수 있으며, 중간 유통 경로의 비용을 절감하고 소비자 데이터를 획득할 수 있다.

하지만 B2C 모델에는 다음과 같은 도전 과제가 존재한다.

- 경쟁이 치열하여 사용자 트래픽 확보에 많은 비용이 소요되며, 중소기업은 대기업이 지배하는 B2C 시장에서 생존하기 어렵다.
- 소비자의 개별화된 요구와 높은 서비스 수준에 대응하기 위해 물류 배송 및 고객 서비스에 많은 투자가 필요하다.
- 보안 및 신뢰가 중요하다. 소비자가 B2C 사이트에 개인 정보 및 결제 정보를 입력해야 하므로, 피싱이나 정보 유출의 위험에 노출될 수 있으며, 사이트 운영자는 거래 보안을 위해 상당한 자원을 투입해야 한다. 기업 간 거래보다 개인 소비자를 대상으로 하는 B2C 사이트가 해커 공격에 더 취약하므로 보안 강화가 필수적이다.
- 재고 및 물류 부담도 크다. 특히 대형 할인 행사나 프로모션 기간에는 주문량이 급증하여 기업의 공급망 관리 능력이 중요한 이슈이다.

대표적인 전자상거래 모델인 B2C는 판매자와 구매자 간의 거래 모델로 온라인 쇼핑몰의 형태로 이루어 졌다. 주요 내용은 제품 및 서비스 광고, 판매, 고객서비스 등이 주요 내용이며, C2B와 C2C의 영역으로 세분화된다. 이러한 거래는 서비스 등 무형의 상품을 판매하는 시장과 제품 등 유형의 상품을 판매하는 시장으로 다시 세분화할 수 있다.

무형의 상품을 판매하는 온라인 시장에서는 음원, 웹툰, 소프트웨어 등과 같은 디지털 상품은 물론, 여행, 온라인 뱅킹, 사이버 증권, 사이버 보험 등의 서비스를 제공하고 있다.

한편, 유형의 상품을 판매하는 온라인 시장은 인터넷과 모바일 통신의 등장 및 확산에 힘입어 기존의 우편이나 통신 판매에서 온라인 웹사이트와 모바일 앱을 활용한 가상 쇼핑몰로 전환되었고, 온라인상의 거래는 대표적인 온라인 쇼핑몰과 소셜 네트워크 서비스와 같은 가상 커뮤니티, 엔터테인먼트, 게임, 경매, 광고 및 기타 서비스 형태로 이루어진다.

온라인 쇼핑몰에서의 일반적인 패션, 화장품, 신발 등의 상품과 컴퓨터, 책, 가전제품, 전자제품, 소프트웨어 등의 판매, 온라인 뱅킹을 이용한 예금, 대출, 납부, 송금 등 계좌 및 외환 관리, 온라인 광고, 온라인 정보, 음악, 영화, 게임, 웹툰 등 엔터테인먼트나 기타 주문형 서비스 등이 포함된 B2C 비즈니스 모델은 아래 [표 2.4]와 같다.

표 2.4 B2C 비즈니스 모델

비즈니스 모델	사례	내용
e소매점	Amazon, Walmart, CJmall, SSG 등	• 고객이 온라인에 접속하여 언제 어디서나 구매할 수 있는 온라인상의 소매 상점
커뮤니티 제공자 (Community provider)	Facebook, LinkedIn, Twitter, Instagram, 밴드, 카카오 등	• 관심, 취미, 공통의 경험을 갖고 있는 개인들이 온라인에서 만나 정보교류 및 의사소통을 함
콘텐츠 제공자 (Contents provider)	WSJ, CNN, ESPN, Netflix 등	• 신문, 스포츠, 영화, 또는 고객들에게 최신의 뉴스와 소식, 특별한 관심사에 관한 정보와 팁을 제공하는 정보와 엔터테인먼트 제공자
포털 (Portal)	Yahoo, AOL, Google, 네이버, 다음 등	• 콘텐츠 통합 패키지, 콘텐츠 검색, 소셜 네트워크 서비스, 뉴스, e메일, 채팅, 음악, 동영상 등
거래 중개자 (Transaction broker)	ETrade, Expedia, Trip.com, Hotels.com 등	• 주식 중개인과 여행사 같은 온라인 판매 거래를 중개하는 사업자이며, 거래를 빠르고 저렴하게 할 수 있도록 지원, 고객의 생산성 향상
시장 창조자 (Market creator)	eBay, Amazon, Priceline 등	• 인터넷 기술을 이용하여 판매자와 구매자가 함께 만날 수 있는 시장을 만드는 웹 기반의 비즈니스
서비스 제공자 (Service provider)	Envoyglobal, Carbonite 등	• 온라인에서 고객에게 제품보다는 서비스를 판매하여 수익을 창출

이와 같이 IT의 발전과 함께 B2C 전자상거래가 지속적으로 성장하고 있는데 이유는 다음과 같다.

첫째, 쇼핑객들이 주식, 책, 신문, 항공권, 호텔 객실 등 많은 상품과 서비스를 온라인에서 구매하면 더 저렴하다는 것을 알고 있기 때문이다.

둘째, 온라인 B2C 쇼핑객이 개인화된 제품을 디자인할 수 있기 때문이다. 나이키는 개인화에 대한 이러한 접근 방식의 성공적인 사례를 보여준다. 이 회사의 온라인 Nike By You 서비스를 통해 구매자는 다양한 소재, 기능, 핏 옵션 중에서 선택하여 신발 한 켤레를 맞춤 제작할 수 있다. 나이키는 또한 신발에 개인적인 메시지를 추가하여 신발을 더욱 개인화 할 수 있는 텍스트나 로고를 만들 수 있도록 한다.

셋째, 많은 회사가 소비자에게 다가가고, 제품을 홍보하고, 온라인 판매를 창출하고자 소셜 미디어 네트워크를 효과적으로 활용하고 있기 때문이다. Vera Bradley는 퀼팅 코튼 luggage, 핸드백, 액세서리 등 다양한 제품을 생산하는 luggage 디자인 회사이다. 이 회사는 많은 페이스북 팔로워를 보유하고 있으며 핀터레스트(Pinterest)에서 가장 많이 팔로워를 확보한 온라인 판매자 중 하나이다. 실제로 Vera Bradley는 페이스북, X(트위터), 유튜브, 핀터레스트 등 소셜 미디어 사이트에 상품을 교차 게시하는 데 노력하였다. Vera Bradley는 소셜 미디어 채널을 효과적으로 함께 사용하여 더 많은 잠재 고객에게 다가가는 B2C 리테일러의 한 예이다.

B2C는 기업과 소비자 간의 거래로 하나의 기업의 다수의 소비자들을 상대로 상품을 판매하는 것이다. 이들은 소비자들로부터 상품을 노출시키기 위해 광고 경쟁을 펼치며, 일회성 거래이기 때문에 보다 전자상거래, 소매점, 소비자들을 관리에 주력한다.

B2C 전자상거래는 코로나19 팬데믹을 지나면서 고속 성장을 이어오고 있으며, 전 세계 소매 전자상거래 시장 규모도 꾸준히 증가하고 있다. 특히 모바일 커머스의 확대와 팬데믹의 영향으로 소비자들의 온라인 쇼핑 습관이 확대되면서 기업들은 디지털 판매 채널 구축을 가속화하고 있다.

B2C 분야에서 나타나는 새로운 트렌드는 다음과 같다.

- 개인 맞춤형 추천과 마이크로 마케팅의 확대이다. 대형 B2C 플랫폼은 빅데이터와 인공지능 방법론을 활용하여 소비자의 행동을 분석하고, 이에 기반한 맞춤형 상품 추천 및 마케팅 콘텐츠를 제공하여 전환율과 사용자 경험을 제고한다.
- 옴니채널(Omni-channel) 소매와 O2O 통합이 진행되고 있다. 기존 오프라인 소매업체들은 온라인 주문·오프라인 픽업 또는 온라인 주문·동일 지역 배송과 같은 온라인·오프라인 연계 전략을 채택하여 소비자의 즉시성과 편의성을 충족시키고 있다.
- 국경을 초월한 크로스보더 B2C 전자상거래의 확산이다. 소비자들이 해외 판매자로부터 직접 상품을 구매할 수 있게 되면서, G마켓 글로벌(Gmarket Global), 티몰 글로벌(Tmall Global) 등 다양한 글로벌 플랫폼이 성장하고 있다.

3 C2C(Consumer-to-Consumer)

C2C(Consumer-to-Consumer) 모델은 제3자가 프로세스를 용이하게 하는 소비자 간의 전자거래를 포함하는 전자상거래이다. 즉, 개인 소비자끼리 상품이나 서비스를 온라인으로 직접 사고파는 거래 형태를 말한다. 이는 전통적인 B2C나 B2B와는 다르게 중간에 기업 판매자 없이 소비자가 판매자이자 구매자가 되어 거래가 이루어지는 것이 특징이다. 온라인 시대의 동네 중고장터와 같아서 일반 사람들이 서로 물건을 사고 팔며 참여하는 디지털 공간으로 볼 수 있는데, 대표적인 예로써 벼룩시장, 당근 등이 있다.

C2C 모델은 소비자 간에 전자상거래 플랫폼을 통해 상품 또는 서비스를 거래하는 구조를 의미한다. 이 모델에서는 판매자와 구매자가 모두 개인이며, 플랫폼은 상품 정보 등록, 검색 기능, 계정 관리, 거래 보증 등을 제공하여 중개자 역할을 수행한다. 거래 방식은 경매 또는 고정가가 일반적이며, 거래 이뤄졌을 때 플랫폼은 에스크로(escrow) 시스템을 통해 구매자의 대금을 일시 보관하고, 구매 확정 후 판매자에게 송금하는 방식으로 신뢰성을 확보한다. 이러한 시스템

은 온라인상 벼룩시장 구조를 디지털로 전환한 것으로, 개인 간 소규모 거래를 활성화시키는 기반이 된다.

다른 인기 있는 C2C 사이트로는 Craigslist, eBid, Etsy, Fiverr, Ibidfree, Ubid, Facebook Marketplace, Taobao 등이 있다. C2C의 성장은 신문의 분류 페이지를 사용하여 개인 품목과 서비스를 광고하고 판매하는 것을 급격히 감소시켰기 때문에 해당 산업에 부정적인 영향을 미쳤다. 반면에 C2C는 많은 사람들이 경매 사이트에서 품목을 판매하여 생계를 유지할 수 있는 기회를 만들었다.

현재 C2C 전자상거래는 다음과 같은 방향으로 진화하고 있다.

- 모바일화와 소셜화가 더욱 가속화되고 있다. 대부분의 C2C 거래는 모바일 앱을 통해 이루어지며, 실시간 채팅 및 푸시 알림 기능을 통해 빠르게 거래가 성사된다.
- 특정 품목에 특화된 수직 플랫폼이 등장하고 있다. 예를 들어 중고 명품, 유아용품, 의류 등 특정 카테고리에 초점을 맞춘 C2C 플랫폼은 전문 감정, 정품 보증 등의 부가 서비스를 통해 신뢰를 확보하고 있다.
- 물류 및 결제 기술의 발달로 인해 지역 간 거래가 보편화되고 있다. 과거에는 지역 기반 직거래가 중심이었으나, 현재는 택배 연동 시스템과 결제 보증 기능을 통해 원거리 거래도 안전하게 진행 가능하다.
- 국경을 초월한 중고 거래가 점차 증가하고 있다. 글로벌 결제 시스템과 국제 물류망의 발달로 인해, 해외 개인 판매자가 국내 소비자에게 중고 상품을 판매하는 구조가 가능해졌으며, 일부 플랫폼은 언어 번역 및 소비자 보호 정책을 통해 이를 지원하고 있다.

C2C는 개별 소비자가 온라인으로 제품을 거래하거나 정보를 교환하는 전자상거래의 한 형태를 말하며, 여기서 소비자는 구매자이자 공급자가 될 수 있다.

언급했듯이, C2C란 소비자와 소비자 간의 거래로 개인과 개인 간의 거래를 의미한다. 서버가 매개역할을 하며 사이버 공간에서 거래하는 모델로 옥션, G마켓등의 대표적인 사례가 있다. 기존의 성공 사례였던 옥션이나 G마켓은 기존의 쇼핑몰 형태인 B2C형태가 아닌 오픈마켓 형태를 띈다. 다수의 판매자와 다수의 소비자가 온라인으로 상품과 서비스를 거래할 수 있는 온라인 마켓플레이스를 제공하는 비즈니스 모델로, 누구든지 판매자나 소비자가 될 수 있다.

C2C 모델이 가지고 있는 주요 장점과 단점은 [표 2.5]와 같다.

표 2.5 C2C 모델의 장·단점

장점	단점
• 진입 장벽이 낮고 누구나 판매자가 될 수 있다는 점에서 개인의 경제 활동 참여 기회 확대 • 자원의 재활용을 촉진, 중고 상품 유통을 통해 환경 친화적 소비를 장려 • 소규모 창업 및 부업 기회를 제공, 개인의 경제 자립에 기여 • 구매자는 다양한 상품을 저렴한 가격에 구매, 일반 상점에서 보기 힘든 독특한 상품도 쉽게 접근	• 거래 당사자가 모두 개인, 사기나 허위 정보 노출의 가능성이 존재, 신뢰 형성 어려움 • 제품의 품질 보증이나 애프터서비스가 부족, 구매자 피해 가능 • 법적 규제가 미비한 상황에서 탈세, 금지 품목 거래 등 불법 발생 위험 • 일정 규모 이상이 되면 기업형 판매자가 시장을 장악, 개인은 가격 경쟁력, 공급 안정성에서 후퇴

새롭게 떠오르는 C2C 활용 사례는 바로 중고거래 플랫폼이다. 중고거래 플랫폼 인기가 뜨거워지고 있다. 중고나라나 당근(당근마켓) 등을 활용한 중고거래가 실용적이고 합리적인 소비를 넘어 재판매·재활용으로 재테크 수단 및 사용한 물건의 재활용이란 개념으로 주목받으며 시장이 급성장하고 있다. 국내 중고거래 플랫폼인 당근, 번개장터, 중고나라 등 시장이 자기들만의 특징적인 플랫폼을 가지고 발전·진화하고 있다. 지속적으로 운영되어 왔던 중고거래 플랫폼과 새로운 플랫폼들의 등장은 재판매 및 재활용 시장을 차지하기 위한 경쟁으로 확산되고 있다.

C2C의 대표적인 예로는 국내의 옥션과 해외의 이베이(eBay) 등이 있는데, 판매자가 옥션이나 이베이 등 경매 사이트에 판매하고자 하는 물품을 올리면, 주어진 시간이나 금액 등 조건에 따라 최고가를 제시한 입찰자가 물품을 낙찰 받는 방식으로 일반적인 경매와 유사한 전자상거래 형태이다. 옥션이나 이베이와 같은 온라인 경매 업체는 경매를 위한 온라인 경매 시장을 제공해 주며, 온라인 상에서 경매가 낙찰되어 거래가 성사되면 거래 낙찰 금액의 일정비율을 수수료

로 받는 수익구조를 가지고 있다.

일반적인 경매를 예를 들어보면, 한쪽에는 경매 물품과 제품 정보, 옵션 등이 있고, 다른쪽에는 입찰에 참여자들 리스트와 입찰 일시, 입찰 가격 등이 나타나 있다. 물품을 구매하고자 하는 참여자들은 지금까지 제시된 입찰가격을 보고 더 높은 가격을 제시하는 방식으로 경매가 진행되기 때문에 입찰가격은 지속적으로 상승하게 되며, 경매 마감일자까지 가장 높은 가격을 제시한 경매 참여자에게 최종적으로 물품이 낙찰되게 된다. C2C에서 개인과 개인 간 경매는 누구나 참여가 가능하고, 팔고자 하는 물품을 언제든지 판매할 수 있으며, 필요한 물품을 경매를 통해 원하는 가격에 구입할 수 있다. 초기에는 입찰자와 판매자 간의 거래에 많은 문제점들이 있었는데, 거래 당사자 간의 신용의 불확실성, 제대로 비용이 지급되지 않은 잘못된 결제, 구매한 상품이 아닌 다른 물건 배송, 등이 지적되기도 했으나, 현재는 플랫폼 업체들의 오랜 노력과 사용자들의 인식 전환으로 안정적이고 신뢰할 만한 거래가 이뤄지고 있다.

4 P2P(Peer-to-Peer)

P2P(Peer-to-Peer) 모델은 전자상거래 영역에서는 개인 간 직접 거래 또는 자산 공유를 지향하는 분산형 거래 방식을 말한다. 전통적인 중개 플랫폼과 달리, P2P에서는 플랫폼이 거래에 깊이 개입하지 않고, 사용자 간 직접 연결과 협업을 가능하게 하는 환경을 제공한다. 가장 대표적인 예는 개인 간의 대출과 같은 P2P 금융이며, 이 외에도 P2P 결제, 분산형 서비스 공유 등이 포함된다.

P2P는 앞에서 언급했던 C2C 모델과 비교해서 사용자 간 직접 거래라는 공통점을 공유하지만, 세부적으로는 기술적 구조, 운영 방식, 활용 분야 등에서 다음과 같은 차이를 나타낸다(표 2.6).

표 2.6 C2C와 P2P의 차이점

차이점	C2C 모델	P2P 모델
거래의 특성	• 상품을 사고 파는 거래	• 서비스나 리소스를 공유
거래 방식	• 중고·신제품 판매 중심	• 자원 공유, 콘텐츠 분산, 금융 거래 중심
사용자 상호작용	• 일회성 거래를 수반	• 지속적인 관계와 반복적인 상호작용을 수반
플랫폼의 역할 및 기능	• 거래 중개, 리뷰 관리, 결제 시스템 제공 • 제품 목록과 거래에 중점	• 최소한의 중개 또는 완전한 탈중앙화 • 신뢰와 안전과 관련된 기능
기술 구조	• 중앙 서버 기반의 플랫폼 중심	• 스마트 계약, 블록체인 기반 거래 기록
신뢰 확보 방식	• 중고 거래, 지역 거래, 온라인 마켓플레이스	• 금융, 콘텐츠 유통, 숙박공유, 모빌리티, 물류 등
활용 산업군	• 당근, 이베이, 메루카리	• 렌딧, 비트로렌트, 에어비앤비, 우버

P2P 모델의 장점은 다음과 같다.

- P2P 모델은 개인이 다양한 제품이나 서비스를 판매할 수 있는 높은 유연성을 가지고 있으며, 중개자 없이 직접 거래하기 때문에 비용이 절감 등 비용 효율성이 높다.
- 개인이 직접 제공하는 독특하고 다양한 제품이나 서비스를 이용할 수 있다.
- 기술적으로 중앙 서버가 없기 때문에 시스템의 장애에 대한 탄력성이 뛰어나며, 사용자 간 협업을 통해 자원을 효율적으로 활용할 수 있다.
- 개인의 참여가 중심이 되는 공유경제에 적합한 구조이다.

하지만 P2P 모델 또한 단점이 있는데 다음과 같다.

- 거래 과정에서 개인 정보 유출 등 보안에 대한 위험이 있다.
- 개인이 판매하는 제품이나 서비스의 품질이 일관적이지 않을 수 있다.

- 개인이 직접 배송을 해야 하는 경우 배송 비용 등의 문제가 발생하거나 상대방의 부도 위험이나 사기 위험이 존재한다.
- 법적 규제의 사각지대가 있어 불법 행위나 소비자 보호 미비 문제가 발생할 수 있다.
- 전문적 서비스나 분쟁 조정 기능이 부족하여 대규모 거래나 고위험 거래에는 부적합할 수 있다.

P2P 서비스는 개인 간의 정보교환을 목적으로 시작되었고, 일반적으로 P2P 모델은 서버가 콘텐츠를 제공하는 것이 아니라 임의의 엔드 시스템들끼리 직접 콘텐츠를 송·수신하는 구조이다. 파일을 공유하는 서비스인 비트토렌트(BitTorrent), 음성 서비스를 제공하는 스카이프(Skype), 스트리밍 서비스를 제공하는 칸칸(Kankan) 등이 대표적으로 P2P 모델을 사용하고 있는 서비스들이다.

이후 P2P모델은 목적에 따라 다양한 서비스 모델로 진화·발전하였다. 대표적으로 P2P 모델은 차량 공유, 숙박 공유, 파일 공유, 금융 대출 모델 등이 있는데, 차량 공유 모델은 기업이 차량을 보유해 대여하는 일반 렌터카와는 다르며, 개인 간 차량 대여 서비스이다. 숙박 공유 모델은 호텔 등과 같은 전문 숙박업체가 아닌 일반 개인들이 소유한 집이나 방과 같은 숙박시설을 디지털 플랫폼을 통하여 이용자들에게 제공하고 일정 숙박료를 받는 서비스이다. 파일 공유 모델은 가장 대표적인 P2P 서비스로, 무료 음악, 영화, 뮤직비디오, TV 프로그램, 만화, 소프트웨어, 게임 등의 파일 고유 서비스이다. 금융 대출 모델은 P2P를 금융 대출 서비스에 적용한 것으로, 이는 개인 투자자와 대출을 원하는 고객을 온라인상에서 연결하여 은행 등 전통적인 금융 기관을 거치지 않고도 직접 대출을 받을 수 있도록 제공하는 서비스이다.

그리고, P2P 플랫폼 모델은 공유경제 기반의 모델로 진화하였는데, 이는 공급 과잉된 제품과 서비스를 공유하는 경제 방식이다. 카쉐어링, 셰어하우스 등의 사업을 중개하는 플랫폼으로 전자상거래 쇼핑몰처럼 온라인 상점이 아닌 중개 형식의 사업이다. 이 거래 방식은 우버, 에어비앤비 등이 있으며, 산업 전체로 확산되고 있다.

5 C2B(Consumer-to-Business)

C2B(Consumer-to-Business) 모델은 소비자가 주도하여 기업에 제품, 서비스, 아이디어 등을 제공하고, 기업이 이를 구매하는 역방향 전자상거래 형태이다. 이는 B2C와는 반대로, 소비자가 공급자 역할을 수행하며, 소비자의 주체적 참여를 통해, 개인이 자신의 역량이나 수요를 시장 가치로 전환하는 모델이다.

C2B 모델의 성장은 소비자의 역할 변화와 관련이 있는데, 웹 2.0과 소셜 네트워크 시대에 접어들며, 모든 사용자가 콘텐츠 제작자이자 창의력 제공자, 판매 경로가 될 수 있고, 이는 C2B 확산의 기초가 되었다.

이에 따라 C2B모델은 맞춤형 제작 및 주문 생산이 확산이 되고, 크라우드 소싱과 크라우드 펀딩을 결합한 기업 혁신이 활발해졌다. 더불어 인플루언서 등의 소비자 영향력이 커지면서 C2B 모델은 더욱 전문화되고 세분화된 플랫폼으로 진화하고 있다. 그리고 빅데이터의 확산과 함께 데이터 기반 C2B 모델이 나타났다.

C2B 모델은 소비자의 요구를 파악하고 많은 소비자와 상호작용을 통해 거래를 할 수 있다. 오늘날 비즈니스 성공여부는 고객 데이터와 소비자의 의견을 실시간으로 취합하고 분석하여 소비자들의 요구를 빠른 시간내에 마케팅 등 기업경영에 반영하는 것이 매우 중요하다. 이는 소비자들이 기업 경영에 중심이기 때문인데, 그 외 주요 장점들은 다음과 같다.

- 소비자의 참여와 창의성을 적극 유도할 수 있다는 점이다. 개인이 가치 제공자의 위치에 있을 경우, 더욱 능동적으로 시장 니즈에 맞는 아이디어를 제안하게 되며, 기업은 이를 통해 시장 조사 및 제품 개발 비용을 절감할 수 있다.
- C2B는 개인에게 자율적 수익 창출 기회를 제공함으로써 유연한 고용과 공유경제 발전에 기여한다.
- 기업 입장에서는 실수요 기반의 거래를 유도할 수 있어 생산 계획을 보다 정확하게 수립할 수 있으며, 특히 주문형 생산에서는 재고 부담을 줄일 수 있다.

- 소비자를 기업의 마케팅 파트너로 활용할 수 있다는 점에서 신뢰도 높은 홍보가 가능해지며, 이는 전통 광고보다 효과적일 수 있다.

그러나 C2B 모델에도 여러 한계 등 단점이 있다.

- 너무 다양한 수요로 인해 기업의 운영 복잡성이 증가한다. 소비자의 요구가 모두 다르기 때문에 기업은 방대한 맞춤형 주문을 처리해야 하며, 생산 유연성과 관리 능력이 부족할 경우 오히려 비효율이 발생할 수 있다.
- 품질과 신뢰에 대한 문제이다. 소비자가 공급자가 되는 경우, 그들의 제품이나 서비스 품질을 어떻게 증명하고 신뢰할 것인가이다. 따라서 C2B 플랫폼은 평가 시스템, 신용 등급제 등을 도입하여 신뢰할 수 있는 개인 공급자를 식별하는 기능이 필요하다.
- 수익 배분의 공정성 문제이다. 소비자가 가치를 제공했음에도 불구하고 기업이 대부분의 이익을 가져가는 구조가 발생할 수 있다.
- 법률 및 제도 미비이다. 다수의 C2B 거래는 새로운 유형으로, 아직 관련 법이 정비되지 않은 상태로 저작권 세금, 등 규제 마련이 필요하다.

이처럼 C2B는 기존 상거래 방식의 유용한 보완책이며, 대중의 집단 지성과 자원을 효율적으로 활용할 수 있는 강점을 갖는다. 그러나 건전한 생태계를 구축하기 위해서는 품질 관리, 신뢰 시스템, 수익 공유 등의 제도적 보완이 병행되어야 한다.

C2B모델의 대표적인 예로 소셜 커머스가 있으며, 국내 소셜 커머스 기업으로는 쿠팡, 티몬, 위메프 등이 있다.

6 G2C(Government-to-Consumer)

G2C(Government-to-Consumer) 모델은 전자상거래에서 정부와 개인 간, 개인과 정부 간의 거래하는 방식을 나타내는데, 정부 기관이 전자정부 플랫폼을 통해 국민에게 다양한 공공 서비스를 제공하는 모델을 나타낸다. 즉, G2C는 정부가 일반 국민을 대상으로 온라인상에서 행정 서비스 또는 정보 제공, 납부 등의

거래를 수행하는 방식이다.

다시 말하면, G2C는 정부나 정부 산하 기관, 공공기관들이 국민들에게 청구서, 세금 납부, 민원서류 발급, 의료보험금 지급 등과 같은 다양한 행정 서비스를 온라인을 기반으로 제공하는 전자상거래 서비스 유형이다. 국민은 정부 웹사이트를 통해 개인 민원 업무를 처리하거나, 정보를 열람하거나, 각종 요금을 납부할 수 있다.

G2C 모델은 전자상거래의 개념이 공공 서비스 영역에 적용된 형태로, 정보기술을 활용하여 정부의 서비스 효율성과 투명성을 높이고, 국민에게 보다 편리한 행정 경험을 제공하는 데 목적이 있다

G2C는 B2C나 G2B보다 나중에 시작된 서비스이나, 대한민국 전자정부라는 이름으로 전 세계적으로 최고의 대국민 행정 서비스를 온라인으로 제공하며, 선진국가의 행정서비스를 운영하고 있다

한국 전자정부의 사례는 시민을 위한 정부(G4C)로, 온라인 민원시스템인 민원24가 있다. G4C 시스템은 전자인증, 전자문서, 전자결제를 기반으로 시민들이 온라인으로 다양한 공공서비스를 이용할 수 있도록 해 준다. 예를 들어, 시민은 가정용 프린터를 사용하여 주민등록증 사본을 인쇄할 수 있다.

최근 전자정부는 기술의 향상된 대화형 기능과 더 큰 상호작용, 협업 및 조정에 대한 시민 및 이해관계자의 기대가 높아지는 소셜 미디어 환경에서 더욱 시민 중심적이고 참여적인 포럼으로 계속해서 발전해 왔으며, 대표적으로 활용되고 있는 플랫폼으로는 정부24, 위택스 등이 있다.

7 G2B(Government-to-Business)

G2B(Government-to-Business) 모델은 정부가 전자 플랫폼을 통해 기업에 행정 서비스 및 정보를 제공하거나, 조달 및 입찰 거래 등 기업과 상호작용하는 전자상거래 모델이다. 다시 말해, G2B는 정부가 온라인을 통해 기업의 행정업무를 처리할 수 있도록 지원하거나, 정책 발표, 데이터 제공, 또는 공공조달을 위한 입찰·계약 등의 절차를 포함하는 다양한 영역을 포괄한다.

정부는 전자사업자등록, 연례검사, 세금 납부, 자격 인증 등 각종 서비스를 온라인으로 제공하며, 기업은 이를 통해 인허가 신청과 법령 조회가 가능하다. 동시에 정부는 수요자로서 전자조달 플랫폼을 활용해 물자와 서비스를 구매하고, 입찰 공고부터 계약 체결까지 전 과정을 온라인화하고 있다. 이 외에도 정부는 경제 데이터와 산업 지침 등을 제공하며, 기업과의 상호작용 효율을 높인다.

G2B는 전자정부의 핵심 구성 요소 중 하나로 간주되며, 이를 통해 정부와 기업 간의 상호작용이 더욱 효율적이고 투명한 방식으로 진행될 수 있도록 한다.

G2B 모델은 크게 두 가지 측면에서 운영되는데, 첫째는 정부가 기업에게 다양한 행정 서비스를 제공하는 것이다. 예를 들어, 기업은 온라인 시스템을 통해 사업자 등록, 연례 점검 및 보고, 특허 신청, 전자 통관 신고 등을 처리할 수 있는데, 기업의 행정 처리 효율을 높이고, 정부 기관을 반복적으로 방문해야 하는 번거로움을 줄이며, 궁극적으로는 기업 친화적인 경영 환경 조성에 기여한다. 둘째는 정부가 구매 주체로서 기업으로부터 상품이나 서비스를 전자적으로 조달하는 형태를 포함한다. 즉, 전자 입찰 시스템 및 정부 조달 플랫폼을 통해, 정부는 공고 게시, 기업의 온라인 입찰 참여, 투명한 평가 및 계약 체결의 전 과정을 디지털화 하여 조달 효율성 및 과정의 투명성을 높인다.

대표적인 국내 G2B 서비스로 국가종합전자조달 서비스인 조달청의 나라장터(www.g2b.go.kr)가 있는데, 이는 정부 및 정부 산하 기관들이 필요로 하는 다양한 기자재 및 물품들을 구매·조달하기 위해서 운영되고 있다.

조달청(나라장터)은 중앙 정부 및 산하 기관들이 입찰 및 온라인 쇼핑몰을 통해 필요한 물품을 효율적으로 조달할 수 있도록 지원하는 플랫폼이다. 일반적인 경매 입찰과 달리, 정부주도 입찰 방식을 통해 각 정부 기관은 필요한 기자재 장비 및 물품을 직접 공시하고 입찰을 통해 낙찰자로부터 직접 구매할 수 있다. 또한, G2B 쇼핑몰을 통해 각 행정부서에서 필요한 다양한 물품을 구매할 수 있다.

이 외에도 서비스 외에도 나라장터에서는 중앙 정부나 정부 산하 기관들이 사용하는 각종 신청서, 양식, 양식의 전송, 납부, 기업 정보 갱신, 질의 응답, 민원 요청 등과 같은 각종 서비스를 제공하고 있다.

G2B 애플리케이션은 정부 조달 사무소가 민간 산업으로부터 자재 및 서비스를 구매하는 것을 지원하고, 기업이 정부 계약에 입찰할 수 있도록 하며, 기업

이 입찰할 수 있는 정부 계약을 식별하는 데 도움이 된다. 정부 웹사이트를 통해 중소기업은 법률 및 규정에 대한 정보에 액세스하고 기업에 대한 연방 요구 사항을 준수하는 데 필요한 관련 양식을 다운로드할 수 있다.

국내 온라인 전자 조달 시스템(KONEPS)은 대표적인 G2B 시스템이다. KONEPS는 온라인 전자조달 시스템의 통합 단일 창구로, 정부 기관 및 민간 기업이 조달 관련 모든 과정을 전자적으로 참여할 수 있는 사이버 공간을 제공한다.

다시 말하면, B2G는 온라인상에서 이루어지는 기업과 정부 간의 상거래를 말한다. 물론 G는 단순히 정부뿐만 아니라 지방정부, 공기업, 정부투자기관, 교육 기관 등을 포함한다. B2G 네트워크 또는 모델은 기업이 정부 기관이 구매하거나 조직에 필요한 정부 프로젝트 또는 제품에 입찰하는 방법을 제공한다. 여기에는 입찰을 제안하는 공공 부문 조직이 포함되며, 온라인상에서 실시간 입찰 등 B2G 활동이 증가하고 있다.

8 G2G(Government-to-Government)

G2G(Government-to-Government) 모델은 정부와 정부 또는 정부 부처 간과 같은 정부 기관 간의 거래를 지원한다. G2G 모델은 정부 기관 간 전자적 방식으로 데이터를 교환하고, 공동 업무 처리 또는 자원 공유를 수행하는 전자정부 형태이다. 이는 같은 국가 내 중앙·지방정부 및 부처 간의 디지털 협업뿐만 아니라, 국가 간 정보 교류 및 공동 행정 서비스도 포함한다.

G2G 모델의 핵심은 효율적인 정부 내부 연계 및 부처 간 협업을 통한 업무 간소화에 있다. 이러한 정부 간 서비스는 정부 기관이 출생 및 사망 데이터, 체포 영장 정보, 세금 정보, 지원금에 대한 정보와 같은 정보 등을 보고할 수 있도록 하는 서비스이다.

국내 온나라시스템은 G2G의 대표적인 사례로 대한민국 정부의 행정업무관리시스템이다. 이 시스템은 투명성과 책임성을 높여 오래된 관료문화와 업무 프로세스를 개선하기 위해 마련되었다.

G2G 모델은 정부 간 거래로, 양국 정부가 계약 주체로서 계약의 체결 및 이

행, 사후관리 등을 보증한다. G2G 모델의 성공적인 사례에는 KIND가 있다. 한국 해외 인프라 도시개발 지원공사(KIND)가 코로나19 사태 장기화로 우리기업의 해외 시장 진출 확대 필요성이 대두되고 있는 상황에서 제3국과의 G2G 협력 플랫폼을 활용해 가시적인 성과를 내고 있다. G2G 협력 플랫폼은 정부 간 협력을 통한 비경쟁 사업 수주방식으로 정부가 투자사업을 선도적으로 발굴해 민간에 배분하는 형태이다. 현지 인프라 사업을 상호 제안하는 방식을 통해 경쟁입찰 없이 배타적 우선사업권을 확보할 수 있는 G2G 협력 플랫폼이다.

정부나 정부산하기관 등이 기업을 대신하거나 기업과 함께 거래에 참여할 수 있는데, 거래 상대 국가의 정부와 수출 등 협약이나 계약을 체결하는 것으로, 우리나라에서는 코트라가 정부를 대신해 외국과 상담, 계약 업무를 담당하고 있다.

G2G는 디지털 정부 고도화에 따라 다음과 같은 방향으로 발전하고 있다.

- 국가 단위 통합 플랫폼 구축을 통해 지역 간, 부처 간 시스템 연계를 실현하고 있다.
- 빅데이터를 중심으로 한 부처 간 데이터 융합이 본격화되며, 이를 통해 정책 분석과 공동 감독 체계를 강화하고 있다.
- 재난 대응 및 공공 안전 분야에서의 실시간 협업 시스템이 확대되고 있으며, 경찰·소방·기상 등 여러 부처가 하나의 플랫폼에서 연동되어 공동 대응을 가능하게 한다.
- 국경을 넘는 전자정부 서비스가 확산되며, 예컨대 해외 거주 국민의 온라인 행정 서비스 이용, 국가 간 실시간 정보 연계가 활발히 이루어지고 있다.

G2G 거래의 장점은 행정업무 처리 효율성 향상, 정부 업무의 투명성, 전자결제,행정 정보 공동 이용 등이며, 로비, 뇌물, 금품수수 등의 각종 부정부패를 사전에 차단 가능하다. 또한 산업 자원 협력 및 다자 협력을 연계한 패키지 파이낸싱 지원을 통해 수요국의 다양한 민간산업으로 사업 영역 확대가 가능하다.

즉, G2G 거래는 정부가 거래에 대한 책임과 의무를 지고, 민간 기업이 실제 거래 실행을 담당하는 정부(국가) 간 무역의 한 형태이다. G2G 거래는 전통적으로 무기 등 군수 물자와 원유, 전력과 같은 대규모 장기 물품 거래에 국한되었지만, 이제 G2G 거래의 범위는 공공재를 넘어 플랜트, 소프트웨어, 시스템, 서비스까지 거래 영역이 확대되고 있다.

9 D2C(Direct-to-Customer)

D2C(Direct-to-Consumer) 모델은 제조업체나 브랜드가 유통 중개 없이 소비자에게 직접 제품을 판매하는 전자상거래 방식이다. 기업은 공식 홈페이지, 브랜드 쇼핑몰 등 자체 온라인 플랫폼 또는 직영 매장을 통해 제품을 공급하며, 중간 도매상이나 소매상이 개입하지 않는다. 이러한 중간 유통업체를 거치지 않고 소비자에게 직접 판매하는 모델로, B2C 모델에서 진화한 모델이다.

이는 유통 마진을 줄이고 소비자와 직접 연결되어 데이터를 수집하고 브랜드 경험을 제어할 수 있다는 점에서 기존 유통 구조와 차별화된다. D2C는 특히 신생 브랜드나 온라인 기반의 소비재 스타트업에서 주로 채택되며, SNS 기반의 디지털 마케팅, 자사몰 구축, 물류 관리 등을 스스로 운영한다는 점이 특징이며, 대표적으로 samsung.com 등과 같이 온라인상의 기업들의 자체 쇼핑몰을 D2C 라고 할 수 있다.

코로나19 팬데믹 시대로 인해 시장이 위기에 직면하면서 이를 극복하기 위해 기업이 소비자와 직접 거래할 수 있도록 하여 불필요한 비용을 줄이고 매출과 수익성을 높이는 방법으로 활용되고 있다(그림 2.1).

그림 2.1 D2C(Direct-to-Customer) 구성도

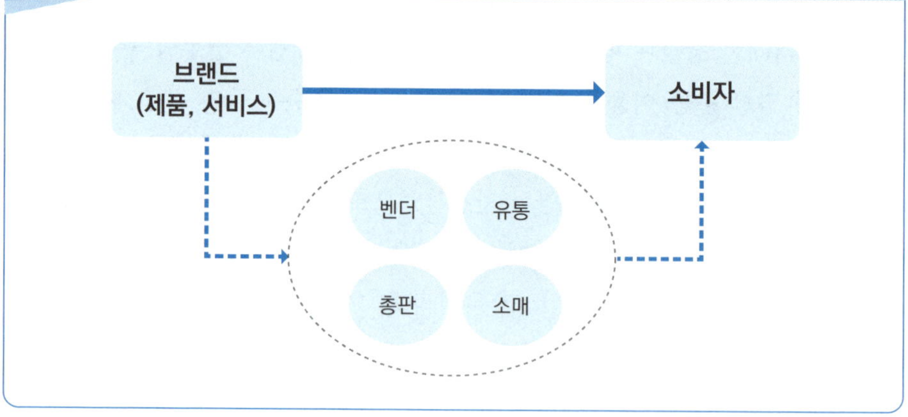

예전부터 일반적으로 패션 관련 기업들은 백화점, 아울렛 등 대형 유통업체나 아마존, 쿠팡 등 대형 온라인 플랫폼에 의존하기보다는 자사 공식 쇼핑몰 운영에 집중해 왔다. 하지만 코로나19 팬데믹을 계기로 온라인 시장이 급속도로 확장되면서 D2C(소비자 직거래) 시장 또한 빠르게 성장했다.

나이키는 2019년 아마존에서 철수하고 온라인 및 오프라인 판매 채널을 축소하고 있는데, 이미 글로벌 브랜드로 충성도 높은 고객층을 확보한 나이키는 이제 소비자 직접 판매를 통해 브랜드를 한층 더 성장시키는 데 집중하고 있다.

D2C 거래는 판매자인 기업이 소비자에게 직접 상품을 판매함으로써 기존에 유통 채널에 지불하던 수수료를 절감할 수 있고, 소비자와의 직접적인 접촉과 소통을 통해 브랜드는 관심 있는 소비자를 자사 온라인 쇼핑몰로 유치할 수 있다. 특별 이벤트나 시즌 세일과 같은 브랜드 이벤트는 온라인 스토어를 통한 효율적인 판매 및 마케팅을 촉진한다.

D2C 모델의 장점은 다음과 같다.

- 브랜드가 직접 고객과 소통하고 데이터를 확보함으로써 제품 개발과 마케팅을 정교하게 조정할 수 있다.
- 유통 마진을 줄여 가격 경쟁력을 높일 수 있고, 차별화된 브랜드 이미지도 구축이 가능하다.
- 고객에게는 신선하고 독특한 상품, 빠른 배송, 의견 반영 기회 등 참여형 소비 경험을 제공한다.

D2C 모델의 단점으로는 다음과 같다.

- 초기 고객 확보 비용이 높고, 광고나 SNS 마케팅에 대한 의존도가 크다.
- 재고 관리, 물류, CS까지 모두 직접 운영해야 하므로 운영 복잡성이 높다.
- 브랜드 인지도가 낮은 경우 신뢰 확보가 어렵고, 오프라인 접점을 선호하는 소비자를 놓칠 가능성이 있다.
- 소비자 입장에서 다양한 브랜드를 개별적으로 기억하고 방문해야 하는 불편도 존재하여 종합 쇼핑 플랫폼과의 경쟁에서 불리할 수 있다.

D2C의 활성화로 B2C 기업들은 판매 및 마케팅 활동을 고객과 직접적이고 효과적으로 연결하기 위해 노력하고 있다. 많은 기업들이 D2C를 단순히 유통

마진 없이 소비자에게 제품을 판매하는 것으로 이해하지만, D2C의 진정한 가치는 소비자와 소통하면서 직접 거래하는 데 있다.

D2C는 판매자인 기업이 직접 고객을 만나고 관리할 수 있는 것이 장점이며, 판매자의 D2C 자사몰을 통해 고객과 직접 연결되고 소통하며, 이러한 경험이 기업 성공의 핵심이라고 할 수 있다.

나이키, 펩시, 하인즈, 삼성, LG 등과 같은 브랜드들은 직접 기업이 운영하는 D2C 사이트에서 제품을 구매할 수 있게 운영하고 있으며, 코로나19로 인한 라이프스타일 변화가 온라인 시장을 더욱 가속화하였다.

소비자와 직접 거래하는 기업은 사람들의 쇼핑 방식을 변화시키고 있다. 그 과정에서 모든 분야의 브랜드는 소비자 선호도와 기대치를 근본적으로 변화시키고 있다.

10 O2O(Online-To-Offline)

O2O(Online-to-Offline) 모델은 온라인을 통해 소비자를 유치하고, 오프라인에서 실질적인 상품 또는 서비스 제공이 이루어지는 전자상거래 방식이다. 온라인에서 정보 탐색, 주문 및 결제가 이루어진 후, 실질적인 소비가 오프라인 공간에서 발생하는 것이 핵심이다. 전통적인 B2C 모델이 온라인에서 구매와 배송까지 완료되는 것과 달리, O2O는 오프라인 매장의 실체를 기반으로 고객 체험을 동반한다.

2000년대 중반 기존의 PC 중심의 전자상거래에 이동통신의 발달과 스마트폰의 등장은 새로운 변화를 가져오게 되었는데, 기존의 고정된 PC에서의 거래가 아닌 스마트폰과 같은 휴대 단말기를 이용하면서 기존의 고정형, 제한적인 상거래에서 언제, 어디서나 상거래가 가능하게 되었다. 특히 항상 소지하는 휴대폰은 상거래 업체들에게 실시간 마케팅과 영업이 가능하게 하였으며, 다양한 방법의 마케팅이 가능하게 됨으로써 기업들은 전보다 고객들을 상대로 적극적인 마케팅을 하게 되었다.

O2O는 온라인(online)과 오프라인(offline) 거래를 통합하는 과정을 나타내는

데, 전자상거래에서 온라인과 오프라인 채널이 연결되어 나타나는 것이며, 오프라인의 비즈니스 기회를 모바일 단말기와 온라인 플랫폼을 활용해서 온라인상에서 실현할 수 있도록 하는 새로운 전자상거래 모델이다. 소셜 커머스의 등장과 성장은 O2O 시장에 활성화를 가져왔다.

초기의 O2O는 오프라인 매장을 소유한 업체들이 고객들을 매장으로 유인하거나 상품이나 서비스 판매를 활성화하기 위해서 PC기반 온라인 소셜 커머스에서 서비스를 제공하였고, 이후에는 온라인과 오프라인을 실시간으로 연결하는 온디맨드(on-demand) 플랫폼의 형태로 서비스가 제공되고 있다. 특히 스마트폰 등 모바일 기기의 사용자가 급격히 확산되면서, 위치기반의 푸시 마케팅과 포인트 적립, 쿠폰 발행 등 기본적으로 사용자에게 혜택 제공하는 서비스와 예약 등의 간단한 서비스에서 차량호출, 음식배달, 부동산 거래, 대리운전, 차량공유, 숙박공유, 뷰티 서비스 등 일상생활에 필요한 모든 분야로 서비스의 범위가 확대되고 있다.

O2O의 성장 배경이 된 소셜 커머스는 전자상거래와 마케팅이 결합한 비즈니스 모델이라고 할 수 있는데, 이는 소비자들에게는 할인을 통한 저가의 가격으로 상품이나 서비스를 구매할 수 있도록 하면서 구매 상품이나 서비스 매장 등을 홍보하는 수단으로도 활용되었다.

O2O는 모바일 및 기타 기술을 활용하여 PC나 모바일 기기를 통해 온라인으로 고객을 유치하고, 오프라인 매장이나 서비스를 통해 거래하는 방식이다. 예를 들어 근거리통신(NFC: Near Field Communication)기술이나 위성 위치 확인 시스템(GPS: Global Positioning System)과 같은 위치기반 기술을 활용하여 오프라인 매장 근처의 소비자를 파악하고, 할인 쿠폰이나 이벤트 정보와 같은 푸시 마케팅 메시지를 전송하여 잠재 고객을 유치할 수 있다.

O2O는 PC나 모바일 기기를 통해 온라인으로 고객을 유치하고, 모바일 및 기타 기술을 활용하여 오프라인 매장이나 서비스를 통해 거래하는 방식입니다. 예를 들어, 근거리 무선 통신(NFC)이나 위성 위치 확인 시스템(GPS)과 같은 위치기반 기술을 활용하여 오프라인 매장 근처의 소비자를 파악하고, 할인 쿠폰이나 이벤트 정보와 같은 푸시 마케팅 메시지를 전송하여 잠재 고객을 유치할 수 있다.

O2O의 주요 장점은 다음과 같다.

- 소비자는 온라인으로 미리 예약하고 혜택을 적용 받아 오프라인에서 빠르고 편리하게 소비할 수 있다. 줄서기나 불필요한 대기를 줄이고, 할인 혜택을 실시간으로 확보할 수 있다.
- 오프라인 매장은 온라인을 통해 더 넓은 고객층에 접근할 수 있어 홍보 및 매출 증대 효과를 누릴 수 있다. 리뷰 및 평점 시스템을 통해 평판이 좋은 매장은 노출도가 높아지고 경쟁력이 강화된다.
- 예약 기반 운영으로 자원 낭비를 줄이고 효율적인 운영이 가능하며, 전자결제를 통해 회계 및 재고 관리도 간소화된다.

그러나 단점도 존재하는데 다음과 같다.

- 플랫폼 중심의 수수료 구조로 인해 일부 소상공인은 수익성에 부담을 느끼고 플랫폼에 대한 의존도를 줄이려는 경향이 있다.
- 서비스 품질 관리가 어려울 수 있다. 플랫폼은 사용자 경험에 영향을 받지만 실제 서비스는 오프라인 사업자에 의존하므로, 서비스 편차가 브랜드 신뢰에 영향을 줄 수 있다.
- 기술 기반 구조로 인해 개인정보 유출, 결제 보안, 허위 주문, 악성 리뷰 등 부정 이용 등의 위험이 존재한다.
- 초기에는 과도한 프로모션과 할인 경쟁으로 소비자 이익이 컸지만, 장기적으로는 지속 가능성 확보가 과제로 남는다.

O2O 서비스는 온·오프라인의 통합이라는 특징을 가지고 다양한 분야에서 지속적으로 서비스가 발전을 하고 있는데 다음과 같은 특징을 가지고 있다.

- 온·오프라인의 통합이 더욱 정교화되고 있다. 오프라인 매장에서 온라인으로 재고 확인 및 주문을 진행하거나, 온라인 주문 후 매장에서 즉시 수령하는 옴니채널 방식이 보편화되고 있다.
- 디지털 기술을 통한 오프라인 체험 고도화가 이루어지고 있다. 예컨대 매장 내 증강현실(AR) 내비게이션, 가상 피팅 기술, 무인 계산 및 스마트 결제 시스템 등은 소비자 경험을 혁신하고 있다.
- O2O 적용 범위가 확대되고 있다. 과거에는 주로 외식이나 교통 중심이었

지만, 의료예약서비스, 자동차 정비 예약서비스, 가사 서비스, 온라인·오프라인 교육서비스 등으로 확장되고 있다.

- 슈퍼앱 기반의 O2O 생태계 확장이 진행되고 있다. 카카오는 다양한 생활 서비스를 하나의 앱에서 제공하며 사용자의 소비 동선을 장악하고 있다.
- 소상공인 중심의 자율형 O2O도 증가하고 있다. 많은 자영업자들이 독자적인 모바일 앱이나 미니프로그램을 개발하여 플랫폼 의존도를 줄이고 자체 고객을 유치·관리하는 방향으로 진화하고 있다.

O2O 모델을 기반으로 오프라인 시장에 뛰어드는 온라인 기업과 온라인 시장에 뛰어드는 오프라인 기업들이 확산하고 있으며, 대표적인 예로는 다음카카오, SK플래닛, 네이버, 스타벅스의 사이렌오더 서비스, 교보문고 바로드림 서비스 등이 있다.

당근

브랜드명이 당근마켓에서 당근으로 변경한 국내 대표적인 중고거래 플랫폼인 당근마켓은 광고채널 효과와 함께 월간 사용자 약 1900만 명, 누적 사용자 약 3900만 명을 기록 중이며, 지역기반 채널로 성장 중이다. 당근마켓의 매출은 크게 광고(디스플레이, 검색광고), 중개(안전결제, 중고차경매 등), 기타 (브랜드상품 판매 등)으로 구성된다. 이에 당근마켓은 단순 중고거래 플랫폼을 넘어 당근중고차, 당근부동산과 같은 굵직한 비즈니스로 본격적인 수익 창출에 나서고 있다.

당근은 2015년 국내에서 시작된 지역 기반 C2C 플랫폼으로, 하이퍼로컬 커뮤니티라는 새로운 문화를 만들어냈다. 이용자는 가입 시 GPS로 자신의 동네를 인증하고, 반경 몇 km 이내의 동네 사람들과만 중고 물품을 거래할 수 있다. 이는 멀리 있는 상대와 택배 거래를 하는 대신, 가까운 이웃과 직접 만나 현금 혹은 송금으로 물건을 주고받는 형식을 취한 것이다. 이러한 동네 직거래 모델은 "중고 거래=사기 위험"이라는 선입견을 깨며 폭발적인 호응을 얻었다. 실제로 낯선 온라인 ID보다는 같은 동네 주민이라는 사실이 주는 심리적 신뢰가 있고, 직접 보고 거래하니 물품 상태를 확인할 수 있어 안심할 수 있다는 장점이 있다. 당근마켓은 여기에 더해 "매너온도"라는 이용자 평판 지표를 도입하여, 이전 거래들에서 받은 평가를 바탕으로 상대방의 신뢰도를 한눈에 볼 수 있게 했다. 매너온도가 높으면 그만큼 친절하고 신뢰할 만한 이웃임을 의미하므로, 이용자들은 이 지표를 거래 판단의 참고로 활용한다. 반대로 온도가 너무

낮거나 비매너 평가가 많으면 거래를 기피하게 되므로, 사용자들도 서로 예의를 지키며 원만한 거래를 하려고 노력하게 된다. 이렇듯 당근마켓은 기술이 아닌 커뮤니티 원리로 신뢰 문제를 풀어낸 독특한 사례로 평가된다.

사용자층도 남녀노소로 확대되어, 중고거래 경험이 없던 주부나 중장년층까지 앱에 대거 유입되었다. 당근마켓이 활성화되면서 "당근이세요?"라는 유행어가 생겼을 정도로, 일상 속 거래 문화가 바뀌기도 했다. 흥미로운 점은 당근마켓이 커지면서 서비스 범위도 확장되고 있다는 것이다. 단순한 중고거래 앱을 넘어 동네 정보 공유, 구인구직, 소상공인 홍보 등 지역 커뮤니티 플랫폼으로 변모하고 있다.

당근 사례는 국내에서 C2C 모델을 활용하여 지역 커뮤니티 중심의 새로운 소비 문화를 만든 사례라고 할 수 있다.

타운카(Towncar)

타운카는 국내 최초로 개인 소유 차량을 이웃과 공유하는 개념을 구현한 P2P 카셰어링 서비스다. 2020년대 초 등장한 타운카는 ICT 규제샌드박스 실증특례를 통해 사업을 시작하여, 일정 조건 하에 개인이 본인 차량을 플랫폼에 등록하고, 같은 지역의 다른 개인이 이를 시간 단위로 빌려 탈 수 있도록 연결해 준다.

예를 들어 평일에 주로 차량을 쓰지 않는 사람은 자신의 차를 타운카에 올려두고, 주말에 차가 필요한 이웃은 앱을 통해 그 차를 예약·이용하는 식이다. 보험 문제가 개인 간 카셰어링의 걸림돌이었는데, 타운카는 캐롯손해보험과 제휴한 전용 자동차보험을 도입하여 공유 중 사고 발생 시 최대 3천만 원까지 보상하도록 체계를 마련했다. 또한 GPS 및 IoT 기술을 활용한 비대면 차량 인수인계 시스템으로 차주와 이용자가 직접 만나지 않아도 되게 하여 편의를 높였다.

타운카의 수익모델은 이용료의 일부를 중개 수수료로 취하는 것으로, 전통적인 쏘카·그린카(Car-sharing)와 달리 차량 구매비용이 들지 않으므로 경량 운영이 가능하다. 현재 서비스 지역을 확대하면서 유휴 차량 활용을 통한 부가수입 창출 아이디어를 확산시키고 있으며, 정부도 개인 차량 공유가 활성화되면 차량 수 감소 등 사회적 편익이 있을 것으로 보고 규제를 완화하는 추세다.

타운카 사례는 해외의 Turo 등 P2P 카셰어링 모델을 국내 현실에 맞게 적용한 것으로, 승용차는 재산이라는 인식을 공유자산 개념으로 전환시켰다는 평가를 받는다. 향후 이용자 저변 확대와 함께 안전사고에 대한 지속적인 관리, 차량품질 점검 등의 과제가 있지만, 개인 간 차량대여 시장의 가능성을 입증한 사례로 꼽힌다.

제 3 장

전자상거래 마케팅

1. 전자상거래 마케팅의 개념
2. 전통적인 마케팅과 전자상거래 마케팅 차이점
3. 전자상거래상에서 마케팅의 특징 및 장·단점
4. 전자상거래 마케팅의 유형
5. 전자상거래 마케팅 전략
6. 전자상거래 마케팅 활용 기술 사례

제3장

전자상거래 마케팅

전자상거래의 급격한 발전과 더불어 마케팅의 중요성은 더욱 높아지고 있다. 디지털 환경에서는 수많은 기업과 제품이 소비자의 선택을 기다리고 있어 경쟁이 치열해지고 있으며, 이를 극복하기 위한 전략적인 마케팅이 필수적이다. 특히, 전자상거래에서의 마케팅은 인터넷 마케팅으로 시작하여 디지털 마케팅으로 진화하여 단순한 광고를 넘어 소비자 맞춤형 서비스를 제공하는 데 중점을 두고 있다.

기업들은 고객 데이터를 기반으로 소비자들의 행동 패턴을 분석하여 맞춤형 광고와 제품 추천을 제공한다. 사용자의 검색 기록, 장바구니 정보, 구매 이력을 종합적으로 분석하여 소비자가 선호할 만한 상품을 추천하는 방식이다. 이러한 개인화된 접근 방식은 소비자가 원하는 상품을 더 빠르고 쉽게 찾도록 돕고, 그들의 구매 결정을 가속화하는 역할을 한다.

또한, 소셜 미디어와 인플루언서 마케팅의 영향력도 무시할 수 없다. 현대의 소비자들은 단순히 브랜드가 제공하는 정보뿐만 아니라, 소셜 미디어상에서 다른 사용자들이 남긴 리뷰나 인플루언서의 추천에 큰 영향을 받는다. 특히, 젊은 소비자층은 이러한 방식을 통해 제품을 선택하는 경향이 두드러지며, 브랜드는 이를 활용해 소비자와 더 가까운 관계를 구축하려고 노력하고 있다. 소셜 미디어를 통한 브랜드와 소비자 간의 직접적인 소통은 신뢰를 형성하고, 더 나아가 장기적인 관계로 이어질 가능성이 크다.

결국, 전자상거래에서 마케팅의 성공 여부는 소비자의 요구를 정확히 파악하고, 그에 맞는 맞춤형 서비스를 얼마나 효과적으로 제공할 수 있는지가 관건이다. 데이터 기반 마케팅과 소셜 미디어의 힘을 활용한 개인화된 경험 제공은 전자상거래 마케팅의 핵심 요소이며, 이는 앞으로도 더욱 중요한 역할을 하게 될 것이다.

1 전자상거래 마케팅의 개념

전자상거래는 온라인을 통해 물품이나 서비스를 판매하고 구매하는 활동이다. 이는 전통적인 오프라인 상점에서의 거래와 달리, 시간과 장소의 제약 없이 거래가 가능하다는 큰 장점을 가지고 있다. 이러한 전자상거래 환경은 소비자들에게 다양한 혜택을 제공한다. 우선, 고객은 집에서 나가지 않고도 온라인상에서 원하는 제품을 찾아보고 구매할 수 있다. 또한, 온라인 상점은 24시간 운영되므로 고객들은 언제든지 쇼핑을 할 수 있다. 또한, 온라인상에서는 다양한 판매자와 제품 사이에서 선택할 수 있으므로, 소비자들에게 보다 넓은 선택을 할 수 있다.

하지만 이러한 전자상거래 환경에서 기업들에게 마케팅은 오프라인 매장과는 달리, 전자상거래에서는 고객과의 직접적인 접점이 없기 때문에 어떻게 고객을 유치하고 관리할 것인지에 대한 마케팅 전략이 필요하다. 전 세계적으로 스마트 기기 사용률과 온라인 접근성의 향상으로 인해 고객들의 소비 패턴도 변화하였으며 그로 인해 B2C(Business-to-Consumer) 모델 외에도 C2C(Consumer-to-Consumer) 모델 같은 다양한 형태의 전자상거래 모델들도 등장하였다. 기업 입장에서 볼 때 온라인 마케팅 활동은 대량의 데이터를 수집하여 분석함으로써 소비 패턴 및 성향 등 소비 자체를 이해하는 데 큰 도움을 준다. 이를 통해 기업은 소비자에게 보다 맞춤화된 제품이나 서비스를 제공할 수 있으며, 이는 결국 소비자 만족도를 높이고 장기적인 고객 관계를 유지하는 데 도움이 된다.

또한, 전자상거래가 발달함에 따라 마케팅 방식도 크게 변화하였는데 디지털 마케팅의 등장과 함께 온라인 시장은 더욱 정교하게 발전하게 되었다. 기업들은 이제 소비자들과 직접적으로 소통하며 그들의 니즈를 파악하고 즉시 반응하는 등 새로운 방식으로 마케팅을 수행한다.

디지털 마케팅은 디지털 채널을 통해 소비자와의 상호작용을 촉진하고 브랜드 인지도를 높이며, 판매를 증진시키는 다양한 전략과 도구들을 포함하며, 디지털 기술을 활용하여 고객의 니즈와 욕구에 맞는 맞춤형 상품과 서비스를 개발하고, 적절한 시간, 가격, 장소에서 고객과의 상호작용을 통해 소통하고 홍보하는 일련의 프로세스이다. 고객 경험을 극대화하고 고객과 지속적인 관계를 유지하는 것이 목표이다.

전자상거래 환경에서의 마케팅 전략은 다양한 형태로 나타난다. 성공적인 마케팅을 수행하기 위해서는, 고객 중심의 접근법, 데이터 분석 및 개인화, 검색엔진 최적화(SEO), 검색 엔진 광고(SEM), 사용자 경험(UX), 소셜 미디어 마케팅(SMM), 이메일 마케팅, 콘텐츠 마케팅 등 다양한 채널을 통해 고객에게 접근한다. 더욱이 최근에는 인공지능(AI)과 빅데이터 기반의 개인화된 추천 시스템 등 첨단 기술을 활용한 맞춤형 마케팅 전략도 주목받고 있으며, 다양한 요소들이 복합적으로 작용하는 전략이 필요하다. 이런 방식은 고객 각각의 성향과 필요성을 파악하여 그에 맞는 제품이나 서비스를 추천함으로써 고객 만족도와 충성도를 향상시키고 있다.

전자상거래와 디지털 마케팅은 현재 비즈니스 환경에서 분리할 수 없는 요소가 되었다. 디지털 시대의 변화와 함께 계속해서 발전하며 새로운 모습을 보여주고 있는 전자상거래와 디지털 마케팅은 앞으로도 계속해서 성장할 것이다.

사례들을 살펴보면, 구글 애드와 같은 검색 네트워크 광고는 사용자의 검색 행동에 기반하여 맞춤형 광고를 제공함으로써 고객의 관심사와 니즈를 정확하게 반영하였으며, 쿠팡 파트너스와 같은 제휴 마케팅 모델은 파트너사와 협력하는 방식을 통해 더 넓은 고객 범위로 브랜드 인지도를 높이는 동시에 판매량 증가를 이뤄냈다. 따라서 전자상거래 환경에서의 마케팅 전략은 다양성과 유연성, 그리고 항상 변화하는 고객 요구사항에 대응할 수 있는 능력이 반드시 필요함을 알 수 있다. 급격히 변화하는 시장 환경 속에서 고객 지향적인 가치를 제공하는 것이 전자상거래 마케팅의 핵심이라 할 수 있다.

2 전통적인 마케팅과 전자상거래 마케팅 차이점

마케팅은 기업의 목표를 달성하기 위해 필요한 전략을 계획하고 실행하는 과정이다. 이는 소비자의 니즈와 기대를 파악하고, 그에 맞는 제품이나 서비스를 개발하며, 가격 책정, 판매 채널 설정 및 프로모션 전략을 수립하는 등 다양한 활동을 포함한다.

전통적인 마케팅은 신문, 잡지, 광고판, 포스터, 문자 메시지, TV, 라디오 등 전통적인 광고 채널을 활용하여 제품과 서비스를 홍보하고 타킷 고객에게 도달하여 참여를 유도하는 마케팅 전략이다. 전통적인 마케팅은 잠재 고객에게 다가가 구매를 유도하기 위해 대중 매체에 집중하며, 생산성이 떨어지고 비용이 많이 드는 마케팅 방법이다. 또한 지리적 제약이 있다는 단점도 있다. 하지만 오랜 역사를 고려할 때, 전통 마케팅이 브랜드 구축에 더 효과적일 수 있다.

디지털 마케팅은 인터넷, 이메일, 모바일 기기 등 디지털 채널을 통해 이루어지는 모든 유형의 마케팅이며, 전통적인 마케팅은 인쇄 광고, TV 광고, 라디오 광고와 같은 모든 종류의 오프라인 마케팅을 나타낸다.

전자상거래 환경에서의 마케팅은 이러한 일련의 활동들이 온라인상에서 이루어지게 된다. 따라서 오프라인 환경에서의 마케팅과 비교할 때 몇 가지 주요 차이점이 있다.

첫째, 고객 데이터 등 데이터 분석과 활용의 중요성이 크게 증가한다. 온라인 사용자들의 행동 패턴, 구매 이력 등 대량의 데이터를 수집하고 분석하여 개인화된 마케팅 전략을 수립하는 것은 전자상거래 마케팅에서 핵심적인 요소다.

둘째, 고객과의 직접적인 상호작용이 가능해진다. 소셜 미디어 플랫폼 등 다양한 온라인 채널을 통해 고객들과 실시간으로 소통하며 그들의 의견을 듣고 반응할 수 있다.

셋째, 글로벌 시장에 대한 접근성이 높아진다. 인터넷은 지리적 경계 없이 글로벌 시장에 접근할 수 있는 플랫폼을 제공하기 때문에 기업은 전 세계 어디든지 있는 온라인상에서 고객들에게 자신들의 제품이나 서비스를 알릴 수 있다.

따라서 전자상거래 역시 디지털화와 온라인 환경에 맞추어 진화되어야 한다. 예를 들면, 제품의 가치를 소비자에게 전달하는 프로모션 활동은 전통적으로 TV 광고, 신문 광고 등을 통해 이루어졌지만, 전자상거래 환경에서는 소셜 미디어 마케팅, 이메일 마케팅, 검색 엔진 최적화 등 다양한 디지털 마케팅 기법을 활용하게 되었다. 또한 가격 책정이라는 활동도 온라인의 특성을 반영하여 변화하였다. 온라인 상에서는 동적 가격 책정이 가능하므로 고객의 수요 변화나 경쟁 상황에 따라 실시간으로 가격을 조절할 수 있다.

마지막으로 제품 개발과 관련해서도 고객들의 온라인 리뷰나 피드백을 분석하여 빠르게 제품 개선 사항을 파악하고 반영하는 등 고객 중심의 제품 개발이 가능하다.

위에서 언급한 전통적인 마케팅과 전자상거래 마케팅의 차이점들에 대해서 [표 3.1]은 세분화하여 좀 더 다양한 관점에서 차이점을 비교하였다.

표 3.1 전통적 마케팅과 전자상거래 마케팅의 차이점

	전통적 마케팅	전자상거래 마케팅
타킷팅	• 대중 마케팅 • 대규모 고객층에 메시지 전달	• 1대 1 상호작용적 마케팅 • 특정 고객층에 맞춤형 메시지 전달
접근 방식	• 대중과 직접 대면, 개인적인 접근 방식	• 온라인·오프라인에서 많은 소비자에게 쉽게 접근
고객 참여 및 상호작용	• 일방적인 메시지 전달 • 홍보 매체가 고객 상호작용을 충분히 반영하지 못하여 상호작용이 매우 부족 • 광고주와 타킷 고객 간의 직접적인 참여 불허	• 고객 참여 및 상호작용 활발 • 소비자 · 고객 · 구매자에게 제품·서비스 의견 공유를 위한 다양한 플랫폼 제공 • 광고주와 타킷 고객 간의 직접적인 참여 촉진
비용	• 인쇄, 라디오, TV 광고 등 비용이 많이 필요	• 모든 것이 온라인으로 이루어지기 때문에 전통적인 마케팅보다 비용이 저렴
마케팅 측정, 분석 및 결과	• 정확한 측정 어려움 • 결과를 얻기까지 상당한 시간이 필요 • 무형의 결과	• 데이터 기반 측정 및 분석 가능 • 실시간 마케팅 결과를 도출 • 정량화 가능한 결과

커뮤니 케이션	• 일방적인 커뮤니케이션 • 의사소통이 지연	• 양방향 커뮤니케이션을 통해 고객 만족 등 실현 • 즉각적인 의사소통이 가능
도달 범위	• 소수의 지역적인 범위에 제한 가능	• 넓은 범위의 많은 고객에게 도달 가능 • 글로벌 시장 확대
신뢰	• 전통적인 마케팅은 오래된 마케팅 방법으로 더 신뢰	• 디지털 마케팅의 신뢰도 수준은 콘텐츠와 채널의 신뢰성에 따라 결정

3 전자상거래상에서 마케팅의 특징 및 장·단점

앞에서 언급했듯이 전자상거래는 디지털 시대의 변화와 함께 계속해서 발전하며 새로운 모습을 보여주고 있으며, 디지털 마케팅 역시 이에 맞춰 발전하고 있다.

1) 전자상거래 마케팅 특징

전자상거래상에서 마케팅은 기존의 마케팅과 다소 다른 성향을 나타내고 있으며 디지털 기술의 발달과 인터넷 환경의 특성에 따라 차이점을 가지고 있는데 다음과 같다(표 3.1).

(1) 개인화

전자상거래에서 가장 중요한 마케팅 전략 중 하나는 소비자에게 맞춤형 경험을 제공하는 것이다. 이를 위해 소비자의 행동 데이터를 분석하여 개인화된 제품 추천, 광고, 이메일 캠페인을 통해 소비자의 관심사와 선호도에 맞춘 콘텐츠를 제안한다. 이러한 맞춤형 마케팅은 쿠키, 데이터 마이닝, 인공지능과 같은 다양한 기술을 활용한다. 고객이 특정 제품을 여러 번 검색하거나 구매했을 경우, 그와 유사한 제품을 자동으로 추천하는 시스템이 작동하며, 아마존의 추천 시스템이 대표적인 예이다.

추천 시스템은 고객의 쇼핑 패턴을 실시간으로 분석해 관련 제품을 제안함으로써 고객의 쇼핑 경험을 향상시키고, 재구매를 촉진하는 데 큰 기여를 한다. 이를 통해 소비자는 편리하고 개인화된 쇼핑을 경험하고, 기업은 이를 통해 고객의 충성도를 높일 수 있다. 이러한 전략은 기업이 더 나은 성과를 달성하는 데도 중요한 역할을 한다. 맞춤형 이메일 캠페인이나 웹사이트의 추천 시스템은 소비자 참여도를 증가시키고, 소비자가 필요한 정보를 적시에 제공함으로써 전환율을 높인다.

전자상거래에서 맞춤형 마케팅은 소비자와 기업 모두에게 이익을 주는 필수적인 요소이다. 기업은 소비자의 데이터를 기반으로 더 나은 마케팅 전략을 세워 성과를 높일 수 있으며, 소비자는 더 만족스러운 쇼핑 경험을 누리게 된다.

(2) 실시간 상호작용

전자상거래 환경에서 실시간 상호작용은 고객 경험을 향상시키는 중요한 요소이다. 이는 고객이 웹사이트에서 문제를 즉각적으로 해결할 수 있게 해 주는 방식으로, 이메일, SNS 등을 활용하여 고객과의 긴밀한 관계구축과 활발한 커뮤니케이션을 통한 고객 욕구 파악 가능하며, 대표적으로 라이브 채팅이나 챗봇을 활용한 실시간 소통이 있다. 이러한 시스템을 통해 고객은 궁금증이나 문제를 즉시 해결할 수 있고, 그 결과로 구매 결정을 더 빠르게 내리게 된다. 특히, 챗봇은 24시간 대응이 가능해 고객 지원이 중단 없이 이뤄진다. 이를 통해 브랜드는 고객 만족도를 높이고, 장기적으로 신뢰를 쌓을 수 있다. 고객이 특정 제품이나 서비스를 보면서 질문할 때 실시간으로 답변을 받는다면 바로 구매로 이어질 가능성이 높아진다.

(3) 글로벌 시장 타킷팅

전자상거래의 가장 큰 장점은 인터넷의 특성 덕분에 글로벌 시장을 타킷팅할 수 있다는 것이다. 이는 오프라인 상점처럼 특정 지역에 국한되지 않고, 전세계 어디서든지 고객을 유치할 수 있다는 것을 말한다. 특히 소셜 미디어나 검색 엔진 광고 같은 온라인 마케팅 도구를 활용하면, 특정 국가나 지역에 머무르지 않고 국제적인 브랜드 인지도를 높일 수 있다. 이를 통해 글로벌 확장성을 갖춘 전자상거래 기업들은 더 넓은 시장을 대상으로 다양한 마케팅 전략을 펼칠 수 있으며, 이는 매출과 성장을 촉진하는 데 큰 역할을 한다. 또한 각국의 고객 니즈에 맞춰 다양한 언어와 통화 지원, 물류 시스템을 최적화함으로써 전 세계 어디서든 손쉽게 제품을 판매할 수 있는 기반을 마련할 수 있다.

(4) 측정 가능한 성과

전자상거래 마케팅의 중요한 특징 중 하나는 모든 활동의 성과를 구체적으로 측정할 수 있다는 점이다. 전자상거래 플랫폼은 마케팅 효과를 실시간으로 정량화할 수 있고 비용에 대한 효과 측정이 용이하며, 웹사이트 방문자 수, 클릭 수, 전환율, 페이지 뷰 등 다양한 데이터를 수집할 수 있고, 이를 바탕으로 각 마케팅 캠페인의 성과를 분석한다. 이러한 데이터 중심의 접근 방식은 마케팅 전략을 지속적으로 최적화할 기회를 제공하며, 광고비 대비 효율성을 정확하게 계산할 수 있게 해 마케팅 예산을 보다 효과적으로 사용할 수 있게 한다.

특정 광고 캠페인을 통해 발생한 전환율과 이를 통해 얻은 수익을 비교하여 마케팅 성과를 파악할 수 있다. 만약 특정 광고가 높은 전환율을 기록했다면, 해당 전략을 다른 제품이나 서비스에도 적용해볼 수 있다. 반대로, 성과가 저조한 경우엔 그 원인을 분석해 개선할 수 있는 방안을 모색할 수 있다. 이러한 데이터 분석 기반의 마케팅은 실시간으로 성과를 모니터링하고 즉각적인 대응이 가능하다는 점에서 매우 큰 장점이다.

또한, 고객 행동 데이터를 세분화함으로써 타깃팅을 더욱 정교하게 할 수 있다. 이로 인해 기업은 다양한 소비자 그룹에 맞는 맞춤형 마케팅을 실행할 수 있으며, 이를 통해 고객 만족도와 충성도를 높이는 동시에 매출 증대 효과를 기대할 수 있다.

(5) 고객 참여도 강화

전자상거래에서 고객과의 지속적인 상호작용은 마케팅 전략의 핵심이다. 이를 위해 기업들은 다양한 디지털 플랫폼을 활용해 고객과 끊임없이 소통하고, 그들의 관심을 유지하려 한다. 대표적으로 소셜 미디어, 이메일 마케팅, 블로그가 사용되는데, 소셜 미디어에서는 페이스북이나 인스타그램 같은 플랫폼을 통해 최신 소식을 공유하고, 고객 피드백을 받아 이를 서비스 개선에 반영할 수 있다. 또한 이메일 마케팅은 고객 맞춤형 프로모션이나 장바구니에 남긴 상품에 대한 알림을 보내는 등, 고객의 재참여를 유도하는 효과적인 방법이다. 이런 전략들은 고객과의 관계를 강화하고 브랜드에 대한 충성도를 높이는 데 기여한다.

(6) 빅데이터 수집 및 분석

전자상거래 기업들은 온라인 사용자들의 행동 패턴, 구매 이력, 상품 검색 기록 등 빅데이터를 수집하고 분석함으로써 소비 패턴 및 성향 등을 파악할 수 있다. 이를 바탕으로 개인화된 마케팅 전략을 수립하고 실행하는 것이 가능하다. 온라인 사용자들은 그들이 웹사이트를 방문하거나 앱을 사용할 때마다 행동 패턴, 구매 이력, 상품 검색 기록 등 다양한 형태의 데이터를 생성한다. 이러한 정보는 소비자들의 선호도와 행동 패턴을 파악하는데 매우 유용하다.

예를 들어, 한 고객이 온라인 쇼핑몰에서 특정 제품을 검색하고 그 제품 페이지를 여러 번 방문한다면, 그 고객이 해당 제품에 높은 관심을 가지고 있음을 추론할 수 있다. 또한 고객이 구매를 완료하지 않고 장바구니에 담아두었다면, 추가적인 마케팅 활동으로 구매로 이어질 가능성이 있는 것으로 해석할 수 있다. 기업들은 이렇게 수집된 대량의 데이터를 분석하여 개인화된 마케팅 전략을 수립할 수 있다.

데이터 분석 결과로 얻어진 정보는 실시간으로 반영되며, 변화하는 시장 조건과 소비자 동향에 따른 신속한 의사결정을 가능하게 한다. 따라서 기업 입장에서는 비즈니스 목표와 일치하는 방식으로 마케팅 전략을 수정 및 실행해 나갈 수 있다. 이러한 대량의 데이터 수집 및 분석은 기업에게 경쟁 우위를 제공한다. 더욱 정확한 고객 이해와 세분화된 타깃팅, 개인화된 마케팅 전략으로 인해 고객 만족도는 높아지고, 이는 결국 더 많은 판매로 이어지며 기업의 매출과 이익을 증가시키는 결과를 가져온다.

결론적으로, 전자상거래에서의 마케팅은 대량의 데이터 수집 및 분석을 통해 고객 중심의 마케팅 전략을 구사하는 것이 가능하며, 이는 기업에게 경쟁력을 제공한다.

(7) 세분화된 타깃팅

전자상거래에서는 다양한 소비자 정보와 세분화된 시장 정보를 바탕으로 정확한 타킷팅을 실시할 수 있다. 예를 들어, 고객 한 사람 한 사람마다 다른 성향과 필요성을 파악하여 그에 맞는 제품이나 서비스를 추천하는 개인화 마케팅 전략을 구사할 수 있다. 세분화된 타킷팅이란, 다양한 소비자 정보와 시장 정보를 바탕으로 정확한 고객 집단을 설정하고 그들에게 맞춤형 제품이나 서비스를 제공하는 것을 의미한다. 이는 고객들의 만족도를 높여주며, 마케팅 비용을 절약하는 효과가 있다. 온라인 사용자들은 그들이 웹사이트를 방문하거나 앱을 사용할 때마다 자신의 성별, 연령대, 지리적 위치 등 다양한 개인정보와 함께 구매이력, 검색 기록 등 대량의 데이터를 생성한다. 기업들은 이런 정보를 수집하고 분석하여 고객 한 사람 한 사람마다 다른 성향과 필요성을 파악할 수 있다.

예를 들어, 한 온라인 쇼핑몰에서 고객들이 패션 아이템에 높은 관심을 보일 경우 해당 쇼핑몰은 고객들을 대상으로 패션 아이템에 대한 광고나 프로모션을 진행할 수 있으며, 각 개인별로 구매 패턴 및 취향까지 파악하여 맞춤형 추천 서비스까지 제공할 수 있다.

(8) 높은 실시간 반응성

온라인상에서는 고객 반응을 실시간으로 파악하고 그에 따라 즉시 마케팅 전략을 수정하는 것이 가능하다. 또한, 소셜 미디어 등 다양한 온라인 채널을 통해 고객들과 직접적으로 소통하여 그들의 의견을 듣고 반응할 수 있다. 실시간 반응성이란, 고객들의 행동 패턴이나 선호도 변화를 실시간으로 파악하고 그에 따라 즉각적으로 마케팅 전략을 수정하거나 새로운 전략을 수립하는 것을 의미한다. 이는 고객들에게 보다 개인화된 서비스를 제공하고, 고객 만족도를 높여주며, 마케팅 비용을 절약하는 효과가 있다. 온라인 사용자들은 그들이 웹사이트를 방문하거나 앱을 사용할 때마다 자신의 성별, 연령대, 지리적 위치 등 다양한 개인정보와 함께 구매 이력, 검색 기록 등 대량의 데이터를 생성한다. 기업들은 이런 정보를 수집하고 분석하여 고객 한 사람 한 사람마다 다른 성향과 필요성을 파악할 수 있다.

예를 들어, 한 온라인 쇼핑몰에서 할인 프로모션을 진행했다면 해당 프로모션에 대한 고객들의 반응은 실시간으로 파악될 것이다. 만약 프로모션 상품 중 일부가 예상보다 판매가 잘 되지 않는다면 해당 상품에 대한 추가 할인 혹은 다른 유혹적 요소를 추가하여 판매량을 늘리는 조치를 즉시 실행할 수 있다.

2) 전자상거래 마케팅의 장점 및 단점

전자상거래는 IT발전과 함께 디지털화되었고, 마케팅은 비즈니스 부문에 통합되어 기업이 고객과 소통하고 가치를 창출하는 방식을 변화를 가져왔다.

따라서 지속적으로 성장 중인 글로벌 온라인 시장에 맞는 마케팅 전략을 구현 및 실행하는 것은 기업은 시장 경쟁력을 위해 반드시 필요하다. 이러한 전자상거래 마케팅에도 장점과 단점이 있는데 다음과 같다(표 3.2).

표 3.2 전자상거래 마케팅의 장점 및 단점

장점	단점
• 측정 가능성 • 타켓팅 설정 • 비용 효율성 • 실시간 모니터링 및 피드백 • 광범위한 도달 범위	• 디지털 접근성 격차 • 정보 과부하 • 프라이버시 문제 • 기술 의존성 • 경쟁 심화 • 사용자 광고 회피 및 삭제 가능 • 빠른 변화에 따른 평가 필요

전자상거래에서 마케팅은 기업 및 고객 간의 직접적인 커뮤니케이션을 가능하게 하며, 고객들이 좋아하는 채널에 적합한 콘텐츠 및 제안을 적시에 제공한다. 또한 실시간 모니터링 등을 통해서 현황을 파악하고 지속적인 개선을 추진, 고객 참여를 강화하여 고객 및 기업 양측에 이익이 되도록 한다. 이러한 노력은 고객의 신뢰도가 상승하고, 충성도가 높아지는 등 기업에게도 많은 장점을 제공한다.

4 전자상거래 마케팅의 유형

전자상거래 환경에서의 주요 마케팅 유형은 각 기업의 비즈니스 목적과 타킷 시장 특성에 따라 조합되고 최적화되어야 한다. 따라서 여러 가지 전략 중 어떤 것을 선택보다는 어떻게 그것을 효과적으로 실행하느냐가 더 중요한 문제이다. 이를 위해선 고객 데이터 분석 및 활용 능력, 디지털 기술의 이해와 활용 능력, 그리고 지속적인 시장 변화에 대한 감각이 요구된다.

전자상거래 환경에서의 마케팅은 다양한 유형과 방법을 통해 고객 접점을 확장하고 그들의 구매 결정을 유도하는 역할을 한다. 또한, 각 마케팅 전략은 단독으로 실행되는 것이 아니라 서로 상호 보완적인 관계이어야 한다. 예를 들어, 소셜 미디어 마케팅과 이메일 마케팅은 동시에 진행될 수 있으며, 각각의 효과를 최대화하기 위해 서로 연계된 전략을 수립해야 한다. 그리고 가장 중요한 것은 모든 마케팅 활동이 고객 중심적으로 이루어져야 한다는 것이다. 고객의 니즈와 선호를 정확히 파악하고 이에 맞춘 제안과 서비스를 제공함으로써 고객 만족도를 높이는 것이 궁극적인 목표여야 한다.

또한 전자상거래 환경에서의 마케팅은 항상 변화하는 시장 조건과 소비자 행태에 대응하여 지속적으로 개선되고 발전해야 한다. 디지털 기술의 발전과 새로운 소비 패턴의 등장 등 다양한 요소들이 기업들에게 새로운 도전과 기회를 제시하며, 따라서 그것들을 잘 파악하고 적응하는 능력 역시 필수적인 요소가 될 것이다.

디지털 기술의 발전은 전통적인 마케팅 방식을 넘어서 전자상거래 환경에서의 새로운 마케팅 방법을 제시하고 있다. 이러한 전자상거래에서의 다양한 마케팅 유형은 다음과 같다.

1) 검색 엔진 마케팅(SEM)

검색 엔진 마케팅은 웹사이트가 검색 엔진 결과 페이지(SERP)에서 높은 순위를 차지할 수 있도록 하는 여러 가지 기법인 SEO(Search Engine Optimization)와 PPC(Pay-PerClick, 클릭당 비용) 광고 등을 포함한다. 이러한 전략들은 고객이 특정 키워드를 검색했을 때 해당 기업의 웹사이트나 광고가 높은 순위에 랭크되도록 하여 고객들로부터 보다 많은 관심과 클릭을 받게 해 준다.

2) 소셜 미디어 마케팅

페이스북, X(트위터), 인스타그램, 카카오 등 소셜 미디어 플랫폼을 활용하여 고객들과 소통하고 그들에게 제품이나 서비스 정보를 제공하는 것이다. 이는 기업과 고객 간 직접적인 대화를 가능하게 하며, 실시간으로 고객 반응을 파악하고 즉시 대응할 수 있는 장점이 있다. 이메일 마케팅 이메일을 통해 개인화된 메시지를 직접적으로 전달하는 것으로, 신제품 출시 알림, 할인 쿠폰 제공, 개인화된 추천 등 다양한 형태로 실행될 수 있다. 이메일 리스트 구축 및 관리와 함께 메시지 내용 및 디자인 최적화가 중요한 요소로 작용한다.

3) 모바일 마케팅

스마트폰 사용자들을 대상으로 하는 마케팅 방식으로, 앱 광고, 위치 기반 서비스(LBS), 모바일 결제 등 다양한 전략이 포함된다. 이는 모바일 기기를 통해 고객과의 접점을 늘리고 그들의 구매 경로를 간소화하게 해 준다. 콘텐츠 마케팅 유익하거나 재미있는 콘텐츠를 제공하여 고객들의 관심과 신뢰를 얻는 방법이다. 블로그 글, 인포그래픽, 비디오 등 다양한 형태의 콘텐츠가 사용될 수 있다.

4) 인플루언서 마케팅

인플루언서 마케팅이란 영향력 있는 사람(Influencer)을 활용하여 특정 제품이나 서비스를 홍보하는 것이다. 인스타그램, 유튜브 등 소셜 미디어 플랫폼에서 많이 이용되며, 인플루언서의 팔로워들에게 큰 영향력을 발휘한다. 데이터 주도 마케팅 고객 데이터 분석을 바탕으로 한 개인화된 마케팅 전략이다. 이는 고객 성별, 연령대, 구매 이력 등 다양한 데이터를 분석하여 각 고객에게 최적화된 제안을 하거나 개인화된 경험을 제공함으로써 고객 만족도와 장기적인 충성도를 높이려는 목적에서 출발한다.

인플루언서(Influencer) 마케팅의 부상

인플루언서 마케팅은 디지털 마케팅의 핵심 전략으로 급부상하고 있다. 이는 소셜 미디어에서 인플루언서(Influencer)라고 불리는 영향력 있는 개인이 자신의 채널을 통해 브랜드 상품을 자연스럽게 소개하는 방식으로, 기존의 일방적 광고보다 소비자에게 신뢰감과 친밀감을 줄 수 있다는 점에서 관심을 받고 있다. 특히 MZ세대 소비자는 광고보다 팔로우하는 인플루언서의 진정성 있는 추천에 더 크게 반응하며, 후기 영상이나 언박싱 콘텐츠 등을 통해 제품 정보를 접하고 구매 결정을 내리는 경우가 많다.

시장 규모 역시 빠르게 성장 중이다. 2016년 17억 달러 수준이었던 글로벌 인플루언서 마케팅 시장은 2024년에 약 240억 달러까지 확대되었다. 많은 기업들이 기존 광고 예산을 줄이고 SNS 인플루언서 협업에 더 많은 비중을 할당하고 있다. 이는 단순 트렌드가 아닌 마케팅 전략의 중심축이 바뀌고 있음을 보여준다.

초기에는 메가 인플루언서나 유명 연예인을 중심으로 캠페인이 진행되었으나, 최근에는 "마이크로 인플루언서(팔로워 1만~10만명 수준)"에 대한 관심이 증가하고 있다. 이들은 팔로워 수는 적지만 "높은 참여율"과 신뢰 기반의 소통으로 브랜드 메시지를 효과적으로 전달하며, 투자 대비 높은 ROI를 나타내는 경우가 많다. 예를 들어, 한 국내 뷰티 스타트업은 팔로워 5~7만 명 규모 유튜버들과의 협업으로 단기간 내 매출 259% 증가를 달성한 사례가 있다.

플랫폼 변화도 인플루언서 마케팅을 확산시키고 있는데, 기존의 페이스북이나 인스타그램, 트위터 외에도 인스타그램 릴스, 유튜브 쇼츠 등의 관심이 높아지면서 짧고 임팩트 있는 메시지를 전달하는 인플루언서 콘텐츠의 활용도가 높아졌다. 브랜드들은 이를 통해 구매욕구를 빠르게 자극하고 바이럴 효과를 유도하고 있으며, 일부는 인플루언서와 함께 공동 기획 제품을 출시하며 단순한 홍보를 넘어 제품 개발에까지 협력하고 있다.

다만 효과적인 인플루언서 마케팅을 위해서는 브랜드 이미지와 인플루언서의 적합성, 팔로워 분석, 콘텐츠 신뢰도 검증 등이 선행되어야 한다. 또한 단기 노출 중심의 방식보다는 장기적 관계 구축과 팬덤 형성 전략이 더욱 바람직하다는 평가가 많다.

결론적으로, 인플루언서 마케팅은 신뢰 기반의 콘텐츠와 정서적 연결을 통해 고객에게 접근할 수 있는 강력한 도구이며, 전통 마케팅을 보완하는 디지털 시대의 핵심 마케팅 전략임을 알 수 있다.

5 전자상거래 마케팅 전략

다음은 전자상거래와 관련하여 전통적인 마케팅 믹스전략(4P)과 전자상거래 관점에서의 온라인 마케팅 전략에 대해서 알아보겠다.

1) 전통적인 4P 전략

마케팅믹스는 마케팅 전략을 구성하는 핵심 요소로서 Product(제품), Price(가격), Place(장소), 그리고 Promotion(홍보)의 네 가지 요소를 의미한다. 이러한 4P 원칙은 전자상거래 환경에서도 유효하며, 오프라인 환경과는 다른 특성을 가지고 있다.

(1) Product(제품)

제품은 기업이 고객에게 제공하는 물품이나 서비스를 의미한다. 전자상거래 환경에서는 고객들의 온라인 리뷰나 피드백을 실시간으로 파악하고 이를 바탕으로 제품 개선 사항을 빠르게 찾아내고 반영하는 것이 가능하다. 예를 들어, 한 온라인 쇼핑몰에서 판매되는 어떤 패션 아이템에 대한 고객 리뷰가 부정적일 경우 해당 쇼핑몰은 이 리뷰들을 분석하여 제품의 문제점을 파악하고 개선할 수 있다. 더 나아가서, 디지털 기술의 발달로 인해 생산과 배송 과정 역시 데이터화되어 있어 제품의 품질 관리 및 공급 체인 관리도 보다 효율적으로 진행될 수 있다. 이렇게 해서 기업은 소비자 중심의 제품 개발 및 관리를 실현할 수 있으며, 이는 결국 소비자 만족도와 장기적인 충성도를 높일 수 있는 핵심 요소가 된다.

시장과 소비자가 진화함에 따라 상품의 진화도 가속화되고, 검색 서비스를 사용할 수 있게 되면서 소비자가 온라인에서 제품을 즉시 비교할 수 있게 되었다. 소비자들은 오프라인 매장에서 제품을 직접 보고 구매하는 것이 아닌, 온라인 상에서 제품의 사양과 가격 등을 비교하고 구매할 수 있게 되었다. 이러한 온라인 구매는 특히 인지도가 높은 브랜드의 제품, 책·음악·비디오처럼 디지털화가 가능한 제품, 신뢰도가 높고 유명 업체가 보안을 보증하는 제품, 가격이 저렴하고 반복 구매가 가능한 소비재, 표준 사양의 생필품 등에서 많이 일어난다.

첫째, 제품을 정보로 충분히 포장한 뒤 고객에게 제공하는 것이다. 제품끼리의 비교가 용이한 온라인상에서 정보를 충분히 제공하면서도 이를 포장하여 좋아 보이게 한다면 마케팅적으로 좋은 효과를 얻을 수 있다. 이는 고객 유형 중 일반적 구매 결정자, 구매자, 사용자 단계에서 적용될 수 있다.

둘째, 제품에 대한 가상적 지침을 제공하여 생동감을 불러 일으키는 전략이다. 기술이 발전함에 따라 QR코드를 인식하여 제품의 사용 방법을 제공하는 것은 물론이고 VR, 메타버스 등 가상현실에서 제품이 사용되는 방식이나 사용할 때 얻을 수 있는 혜택 등을 경험해 보게 할 수 있다. 이와 같은 얼리어답터들에게 유용한 전략으로 최초 구매자와 인플루언서 단계의 고객들에게 큰 효과를 가진다.

셋째, 제품 자체의 디지털화를 통해 각종 거래 비용을 최소화하여 낮은 가격을 소비자에게 제공하는 것이다. 전자상거래의 발전으로 등장한 제품 측면의 변화는 바로 콘텐츠의 등장이다. 컴퓨터 등에서 사용 가능한 소프트웨어 프로그램뿐만 아니라, 동영상, 음악, 사진 등의 콘텐츠들이 발전하고 이를 이용한 수익 창출이 가능해졌다. 더 이상 음반을 구매하는 것이 아니라 온라인상에서 애플리케이션을 통한 스트리밍 서비스를 통해 음악을 소비한다. 음반을 구매해 CD를 제공받을 때에는 이를 제작하기 위한 비용이 발생하기 때문에, 최저가의 하한선이 존재했다. 또한 각기 다른 앨범의 노래를 청취하기 위해서는 그 음반을 모두 구매해야 했다. 그러나 지금의 스트리밍 서비스는 물리적인 음반 제작비가 필요하지 않고, 구독을 통해 음악을 듣기 때문에 한 앨범에 속하지 않은 노래라도 자유롭게 청취가 가능하다. 이러한 디지털화된 제품은 모든 고객 단계별로 다 효과를 가지며, 최초 구매자의 입장에서는 새로운 콘텐츠를 시도하기 좋은 환경이 조성되었다고 볼 수 있다.

마지막으로 제품 자체를 넘어 브랜드 네임의 중요성이 커지고, 도메인 네임과의 강력한 연계가 필요해졌다. LG전자의 가전 제품을 예시로 생각해 보자면, 이들은 이제 오브제라는 브랜드 아래에서 그 가치가 빛을 발하고 있다. 이에 대항하는 삼성전자의 브랜드는 비스포크이다. 이 두 브랜드는 각각 LG와 삼성이라는 도메인 네임과 붙어 LG오브제, 삼성비스포크로 불리며, 냉장고로 시작한 제품 폭을 수납장, 청소기, 세탁기 등으로 다양하게 넓히고 있다. 이러한 제품 전략은 도메인과 브랜드 가치를 강조함으로써 일반적 구매 결정자와 구매자에게 특히 큰 효과를 볼 수 있다.

(2) Price(가격)

가격은 소비자가 제품이나 서비스를 구매하기 위해 지불해야 하는 비용을 의미한다. 전자상거래 환경에서는 동적 가격 책정이 가능하다. 온라인은 실시간으로 가격 정보를 업데이트할 수 있는 플랫폼을 제공하기 때문에, 기업은 고객의 수요 변화나 경쟁 상황에 따라 실시간으로 가격을 조절할 수 있다. 예를 들어, 항공권이나 호텔 예약 등에서 자주 볼 수 있는 동적 가격 책정 전략은 고객의 구매 의사결정 시점과 패턴, 그리고 시장의 경쟁 상황 등을 고려하여 가격을 유동적으로 조절하는 방식이다. 이런 전략은 기업에게 맞춤형 가격 책정 능력을 제공하며, 이는 최대한의 이익을 추구하는 데 중요한 역할을 한다.

초기 전자상거래의 가장 큰 가격적 특징은 저가화 또는 무료화 현상이다. 온라인 상에서는 오프라인 마케팅을 진행할 때에 비해 웹사이트나 앱을 유지하는 간접비가 적어서 판매 가격을 낮출 수 있었다. 또한 전자상거래를 통해 기업과 고객 간의 직거래가 가능해지면서, 그에 따른 낮은 판매 가격이 가능했다. 무료화 또한 무료 회원 가입, 무료 체험 기간 등의 형식으로 서비스되었다. 그러나 점차 시간이 지날수록 수익모델의 어려움으로 인해 저가화, 무료화를 벗어나 유료화 되어 가고 있다. 이러한 유료화 전략이 성공하기 위해서는 제품과 서비스가 차별화되어야 하며, 고부가가치화와 고급화 전략을 추구해야 한다.

앞서 살펴본 저가화 전략과 무료화 전략 외에도 가격 요소와 관련된 다양한 전략이 있다.

첫째, 역경매 전략이란 소비자가 직접 제품의 가격을 설정하는 모델로, 다수의 기업이 제시한 가격 중 자신이 제시한 가격과의 비교를 통해 최적의 조건을 제시한 기업과 구매하는 전자상거래 전략이다. 최초의 역경매 사이트인 프라이스라인닷컴(priceline.com)의 경우 항공권, 호텔 등 여행과 관련된 산업을 주로 하고 있다. 이러한 역경매 전략은 소비하고자 하는 욕구가 큰 인플루언서, 일반적 구매 결정자 단계에 유용할 것이다.

둘째, 무가화 전략이다. 이는 경쟁우위를 확보하기 위해 웹사이트를 이용하는 만큼 부가적인 보너스나 포인트를 제공하는 극단적인 형태의 가격 전략이다. 보상형 광고 방식과 매우 유사하며, 광고를 보면 직접적으로 돈을 주거나 그에 상응하는 돈을 적립금으로 준다. 시장에 처음 진입하는 기업이 취하여 많은 고객을 끌어들이기 좋은 전략이다.

셋째, 유료화 전략이다. 보통 무료화 전략으로 고객을 충분히 모은 기업이 유료화 전략으로 전략을 수정하는 경우가 많다. 그리고 이 과정에서 기존 고객의 이탈을 막기 위해 경쟁사와는 차별화된 독특한 콘텐츠나 서비스를 제공한다. 주로 고객 개개인의 요구에 부합하는 맞춤형 서비스를 제공하는 경우가 많으며, 이를 위해서는 경쟁사보다 뛰어난 방대한 양의 데이터를 확보하는 것이 중요하다. 이니시에이터와 인플루언서는 물론 실제 사용자와 구매자까지 모두 무료화 전략으로 제품, 서비스를 구매했다가 유료화 전략에서도 유지하는 경우가 많을 것이다.

넷째, 차별화 가격 전략이다. 결국 고객이 구매를 하는 데에 가장 민감한 것은 가격이기 때문에, 이 민감도를 줄이며 구매를 유도하는 전략이다. 이 차별화 가격 전략은 무엇을 차별화하는지에 따라 나뉜다. 그중 고객 차별화 가격 전략은 소비자에 따라서 가격을 다르게 책정하는 것이다. 고객군을 세분화하여 학생, 자사 사이트 회원에 한해서만 할인을 제공하는 경우가 이에 속한다. 또한, 온라인과 오프라인 구매의 가격을 다르게 책정하는 것도 고객 차별화 가격 전략에 속한다. 구매 시점에 따라 예약구매, 2차 구매 등 다른 가격을 제공받기도 한다. 이는 수요가 공급보다 많을 때에는 정상가격을 받고, 이후 공급이 더 많아지면 할인 가격을 제공하는 경우로 보통 휴대전화 시장에서 많이 발생한다. 마지막 고객 차별화 가격 전략은 구매량에 따른 차별 전략이다. 규모의 경제 원리에 따라서 많은 양, 많은 금액을 구매하는 고객에게는 할인가를 제공하는 것을 말한다. 이는 다양한 분야에서 널리 쓰이며, 심지어는 물류 운송에서도 스페이스를 가지고 이 전략을 사용한다. 또 다른 차별화 가격 전략으로는 제품 별로 다른 가격을 책정하는 것이 있다. 이는 제품의 사양이나 서비스의 품질 등을 다르게 만들고, 이에 따라 가격을 책정하는 것으로 항공요금이 대표적이다.

마지막 가격 전략은 패키지화, 메타 상품화 전략이다. 글로벌 경제 체제가 구축되고, 제품의 동질화 경향이 심해지면서 기업은 단일 제품을 가지고 경쟁 우위를 확보하기 어렵고 가격에 의한 차별화도 어려워졌다. 이에 단일 제품만 제공하는 것보다는 토탈 서비스를 제공하거나 각 제품 간의 연계성을 확보하여 새로운 부가가치를 제안하는 방식을 취하기 시작했다. 이렇듯 패키지를 만들거나 메타 상품을 만드는 전략을 사용함으로써 소비자에게는 상대적 가격 절감 혜택을 부여하고 기업은 높은 마진 구조를 유지할 수 있다.

(3) Place(유통)

장소는 제품이나 서비스가 소비자에게 전달되는 장소를 의미한다. 전자상거래 환경에서는 지리적인 제약 없이 글로벌 시장에 접근할 수 있다는 장점이 있다. 인터넷은 전 세계 어디든지 있는 고객들에게 자신들의 제품이나 서비스를 알릴 수 있는 플랫폼을 제공한다. 더 나아가서, 다양한 배송 옵션과 로지스틱스 파트너들과의 협력으로 속도와 편리성을 강조하는 배송 서비스를 제공함으로써 고객 만족도를 높일 수 있다. 이러한 원활한 배송 체인 구축은 결국 고객 경험 개선 및 충성도 증대로 이어진다.

유통 분야에서는 전자상거래의 등장으로 할인점의 등장에 이어 다시 한번 유통혁명이 전개되었다. 전자상거래는 기업과 소비자 간의 직거래를 가능하게 하기 때문에 가격파괴와 더불어 소비자들의 쇼핑 행태와 생활 전반의 변화와 혁신을 동반하였다. 이로써 유통 시장에 할인점 등장에 따른 영향보다 더 큰 파장을 불러왔다. 특히 온라인 마케팅의 유통 부분은 온라인이라는 특성에 따라 가장 많은 영향을 받았다. 우선 온라인의 발생으로 생겨난 디지털제품은 공급자와 소비자의 직거래가 가능하며, 중간상이 소멸되는 동시에 새로운 정보 중개상이 등장함에 따라 공급경로의 소멸과 단축을 불러왔다. 예를 들어 웹페이지와 앱 등을 통한 온라인 쇼핑은 24시간 영업이 가능하고, 중간상의 존재가 필요조차 없어져 매우 유리한 유통 채널이 되었다.

인터넷이 확산되면서 유통 전략에서는 채널, 목표 시장, 고객 가치 등의 변화가 생겼다. 우선 제조업체는 기존의 대리점을 벗어나 온라인 판매의 가능성이 생겼다. 온라인 판매는 제조업체가 직접 운영하는 온라인 대리점 뿐만 아니라 다양한 쇼핑몰이 등장하면서 그 채널이 더욱 다양해졌다. 또한, 대부분의 기업들은 인터넷을 활용하며 업무 프로세스가 개혁되었고, 의사결정과 업무 처리의 신속성이 갖추어지면서 유통의 신속성도 크게 개선이 되었다. 그러나 이러한 온라인 채널의 등장은 오프라인 유통 채널과의 갈등을 증가시켰으며, 유통 채널별 가격 차별화 전략이 등장하게 되었고, 기업이 아예 오프라인 부분을 전부 포기하고 온라인 판매만 추구하도록 전환하는 경우도 발생했다.

전자상거래에서는 고객이 원하는 것에 일대일 대응하는 것이 가능해지며 고객의 만족도를 높일 수 있게 되었다. 이는 유통 과정에 있어서 고객이 원하는 시간에 원하는 곳으로 배송이 가능함을 의미하기도 하고, 고객이 원하는 색이나 모양의 제품을 구매할 수 있게 되었음을 의미하기도 한다. 쿠팡이나 마켓컬리에서 진행하는 새벽배송으로 고객은 자신이 원하는 시간에 제품을 받아볼 수 있게 되었다. 또한, 삼성전자와 LG전자의 제품은 고객들이 원하는 색상의 도어를 사용하여 자신의 취향에 맞는 맞춤형이 가능하게 했다. 이러한 맞춤형은 기존의 장기간 소요와는 달리 유통 채널 간의 신속성 개선으로 그 속도가 매우 빨라져 고객들의 만족도 향상에 기여를 더했다.

마지막으로 기술의 발전으로 인해 유통 채널 구성원 간의 협조가 중요한 유통 전략이 되었다. 제품이 판매되는 과정에는 원자재의 유통, 반제품의 유통, 완제품의 유통, 심지어는 회수, 반품 물류까지 다양한 유통 채널이 필요하다. 기술의 발전으로 실시간으로 상품이 어디에 있는지 확인할 수 있고, 어떤 작업이 가해지고 있는지를 파악할 수 있게 되었다. 또한, 기술의 발전은 아웃소싱의 확대로 이어져 본사 뿐만 아니라 다양한 종업원들과의 협업이 필요해졌다. 따라서 유통 전략은 자사의 제품과 관계된 타사의 엑스트라넷과의 효율적인 연계 전략을 실현하는 것이 중요해지고 있다. 이러한 연계 전략을 성공적으로 수행하였을 때, 채널 구성원 간의 협조가 용이해지고, 이는 신속하고 정확한 상품 유통으로 이어진다.

(4) Promotion(촉진)

홍보는 소비자들에게 제품이나 서비스 정보를 알리고 판매를 촉진하는 활동을 의미한다. 전자상거래 환경에서는 다양한 디지털 마케팅 기법을 활용하여 보다 정밀하고 효율적인 프로모션 활동이 가능하다. 예를 들어, 소셜 미디어 마케팅을 통해 고객들과의 직접적인 소통이 가능하며, 이메일 마케팅을 통해 개인화된 메시지를 전달할 수 있으며, 검색 엔진 최적화(SEO)나 검색 엔진 마케팅(SEM)을 활용해서 자사 제품이나 서비스에 대한 인지도를 높일 수 있다. 이 외에도 콘텐츠 마케팅, 인플루언서(Influencer) 마케팅 등 다양한 전략을 통해 고객과의 강력한 연결고리를 구축하고, 그들의 관심을 유도하여 구매로 이어지게 할 수 있다. 더 나아가서, 디지털 환경에서는 광고 효과를 정확하게 측정하는 것이 가능하다. 웹사이트 방문자 수, 클릭률(CTR), 전환율(CVR) 등 다양한 지표를 통해 광고 캠페인의 성공 여부를 판단하고, 필요시 수정 및 개선할 수 있다. 이는 매우 정밀한 마케팅 예산 관리와 효율적인 리소스 배분을 가능하게 한다.

기존의 마케팅에서 촉진은 광고, PR, 판매촉진, 인적판매 등으로 구분해왔다. 여기서 특히 인적판매는 종업원과 고객이 대면 방식으로 만나 진행되는데, 온라인상에서는 이러한 인적판매가 불가능하다. 이를 대신하여 온라인 마케팅에서는 동영상이나 가상현실(VR) 등을 통해 제품 정보를 제공할 수 있다. 실제 종업원이 아니라 가상현실 속 종업원 캐릭터가 소비자에게 상품 구매에 대한 정보를 제공한다. 데이터를 기반으로 한 마케팅이 가능해지면서, 예상 고객을 파악하는 것, 그들에게 적합한 정보를 제공하는 것이 모두 가능해지는 것이다. 또한, 이러한 광고를 통해 구매하려는 고객은 그 광고를 클릭함으로써 매우 정확하고 직접적인 접속이 가능해지고, 그에 더불어 자신의 다양한 구매 상황을 실시간으로 빠르게 파악할 수 있다.

온라인 마케팅에서 촉진 전략은 기업이 고객들을 대상으로 자사의 제품과 서비스에 대한 가치와 효용성을 알림으로써 호의적인 반응을 얻어내는 것으로 다음과 같은 촉진 전략이 있다.

첫째, 이메일 마케팅 전략으로 기존에 우편으로 홍보물을 보내던 방식을 온라인으로 옮겨온 것이다. 어떤 홈페이지나 서비스에 가입하게 되면, 가입 시 연동된 이메일 주소로 해당 제품이나 서비스의 최신 동향, 홍보물 등을 담은 메일이 도착한다. 이러한 마케팅은 잠재적인 목표 고객들에게 값싸고 효과적인 방법으로 작용한다. 또한, 고객들의 문의에 대한 답장을 이메일로 알려주기도 하면서 고객 서비스를 향상시키는 효과도 가져온다.

둘째, 배너광고 전략이다. 광고 메시지나 그림을 배너 형태로 띄워 소비자들에게 홍보하는 마케팅 전략이다. 이 배너가 바뀌지 않고 정적인지, 애니메이션 형태로 움직이는지, 사용자들이 클릭하거나 커서를 위에 올림으로써 상호작용이 가능한지에 따라 세 가지로 나뉜다. 구글, 네이버는 물론 다양한 웹페이지에 들어가면 이러한 배너 광고를 볼 수 있으며, 그 내용과 형태가 매우 다양하다는 특징을 가진다. 웹페이지, 애플리케이션을 접속만 할 수 있으면 접할 수 있는 마케팅 전략이기 때문에 모든 소비자들에게 접근성이 좋다.

셋째, 협찬광고이다. 기업이나 브랜드가 특정 콘텐츠나 이벤트의 스폰서로서 제공하는 광고이다. 예를 들어 올림픽 스폰서인 코카콜라의 경우, 올림픽 중계방송 사이사이에 그 광고를 송출하고 있다. 또한, 올림픽 선수촌과 경기 시설 등에 코카콜라 음료수가 가득한 냉장고를 배치하고, 일반 관중들이 즐길 수 있는 코카콜라 이벤트도 제공한다. 이로써 기업 및 브랜드의 인지도와 이미지를 제고하는 효과를 가진다. 이러한 협찬광고 또한 배너광고처럼 소비자들이 큰 노력 없이 문득 접하게 되는 홍보 전략이다.

넷째, 인터넷 액세스형 광고이다. 휴대전화를 사용할 때 와이파이를 이용하는 현대인들에 맞춤화된 광고로, 인터넷 사용을 무료로 제공하는 대신 특정 광고창을 보게 하는 형태의 광고이다. 예를 들어 스타벅스에서 스타벅스 와이파이를 사용하려고 하면, 자동으로 스타벅스 공식 홈페이지 광고를 보게 된다. 이렇듯 고객들은 광고메시지가 포함된 콘텐츠를 제공받는다. 또한 채팅방에서 대화를 나눌 때 채팅방 상하단에 띄워지는 광고나 푸시 알림을 통해 전해지는 광고 등의 형태로 인터넷에 연결되면서 광고가 띄워진다.

다섯째, 판촉전략이다. 기존에 이미 존재하는 판촉 전략을 온라인화시킨 것으로 마일리지, 포인트, 쿠폰 등을 온라인으로 제공하는 것을 말한다. 예전에는 카페에 가서 종이 쿠폰에 도장을 찍어 사용했다면, 이제는 간단히 휴대전화 번호를 입력해서 포인트를 쌓거나, 애플리케이션으로 주문함으로써 자동적으로 애플리케이션에 포인트를 쌓기도 한다.

마지막 PR(Public Relation) 또한 기존의 촉진 전략을 온라인화 한 것이다. 기업은 홍보 내용을 뉴스 공지, 연설, 특별 행사, 프레젠테이션과 이메일 등을 이용하여 고객, 주주, 언론기관 및 직원들에게 전달한다. 기존의 고객, 주주, 직원들을 대상으로 하기 때문에 최초 구매자보다는 이후 영향을 주는 구매자 쪽에 더 적합한 전략이다.

2) 전자상거래 온라인 마케팅 전략

(1) 검색 엔진 마케팅(SEM)

검색 엔진 마케팅(SEM)에는 검색 엔진 최적화(SEO)와 유료 광고가 모두 포함된다. SEO는 콘텐츠를 최적화하기 위해 Google의 순위 방법론에 대한 지식에 의존하는 반면, SEM은 검색 엔진 결과 페이지의 상위 자리를 지불할 수 있는 페이퍼클릭(PPC) 캠페인, 디스플레이 캠페인 또는 제품별 광고 캠페인을 포함할 수 있다.

검색 엔진 최적화(SEO)는 웹사이트 콘텐츠를 최적화하여 검색 결과가 상위에 노출되도록 하고, 콘텐츠 트래픽을 증가시킨다. SEO 결과는 키워드 최적화와 페이지 최적화에 따라 다르게 나타난다.

웹 콘텐츠 전반에 걸쳐 키워드를 조사하고 세 단어 이상으로 구성된 키워드를 사용하면 SEO가 향상되고 트래픽과 전환율 측면에서 최상의 결과를 얻을 수 있다. 신뢰할 수 있는 제3자 페이지에 체계적으로 링크를 연결하는 것도 페이지 순위를 높이고 잠재 고객을 콘텐츠로 유도하는 방법이다.

Pay-per-click(PPC) 광고는 특정 링크를 클릭할 때마다 비용을 지불하는 방식이다. 검색 엔진과 대부분의 소셜 미디어 사이트가 PPC 서비스를 제공한다. 맞춤식 PPC 광고가 귀사의 타깃 고객 및 잠재 고객의 피드에 표시된다.

검색 엔진 마케팅(SEM)은 매우 효과적인 PPC 광고 유형으로, 사용자가 특정 키워드를 검색할 때 마케팅 메시지나 링크를 주요 위치에 표시하도록 검색 엔진에 비용을 지불하는 방식이다.

(2) 이메일 마케팅

이메일 마케팅은 가장 오래된 디지털 마케팅 형태 중 하나이며, B2B 및 B2C 마케터들이 모두 사용하는 가장 잘 알려진 디지털 마케팅 방식 중 하나이다. 이메일 마케팅을 이용하면 고객과의 다양한 접점에서 고객 데이터를 수집하고 세분화하고, 잠재 고객의 선호도를 파악하며, 궁극적으로 이메일 목록에 추가하도록 할 수 있다.

고객에게 보내는 이메일에는 제품 및 서비스 관련 정보, 회사 및 이벤트 관련 뉴스, 맞춤형 제안, 성공 사례, 기술 또는 사업 개요 등이 포함될 수 있다. 고객이 이메일을 확인한 후 바로 삭제되지 않도록 하려면 흥미 있고 가치가 있는 내용이어야 한다. 맞춤형 콘텐츠 및 제안은 고객 참여도를 높이는 데 큰 도움이 된다.

(3) 동영상 마케팅

마케팅은 가장 강력한 디지털 마케팅 채널 중 하나는 동영상 마케팅이다. 사람들은 동영상을 좋아하고, 재미와 정보를 얻기 위해 시청하며 공유한다. YouTube에 따르면, B2B 및 B2C 구매자 모두 동영상을 시청한 후 구매 결정을 내리며 월간 시청률이 매우 높다.

동영상 마케팅은 브랜드 인지도를 높이고, 디지털 트래픽을 유도하며, 전환율을 향상시킨다. 블로그 콘텐츠에 동영상을 접목하는 것은 오랫동안 B2B 및 B2C 콘텐츠 마케팅 전략의 핵심 요소였다.

동영상을 공유하면 콘텐츠의 관심을 높일 수 있으며, 유튜브와 같은 사이트를 활용하고 웹 사이트 및 소셜 미디어 채널에서 비디오를 홍보할 수 있다. 동영상은 짧고 간결하게 매력적인 방식으로 콘텐츠를 제공한다.

(4) 소셜 미디어 마케팅

브랜드, 퍼블리셔, 계약자, 성장하는 기업들은 모두 가장 인기 있는 소셜 네트워크에 페이지를 개설하여 대상 고객과 소통하고 대상 고객이 관심을 갖는 콘텐츠를 게시한다. 소셜 미디어는 목표 집단에 접근하여 기존 고객과 잠재 고객, 그리고 파트너 등과 온라인상에서 직접 소통할 수 있는 효과적인 접촉 채널이다. 목적에 따라 적합한 소셜 미디어 플랫폼을 선정하여 사용해야 한다. 페이스북은 가장 일반적인 소셜 미디어 플랫폼이며, X(트위터)는 B2B 구매자들이 선호하고, 인스타그램과 틱톡은 젊은층 소비자에게 인기있는 플랫폼이다.

소셜 미디어 플랫폼은 일반적으로 고유한 콘텐츠를 제공하지만, 이미지와 비디오를 포함한 멀티미디어에 중점을 둔다. 따라서 마케팅 콘텐츠를 제작할 때는 소셜 미디어를 통해 콘텐츠를 어떻게 배포하고 활용할지 고려하는 것이 중요하다. 새로운 형태의 플랫폼들이 계속해서 출현하기 때문에 마케터들은 모든 다양한 플랫폼을 사용할 수 있도록 준비되어 있어야 한다.

타깃 고객에게 다가가기 위해 소셜 광고를 아낌없이 사용 가능하기에 전자상거래는 소셜 미디어에서 엄청난 혜택을 보는 산업 중 하나이며, 소셜 미디어는 시각적 매체이기 때문에 이미지와 비디오를 통해 사람들을 설득하기 쉽기 때문에 전자상거래에 이상적이다.

(5) 문자 메시지(SMS 및 MMS)

이메일 마케팅과 더불어 문자 메시지는 고객에게 연락하는 가장 직접적인 방법이다. 하지만 간결한 메시지를 사용해야 효과가 있기 때문에 텍스트 전용 문자 메시지 서비스(SMS)나 비디오와 이미지를 함께 전송 할 수 있는 멀티미디어 메시지(MMS)를 활용한다.

(6) 콘텐츠 마케팅

콘텐츠 마케팅이라는 말을 들으면 블로깅과 비디오 마케팅을 떠올릴 수 있으나 검색 엔진에서 웹사이트 순위를 개선하고 업계와 관련된 질문에 답하기 위한 콘텐츠이다.

콘텐츠 마케팅을 통해 다양한 잠재 고객과 고객에게 도달하기 위해 메시지 전달 방식을 개인화할 수 있다. 콘텐츠가 개인화될수록 고객들은 관심을 가질 가능성이 높아진다. 그러나 대상 고객의 의도 및 관심도와 일치하는 콘텐츠를 제공해야 하며, 고객의 참여 및 전환을 유도할 수 있는 가치를 반드시 제공해야 한다.

마케팅에 활용 가능한 콘텐츠 유형은 이메일 카피, 랜딩 페이지, 인포그래픽, e-book, 비즈니스 브리핑, 배너 광고, 비디오, 문자 메시지, 영상 광고, 뉴스레터, 보도 자료, 기사, 블로그, 디지털 엽서 등이 있다.

(7) 웹사이트 디자인 및 마케팅

웹사이트는 잠재 고객이 기업 및 브랜드와 접촉하는 최초의 창구가 되는 경우가 많다. 훌륭한 웹 디자인은 모든 디지털 자산에서 일관된 브랜딩을 강화할 수 있다. 또한 웹사이트의 검색 엔진 친화성을 보장하고, 탁월한 사용자 경험을 제공하며, 전환율을 높이는 데에도 도움이 된다.

(8) 디스플레이 광고

서드파티(Third Party) 사이트에 마케팅 광고를 표시하여 보다 많은 잠재 고객들에게 접근하는 기법이다. 관련 광고 방식에는 배너, 사이드바 박스, 비디오 광고, 귀사의 웹사이트 또는 랜딩 페이지 중 하나로 연결되는 대화형 광고 등이 있다.

(9) 제휴 마케팅

블로거와 인플루언서는 블로그와 소셜 미디어 계정을 활용하여 다양한 제품과 서비스를 홍보한다. 이는 성과 기반 마케팅의 한 형태로, 제휴 마케터가 특정 제품을 홍보하고 수수료를 받는 방식이다. 마케터가 유치하는 방문자와 고객이 많을수록 제휴 마케터의 수익도 증가한다.

거의 모든 브랜드가 제휴 마케팅을 사용하고 있으며, 전자상거래 사이트는 이러한 제휴 마케팅에 매우 적합하다. 제휴사는 수수료를 받고 온라인에서 제품을 판매하는 데 도움을 주는 사람이나 기업이다.

대부분의 소셜 미디어 인플루언서와 달리 제휴사는 기존의 마케팅 전략을 통해 제품에 대한 관심을 나타낸다. 유료 광고, 콘텐츠 마케팅 및 기타 수단을 사용하여 귀하의 제품에 대한 페이지로 트래픽을 유도하는 데 이는 귀하를 위한 팀 마케팅을 갖는 것과 같다.

(10) 광고

전통적인 광고 미디어는 지난 몇 년간 기술의 발전과 함께 엄청난 변화를 가져왔다. 넷플릭스, 유튜브 등과 같은 새로운 온라인 플랫폼에서 다양한 분석 활동을 수행하고 이를 마케팅에 활용하여 더 정확한 목표 고객들을 찾아 이에 맞게 광고 미디어 사업을 수행하게 되었다.

유기적 방식으로 도달 범위를 정점에 도달하면 전자상거래 매장 수익은 광고에 지출한 비용의 함수가 된다. 그렇기 때문에 거의 모든 성공적인 온라인 매장은 구매자 여정의 각 단계를 타킷팅하는 검색 광고, 소셜 미디어 광고, 네이티브 광고 등 유료 광고에 많은 투자를 한다.

(11) 인플루언서 마케팅

일반적으로 사람들은 신뢰하는 사람의 영향을 받는다. 사용자는 브랜드보다 유명인이나 해당 분야의 전문가를 신뢰하는 것을 선호하는데 이것이 전자상거래가 인플루언서 마케팅에 투자하는 이유이다.

인플루언서(Influencer) 마케팅은 타킷 마켓에 영향을 미치는 사람이나 브랜드에 초점을 맞춘다. 일반적으로 수천 명의 팔로워가 있는 인스타그램 계정을 나타내는 데 사용되지만 타킷 고객이 팔로우하거나 속한 유명인이나 커뮤니티를 의미할 수도 있다. 인플루언서는 자신을 알고, 좋아하고, 신뢰하는 사람들의 커뮤니티를 구축한다. 따라서 추천 또는 스폰서 게시물을 통해 온라인 제품에 대한 관심을 쉽게 얻을 수 있다.

인플루언서 마케팅에서 유명인이나 상당한 팬층을 보유한 사용자와 협력하여 브랜드 홍보대사 역할을 한다. 제품에 대해 너무 공격적으로 들리지 않도록 하는 것이 목표이므로 콘텐츠 가이드라인을 제공하며, 소셜 미디어 계정에서 콘텐츠를 공유하면 성과를 평가한다.

(12) 전환율 최적화(CRO)

전환율은 아마도 모든 전자상거래 매장에 가장 중요한 지표일 것이다. 방문자 100명당 전환된 방문자 수이다. 다음은 전자상거래 매장의 전환율을 개선할 수 있는 네 가지 방법이 있다.

- 추천 엔진: 추천 엔진은 구매 및 웹사이트 탐색 기록을 기반으로 방문자에게 제품을 추천하여 쇼핑 경험을 개인화한다.
- 장바구니 포기: 장바구니 포기 소프트웨어는 구매를 완료하지 않고 웹사이트를 떠난 쇼핑객에게 알림 이메일을 보낸다.
- 리드 생성: 이러한 도구는 종료 의도 팝업, 옵트인 양식 및 소셜 증명 알림을 통해 쇼핑객을 전환 깔때기로 안내하는 데 도움이 된다.
- 고객 서비스 및 지원: 온라인 매장은 가끔 물류에 문제가 발생하여 주문에 대해 걱정하는 불편한 고객이 있다. 이를 효과적으로 해결하려면 전자상거래 매장에 신속한 고객 서비스 부서가 있어야 한다.
- 고객과의 소통: 쇼핑객은 전화, 이메일 또는 라이브 채팅을 통해 귀하와

소통할 수 있어야 한다. 전통적인 매체 외에도 전자상거래 매장은 대화형 AI를 실험하여 디지털 어시스턴트, 메신저 앱, 챗봇을 통해 실시간으로 쇼핑객과 소통할 수 있어야 한다.

6 전자상거래 마케팅 활용 기술 사례

전자상거래가 활성화되고, 관련 기술이 끊임없이 발전하면서 전 세계적으로 마케팅 산업의 지형과 패러다임에 변화가 일어나고 있다. 이러한 변화는 글로벌 기업들에게 개별 이용자에 대한 트래킹을 제한하는 움직임이 강화되는 사회적 분위기에서 출발한다. 애플리케이션과 웹 환경에서 개인정보 보안이 중요한 이슈로 떠오르고 이를 강화하는 점이 주요한 요인으로 작용한 것이다.

기존의 전통적인 마케팅은 콘텐츠, 타킷팅, 예산 집행 3가지 요소를 바탕으로 이루어진 반면, 최근 트렌드는 타켓 마케팅을 인공지능(AI)를 통한 마케팅을 대안으로 두고 있다. 고도화된 방법론으로 콘텐츠의 패턴을 학습하고, 원본 콘텐츠를 생성할 수 있는 인공지능은 생산한 창출물을 관리하면서 예산 배분까지 효율적으로 이루어질 수 있게 돕는 것이다.

1) 인공지능(AI: Artificial Intelligence)

인공지능 기술을 바탕으로 데이터를 분석하고, 고객과의 상호작용 및 마케팅 캠페인의 최적화를 구현하는 것이 인공지능 마케팅이다. 인공지능 마케팅은 특정 브랜드나 제품을 인공지능에게 입력하고 그에 대한 표현을 요구한 뒤, 데이터로 얻은 경험에 기반하여 학습된 결과물을 도출함으로써 그 결과물을 광고에 직접 사용하기도 한다. 한편, 인공지능 분석을 통해 개별 고객의 니즈를 파악한 뒤, 그 니즈에 맞는 콘텐츠와 상품을 추천해주는 기능을 제공하기도 하는데 이는 기계학습 방법론을 통해 이루어진다.

인공지능은 계획단계부터 캠페인 측정 단계에 이르기까지 전반적인 마케팅 계획 프로세스의 단계에서 사용되고 있으며, 기업에서 인공지능을 활용해 마케팅을 진행한 네이버 사례에 대해 살펴보도록 하겠다.

2023년 9월 네이버는 자사 통합검색에 생성형 인공지능 검색 서비스 큐(CUE)를 적용한다고 밝혔다. 큐는 복잡한 구조로 구성된 질문을 이해하고, 체계적으로 답변을 제공하는 생성형 인공지능 검색 서비스이다. 이는 복합적인 질문의 의도를 분석한 뒤 답변을 생성하는데, 사람처럼 검색하는 과정을 통해 스스로 질문의 의도와 맥락을 고려하며, 추천이나 제안이 필요한 질문에는 질문자가 원하는 장소와 특성을 반영하여 검색을 진행한다. 기존 검색 방법론은 사용자가 원하는 정보를 검색하기 위해 검색어를 선정하고 결과로 제시된 문서를 확인하여 검색어를 수정하는 과정을 반복해야 했지만, 큐서비스를 이용할 경우 검색창에 사람에게 말하듯 질문을 입력하면 인공지능이 스스로 사고하여 정보를 정리하기 때문에 바로 원하는 결과를 얻을 수 있다.

특히 큐는 사용자의 질문을 이해하고, 답변과 함께 출처를 수집하고, 답변과 출처의 사실성을 확인하는 3단계 검증 프로세스를 통해 기존 생성형 AI 서비스의 한계를 최소화하고자 했다.

큐에 적용된 단계별 추론을 통해 사용자는 제공된 답변이 어떤 과정을 통해 도출되었는지 논리의 흐름을 파악할 수 있다. 이는 인공지능 챗봇의 한계로 지적되는 신뢰성을 높일 수 있는 방안이 될 것이다.

2) 증강현실(AR: Augmented Reality)

전자상거래의 활성화로 AR·VR, IoT와 같은 첨단기술이 확산되고, 오프라인과 온라인을 넘나드는 쇼핑 트렌드가 일상화되면서 전통적인 유통시장에 위협요인으로 작용될지 여부가 주목되었다. AR·VR 기술은 주로 게임, 엔터테인먼트 등 특정 분야를 중심으로 활용되었지만, 점차 적용분야가 확대되고 있다. 현재 전자상거래가 활성화되고 AR·VR을 이용한 쇼핑은 온라인과 모바일상에서 체험을 극대화할 수 있다는 측면에서 온라인 플랫폼의 핵심적인 기술로 부상하고 있다.

증강현실(AR)은 사용자가 눈으로 보는 현실 세계에 컴퓨터 그래픽으로 생성된 가상 이미지를 중첩하여 만들어진 영상이다. 사용자가 현실 세계를 기반으로 가상의 객체와 상호작용할 수 있도록 하여 가상현실(VR)이 제공하는 영상보다 현실에 더 가까운 높은 수준의 사실감을 제공한다. 별도의 전용 기기가 필요하지 않아 스마트폰과 태블릿 PC를 사용해 활용 가능한 콘텐츠가 일반적이다.

대표적인 가구 브랜드 이케아(IKEA)에서 증강현실 서비스를 어떤 방식으로 활용하고 있는지 알아보겠다.

이케아는 가상으로 가구를 미리 배치할 수 있는 증강현실(AR) 애플리케이션 이케아 플레이스(IKEA PLACE)를 출시했다. 이케아는 DIY(Do It Yourself) 라이프스타일을 지향하고 있으며, 소비자의 편리한 가구선택을 위해 AR과 VR을 적극 활용하고 있다. 소비자의 가정에 이미 배치된 가구들과 이케아에서 구매하는 가구를 동시에 비교 가능하도록 함으로써 원활한 선택이 가능하도록 한다. 즉, 이케아 매장 내에서의 쇼핑경험을 소비자의 가정으로 연결시킴으로써 시공간의 제약 없이 쇼핑이 가능하도록 한 것이다.

3) 가상현실(VR: Virtual Reality)

AR·VR 기술은 소비자의 경험을 개인화, 맞춤화할 수 있는 장점을 가지고 있고, 오프라인 매장의 한계를 극복할 대안으로 활용 가능하다. 즉, AR·VR 기술로 전자상거래 시장이 하나의 체험 공간으로서 작용할 수 있는 것이다. 앞서 살펴본 증상현실과 달리 가상현실을 경험하기 위해서는 HMD(Head Mounted Display)나 각종 센서와 모션인식이 가능한 장비가 필요하다. 이러한 특징이 증상현실 기술과 구분되는 가장 큰 차이점이라고 볼 수 있다.

가상현실(VR)은 컴퓨터 그래픽 기술을 사용하여 가상 공간을 만들고 사용자가 가상 공간에서 보고, 듣고, 상황을 인지하는 등 상호작용할 수 있도록 하는 사용자를 위한 인터페이스 기술이다.

3차원의 공간성과 실시간으로 이루어지는 상호작용, 높은 몰입감 등을 특징으로 하는데, 컴퓨터와 가상현실 헤드셋을 통해 입체적인 가상공간을 구현함으로써 시각, 청각, 촉각 등 오감과 상호작용이 가능하며, 동작인식을 통해 가상공간을 현실처럼 느끼게 해준다. 가상현실 구현을 위한 프로그램은 먼저 상호작용을 가능하도록 해주는 입력장치, 현실과 같은 감각을 제공하는 출력장치, 마지막으로 전체 환경을 제어하고 동기화하는 소프트웨어로 구성된다. 현재 삼성기어 VR, 플레이스테이션 VR, HTC 바이브 등 전용 기기의 판매가 확대되고 있으며, 네트워크 환경이 안정적으로 구축되면서 고용량 파일의 전송 속도가 향상되는 등 상용화를 위한 여러 제반이 다져지고 있다. 현재 기업에서 해당 기술을 어떤 방식으로 마케팅에서 활용하고 있는지 알리바바 사례를 살펴보겠다.

알리바바는 세계 최대 규모의 가상현실 쇼핑센터 구축을 목표로 전자상거래 시장에서 가상현실을 접목하여 판매자들이 직접적으로 가상현실 상점을 차릴 수 있는 플랫폼을 제작하였다. 구매자와 판매자가 적극적으로 가상현실 상점 플랫폼을 활용하여 몰입할 수 있는 쇼핑 서비스를 제공한다.

한편 가상현실 세계에서는 가상모델들이 무대에서 옷과 다양한 제품을 보여주기도 하며, 알리페이와 연계하여 가상현실 결제를 구현하였다. 소비자들은 고개만 끄덕이면 헤드셋을 벗지 않고 상품의 결제가 가능하다. 가상현실 상에서 눈을 마주치고, 고개를 끄덕인 후 특정 손동작을 하면 3D 형태의 결제창이 나타나고, 비밀번호를 입력하면 결제가 완료되는 시스템이다. 이는 중국 내 물리적으로 소매점을 보유하지 않은 사업자들도 물건을 팔 수 있게 함으로써 시장의 확대가 가능하다. 실제로 알리바바는 Macy's, Target, Costco 등과 같은 세계적인 유통업체와 VR 쇼핑 사업을 협력하고 있으며, AR·VR을 비롯해 인공지능, 사물인터넷과 같은 다양한 전자상거래 기반 기술을 활용하면 효과적인 마케팅이 가능하다.

4) 배송 및 운송 기반기술

전자상거래의 급속한 발전은 유통, 금융, 무역, 물류업계에도 전자상거래 혁신을 불러일으키고 있다. 공급자부터 구매자에 이르기까지 공급사슬의 관리를 통해 주문 및 배송의 흐름을 실시간으로 확인함으로써 비용이 절감된 것이다. 또한, 코로나19 팬데믹으로 인해 비대면 배송과 풀필먼트 센터를 통한 직배송 등 빠른 배송서비스 수요 급증으로 인해 택배 물류 프로세스가 다양화되었다. 4차 산업혁명을 통해 로봇의 활용, 자율주행 배송수단의 도입 등 무인화 및 자동화가 진행되면서 패러다임의 변화가 발생한 것이다.

현재 드론과 로봇 등 무인 운송수단은 택배화물 배송 초기 단계에 해당하지만, 향후 택배화물 집화 및 배송에 무인 운송수단이 활성화될 경우 정보 전달과 연계가 필수적인 상황이다. 또한 소비자들이 택배 운송부터 수취까지의 과정을 자동화 및 정보화를 통해 통합적으로 정보를 제공받기를 희망하면서, 단일화된 서비스의 제공이 필요한 상태이다.

무인 배송으로는 크게 드론과 로봇을 활용할 수 있는데, 먼저 자율배송로봇(Autonomous Delivery Robot: ADR)은 운행비용이 낮고, 대당 구매가격이 저렴할 뿐만 아니라 전기를 이용한다는 이점이 있다. 그러나 차량에 비해 느린 속도와 짧은 운행 거리라는 한계가 존재하지만, 이용범위가 점점 확대되고 있다.

구글 애드(Google Ads)

구글 애드워즈는 인터넷 검색 엔진인 구글의 광고 서비스로, 광고주가 지정한 키워드와 관련된 검색 결과에 광고를 노출시키는 방식으로 운영된다. 이 서비스를 통해 기업들은 자신들의 제품이나 서비스와 관련된 키워드를 입력하는 사용자들에게 직접적으로 광고를 노출시킬 수 있다. 검색 네트워크 광고 검색 네트워크 광고는 사용자가 구글 검색창에 특정 단어나 문구를 입력할 때 해당 검색어와 관련된 광고를 보여주는 것이다. 이러한 방식은 고객이 이미 제품이나 서비스에 대해 관심을 가지고 있음을 나타내므로, 해당 시점에서 적절한 제안을 함으로써 고객의 구매 결정을 유도하는 데 매우 유효하다.

광고 디스플레이 네트워크 광고는 이미지, 비디오 등 다양한 형태의 미디어를 활용하여 웹사이트, 앱 등 다양한 디지털 채널에서 노출되며, 고객들에게 강력하면서도 직관적인 메시지 전달 가능성을 제공한다. 리마켓팅은 기업 웹사이트 방문 경험이 있는 고객들에게 재차 광고를 노출시키는 전략이다.

이 방식은 고객이 한 번 제품이나 서비스에 대해 관심을 가졌던 것을 기억하고, 그 관심을 구매로 이어질 수 있도록 유도하는 데 효과적이다. Google Shopping은 제품 이미지와 가격 정보 등을 함께 보여주어 사용자가 쉽게 제품을 비교하고 선택할 수 있게 해 준다. 이 서비스는 소매업체들에게 특히 유용하며, 사용자의 구매 결정 과정을 간소화하여 전환율을 높일 수 있다. 구글 애드워즈를 통한 마케팅은 위와 같은 다양한 방법으로 실행될 수 있으며, 각 기업의 목적과 타킷 시장 특성에 따라 적절한 전략과 도구를 선택하여 활용할 수 있다. 결론적으로, 구글 애드워즈의 사례에서 볼 수 있듯이, 전자상거래 환경에서의 마케팅은 검색 엔진 최적화(SEO), 사용자 경험(UX), 데이터 분석 등 다양한 요소들이 복합적으로 작용하는 것으로 볼 수 있으며, 요소들 간 조화가 마케팅 성공의 중요 요소이다.

쿠팡(Coupang) 파트너스

쿠팡 파트너스는 기본적으로 제휴 마케팅(Affiliate Marketing)의 한 형태로, 개인 블로거나 웹사이트 운영자들이 자신의 플랫폼에 쿠팡 제품 링크를 게시하고, 이 링크를 통해 사용자가 제품을 구매할 경우 그로부터 발생하는 판매 수익의 일정 비율을 커미션으로 받는 시스템이다. 제휴 마케팅의 장점 및 활용 제휴 마케팅은 기업과 개인 파트너 모두에게 이점을 제공한다. 기업은 추가적인 광고 비용 없이 자신들의 제품이나 서비스를 넓은 범위에 걸친 고객들에게 알릴 수 있으며, 반면 파트너들은 자신들의 웹사이트나 블로그 등에 방문하는 사용자들로부터 추가적인 수익을 창출할 수 있다.

쿠팡은 이미 넓은 고객 베이스와 다양한 카탈로그를 가지고 있어 파트너들이 선택할 수 있는 옵션이 많다는 장점을 가지고 있다. 또한 간단하게 HTML 코드를 복사하여 붙여 넣기만 하면 되므로, 기존 웹사이트나 블로그 운영 경력과 관계없이 누구나 쉽게 참여할 수 있다. 이러한 접근성은 쿠팡 파트너스 프로그램이 더 많은 파트너를 유치하고, 따라서 더 넓은 고객층에게 브랜드와 제품을 알릴 수 있도록 해준다. 더 나아가, 쿠팡 파트너스는 링크 클릭 후 24시간 이내에 이루어진 모든 구매에서 커미션을 지급하는 애트리뷰션 윈도우를 제공한다. 이는 사용자가 처음 링크를 클릭하고 실제로 구매에 이르기까지 일정 시간이 소요될 수 있다는 사실을 반영한 것으로, 파트너들의 마케팅 활동을 더욱 활성화한다.

이처럼 쿠팡 파트너스 프로그램은 기업과 개인 파트너 모두에게 혜택을 주는 제휴 마케팅의 형태로서, 기업의 제품 판매와 브랜드 인지도 증대를 동시에 추진할 수 있는 효율적인 방법이다. 앞으로도 쿠팡 파트너스와 같은 제휴 마케팅 프로그램은 전자상거래 환경에서 중요한 역할을 계속해서 담당할 것으로 예상된다. 네이버가 자사의 블로그 영향력을 확대하기 위한 블로그 챌린지를 운영하고, 카카오도 자사의 블로그 티스토리를 강하게 밀어주는 양상이 나타나고 있다. 블로그를 작성하거나 검색하여 들어가는 과정이 점점 더 간편해지고 있으며 제휴 마케팅을 위한 최적의 조건이 형성되고 있다.

제 4 장

전자상거래와 Technology

1. 전자상거래 기반 기술
2. 전자상거래 적용 기술

제4장

전자상거래와 Technology

전자상거래 이용과 발전에 다양한 기술들이 활용되고 있는데, 이를 구성하는 기술에는 대표적으로 웹기술과 같은 기반기술과 결제 기반기술, 마케팅 활용기술 등 다양한 형태의 기술들이 적용되고 있다.

1 전자상거래 기반 기술

전자상거래가 운영되기 위해서 필요한 기술들은 여러가지가 있지만, 대표적인 것으로 온라인 기반기술, 결제 기반기술 등이 있다.

1) 온라인 기반 기술

(1) 웹 1.0

인터넷에서 정보를 교환하는 시스템을 뜻하는 용어인 웹(Web: World Wide Web)은 1990년대의 웹 1.0을 시작으로, 웹 2.0, 웹 3.0을 거쳐 변화하고 있다(표 4.1).

표 4.1 O웹 세대별 변화

	웹 1.0	웹 2.0	웹 3.0
정보처리 (소통방식)	읽기	읽기·쓰기	읽기·쓰기·소유
운영주체	회사 및 개인	플랫폼	네트워크
인프라	개인 컴퓨터	클라우드·모바일	블록체인·메타버스
운영권한	탈중앙화	중앙화	탈중앙화
사례	Yahoo, Netscape, Internet Explorer, MSN 등	Amazon, Facebook, Twitter, Instagram, Chrome 등	Steemit, Bitcoin 등

웹의 시작인 웹 1.0 시대에는 읽기 전용 기능이 중심이 되어 웹을 이용하는 모든 이용자에게 언제나 어디서나 정보를 제공하는 것이 목적이었다.

웹 1.0은 초기 웹 기술로, 주로 단방향 정보 전달을 위한 것이었으며 인터넷 상에서 정보를 모아 보여주었다. 사용자는 주로 웹사이트에서 제공되는 콘텐츠를 소비하는 역할을 가졌다.

이러한 웹 1.0은 사회경제적으로 영향을 미쳤을 뿐만 아니라 학문과 문화 분야에도 큰 영향을 미쳤다. 이 시대에 포털 사이트가 형성되었고, 인터넷 홈페이지가 처음 등장하게 되었다.

(2) 웹 2.0

웹 2.0은 2000년대의 웹의 2세대를 뜻한다. 읽기 전용의 웹 1.0 기능에 쓰기 전용 기능이 더해져 정보 연결의 목적으로 확장되었다. 웹 2.0은 사용자들 간의 상호작용과 협업을 강조하며, 정적인 콘텐츠 제공과 단일 방향의 콘텐츠 제공이 아닌 동적 웹 경험과 사용자 중심의 웹 경험을 나타낸다.

읽기 전용 기능만이 있어 일방적 서비스 형태를 가지고 있던 웹 1.0과 비교할 때 기술적인 면보다 웹 서비스의 사용성을 개선하여 누구나 웹에 쉽게 접근하고 참여하여 정보를 공유할 수 있도록 했다. 신문, 방송과 유사하게 기업들이 일방적으로 웹 페이지에 다양한 정보를 제공하고, 이를 사용자가 열람하여 활용하는 형태가 주를 이루었던 웹 1.0과 달리, 웹 2.0 시대에는 블로그 등의 웹 기반 플랫폼에 사용자가 직접 정보를 게재 및 공유하며 상호 협력할 수 있는 환경을 제공했다. 이러한 정보의 개방을 통해 웹 사용자들 간 정보 공유와 참여가 폭발적으로 증가하였고, 정보의 가치가 지속적으로 상승하게 되었다.

나무위키 등에 따르면 웹 2.0은 데이터 소유자나 독점 기업 없이 누구나 온라인에서 쉽게 데이터를 생산하고 공유할 수 있는 사용자 중심의 인터넷 환경을 의미한다. 따라서 단순히 정보를 수집하고 온라인에 표시하는 웹 1.0과 달리, 웹 2.0은 제공된 데이터를 활용하여 사용자들이 정보 생성에 참여하고 가치를 창출할 수 있도록 하여 누구나 다양하고 새로운 서비스를 창출할 수 있도록 한다.

웹 2.0이 가지고 있는 주요 특징은 다음과 같다.

첫째, 풍부한 사용자 경험을 제공하며 만들어지는 사용자 생성 콘텐츠이다. 이는 사용자들이 직접 콘텐츠를 생성하고 공유할 수 있는 플랫폼이 많아지면서 나타난 특징으로, 블로그, 소셜 미디어, 위키피디아 등이 이에 해당한다.

둘째, 집단 지성의 활용을 가능하게 함과 그에 따라 등장한 소셜 미디어이다. 사용자 간의 소통, 공유, 협력을 중심으로 한 소셜 미디어 플랫폼이 등장했고 페이스북, X(트위터), 인스타그램 등이 이에 해당한다.

셋째, 다양한 기기를 지원하는 소프트웨어의 등장과 웹 애플리케이션이다. 브라우저를 통해 실행되는 다양한 웹 애플리케이션이 등장하였으며 구글 드라이브, 구글 맵스, 웹 기반의 이메일 서비스 등이 이에 속한다.

넷째, 차별화된 데이터 생산과 웹 서비스의 API(Application Programming Interface)이다. 다양한 웹 서비스 간의 상호 운용성을 위해 API가 중요해지고 있다. 이를 통해 다른 애플리케이션과의 통합이 쉬워졌다.

다섯째, 클라우드 컴퓨팅이다. 서버 및 데이터 스토리지를 온라인으로 외부에서 제공받아 이용하는 클라우드 서비스가 늘어났다.

해외의 경우 구글 검색이 대표적인 사례로 볼 수 있으며, 국내의 경우에는 네이버의 지식in 서비스가 있다. 이러한 웹 2.0은 마찬가지로 사회 경제적 영향을 넘어, 역시 학문과 문화 분야에 큰 영향을 미쳤으며 이 기술로 인해 웹 사용자가 정보의 소비자 역할과 생산자 및 유통자가 되는 형태를 이끌었다. 이 시기에 블로그, X(트위터), 유튜브, 페이스북, 위키피디아 등이 등장하였으며, 스마트폰으로 대표되는 휴대용 스마트 디지털기기가 발전됨에 따라 웹 2.0은 사용자에 의한 다양한 형태의 정보들을 얻게 되고, 창작물을 만들게 되었다. 블로그는 단순히 기록과 정보 공유의 목적을 넘어 기업의 제품 및 서비스 홍보와 광고의 수단으로 활용되기도 했다. 또한 별도의 개입이 없이도 웹 사용자 간 정보의 공유가 활성화되는 선순환 구조가 만들어졌다.

전자상거래의 핵심이 되었던 모바일 기기의 사용 증대와 함께 모바일 커머스 기술 발전으로 인해 웹 2.0 시대의 전자상거래는 접근성, 개인화, 편재성 등의 특징을 보였으며 중간소비자가 소멸되고 재화, 지식, 그리고 정보의 생산 및 소비자 증가하는 형태가 나타났다. 이러한 영향으로 사회적으로는 소셜 미디어 등의 영향력이 더욱 커졌고 소통 능력이 향상되었다. 소비자들의 구글, 네이버 등 검색 엔진을 활용하여 스스로 필요한 상품을 찾아 구매하는 전자상거래 행위가 증가했으며, 이를 통해 가격과 품질, 성능과 사용후기 등의 다양한 정보들을 기반으로 제품과 서비스를 검증한 후 구매 결정을 하는 소비 패턴이 일반화되었다. 또한 소셜 미디어를 활용하여 제품에 대한 추천과 의견, 홍보와 광고 활동이 활성화되어 이에 영향을 받은 전자상거래 사례가 증가하였으며, 기업의 디지털 마케팅이 대두되었고, 기업의 입장에서 고객에게 더 가깝게 접근하여 소통하고 상호작용할 수 있는 새로운 방식이 나타나게 되었다.

(3) 웹 3.0

위키피디아에 따르면, 웹 3.0은 컴퓨터가 웹 페이지의 내용을 이해하고 시맨틱 웹 기술을 활용하여 개인화된 정보를 제공할 수 있도록 하는 지능형 웹 기술이다. 지능적이고 개인화된 맞춤형 웹을 의미하며, 인공지능(AI)과 블록체인을 기반으로 정보를 제공하고 데이터 소유권을 개인화하는 3세대 인터넷이다.

앞서 언급되었던 웹 2.0이 사용자 간 상호 정보 공유에 기반한 사회적 연결성이 가장 큰 특징이었다면, 웹 3.0은 데이터의 의미가 중시되어 서비스를 제공하는 기술이다. 개인화, 지능화로 대표되는 웹 3.0은 방대한 양으로 저장되어 있는 웹의 정보들 중 개인이 필요로 하는 지식을 추출하여 제공하는 맞춤형 웹 기술인 것이다. 웹 2.0과 달리 사용자들의 데이터와 각종 정보들이 웹 플랫폼 상에 종속되는 형태가 아닌, 사용자가 소유하여 주권이 사용자에게 있게 된다. 웹은 그 발전 과정을 거치며 사용자의 역할과 범위를 늘리며 활용되어 왔지만 중앙 집중 방식을 가지고 있어 플랫폼들의 개인 데이터 독점과 남용, 보안의 취약성 등 여러 문제점을 지니고 있었다.

웹 2.0과 웹 3.0의 가장 큰 차이점은 정보의 소유권이 누구에게 있는지 여부이다. 웹 2.0에서는 플랫폼이 정보를 소유했지만, 웹 3.0에서는 개인이 정보를 소유하게 되었다. 더불어, 웹 3.0은 블록체인 기술을 활용하여 정보를 보호하고 개인이 소유할 수 있도록 하여 보안성과 익명성 등 웹 2.0보다 뛰어난 이점을 제공한다.

그러나 웹 3.0의 경우, 블록체인과 같은 분산화 기술을 활용함으로써 서비스 사용자들이 직접 수익을 공유하는 새로운 형태의 웹 모델을 제시하여 이들이 플랫폼에 종속되지 않고 직접 소유하는 탈 중앙화 웹을 구현하였다.

한편 웹 3.0의 시맨틱 웹(Semantic Web)은 컴퓨터가 단어 및 문장의 뜻을 이해하고 논리적으로 추론함으로써 정보를 보다 의미론적으로 해석할 수 있는 기술인데, 이의 도입을 통해 웹이 다양한 정보를 이해 및 처리하는 것이 가능해져 사용자 입장에서 검색 결과가 더욱 정확해지고 유용해졌다. 또한 이 기술을 기반으로 사용자가 원하고 필요로 하는 정보를 검색하고, 맞춤형으로 정보를 제공하는 기능이 새롭게 생겨났다. 구글의 경우, 사용자의 검색 키워드와 방문 기록을 인터넷 쿠키에 저장한 후 광고 배너가 포함되어 있는 사이트 접속 시 사용자 관련 광고를 노출하는 방식의 타켓팅 광고를 활용하고 있다.

웹 3.0의 등장으로 소셜 미디어에 기반한 전자상거래가 더욱 발전하였다. 웹 3.0 시대의 전자상거래는 개인화 상거래, O2O 상거래, 플랫폼 내 소비자 주권 실현 등의 키워드로 특징지을 수 있다. 소셜 커머스 시장이 급속도로 성장했으며, 이에 따라 온라인상 유통산업 또한 커다란 변화를 겪었다.

보다 구체적으로 앞서 언급된 시맨틱 웹 기술을 활용함으로써 개인화 거래 및 추천 시스템이 가능한데, 사용자의 검색 기록, 관심사, 구매 이력, 취향 등을 이해 및 분석하고 추론함으로써 이를 반영한 맞춤형 제품 추천 제공 기능이 전자상거래에 있어 보편화되었다. 또한 인공지능(Artificial Intelligence)과 기계학습

(Machine Learning) 방법론이 활용되어 소비자들의 다양한 소비행동을 분석 및 예측하여 재고 관리, 가격조정, 광고 효율성 등을 결정하게 되었다.

뿐만 아니라 블록체인으로 대표되는 분산화 기술을 통해 전자상거래의 투명성과 신뢰성을 높이고, 또한 높은 보안성과 위조 및 변조가 어렵다는 특성을 기반으로 신뢰성 있는 거래 환경을 조성하였다. 블록체인의 경우, 해외 송금서비스와 채권, 장외주식 등 다양한 분야에서 다양한 형태로 적용되고 있다.

2) 결제 기반 기술

전자상거래를 구성하는 핵심요소 중 하나는 결제 서비스이고, 이를 뒷받침하는 기술들이 반드시 필요하다. 초기부터 온라인상에서 결제를 하도록 결제 서비스에 이러한 기술들이 적용되었고, 모바일 시대가 확장되면서 모바일상에서 결제를 지원하는 기술들이 적용되었다.

(1) 온라인 결제 기반 기술

온라인 결제(Online Payment)와 온라인 결제 기반기술은 디지털 화폐, 전자지갑, 결제 게이트웨이 등을 활용하여 온라인에서 안전하게 결제 및 금융 거래를 수행하는 기술을 의미한다. 이러한 기술은 전자상거래, 모바일 앱 결제, 디지털 금융 서비스 등 다양한 온라인 거래에서 활용되며, 효율적이고 안전한 결제 환경을 제공한다. 온라인 결제 기반 기술을 적용한 서비스에는 전자화폐, 전자수표, 신용카드형, 스마트카드형, P2P 등이 있다.

온라인 결제 기반기술의 특징은 다음과 같다. 먼저, 보안 기술이다. 온라인 결제 기반 기술은 고급 보안 기술을 도입하여 개인 정보와 금융 데이터를 안전하게 보호한다. SSL(Secure Sockets Layer)과 같은 암호화 프로토콜, 양자 암호학, 생체 인식 기술 등이 사용되어 사용자의 안전성을 강화한다.

다음은 블록체인 기술이다. 블록체인 기술은 온라인상의 거래 증가로 인해 해킹, 위·변조에 안전한 거래 시스템에 대한 사회적 수요가 증가함에 따라 개발되었다. 블록체인은 해킹, 위·변조로부터 기존 시스템보다 훨씬 안전하며, 블록체인의 높은 수준의 보안성은 주로 지급결제 시장에서 활용되고 있다.

마지막으로, 빅데이터는 IT기술 발전과 함께 인터넷, 이동통신의 발달, 그리고 온라인 시장의 급속한 성장으로 발생하는 엄청난 데이터를 수집, 저장, 분석 활용하는 방법이다. 빅데이터 분석은 매출증대, 비용 절감, 고객 유지율 향상 등 기업의 경쟁력을 높이는 방법으로 사용된다.

또한 온라인 결제에는 사용자 경험을 높이거나 편의성 향상 및 보안을 위해 빅데이터 기술을 활용한다.

(2) 모바일 결제 기반기술

모바일 결제 기반기술은 신용카드 정보와 같이 모바일 단말기에 미리 저장된 정보를 활용하여 거래 시 비밀번호 입력과 단말기 접촉과 같은 방식으로 결제가 가능한 전자 결제 서비스를 나타낸다. 모바일 결제 시스템은 무선 혹은 기타 통신 기술을 활용해 제품과 서비스의 구매를 진행하는 도구로, 모바일 지갑이나 신용카드를 비롯한 모바일 결제방법 시스템을 말한다. 이동 통신사를 통해 태블릿과 휴대폰 등 모바일 단말기를 활용하여 결제 서비스를 제공하며, 시공간적 제약을 받지 않는다.

모바일 결제 기반 기술에는 NFC 근거리 무선 통신 방식과 클라우드 방식이 존재하며, 폐쇄형 시스템과 개방형 시스템으로도 구분이 가능하다.

모바일 결제 서비스에서 주로 활용되고 있는 근거리 통신 방식으로는 NFC, QR코드·바코드, BLE(Bluetooth Low Energy) 등을 들 수 있다. 먼저 NFC(Near Field Communication) 방식은 양방향 통신이 가능한 비접촉 근거리 무선 통신 기술이다. 약 10초 이내에서 무선 통신이 가능하며, 해킹 가능성이 거의 없다. 코드 스캐닝 방식은 QR코드 또는 바코드를 사용하며, 모바일 기기의 애플리케이션에 신용카드나 계좌를 등록한 후 결제에 활용하는 방식으로, 별도의 리더기가 요구되지 않는다는 장점이 있다. 기존의 POS 단말기를 활용하여 결제가 가능하고, 카드사와 통신사 등 다양한 사업자가 해당 서비스를 지원하고 있다. 마지막으로 BLE(Bluetooth Low Energy) 방식은 Bluetooth 4.0 기술을 바탕으로 하는 저전력 근거리 무선통신 기술이다. 기기 간 설정이 필요 없으며 비접촉 통신이라는 이점이 있다.

모바일 결제 기술을 적용한 모바일 결제 서비스는 휴대폰, 스마트폰, 태블릿 PC 등의 모바일 기기를 통해 온라인과 오프라인 상에서 제품 또는 서비스를 구매하도록 한다. 스마트폰 또는 기타 모바일 기기를 사용하여 상품이나 서비스를 결제하는 서비스이기 때문에 해당 기기의 기술이 발달함에 따라 관련 기술도 빠르게 성장하고 있다. 모바일 결제는 소비자에게 편의성을 제공하고, 기업에는 신속하고 안전한 결제 수단을 제공하며 이를 위해 다양한 기술이 사용되고 있다.

모바일 결제 기반 기술의 주요 특징은 다음과 같다.

첫째, NFC(Near Field Communication)이다. NFC는 근거리 무선 통신 기술로, 모바일 기기와 판독기 간에 짧은 거리에서 정보를 주고받을 수 있다. 특히, NFC를 사용한 모바일 지갑 앱을 통해 결제할 수 있는 기술은 편의성을 증대하는 주요인이다.

둘째, QR 코드 결제이다. 판매자는 제품이나 레지스터에 QR 코드를 표시하고, 사용자는 모바일 기기의 카메라로 스캔하여 결제를 완료한다.

셋째, 모바일 지갑 앱이다. 모바일 지갑은 사용자의 신용 카드, 직불 카드, 기프트 카드 등의 정보를 저장하고, 이를 사용하여 결제를 진행한다. 대표적인 예로 애플페이, 구글페이, 삼성페이 등이 있다.

넷째, 생체 인식 기술이다. 생체 인식 기술은 지문 인식, 얼굴 인식 등을 활용하여 결제를 보안적으로 강화한다. 이를 통해 사용자의 개인 정보를 높은 수준으로 보호할 수 있다.

다섯째, 토큰화이다. 결제 정보를 안전하게 전송하기 위해 토큰화가 사용된다. 사용자의 실제 결제 정보 대신에 토큰이 사용되어 보안이 강화된다.

마지막으로, 온라인 뱅킹 및 전자지갑이다. 지금은 온라인 뱅킹 서비스나 전자지갑을 통한 결제가 흔하게 사용된다. 온라인 뱅킹과 전자지갑의 사용자는 은행 계정이나 전자 지갑을 통해 결제를 진행한다. 이 외에도 앞서 설명한 블록체인 기술과 인공지능 기술이 모바일 결제 기반기술에 해당한다. 이러한 모바일 결제 기반 기술은 소비자와 기업 모두에게 혁신적인 편의성과 안전성을 제공하고 다양한 기술의 조합이 사용되며, 보안과 사용자 경험의 균형을 맞추는 것이 중요하다.

2 전자상거래 적용 기술

4차 산업혁명을 주도하는 핵심기술 중에서 전자상거래에 적용 및 활용되며 영향을 미치는 대표적인 기술로 빅데이터, 인공지능, 로봇, 사물인터넷, 무인 운송, AR·VR 등이 있다(표 4.1).

이들은 다양한 목적으로 활용되고 있으며, 특히 로봇, 무인 운송 등은 물류와 배송에, 그리고 AR·VR은 마케팅에 주로 활용되고 있다.

표 4.2 4차 산업혁명의 핵심기술

기술	내용
빅데이터	• 정형·반정형·비정형 데이터의 집적물, 이를 기반으로 가치를 추출 및 분석할 수 있는 기술
인공지능	• 인간의 학습능력과 추론능력, 지각능력, 자연언어의 이해능력 등을 컴퓨터 프로그램으로 실현한 기술
로봇	• 인공지능과 접목되어 사회생활에 적용되면 사회 전체의 생산성 향상 예상
사물인터넷	• 인터넷기반의 모든 사물을 연결하여 사람과 사물, 사물과 사물 간의 정보를 상호 소통하는 지능형 기술 및 서비스
무인 운송	• 운전자가 차량을 조작하지 않아도 스스로 움직이는 자동차 • 드론, 무인운반차, 자율주행자동차 등
증강현실·가상현실	• 현실 세계를 향상시키는 대화형 경험 • 주변을 인식하는 동적 기술과 디스플레이를 활용 • 현실과 유사한 가상 체험
블록체인	• 데이터 혹은 정보를 분산시켜 저장하는 기술 • 블록체인 네트워크상에서 기록된 데이터들은 하나의 블록 단위로 수집되어 저장

• 빅데이터(Big Data): 온라인·오프라인상의 방대한 데이터를 모으고, 저장하고 이를 분석·처리하여 활용하는 기술이다. 인공지능과 함께 자율주행, 로봇 등 기술들과 융합되어 혁신적으로 사회 변화를 이끌어내고 있다.

- 인공지능(Artificial Intelligence, AI): 인공지능은 기계가 인간처럼 스스로 생각하고 판단을 하는 것이 목적으로, 현재는 기계장치가 지능화되어서 사람의 생활 패턴을 이해하고, 스스로 알아서 동작하는 인공지능이 활성화되었고, 더 나아가 사회 전체에 영향을 줄 수 있는 인간의 생산성 등을 최적화하도록 하는 도구로써 진화하고 있다.
- 로봇공학(Robot Technology, RT): 제조업체 로봇, 사람을 도와주는 로봇(청소 로봇, 노인 보조 로봇 등) 등에 의해 사회 전체의 생산성이 향상된다.
- 사물인터넷(Internet of Things, IoT): 사물인터넷(IoT)은 센서, 인터페이스, 네트워크 기술을 기반으로 인터넷으로 모든 사물을 연결하여 사람과 사물, 사물과 사물 간의 정보를 상호 소통하는 지능형 기술 및 서비스이다. 빅데이터 분석, 스마트 홈, 병원 및 헬스케어 등 다양한 분야에 활용되고 있는데, 전자상거래에서는 제품 생산과 유통, 판매까지 다양한 분야에 걸쳐 활용하고 있으며, 예로써 스마트 팩토리를 도입 및 활용하고 있다.
- 무인 운송(Autonomous Transportation): 사람이 직접 조작하지 않고 컴퓨터나 자동 시스템에 의해 스스로 움직이는 운송 수단을 말하는데, 드론, 무인 운반차, 자율주행 자동차 등 생산성 향상이 기여할 것이다. 전자상거래에서는 물류 관리와 재고 관리에 활용되고 있다.
- 증강현실·가상현실(Augmented Reality·Virtual Reality: AR·VR): 증강현실(AR) 기술은 컴퓨터 생성 지각 정보로 현실 세계를 향상시키는 대화형 경험이다. 가상현실(VR)은 컴퓨터 그래픽 기술을 이용하여 가상의 공간을 만들고, 사용자가 만들어진 가상 공간 내에 새로운 가상 환경을 만들어 보고, 듣고, 상황을 인지하는 등 현실과 유사한 경험을 할 수 있도록 하는 기술이다.
- 블록체인(Blockchain): 데이터나 정보를 분산된 데이터 저장 환경에 저장하는 기술로서, 블록에 데이터를 저장하여 각각의 블록을 체인 형태로 연결하고, 분산되어 있는 다수의 컴퓨터에 이를 동시에 복제하고 저장하는 분산형 데이터 저장기술이다. 데이터를 분산된 데이터 저장 환경에 저장하여 누구도 임의로 수정할 수 없고 이용자는 누구나 결과를 볼 수 있다.

1) 빅데이터(Big Data)

기업들은 전자상거래에서 빅데이터를 이용하여 다양한 분석 활동을 하고 있으며, 고객 데이터 분석 등을 활용하여 수요예측, 생활패턴예측 등을 가능하게 하여 전자상거래 활성화에 적용을 하고 있다(표 4.2).

전자상거래에서의 빅데이터 기술을 활용하면, 보다 정교한 마케팅을 구현할 수 있다. 전자상거래 업체에 마케팅 캠페인을 전개하는 과정에서 빅데이터 기술을 합리적으로 도입하여 시장에 영향을 미치는 데 필요한 인력과 자원, 비용을 낮출 수 있다. 기업은 전자상거래 시장의 현황 및 기업의 실제 수요에 맞춰 시스템을 맞춤 구성하고, 마케팅과 관련된 정량적 데이터를 발굴하고 분석할 수 있다. 또한 고객의 쇼핑 경험을 향상시키고 효율적인 재고 관리가 가능하다. 소매업의 경우, 빅데이터 기술을 적용하여 재고 관리를 하면 상품 재고를 실시간으로 추적할 수 있고, 시장 수급의 변화 추이 분석으로 시장의 발전 방향을 파악하여, 산출을 보장할 수 있다.

이처럼, 빅데이터 시대를 맞아 전자상거래 시장에서 데이터가 매우 중요하게 되었다. 전자상거래에서 빅데이터의 가치화를 위한 인공지능이 필수적으로 적용되고 있으며, 구매 이후뿐만 아니라 이전 정보를 자료화 하여 분석하는 인공지능의 수요도 급격히 증가하고 있다. 이러한 빅데이터 분석을 기업들은 전자상거래에 다음과 같이 활용하고 있다.

(1) 고객 분석

온라인에서 발생하는 엄청난 양의 데이터를 수집하고 효과적으로 이용하여, 전자상거래에 필요한 목적에 따라 분석 활용할 수 있고 영업 및 마케팅 등 비즈니스에 도움이 되는 방법을 찾고 있다. 예를 들어서, 빅데이터를 기반으로 소비자가 필요한 상품이나 서비스를 검색하고, 어떻게 온라인에서 효과적으로 검색하는지도 알려준다. 기업은 이러한 고객 데이터 분석 활동 등을 기반으로 소비자의 성별, 나이, 직업, 성향, 특징 등을 파악할 수 있다. 또한 사용자가 장시간 특정 상품을 검색하거나 두 개의 상품을 반복하여 비교 검색하는 경우 또는 특정 상품의 링크를 지인에게 보내는 등의 행위는 타킷 마케팅에 있어서 매우 중요한 데이터가 되었다.

이러한 고객 데이터를 기반으로 한 분석은 제품 수요 예측이나 쇼핑 동향, 그리고 소비자 구매 성향 등의 변화를 이해하도록 하며, 이러한 분석 결과는 기업이 마케팅과 영업 전략 등에 집중해야 하는지를 보여준다.

(2) 개인 맞춤형 서비스 제공

고객 데이터를 활용한 분석은 개인화와 밀접하게 관련되어 있다. 전자상거래 업체들은 고객들에게 개인화된 맞춤형 제품이나 서비스를 제공하는데, 이는 온라인 고객들이 자신의 선호나 취향을 반영한 맞춤형 제안을 좋아하기 때문이며 기업은 고객 데이터를 활용하여 최적화된 맞춤형 제안을 할 수 있다.

전자상거래에서 고객 데이터를 활용한 분석은 개인화·맞춤화와 밀접하게 관련이 있다. 기업들은 고객의 성향에 맞게 개인화된 맞춤형 제안을 온라인상의 구매 고객들에게 제시하여 구매를 유도한다.

가장 많이 사용하는 방법은 고객 데이터 등 빅데이터 분석을 통해서 고객의 요구사항을 파악하고 고객을 만족시킬 수 있는 고객이 원하는 상품이나 서비스를 제공하는 것이다. 이러한 고객 데이터 기반의 빅데이터를 이용하면 고객의 구매와 성향, 질문 등을 파악할 수 있고, 실시간으로 고객에게 구매 추천 리스트를 보낼 수 있다.

예를 들어, 아마존은 모든 방문자가 남긴 데이터들을 수집하여 이를 분석하고, 분석 결과를 기반으로 고객들에게 맞춤형 제안을 한다. 또한 고객 데이터 분석에서 얻어진 결과들을 활용 추천 기능을 제공하여 고객들의 쇼핑 경험을 향상시키고 구매 선택에 도움을 주며, 매출 증가의 효과를 얻고 있다.

(3) 보안과 위험 관리

빅데이터 분석은 온라인상에서 결제를 보다 안전하고 안정적으로 처리되고, 간편하고 쉽게 사용되도록 한다. 빅데이터는 결제 플랫폼에서 다양한 지불 기능을 통합하고, 이상거래 혹은 신용카드 불법 사용, 사기 등의 위험을 줄이는데 사용된다. 이처럼 빅데이터 분석 기술이 전자상거래의 결제 시스템에 적용되어 실시간으로 불법적인 지불·결제를 모니터링 하면서 사전에 대응하도록 한다.

(4) 합리적인 가격 책정

빅데이터는 유연한 가격 정책이 가능하도록 한다. 예를 들어서, 항공사는 일반적으로 필요에 따라 변동 가격제를 시행하는데, 빅데이터를 기반으로 특정 월, 일, 요일, 휴일 및 계절과 구매 내역, 가격에 따른 판매동향 등을 포함한 판매지수 등이 반영된 분석기술을 제공하여 항공사가 티켓 판매 시점과 최적화된 판매가격 등을 언제 가격을 최고로 해야 하는지를 제시하며, 또한 할인 기간이나 적정 할인율 등을 알 수 있다.

(5) 수요 예측

빅데이터는 데이터 분석을 통해서 예측 작업이 가능하다. 예로써, 기업의 중요 관심사인 재고 관리의 경우, 소비자가 필요한 물건을 수용하는 것보다 필요 없는 초과분을 줄여, 특정기간에 사용될 수 있도록 물건을 유지할 수 있다. 빅데이터의 정확한 수요 예측을 통해, 전자상거래 기업은 재고 관리 및 유지비용을 줄일 수 있다. 아마존 역시 데이터 히스토리 분석을 통해 접근하고 있으며, 수요 변동 등을 예측 및 평가하고 있다.

(6) 잠재적 문제 해결

빅데이터는 고객 데이터 분석을 통해서 검색, 구매, 반환, 고객센터 문의 등 고객이 경험한 모든 서비스를 추적해 고객 서비스를 예측 모니터링할 수 있다. 기업은 잠재적인 문제를 미리 파악하고 고객이 파악하기 전에 해결할 수 있는데, 이는 전자상거래에서 고객서비스는 기업의 성공을 결정할 만큼 중요하기 때문이다. 결국 대다수 소비자가 열악한 고객서비스를 경험한다면 더 이상 이용하지 않을 것이기 때문이다.

표 4.3 전자상거래에서 빅데이터 활용 사례

기업	활용사례
Coca Cola	• SNS, 온라인 게시판 등의 데이터를 실시간으로 분석 내부 자산으로 활용 • 소셜 미디어에서 수집된 데이터를 분석, 제품 판매에 연관된 의사결정에 반영 • 분석 결과를 활용 홍보 강화 등 실시간 대응
월마트	• 각 지점의 모바일과 소셜 쇼핑을 이용한 월마트랩(Walmartlabs) 운영 • 소셜 네트워크와 콘텐츠를 관리함으로써 유통과 전자상거래의 시너지 효과 • Social Genome은 소셜 미디어를 통해 대규모 데이터를 수집, 실시간으로 해석된 추출된 정보를 이용, 상품판매를 촉진하는 기법, 소비자의 패턴을 분석, 필요한 물품을 빠르게 제공, 불필요한 재고 낭비 방지 및 고객이 원하는 물품을 충분히 공급
넷플릭스	• 고객 데이터 분석 기반 차별화 전략, 콘텐츠 미디어 기업으로 성장 • 고객 대여 목록과 평점 등의 데이터를 분석, 고객 시청 이력 정보 분석 • 고객별 실시간 행동패턴 분류, 개인별 맞춤형 페이지 구축, 최적화된 영화 콘텐츠 추천
포스코	• 원료를 효율적인 가격으로 구매, 가격 경쟁력을 향상 • 철광석 가격에 영향을 미치는 남미, 호주 상황과 런던 금속거래소(LME)를 통해 수집한 광물 가격 데이터를 실시간으로 분석 • 고객사의 수요 데이터와 전 세계 철광산 및 현물 거래소의 가격 데이터를 조합 및 비교 분석, 구매의 최적 시기와 가격 결정 • 자원 투기 세력에 의한 원자재 가격 급락의 위험으로부터 보호
GS EPS	• 전력 시장 분석, 전력 시장 분석 및 예측 • 변수 고려 전력 시장 예측 • 조건적 요인을 반영한 시뮬레이션 결과 제공 • 전력 수요, 시장 가격(SMP)을 예측, 사업 계획 수립, 통합 데이터베이스 구축

2) 인공지능(Artificial Intelligence)

인공지능 기술은 4차 산업혁명의 많은 기술들을 접목시킬 수 있는 집합적 기술이며, 전자상거래 시장에서 혁신을 가져올 수 있는 기술 중 하나다. 따라서 앞으로의 전자상거래 시장에서는 인공지능 기술을 가치사슬 전 과정에서 얼마나 적절히 활용하는지가 관건이다. 인공지능 기술은 아마존, 쿠팡, 알리바바 등 거대 전자상거래 기업 등에서 도입 및 개발, 활용되고 있다.

인공지능은 많은 데이터를 활용해 비용 함수의 최적화 방식으로 학습을 진행한다. 이는 기계학습(Machine Learning)을 통해 이루어지는데, 인공지능이 하나의 분야로써 경험을 통해 학습하는 프로그램으로 과업을 수행하는 과정에서 데이터로 얻은 경험을 활용해 성과를 향상시킨다.

전자상거래 시장에서 인공지능 기술은 다양하게 적용되고 있으며 그 응용범위 또한 광범위하다. 온라인 쇼핑몰의 경우 오프라인 상점과는 달리 상품선택에서 결제까지의 구매 절차를 온라인에서 자동화된 시스템을 통하여 처리한다. 인공지능 기술을 이용하여 고객들의 상품구매 패턴을 분석한 후 제품의 수요예측 등을 통해 상품추천이나 재고를 관리함으로써 고객의 쇼핑 만족도가 높아지고 기업의 이익이 증가하고 있다.

사전에 축적된 데이터를 통해 학습과정을 거치는 인공지능 기술의 원리는 전자상거래 과정에서 발생되는 수많은 데이터를 활용하는데 적합한 구조이다. 인공지능 기술은 의료 및 금융분야와 함께 전자상거래 분야에도 다양하게 적용되고 있다.

전자상거래를 이용하는 소비자는 제품을 검색하고 비교한 후 선택하여 구매하는 과정에서 정확성과 신속성을 필요로 하기 때문에 최근 인공지능 기술을 도입하여 전자상거래 시스템을 구축하는 사례가 증가되고 있다.

인공지능은 전자상거래에서 수많은 응용 프로그램을 가지고 있는데, 몇 가지 예로는 개인화된 제품 추천, 고객 서비스를 위한 챗봇, 가격 최적화, 수요 예측, 스마트 검색, 물류 최적화가 있다.

현재 전자상거래 시장의 주요 관심사는 고객에게 맞춤형 서비스를 제공하는 것이다. 맞춤형 서비스를 제공하기 위해서는 개인화, 추천, 수요 예측 등을 위해 기술 개발이 이루어져야 한다. 전자상거래 기업들이 가장 주목하는 인공지능 기술은 이미지 등 멀티미디어 데이터 처리 기술이다. 이미지나 음성을 통해 상품을 검색할 경우 원하는 상품을 더 세분화해 찾을 수 있고, 구매과정이 단축되어 만족도를 높일 수 있다. 또한 사물인터넷 등과 연계된 인공지능 서비스는 보다 자동화된 추천 서비스를 가능하게 해 기업의 효율적 운영에도 도움이 된다. 때문에 인공지능 기술은 전자상거래 마케팅을 차별화할 수 있다는 점에서 지속적인 개발이 이루어질 것이다.

인공지능은 검색, 자율주행, 로봇, 휴대폰 및 온라인 쇼핑몰의 쇼핑 추천 등 다양한 분야에서 활용되고 있다. 전자상거래에서 인공지능의 활용이 확대되고 있는데, 아마존, 월마트, 쿠팡, 알리바바와 같은 전자상거래 기업들은 인공지능을 활용해서 최적의 가격을 책정하고, 최적화된 재고와 수요를 예측하고, 배송을 계획하는 등 전반적인 전자상거래 운영에 유용한 도구로 활용하고 있다.

전자상거래 기업이 인공지능을 활용하는 방법은 가격 책정, 재고 관리, 품목 관리, 고객 경험 향상, 의사결정 능력 향상, 마케팅 활성화 등 여러 단계에서 논의되고 있으며 다음과 같다.

(1) 가격 책정

인공지능은 시장 및 경쟁 환경의 변화를 지속적으로 예측·평가하는 복잡한 학습 방법론을 사용해 상품 가격을 책정하고 있다.

오랜 기간동안 전략적인 가격 책정은 온라인 전자상거래 기업에게 매우 중요한 문제이다. 온라인과 오프라인 간 가격을 다르게 책정하거나, 연령이나 거주지에 따라서도 가격을 차별화할 수 있다. 각 소비자 계층 별로 원하는 상품과 그 가격이 다양하고 구매 의도도 확연한 차이가 나기 때문에, 소비자의 구매 의도를 파악하고 가격을 책정하는 것은 매우 어려운 문제이다. 또한 적합한 가격을 책정하는 기준 역시 매우 모호하기 때문에 인공지능은 가격을 책정하는데 도움을 줄 수 있다. 시장 역학 및 경쟁 환경의 변화를 장단기적으로, 지속적으로 평가하는 고도화된 방법론을 통해 가격을 책정하는 것이다.

예를 들어서, 아마존의 경우 판매자들이 아마존 Buy Box를 두고 경쟁하기 때문에 아마존은 배치 상품 선택을 위해서 자사에서 개발한 인공지능 기반의 상품 선택 방법론을 사용하고 있다. 아마존의 인공지능 기반 방법론은 자사몰에 배치할 제품을 선택하기 위해서 제품의 평점, 리뷰, 배송, 가격 및 서비스 품질과 같은 다양한 판매자의 성과 지표를 분석하여 활용한다.

전자상거래에서 인공지능이 적용된 방법론을 활용하면 판매자와 판매 상품을 자세히 분석하고, 고객에게 적합한 상품과 적합한 가격을 제시할 수 있다.

(2) 재고 관리

채널을 통한 재고가용성 관리는 전자상거래에서 가장 중요한 문제 중 하나이다. 재고가 부족하면 제품을 새로 입고하는데 상당한 시간이 요구되고 이는 매장의 수익에 직접적으로 큰 영향을 미칠 수 있기 때문이며, 잘못된 수요예측 등으로 인한 과잉 재고는 사업운영의 위험과 자본 부담을 높인다. 특히 급변하는 온라인 시장에서 가장 어려운 점은 수요와 경쟁의 잦은 변화로 재고 관리 예측이 매우 어렵다는 것이다.

전자상거래 기업들은 무엇보다 정확한 수요 예측 및 분석이 필요하다. 재고 관리 단계에서는 인공지능은 크게 도움이 된다. 또한 인공지능 기술은 업무 효율성을 높이는 데 도움이 된다. 기존의 전자상거래 시장에서는 사후분석을 통해 수요와 재고를 예측해왔으나, 판매자와 구매자의 정보 비대칭성이 보완된 전자상거래 환경에서는 이런 방식이 매우 부정확하다. 따라서 인공지능을 활용해 고객 수요를 예측하고 생산 능력을 조절할 수 있다.

다시 말하면, 재고 관리는 전자상거래 업무에서 가장 중요한 업무 중 하나다. 재고가 없으면 고객에게 상품을 전달하는 시간이 지나치게 오래 걸리고 고객 만족도도 하락한다. 재고를 적절히 조절하지 못하면 시장에서 기업 신뢰도가 크게 떨어진다. 인공지능과 학습 방법론은 주문 예측에 높은 신뢰도를 부여하기 때문에 이런 문제를 해결하는 데 도움이 된다. 학습 방법론은 방대한 데이터에서 주문에 관여하는 요소들을 식별하고 실시간으로 모니터링해 필요한 재고를 예측할 수 있다. 이와 함께 생산 전 단계를 네트워크로 연결시켜 인공지능 활용 범위를 높이면 더 효율적인 기업 운영이 가능하다.

(3) 품목 관리

전자상거래 기업은 판매할 제품, 추가할 제품, 중단할 제품 등 다양한 방식으로 제품 포트폴리오를 관리해야 한다. 제품 관리 계획에는 수요 예측도 필수적이다. 기업은 제품 경쟁력을 강화하고 이러한 변화를 매출에 반영하기 위해 시장 동향과 수요 변화를 모니터링해야 하며, 인공지능을 활용하는 것과 같은 정교한 예측 방법과 모델을 활용하여 제품 수요 예측, 제품 관계 분석, 이벤트 영향 분석, 경쟁사 가격 분석, 그리고 가격 최적화 등에 활용될 수 있다.

즉, 전략적인 품목 관리가 이루어져야 한다. 변화하는 전자상거래 시장에서 자사 제품의 경쟁력을 알아보기 위해 인공지능을 활용할 수 있다. 기업의 직원들이 제품의 과거 실적을 분석할 수 있지만, 단순히 매출을 놓고 제품의 경쟁력을 예측하는 것은 한계가 있다. 네트워크 환경에서는 사이트 트래픽, 가격, 이용자의 욕구 등 개별 요소와 그들의 관계를 모두 이해하고 전략을 구성해야 하기 때문이다. 앞서 살펴본 것처럼 네이버, 아마존, 월마트 등은 인공지능 전략을 전담하는 TF팀을 두고 있으며, 인공지능의 데이터 분석 능력을 활용하여 핵심 제품, 연관 제품, 판매를 중단할 제품 등을 구별해 가장 적합한 판매 전략을 적용한다.

전자상거래는 더욱 효율적인 운영을 위해 끊임없이 노력하고 있다. 인공지능의 활용으로 물류는 전자상거래 사업의 핵심 요소가 되었으며, 지속적으로 진화하는 방법론은 데이터를 분석하고, 시장 동향을 예측하고, 시장 변화에 실시간으로 대응하며 성장하고 있다.

(4) 고객 경험 향상

전자상거래 기업의 성공에 있어서 중요한 요소 중 하나는 고객의 경험을 향상시키는 것이다. 고객 경험의 향상은 고객 충성도를 확보하는 수단이며, 높은 고객 충성도는 고객 유지도와 고객의 재구매율을 높이기 때문에, 수익과 직접적인 연관이 있다고 볼 수 있다. 전자상거래 기업들이 인공지능을 통해 고객 경험을 향상시키는 수단으로는 고객과의 커뮤니케이션 증대가 있다.

전자상거래 기업들은 온라인상에서 고객들의 응답에 대해 더욱 빠르게 수신하고 도움을 줄 수 있게 되었다. 인공지능의 도입은 이러한 커뮤니케이션을 더욱 빠르게 진행시켜서 고객 경험을 향상시키고 있다. 이미 많은 전자상거래 기업들은 인공지능을 고객 응대 서비스에 광범위하게 활용하고 있는데, 이에 대한 예로는 챗봇이 있다. 챗봇은 간편한 상담업무 등을 수행하는 인공지능을 활용한 프로그램이다. 챗봇은 사용자와 대화를 나눌 수 있도록 구현된 프로그램으로 인건비를 들이지 않고도 소비자에게 언제 어디서나 상담 서비스를 제공할 수 있다. 상담원과의 전화 연결이나 이메일을 통한 상담은 소비자가 상담할 수 있는 상담원이 있을 경우에만 가능하며, 또 업무 시간에만 가능하다는 단점이 있지만, 챗봇의 경우에는 그렇지 않기 때문에 소비자들에게 더욱 좋은 고객 경험을 제공한다.

(5) 의사결정 능력 향상

전자상거래 기업의 성공을 좌우하는 가장 중요한 것 중 하나는 기업 경영자들의 전략적 결정에 있을 것이다. 성공적인 전략적 결정은 시장과 소비자에 대한 이해가 바탕으로 되어야 하며, 이미 많은 전자상거래 기업들은 과거의 사람의 판단력에 의존한 데이터 주도형 경영 의사결정을 넘어, 인공지능을 경영 의사 결정에 이용하고 있다.

인공지능은 사람과 다르게 모든 데이터를 이용할 수 있다. 훨씬 더 방대한 양의 정보를 빠르고, 정확하게 분석할 수 있는 것이다. 또한 이러한 정보를 인공지능은 인간의 감정적이거나 편견의 시선을 배제한 채로 환경을 분석하는 데에 사용하기 때문에, 인지적 편향에 기반한 경영 의사 결정을 배제한다. 이런 이유 때문에 많은 전자상거래 기업들이 인공지능을 업무흐름에 도입하거나, 심지어는 인공지능의 효율성을 위해, 인간을 업무흐름에서 배제하기까지 하며, 인간의 판단력이 아닌 인공지능의 판단력을 경영 의사결정의 핵심프로세서 역할을 수행하게 하는 것이다.

(6) 마케팅 활성화

전자상거래 기업들은 인터넷 등을 이용, 온라인상에서 기존의 마케팅과는 다른 더욱 효율적인 업무를 수행할 수 있다. 더욱이 인공지능 기술을 적용하여 각각의 소비자마다의 데이터를 분석해서, 세분화된 소비자층에 더욱 알맞은 마케팅 기법을 활용할 수 있기 때문이다. 이러한 이유로 많은 전자상거래 기업들이 인공지능을 통한 마케팅을 이미 실용화하였다.

예를 들어, 미국의 전자상거래 기업인 아마존의 경우, 소비자들에게 파격적인 가격 할인을 제시하는 공격적인 마케팅 방법을 사용하고 있다. 아마존이 이러한 전략을 사용할 수 있는 것은 인공지능의 활용에 그 이유가 있다. 인공지능을 통해, 소비자 개개인의 이전 구매 데이터를 분석해, 해당 소비자의 구매 활동을 예측할 수 있기 때문이다. 이를 통해, 소비자가 구매할 가능성이 높은 물품을 자동 추천하는 것을 넘어, 쿠폰을 발송하기도 한다. 또한 자사의 재고 데이터를 인공지능으로 분석한 뒤, 해당 정보를 소비자 구매 패턴 정보와 결합하여, 새로운 판매 전략을 제시한다. 재고 수급이 힘들 것 같은 제품의 경우 노출을 줄여, 소비자가 대체 상품을 구매하도록 유도하는 식이다. 소비자들에게 대체 상품을 구매할 강한 유인을 주기 위해 대체 상품에 대한 할인을 제공하기도 한다.

반대로 잉여 재고가 될 가능성이 있는 제품은 가변적 가격 책정에 따른 할인을 통해 빠르게 소진시키고 있는데, 수백만 개의 상품의 가격을 수요에 따라 유동적으로 책정하여 재고 비용을 최소화하며 마진 향상에 활용하고 있다. 아마존은 인공지능을 통해, 소비자와 자사의 재고 데이터를 분석하여, 공격적이고 효율적인 마케팅 방법을 보여주고 있다.

(7) 인공지능 활용 사례

인공지능을 활용한 혁신은 전자상거래 시장에서 생존하기 위한 중요한 전략이다. 커머스에서 금융, 라이프스타일에 이르기까지 다양한 분야에서 변화를 주도한다. 전자상거래 시장에서 인공지능 기술은 다양하게 적용되고 있으며 그 응용범위 또한 광범위하다. 온라인 쇼핑몰의 경우 오프라인 상점과는 달리 상품선택에서 결제까지의 구매절차를 온라인에서 자동화된 시스템을 통하여 처리한다. 또한 인공지능 기술을 이용하여 고객들의 상품구매 패턴을 분석한 후 제품의 수요예측 등을 통해 상품추천이나 재고를 관리함으로써 고객의 쇼핑만족도가 높아지고 기업의 이익이 증가하는 성향을 보이고 있다. [표 4.2]에서와 같이 전자상거래에서 인공지능 기술은 다양한 방면에서 활용된다.

표 4.4 전자상거래 기업의 인공지능 사용 예

회사명	국가	사용 예
구글	미국	• 사용자 맞춤형 서비스 • 기계학습을 활용, 제품 분류, 특가 제공 등 서비스 제공
넷플릭스	미국	• 사용자 맞춤형 최적화 콘텐츠 제공 • 개인 성향을 분석하여 개인별 콘텐츠 추천
아마존	미국	• 사용자 맞춤형 서비스 • 소비자의 구매제품 수요 예측
알리바바	중국	• 이미지를 이용한 상품검색
쿠팡	한국	• 소비자의 선호 제품 예측 • 구매자의 주문을 예측
네이버	한국	• 사용자 맞춤형 서비스 • 스마트렌즈 사용, 이미지 검색 서비스 제공

구글의 경우 사진 저장 클라우드 서비스와 구글 포토 사진 분류 기능에 인공지능 기술을 적용하였으며, 구글렌즈에는 인공지능과 증강현실 기능을 적용해 카메라를 물체에 갖다 대면 식별이 가능하다. 시각적 모델과 번역 기술을 사용하여 표지판의 텍스트 내용을 인식하고, 랜드마크를 식별하고, 사진을 찍어 제품 이름, 가격, 구매처를 확인할 수도 있다.

구글의 자연어처리 기술은 텍스트 정보를 음성으로 바꿔주는 기술이며, 듀플렉스는 구글 어시스턴트에 내장된 인공지능 서비스로, 자연어처리 기술을 활용하여 인공지능 서비스가 사람 대신하여 음식점, 병원, 공공기관 등의 예약을 처리할 수 있도록 지원한다. 듀플렉스는 사용자의 대화 상황과 맥락을 스스로 이해하고 판단해 필요한 예약을 처리하며, 사람과 같은 일상적인 대화 방식으로 대화할 수 있다.

딥러닝(Deep Learning)과 기계학습(Machine Learning)은 데이터가 많을수록 기계가 학습하는 양이 많아져, 이용자에게 제공하는 결과의 정확성을 높일 수 있다. 이에 각 쇼핑몰에서는 빠른 기능 업그레이드를 통한 인공지능 이미지 검색을 적용하고 있다.

넷플릭스는 사용자에게 보다 최적화된 맞춤형 콘텐츠를 추천하기 위하여 사용자 데이터 분석에 딥러닝 기술을 사용했다. 과거와 달리 개인화된 콘텐츠 소비가 보편화되었고, 사용자는 동일한 콘텐츠 내에서도 자신의 필요에 맞는 콘텐츠를 선택하고 소비하는 경향이 점점 더 커지고 있다. 이는 개별 사용자에게 맞춤 콘텐츠를 추천하는 개인화된 큐레이션 서비스의 발전으로 이어졌으며, 인공지능은 단순한 콘텐츠 추천 방식을 넘어 플랫폼과 콘텐츠에 머신러닝과 딥러닝을 적용하여 혁신적인 서비스를 제공한다.

플랫폼과 인공지능의 결합은 주로 큐레이션 기능을 통해 구현되고, 인공지능은 각각의 사용자에게 최적화된 콘텐츠를 제공하고, 콘텐츠 이용 패턴을 기반으로 개인화된 추천을 제공한다.

넷플릭스는 개인의 성향 등 선호도를 분석하여 전체 콘텐츠에 걸쳐 개인화된 추천 서비스를 제공한다.

알리바바는 이미지에 태그된 텍스트 정보를 사용하지 않고 이미지만으로 사용자가 원하는 상품을 찾아주는 서비스를 하고 있다. 사용자가 직접 찍은 사진을 이용하여 검색에서부터 구매까지 사용자에게 맞는 제품을 추천해 준다. 또한, 지역별로 판매되는 제품의 수요를 예측, 사전에 확보하여 배송처리 기간을 단축시키는 시스템을 구축하였고, 인공지능이 실시간 이미지 검색 기능에 적용되고 기술이 고도화되면서 쇼핑, 광고, 사진 분류 등 다양한 분야에서 활용되고 있다.

국내에서는 이베이, 쿠팡, G마켓, 11번가를 비롯한 대부분의 플랫폼은 오픈마켓이나 소셜 커머스 형태로 운영되었으며, 플랫폼을 통해 주문이 접수되면 판매자가 물류를 담당했다. 하지만 현재는 국내 전자상거래 기업들도 물류에 투자하고, 물류센터를 직접 운영하며, 인공지능, 무인배송, 로봇 등과 같은 신기술을 물류 분야에 접목하여 구매자 주문을 예측하고, 상품을 준비하며, 물류 시스템을 직접 운영하여 물류 업무를 더욱 신속하게 처리하고 있다.

또한 이들과 같은 전자상거래 사업자는 스타배송, 스마일배송, 로켓배송 등의 이름으로 묶음배송, 새벽배송, 당일배송, 익일배송, 주간배송 등의 물류를 기업이 직접 구현·관리하고 있으며, 물류 배송 분야의 변화를 통해 판매자와 구매자에게 편의성을 확대하고 있다.

더불어 인공지능 기술을 쇼핑 커머스에 접목해 챗봇, 이미지 검색, 보이스 커머스 등 새로운 쇼핑 환경을 고객들에게 제공하고 있다. 사용자는 개인에게 맞춤화 된 정보를 제공받을 수 있게 되었다.

네이버는 스마트렌즈를 통해 이용자가 직접 사진을 촬영하여 등록하면 유사 이미지를 찾아주는 검색을 제공하고 있다. 특히 쇼핑과 접목한 쇼핑렌즈는 이용자가 상품 사진을 촬영하여 올리면 인공지능이 구매 가능한 링크를 띄워주고 바로 구매할 수 있는 페이지로 연결하여 쇼핑과 연계하는 서비스를 제공하고 있다.

3) 로봇(Robot)

로봇 기술은 인공지능, 빅데이터, 자율주행, 무인 배송 등 4차 산업혁명 기술들과 융합하면서 사회의 다양한 분야에 적용되며 성장하고 있다. 특히, 서비스 로봇 분야는 성장 잠재력이 높으며, 로봇 배송이 핵심 응용 분야라고 할 수 있다.

로봇의 등장은 산업적인 면에 국한되지 않고 사회 전체 큰 영향을 미쳤다. 특히 로봇은 산업현장에서 사람이 하기에 어렵거나 위험한 일을 대신 수행하는 데에 사용되고 있다. 이러한 로봇은 정보기술, 특히 인공지능의 발전과 더불어 지능형 로봇으로 탈바꿈하고 있으며, 이에 따라 그 역할과 위상이 더욱 높아지고 있다. 지능형 로봇은 그 활동범위가 전자상거래 영역까지 확대되고 있다.

전자상거래가 활성화되면서 판매자는 주문을 이행하는 더 빠르고 정확한 방법이 필요한데, 물류 분야의 로봇은 이러한 업무를 효율적으로 만들고 비용을 절감하며 정확성을 높이고 있다. 아마존, 쿠팡 등의 물류센터에서 활용하고 있는 로봇들은 스마트 로봇에서 협업 로봇에 이르기까지 모두 자동화에 관한 것이다.

또한 로봇은 물류 센터와 창고에서 피킹, 포장, 분류, 재고 관리를 포함한 다양한 작업을 자동화하는 데 사용된다. 이러한 로봇은 다양한 센서, 인공지능 기술을 사용하여 창고를 탐색하고 작업을 효율적으로 수행한다.

전자상거래에서 로봇을 활용하는 이점은 다음과 같다.

(1) 효율성과 속도 향상

물류 분야의 로봇은 인간 근로자보다 더 빠르게 주문을 처리하여 이행 속도를 높인다. 이는 빠른 배송에 대한 고객의 기대를 충족하는 데 중요하다.

(2) 향상된 정확도와 낮은 오류율

로봇은 피킹, 포장 및 배송에서 실수를 줄이는데, 오류가 적을수록 고객 만족도가 높아지고 반품도 줄어든다.

(3) 주요 인력 변경 없이 확장 가능

자동화를 통해 기업은 더 많은 인력이 필요하지 않고도 성장할 수 있으며, 로봇은 바쁜 시즌 동안 인력의 충원 없이도 확장을 쉽게 한다.

물류의 속도와 정확성은 경쟁이 치열한 소매 시장에서 핵심 차별화 요소이며, 특히 전자상거래 소매의 경우 더욱 그러하다. 물류 성과가 좋지 않으면 아마존과 같은 기업에 뒤처지고 시장 점유율을 잃는 것은 너무나 쉽다. 로봇의 등장은 전자상거래 주문의 패킹 및 포장에서 속도, 효율성 및 정확성을 높여주며, 경쟁력을 향상시킨다.

4) 사물인터넷(Internet of Things, IoT)

현대 사회는 초연결사회이다. 초연결사회란 각종 통신 기술의 발달에 따라 네트워크로 사람과, 사물, 서비스, 데이터 등 모든 것이 연결되는 사회를 말한다. 사람과 사람 간 다양한 사물들이 만들어내는 데이터 간의 폭넓은 연결을 통해 변화와 혁신을 이끄는 4차 산업혁명 시대를 대표하는 개념이다. 즉, 세상 모든 것이 연결되는 초연결사회는 물리적 연결을 넘어 모든 서비스를 연결하는 개념으로 진화 중이다. 그리고 초연결사회에서 가장 중요한 기술은 다름 아닌 사물인터넷 기술이다. 사물인터넷 기술을 통해 P2P(Person-to-Person), P2M(Person-to-Machine) 및 M2M(Machine-to-Machine) 등 모든 네트워크 요소들의 연결이 가능해짐으로써 유비쿼터스 및 초연결사회를 구현할 수 있는 기반이 마련되고 있다.

사물인터넷 기술은 고객에게는 보다 편리한 서비스를 제공하고, 기업들에게는 새로운 기회를 제공해 준다. 특히 사물인터넷 기술은 전자상거래 시장에서 가장 빠른 확산세를 보이고 있는데, 경쟁이 지나치게 치열해진 전자상거래 시장에서 사물인터넷이 제공할 수 있는 연결성과 막대한 데이터는 이를 충분히 활용할 능력을 갖춘 기업들에게 새로운 기회와 이익을 제공한다. 때문에 전자상거래 기업들이 사물인터넷의 활용 전략을 갖추는 것이 무엇보다 중요하다. 아마존 등 거대 기업은 자본을 바탕으로 사물인터넷 시장을 선점하고 있으며, 벤처 기업들은 새로운 기술을 활용할 새로운 전략으로 경쟁력을 모색하고 있다.

모든 사물과 인간을 연결하는 개념의 사물인터넷은 인터넷을 통한 데이터 수집을 넘어 오프라인 동향 등 보다 넓은 분야의 데이터를 확보할 수 있다. 기본적으로 사물인터넷의 핵심기술은 센싱 기술, 인터페이스 기술, 네트워킹 기술로 이루어진다.

전자상거래 기업들은 이러한 사물인터넷 핵심기술을 제품 생산과 유통, 판매까지 다양한 분야에 걸쳐 활용하고 있다. 전자상거래 시장에서는 개인 맞춤형 상품이 매우 중요하기 때문에, 사물인터넷 기술이 기업의 제품 출고 과정 전반에서 변화를 일으키고 있다. 또한 전자상거래 기업들은 스마트 팩토리 모델의 도입으로 생산 과정을 최적화하고 공정의 유연성과 성능을 크게 높일 수 있다.

또한 유통과 판매 과정에서도 사물인터넷 기술이 활용된다. 아날로그 방식을 고집하던 많은 사물들이 인터넷에 연결되면서 새로운 유통 및 판매 전략이 수립되고 있다. 업계를 선도하는 전자상거래 기업들은 고객들의 데이터를 수집하는 것과 마케팅 전략을 구성하는 것 양측에서 사물인터넷을 활용하고 있다. 전자상거래 유통 판매 전략에서 가장 중요한 것은 고객과 사물 간의 연결성을 높이는 것이다. 특히 스마트 가전을 통해 스마트 홈 기술이 보편화되면 고객과 사물의 연결성이 증대되고 전자상거래 기업이 마케팅 전략을 수립하는 데 도움을 준다.

그 외에, 전자상거래 시장에서 주목해야 할 사물인터넷 기술로 보안 기술과 호환성 문제가 꼽히고 있다. 전자상거래상에서 모든 거래는 전자적으로 이루어지므로 사물인터넷에 적용되는 보안 기술은 매우 중요해지고 있다.

전자상거래에서 사물인터넷이 대표적으로 사물인터넷 적용된 분야는 공급망, 커넥티드 컨슈머(Connected Consumers) 및 스마트 스토어가 있다.

사물인터넷 기술은 다양한 분야에서, 다양한 목적으로 적용될 수 있는데, 전자상거래에서 다음과 같이 활용된다.

(1) 고객 및 시장 분석

사물인터넷은 전자상거래 업체가 고객과 시장 전체의 수요를 분석하는 데 도움이 된다. 사물인터넷 기기에서 수집한 데이터는 사람들의 습관과 생활방식을 찾아내어 맞춤형 마케팅을 할 수 있다.

또한 전자상거래 업체는 온라인 뷰 패턴과 검색 트렌드를 식별하여 고객이 어떻게 쇼핑하는지 표시하고, 그들에게 타킷 제품을 추천한다. 사물인터넷은 기업들이 고객의 선택에 따라 혜택을 맞춤화 하도록 허용하면서, 소비자들의 행동에 따라 그들의 쇼핑에 영향을 미치는 의사결정을 할 수 있다.

사물인터넷은 전자상거래 업체에 더 많은 가능성을 주고 있는데, 예로써, 자동차 보험사들은 운전자의 운전습관 데이터와 속도 센서, 글로벌 포지셔닝 시스템 등 사물인터넷 기기에서 얻은 데이터를 수집하고 보험료 산정이나 마케팅 등에 활용하고 있다.

(2) 재고 추적 및 배송 관리

온라인 및 오프라인에서는 사물인터넷을 통해 수요에 따라 로봇을 통해 효율적인 재고 관리가 가능하다. 사물인터넷 시스템을 통해 판매량을 실시간으로 모니터링하여 최적의 재고를 파악하고 판매 손실을 줄일 수 있다. 대표적인 사물인터넷 기술인 RFID(Radio-Frequency Identification)를 통해 재고 관리를 효율적으로 할 수 있다.

RFID 태그, 사물인터넷 센서와 기타 칩 등의 기술은 실시간 재고 관리를 현실화하고 화물의 창고 출입을 간소화한다. 사물인터넷 설비는 재고 추적과 모니터링을 개선하여, 시간 및 프로세스에서 발생할 수 있는 사람의 수요를 감소시켰다.

또한 사물인터넷은 GPS와 RFID 기술을 사용함으로써 운송 중 물품을 추적하여 화물이 이동할 때 분실될 위험이 없도록 한다. 사물인터넷 장비는 프로세스의 각 단계마다 운전자, 날씨, 온도 등의 정보 외에 위치 정보도 제공된다. 또한 선적의 속도와 노선을 관리하고 도착 시간을 예측하여 화물이 분실되거나 잘못된 곳에 배송되지 않도록 할 수 있다. 즉, RFID 태그 및 GPS 기술은 원활한 공급망 관리에 도움을 주며, 상품 추적 외에도 실시간 모니터링, 의사 결정 및 정확한 제품 관리에 도움을 준다.

운송 트럭에 센서를 장착, 운송 상황을 실시간으로 모니터링하여 손실을 줄이는 데 사용되며, 고객은 또한 배송품 상태에 대한 통지를 받는다. 이러한 방식으로 고객은 주문 상태를 걱정하거나 잘못된 배송을 걱정하지 않아도 된다.

(3) 효율적인 장비 유지 및 보수

사물인터넷은 에너지를 관리하고 장비 결함을 예측하거나, 그 밖에 다른 문제를 탐지하는 데에 유용하다. 예를 식료품 매장에서는 복잡한 시스템의 냉장 장치를 보유하고 있는데, 이런 장치에 사물인터넷 센서가 탑재된다면 전력 소비에 영향을 미칠 수 있는 유지·보수 문제를 예측하여 과도한 전력 소비를 줄이고 냉장 창고나 트럭의 온도 변화를 모니터링하여 식품을 안전하게 보존할 수 있다.

(4) 커넥티드 컨슈머(Connected Consumers)

모바일 기기가 발달하면서 소비자들은 간편하게 집에서도 모바일 기기로 상품 가격과 재고량을 확인할 수 있다. 여기에 사물인터넷 기술을 접목시켜 각 온라인 매장의 상황에 맞게 고객 맞춤형 프로모션을 실시하거나 혹은 위치 기반 서비스를 통해 거주지, 주요 소비 지역, 소비 성향 등 고객을 다각도로 분석하여 타킷을 세분화, 집중 공략한다. 과거에는 프로모션 메시지를 전체 발송하여 그 중 일부라도 홍보되는 것이 목표였지만, 사물인터넷을 통해 소비자의 소비 성향 및 관심사를 파악함으로써 우선적으로 대응할 수 있다.

사물인터넷은 전자상거래 마케팅 캠페인을 개인화하여 방문자 참여 빈도수와 클릭횟수 및 수익을 높이는 동시에 고객에게 향상된 경험을 제공하는 것을 가능하게 한다. 개인화된 경험을 소비자에게 제공함으로써, 소비자와 판매자 사이의 관계를 확대하는 데 도움이 된다. 판매자는 사물인터넷 장치 간에 고객과 교환된 데이터로부터 정보를 얻고 이를 활용하여 더 많은 고객을 유치하게 하고, 구매 결정을 도와줄 수 있다. 또한, 목표 고객에게 개인화된 데이터 분석을 기반으로 맞춤형 솔루션을 제공하여 높은 가치를 제공하고 사용자의 관심을 이끌어 낼 수 있다.

5) 무인 운송(Autonomous Transportation)

무인 운송(Autonomous Transportation) 수단이란 사람이 기체에 타지 않고 원격조종으로 동작이 가능한 이동체 또는 외부환경을 인식하여 스스로 상황판단 후 이동하는 이동체를 의미한다. 이러한 이동체로는 가장 많이 알려진 드론뿐만 아니라 자율주행이 가능한 자동차와 트럭, 항공기, 보트 등을 포함한 다양한 무인 운송 수단이 개발·이용되고 있다.

전자상거래에서 물류배송과 재고 관리는 매우 중요하다. 물류의 가장 기본적인 활동은 수송 또는 운송으로 생산자와 소비자 간의 시간적, 공간적 장애를 해결하여 상품의 가치를 높이는 활동이다. 즉, 필요한 물품을 필요한 장소, 필요한 시기에 적정가격으로 적정 조건하에 배달하는 것이 주요 목표이다.

그런데 전자상거래 시장의 출혈경쟁이 심화되면서 기업은 물류비용을 보다 절감하는 노력을 하는데, 대표적인 전략이 공급사슬관리(SCM)과 RFID 기술이다. 공급사슬관리는 물류단계별로 재화의 이동 정보를 신속하게 파악하고 대처하기 위한 기술로, RFID 기술을 이용해 배송정보 추적과 신속한 배송, 판매량 분석과 수요예측, 적정수준의 재고 관리 등 가치사슬 모든 단계의 조정관리를 통해 전체적인 비용절감을 달성할 수 있다. 특히 재고 관리의 기본적인 목적은 적시에 적정한 재고를 유지시킴으로써 고객서비스 수준을 최대로 하는 동시에 재고관리 비용을 최소화하는 데 있다.

이를 달성하기 위해 물류 모든 단계에서의 스마트화가 필요하며, 글로벌 전자상거래기업들은 각 단계에 맞는 무인 운송 기술 개발에 위한 투자를 공격적으로 확대하고 있고, 재화가 생산되어 소비자에게 전달되는 물류의 모든 단계에서 무인 운송 기술과의 접목이 활발히 이뤄지고 있다.

각 기업들은 위와 같은 다양한 배송 관련 니즈를 만족시키고 배송지역의 광대화에 따른 비용과 시간 절감을 위해 무인 운송 수단을 실무에 배치하고 더 다양한 무인 운송 수단을 도입하기 위한 노력을 기울이고 있다

온라인 사업의 팽창에 따른 배송 요구 증대 및 소비자 니즈의 다양화는 무인 운송 수단에 대한 수요를 더욱 증대시키고 있고 기업들은 이러한 수요를 충족시킬 뿐 아니라, 지금까지의 불만사항을 해소하기 위해서 무인 운송 수단의 도입

이 가속화되고 있다.

(1) 무인 운송 수단의 주요 유형

무인 운송 수단에는 가장 잘 알려진 자율주행차와 운송수단으로 활용되는 드론, 그리고 무인 운반차이다. 이러한 무인 운송 수단의 장점과 단점은 [표 4.3]과 같다.

① 자율주행차량(Autonomous Vehicle)

자율주행차는 레이더, 라이더, GPS, 카메라 등의 센서를 활용하여 주변을 인식하고 인공지능과 기계학습을 통해 도로상황을 판단하여 운행을 한다. 자율주행차는 2010년대에 들어 인공지능 분야에서 딥러닝 소프트웨어의 등장은 그간 영화나 소설속에만 가능했던 기술적 장벽을 무너뜨리고 자율주행차의 본격적인 실현 가능성을 높였다. 왜냐하면 닫힌 환경인 공장이나 광활한 공중에서 운영되는 다른 무인 운송 수단에 비해, 수많은 이동수단과 인간들이 움직이는 도로라는 공간은 혼란스럽고 예측이 불가능한 수많은 변수를 발생시키는 공간이기 때문에, 익숙하지 않은 상황에 즉각 대처할 정도의 인공지능 수준이 올라오지 않는 상태에서의 자율주행차는 의미가 크지 않기 때문이다.

현재 딥러닝 개발을 선도하고 있는 구글이 자율주행차 개발에서 선도적 위치를 차지하고 있다. 자율주행차는 자동차 산업과 IT산업이 새롭게 결합하는 지점으로 구글과 포드, 볼보와 마이크로소프트, GM과 리프트 등이 협력관계를 형성하고 있고, 자율주행차 시장에 대한 주도권 경쟁이 치열하다.

② 드론(Drone)

드론(Drone)은 무인 비행기를 지칭하는 용어로 군사용 도구로서 출발했으나 현재는 상업용, 건설용, 취미용, 보안용 등 다양한 분야로 확대해 가고 있다. 초기에는 무선으로 조종한다는 의미에 불과했으나, 지금은 다양한 센서를 통한 자율성, 다중의 회전날개 장착을 통한 운동제어성 등이 추가되었다. 특히 센서의 기능은 자율비행, 상황인식, 정보수집 등에 핵심기능으로서, 현재 카메라, 레이저, 초음파 등을 통해 주변환경을 3차원으로 인식하고 장해물을 감지하고 회피하는 기술이 지속적으로 개발되고 있다.

드론의 활용 용도는 농업, 배송, 건설, 경비, 자산관리 등 각 산업별 시스템과의 연결성을 확장할 수 있다.

③ 무인 운반차(Automated Guided Vehicle)

무인 운반차(Automated Guided Vehicle, ACV)란 사람이 운전하지 않고 컴퓨터에 의해 자체의 동력으로 독립적으로 동작하고 정의된 경로에 따라 이동하는 운반차량을 말한다. 정의된 경로를 자동유도장치가 설치된 노선을 따라 주행하며, 충전식 배터리를 동력으로 한다. 자동유도방식으로는 마그네틱, 와이어, 레이저 등의 방식 있다. 초기에는 제조 현장에서 자재 운송을 위해 출발하였으나, 물류창고, 컨테이너 터미널 등으로 그 사용범위가 확대되어, 현재 스마트공장에서 반제품 및 완제품의 공정 간 이동, 물류창고에서의 제품 운반 등에 사용되며 산업자동화의 필수요소이다.

표 4.5 무인 운송 수단의 장점과 단점

장점	단점
• 드론의 경우 환경친화적: 전기가 주된 원동력이기에 환경 친화적인 운송수단으로 온실가스 배출량 감소 • 효율적인 활용: 인적, 시간적, 환경적으로 보다 효율적인 활용이 가능. 원격 혹은 인공지능으로 운용을 한다면 비용 절감 등의 장점 • 접근성: 사람이 접근하기 힘든 위험한 지역에 조종사 없이 접근이 가능, 구호물자나 구조활동 등이 가능	• 짧은 운송거리: 드론의 운송거리가 짧고 배송할 수 있는 물건의 무게도 기존의 방식에 비해 훨씬 제한적 • 악용 가능성: 사람이 접근하기 힘든 위치로 이동을 할 수 있다는 장점, 반대로 그 장점이 악용될 수 있는 위험성 존재 • 즉각적인 반응: 직접 운용에 비해 즉각적인 반응이 어려움

(2) 무인 운송 수단 적용 사례

무인 운송 수단 중 화물 운송과 물류창고 운송 수단은 전자상거래 분야에 적용되어 온라인 구매 확산에 큰 기여를 하고 있다. 이러한 무인 운송 수단의 상용화를 주도하여 가장 큰 사업적 성과를 내고 있는 기업으로 대표적인 기업은 아마존이다. 아마존의 사례를 통해 무인 운송 수단이 전자상거래에 미친 영향에 대해 살펴보자.

시장에서 경쟁적 우의를 차지하기 위해서 유통업체들은 서비스 차별화를 위해 배송 품질에 관심을 가지게 되었고 라스트마일(Last Mile)이라는 개념이 나타났다.

라스트마일은 제품이 목적지에 도착하기 전 유통의 마지막 단계를 지칭하는 단어로 사용된다. 최종 배송 단계는 유통업체에게는 고객과의 마지막 접점이지만, 고객에게는 처음으로 사용자 경험이 형성되는 단계이며, 이 단계에서 기업은 고객이 만족하도록 최선을 다해야 한다. 이는 유통업체에게 마지막 기회이며, 이때 축적된 경험은 나중에 해당 제품에 대한 고객 충성도 형성에 영향을 미치기 때문이다.

전자상거래의 성장으로 온라인을 통해 제품을 구매하는 소비자들이 늘어나면서 Last Mile의 중요성은 날이 갈수록 높아지고 있다. 오프라인 매장에 비해 온라인 매장에서 제품 판매의 경우 라스트마일이 소비자와 대면할 수 있는 유일한 단계이기 때문이다. 이 단계에서 소비자의 마음을 사로잡지 못한다면 소비자의 다음 구매는 경쟁업체의 앱을 통해 이뤄질 가능성이 높다. 이런 라스트마일 전쟁을 시작한곳은 미국의 전자상거래 기업 아마존이다. 그리고 월마트, 코스트코 등 아마존의 배송 혁신에 위협을 느낀 기존 대형 유통 업체들이 이 경쟁에 참여하면서 그 어느 때보다 치열한 상황이다. 한국 역시 쿠팡의 로켓 배송을 시작으로 마켓컬리의 새벽 배송 등이 연이어 성공을 거두면서 경쟁이 격화되고 있다. 이후 신세계와 롯데 등 대형 유통 기업들 역시 라스트 마일 전쟁에 참여하면서 경쟁이 심화되었다. 라스트마일의 경쟁에서 우위를 차지하기 위해서는 주문에서부터 배송까지의 효율적 시간 줄이기, 즉, 물류배송의 효율화와 자동화가 관건인데, 이를 위해 아마존은 크게 물류 로봇 키바(KIVA)와 물류대행 풀필먼트(Fulfillment) 서비스, 자율주행차와 자율 주행 배달 로봇, 그리고 아마존 프라임에어 서비스로 대변되는 드론 등 무인 운송 시스템을 구축 활용하고 있다.

대표적인 무인 운송 수단 중에서 전자상거래에 적용되고 있는 것은 드론이다. 법률적 규제 외에도 여러 산업 분야가 얽혀 있는 드론 배송 분야는 실현되는

데 다소 문제가 있지만 실현이 된다면 높은 수준의 편리성을 가져다 줄 것으로 기대되는 분야이다. 또한, 이는 더 나아가 전자상거래 시장의 범위를 확대하고 규모를 넓히는 데 크게 기여할 것으로 예상된다.

2016년 글로벌 전자상거래의 대표주자인 아마존은 드론을 통해 세계 최초로 제품 배송 서비스를 실행했었고, 드론을 통한 일반적인 항공 운송까지도 미래 기술에 기대되고 있다. 이러한 사물인터넷의 미래 활용 분야가 예상되는 만큼, 기술이 상용화됨에 따라 전 세계의 많은 전자상거래 기업들은 빠른 시일 안에 드론과 비슷한 장치로 제품을 배송하고자 할 것이다.

무인 운송 수단의 발전은 배송 시간과 비용을 급진적으로 절감하는 것을 통해 오프라인 업체 대비 온라인 업체들이 경쟁 우위를 확보할 수 있게 해주며, 오프라인 구매에서 온라인 구매로의 전환이 급격한 속도로 이루어질 것을 나타낸다. 결국, 아마존을 비롯한 국내의 쿠팡과 같은 대표적인 온라인 기반 유통 기업들의 미래는 무인 택배함을 갖춘 자율주행차량의 배송, 소형 로봇을 통한 집 앞 즉시 배송, 하늘길을 통한 드론의 장거리, 도서 지역의 빠른 무인화 배송이 될 것이다.

6) 가상현실 및 증강현실(Virtual Reality·Augmented Reality)

가상현실(VR)과 증강현실(AR)은 모두 디지털 기술이 물리적 세계와 상호작용하는 방식을 바꾸는 기술적 경험이며, 가상현실과 증강현실은 자주 함께 언급되지만 각각 가상 환경과 상호작용하는 방식이 있다.

가상현실은 헤드셋과 추적을 사용하여 사용자를 다른 세계에 배치하는 가상 경험을 만드는 것을 목표로 한다. 증강현실은 컴퓨터 생성 이미지(CGI)와 3D 모델이 중첩된 디지털 아티팩트, 이미지, 비디오 또는 경험으로 물리적 세계를 증강하는 데 중점을 둔다. 게임, 마케팅, 교육 및 의료 분야에서 가상현실과 증강현실 사용이 증가함에 따라 각 기술의 용도, 응용 프로그램, 장점 및 단점을 이해하는 것이 중요하다.

(1) 가상현실(Virtual Reality)

가상현실(VR)은 컴퓨터 그래픽 기술을 이용하여 가상의 공간을 만들고, 사용자가 만들어진 가상 공간 내에 새로운 가상 환경을 만들어 현실과 유사한 경험을 할 수 있도록 하는 기술이다. 가상현실은 시각, 청각, 촉각 등 상황을 인지하는 감각적 경험을 통해 상호작용할 수 있는 시뮬레이션 되어진 환경을 의미한다.

가상현실은 4차 산업혁명의 핵심 기술로, 온라인 환경의 발전과 함께 교육, 스포츠, 게임, 여행, 예술, 의료, 산업 등 다양한 분야에서 활용되고 있다.

현실 세계를 기반으로 가상의 객체를 생성하는 증강현실(AR)과 달리, 가상현실(VR)은 특수 안경과 장갑을 사용하여 컴퓨터로 생성된 현실이나 존재하지 않는 가상 공간을 생성하여 체험하게 한다. 가상현실을 활용하면 소비자는 기업의 제품을 간접적으로 경험하고 긍정적인 경험을 창출할 수 있다. 이러한 특징 때문에 많은 기업들이 마케팅 목적으로 가상현실을 활용하여 마케팅을 확장하고 있다.

가상현실 마케팅을 성공시키기 위한 우선적인 핵심요소는 가상현실 기술을 통한 간접 체험 제공이다. 고객이 상품을 구매하기 전에 상품에 대한 자세한 정보를 알고자 하는 것은 구매결정을 위해서 당연한 것이며, 판매자인 기업들도 이러한 고객의 구매결정에 도움을 주기 위해서 가상현실 등을 활용하여 상품에 대한 자세한 정보를 제공하는 등 판매를 위한 적극적인 마케팅 활동을 해야 한다.

예로써, 백화점 등 화장품 매장에서는 고객들이 화장품을 직접 사용해 보도록 하며 직원들과 다양한 상담을 하도록 한다. 이러한 고객이 원하는 상품을 실제로 체험하도록 하는 것은 가장 효과적인 판매 촉진 방법이다.

하지만 항공사, 여행과 같은 서비스업의 경우는 이러한 고객들이 관심있는 서비스를 사전 체험하는 것이 상대적으로 불가능하다. 이러한 어려움을 극복하기 위해서 국내외 여행사들은 비행기 내부나 여행지의 가상현실 영상을 만들어 고객들이 간접 체험을 할 수 있도록 하고 있다. 이러한 가상현실 영상 등을 통한 간접 체험은 고객의 구매의사결정에 결정적인 영향을 준다.

(2) 증강현실(Augmented Reality)

증강현실 기술은 컴퓨터 생성 지각 정보로 현실 세계를 향상시키는 대화형 경험이다. 가상현실 안경과 같은 소프트웨어, 앱, 하드웨어를 사용하면 증강현실이 디지털 콘텐츠를 실제 환경과 객체에 겹쳐서 나타나며, 이를 통해서 사용자 경험이 쌓이고 업무 환경이 대화형 환경으로 전환되어 제조, 산업 공정 등에서 활용될 수 있다. 또한 산업 사용자들이 함께 일하는 시스템 및 기계와 하나가 되고, 인간의 독창성, 관찰, 창의력으로 기술과 IoT 네트워크를 최적화, 보강할 수 있다.

증강현실은 실제 객체에 디지털 정보를 중첩 배치해 사용자가 물리적 세계 및 디지털 세계와 상호작용할 수 있는 3D 경험을 생성함으로써 작동한다. 하지만 가상현실은 사일로로 단절되어 존재하지 않으며 존재할 수도 없다. 진정한 가치는 빅데이터에서 자동화된 로봇에 이르기까지 모든 것을 통합하는 클라우드에 연결된 에코시스템의 일부일 때 나온다.

증강현실 프로세스의 개요는 다음과 같다. 스마트 안경, 태블릿 또는 스마트폰과 같은 카메라가 있는 증강현실 지원 장치는 비디오 피드를 구문 분석하여 물리적 객체나 사용자 주변의 환경을 식별한다. 이후 클라우드 객체의 3D 디지털 복제본인 디지털 트윈은 실제 환경과 가상 환경을 연결한다. 이에 따라 물리적 객체와 디지털로부터 정보를 수집하고 증강현실 장치가 클라우드에서 객체에 대한 정보를 다운로드한다. GPS, 가속도계, 방향 및 기압계 센서 등과 같은 마커나 추적기를 사용하여 물체 위에 디지털 정보를 겹쳐서 부분-리얼, 부분-디지털 3D 인터페이스를 만든다. 제품에서 유입되는 실시간 데이터 덕분에 사용자는 주위를 이동하고 터치스크린, 음성 또는 제스처를 통해 클라우드로 명령을 전송하여 객체 또는 환경과 상호작용할 수 있다.

한편, 마케팅 기반 기술인 증강현실은 브랜드가 고객과 소통할 수 있는 가장 흥미로운 방법 중 하나이다. 디지털 콘텐츠를 현실 공간 위에 덧씌워 브랜드는 독특하고 탁월한 쇼핑 경험을 제공할 수 있다. 다시 말해서, 증강현실 마케팅은 현실 환경과 디지털로 생성된 콘텐츠를 결합하여 사용자 경험을 향상시키는 혁신적인 광고 방식이다.

증강현실 마케팅을 통해 기업은 고객에게 제품 및 서비스에 대한 개인화된 맞춤형 정보를 제공하여 마케팅 활동에 참여시키고, 잠재 고객의 제품과 서비스에 대한 선호도를 가상으로 경험해 볼 수 있다. 더 나아가, 증강현실 마케팅 캠페인은 고객 참여를 촉진하고 고객 유지를 강화하는 광고 전략으로 활용되고 있다.

증강현실 마케팅 전략을 활용함으로써 기업은 그 어느 때보다 효과적으로 고객 충성도와 고객 참여를 유지할 수 있으며, 기업들이 고객에게 다가가는 디지털 도구로 활용되고 있다.

7) 블록체인(BlockChain)

블록체인이란 데이터 혹은 정보를 분산시켜 저장하는 기술로서, 블록에 데이터를 저장하여 각각의 블록을 체인 형태로 연결하고, 분산되어 있는 다수의 컴퓨터에 이를 동시에 복제하고 저장하는 분산형 데이터 저장기술이다. 데이터를 분산된 데이터 저장 환경에 저장하여 누구도 임의로 수정할 수 없고 이용자는 모든 데이터와 정보를 기록하거나 조회할 수 있다. 블록체인 네트워크상에서 기록된 데이터들은 하나의 블록 단위로 수집되어 저장되고, 그 형태가 블록들이 연결된 모습과 비슷하므로 블록체인이라 불리게 되었다.

블록체인 기술은 2008년 비트코인의 등장으로 시작되었다. 비트코인의 기반 기술은 은행과 같은 신뢰할 수 있는 중개자 없이 개인 간(P2P) 거래를 가능하게 하는 탈중앙화 디지털 화폐로 설계되었다. 블록체인은 공공 원장의 역할을 하여 모든 거래를 안전하게 기록하고 당시 디지털 화폐의 핵심 문제였던 이중 지출을 방지했다.

이러한 발전은 블록체인의 실제 적용 분야를 확장하여 부동산, 금융, 공급망 관리, 의료, 심지어 투표 시스템까지 확장했다. 시간이 지나서 블록체인은 암호화폐를 넘어 탈중앙화 금융(DeFi)과 대체 불가능 토큰(NFT)의 핵심 요소로 자리 잡았다.

현재 블록체인은 확장성, 개인정보 보호, 인공지능(AI) 및 사물인터넷(IoT)과 같은 새로운 기술과의 통합을 개선하기 위한 지속적인 발전을 통해 계속 진화하고 있다.

(1) 블록체인의 장점

블록체인 기술은 여러 산업 분야에서 신뢰, 보안, 추적성 및 효율성을 향상시켜 기업 운영을 혁신하는 다양한 장점을 제공한다.

블록체인의 주요 장점은 다음과 같다.

첫째, 신뢰성 향상이다. 블록체인은 안전한 회원 전용 네트워크를 구축하여 정확하고 시기적절한 데이터 접근을 보장한다. 기밀 기록은 권한이 있는 네트워크 구성원에게만 공유되므로 신뢰를 구축하고 시스템 전반에 걸쳐 엔드 투 엔드(end-to-end) 가시성을 확보할 수 있다.

둘째, 보안 강화이다. 데이터 정확성을 검증하려면 네트워크 구성원 간의 합의가 필요하며, 검증된 모든 거래는 변경 불가능하고 영구적으로 기록된다. 이러한 기능을 통해 시스템 관리자조차도 어떤 거래도 삭제할 수 없다.

셋째, 추적성 향상이다. 블록체인은 자산 이동 경로에 대한 투명한 감사 추적을 통해 즉각적인 추적성을 제공한다. 지속 가능성을 중시하는 산업에서는 출처 데이터를 직접 공유하고 윤리적인 관행을 검증할 수 있다. 또한 지연과 같은 공급망 비효율성을 밝혀내어 책임 소재를 강화할 수 있다.

넷째, 효율성 향상이다. 네트워크 구성원 간에 분산 원장이 공유되므로 시간이 많이 소요되는 기록 조정 작업이 필요 없다. 블록체인에 저장된 스마트 계약은 프로세스를 자동화하고 거래 속도를 높일 수 있다.

다섯째, 자동화된 거래이다. 스마트 계약은 원활한 거래 자동화를 지원하여 효율성을 높이고 실시간 프로세스를 가속화한다. 미리 정의된 조건이 충족되면 다음 단계가 자동으로 실행되므로 수동 개입의 필요성이 줄어든다.

(2) 블록체인 기술의 주요 특징

블록체인 기술은 거래 및 데이터 관리의 보안, 투명성, 효율성을 향상시키는 몇 가지 주요 기능을 포함한다.

첫째, 분산원장 기술이다. 모든 네트워크 참여자는 분산원장과 불변 거래 기록에 접근할 수 있다. 이 공유 원장은 거래를 한 번만 기록하므로 기존 비즈니스 네트워크에서 흔히 발생하는 중복 작업을 제거한다.

둘째 불변 기록이다. 어떤 참여자도 공유 원장에 기록된 거래를 변경하거나 조작할 수 없다. 거래 기록에 오류가 있는 경우, 오류를 복구하기 위해 새로운 거래를 추가해야 하며, 두 거래 모두 확인할 수 있다.

셋째, 스마트 계약이다. 스마트 계약은 블록체인에 저장된 자체 실행 계약으로, 계약 조건은 코드로 작성되어 미리 정의된 조건이 충족되면 자동으로 실행된다. 기업 채권 이체 또는 여행자 보험금 지급 등 다양한 용도로 사용할 수 있다. 스마트 계약은 이러한 프로세스를 자동화함으로써 거래 속도를 높이고, 중개자의 필요성을 줄이며, 투명성과 보안을 보장한다.

넷째, 공개 키 암호화이다. 공개 키 암호화는 공개 키와 개인 키라는 두 가지 암호화 키를 활용하여 블록체인에서 거래와 데이터를 보호하는 방법이다. 공개 키는 암호화폐 또는 데이터를 수신하는 주소 역할을 하며, 개인 키는 관련 디지털 자산에 대한 제어권을 부여하는 기밀 키이다. 개인 키 보유자는 거래를 승인하여 보안을 제공하고 소유권을 확인할 수 있으며, 공개 키는 다른 사람이 올바른 주소로 자금이나 데이터를 전송할 수 있도록 한다.

(3) 블록체인 작동 방식

블록체인 기술은 데이터 블록을 연결하여 거래를 안전하게 기록한다. 각 블록에는 자산 이동에 대한 중요한 세부 정보가 포함되어 있으며 전체 프로세스의 무결성을 보장한다. 블록체인 작동 방식은 다음과 같다.

① 거래를 블록으로 기록

각 거래는 블록체인에 데이터 블록으로 기록된다. 이 블록은 유형 자산이든 무형 자산이든 자산 이동에 대한 주요 세부 정보를 담고 있다. 각 블록의 데이터에는 누가, 무엇을, 언제, 어디서, 거래 금액, 그리고 식품 배송의 온도와 같은 특정 조건과 같은 중요한 정보가 포함된다.

또한, 각 블록에는 거래가 블록체인에 추가된 정확한 순간을 기록하는 타임스탬프가 포함되어 있다. 이 타임 스탬프는 거래의 시간 순서를 보장하고 데이터에 대한 검증 가능성을 높여 기록된 정보의 소급적 변경을 방지한다.

② 블록 연결

각 블록은 이전 블록과 다음 블록에 연결되어 안전한 데이터 체인을 형성한다. 이는 각 블록의 고유 식별자인 암호화 해시를 통해 이루어진다. 블록 해시에는 이전 블록의 데이터가 포함되어 각 거래의 정확한 순서와 시점을 보장한다. 암호화 해시는 후속 블록을 모두 변경하지 않고는 어떤 블록도 변경하는 것을 거의 불가능하게 하여 전체 프로세스의 무결성을 보장한다.

③ 변경불가한 블록체인 구축

블록들은 블록체인이라는 되돌릴 수 없는 체인으로 그룹화된다. 각각의 새로운 블록은 이전 블록의 보안과 유효성을 강화하여 전체 체인을 강화한다. 이를 통해 블록체인의 변조 방지 기능을 제공하여 악의적인 행위자가 체인을 변경하거나 사기성 거래를 삽입할 수 없도록 한다.

블록체인 네트워크의 노드는 합의 방법론을 통해 각 거래의 유효성을 확인하여 블록체인을 검증하고 유지 관리하며, 이를 통해 시스템의 보안과 불변성을 보장한다. 작업 증명과 지분 증명은 블록체인 네트워크에서 가장 일반적으로 사용되는 합의 방법론으로, 각각 거래 검증과 동시에 시스템 보안에 기여한다.

④ 신뢰성과 불변성 보장

새로운 블록이 생성될 때마다 블록체인의 보안이 강화되어 과거 거래를 변경하는 것이 거의 불가능해진다. 이러한 불변성은 모든 네트워크 구성원이 신뢰할 수 있는 투명한 원장을 제공하여 사기를 방지하고 모든 거래 기록의 정확성과 변경 불가능성을 보장한다.

(4) 블록체인 네트워크의 유형

블록체인 네트워크를 구축하는 방법에는 여러 가지가 있다. 퍼블릭, 프라이빗, 허가형 또는 컨소시엄 방식으로 구축할 수 있는데, 특히, 접근 권한에 따라 퍼블릭 블록체인(Public Blockchain)과 프라이빗 블록체인(Private Blockchain)으로 분류할 수 있다.

- 퍼블릭 블록체인(Public Blockchain): 탈중앙화 성향이 강한 블록체인의 유형으로 퍼블릭 블록체인은 운영이나 참여에 제한없이 누구나 운영이나 참여할 수 있다. 분산화를 제공하지만, 높은 연산 능력 요구 사항, 거래 프라이버시 부족, 잠재적으로 취약한 보안 등의 단점이 있다. 대표적인 예로써 비트코인, 이더리움 등이 있다.
- 프라이빗 블록체인(Private Blockchain): 퍼블릭 블록체인 네트워크와 유사한 프라이빗 블록체인은 분산된 P2P 네트워크로, 특정 네트워크에서 생성된 인증방법을 통해 검증된 사람만 참여할 수 있다. 폐쇄적이고, 권한이 집중되어 있으며, 투명성이 낮은 반면, 참여자가 제한적이어서 처리속도

가 빠르고 특정 기업의 특성에 맞춘 맞춤형 설계가 가능하다. 조직이 네트워크를 관리하고, 참여자, 합의 프로토콜 운영자, 공유 원장 유지 관리 권한을 제어하기 때문에 사용에 따라 참여자 간의 신뢰도를 크게 높일 수 있다. 대표적인 프라이빗 블록체인에는 리플, 아이콘 등이 있다.

표 4.6 퍼블릭 블록체인과 프라이빗 블록체인의 특징

구분	퍼블릭 블록체인 (Public blockchain)	프라이빗 블록체인 (Private blockchain)
목적	누구나 네트워크에 참여	허가된 개인 또는 기관만 참여
속도	느림(7~20TPS)	빠름(1,000TPS+)
신원	익명의 노드	확인된 노드
수수료	필수	거의 없음
탈중앙화	높음	낮음
대표코인	비트코인, 이더리움 등	리플, 아이콘 등

- 허가형 블록체인(Permissioned Blockchain): 프라이빗 블록체인을 구축하는 기업은 일반적으로 허가형 블록체인을 구축한다. 퍼블릭 블록체인도 허가형 블록체인으로 운영될 수 있다는 점에 유의해야 하는데, 네트워크 참여자 및 기록 거래에 대한 제한을 주며, 참여자는 초대 또는 허가를 받아야 한다.
- 컨소시엄 블록체인(Consortium Blockchain): 컨소시엄 블록체인은 블록체인 유지 관리를 공동으로 담당하는 미리 선정된 조직에 의해 관리된다. 이러한 조직은 누가 거래를 제출하고 데이터에 접근할 수 있는지 결정한다. 이러한 유형의 네트워크는 여러 당사자가 공동의 책임을 가지고 협업해야 하는 경우, 예를 들어 여러 에너지 생산자와 소비자가 전력 사용 및 분배에 대한 데이터를 공유하는 에너지 부문과 같은 경우에 적합하다.

(5) 블록체인과 보안

기업용 블록체인 애플리케이션을 구축할 때는 사이버 보안 프레임워크, 보안 서비스 및 모범 사례를 활용하여 공격 및 사기 위험을 줄이는 포괄적인 블록체인 보안 전략을 수립하는 것이 필수적이다. 이 전략에는 신원 및 액세스 관리와 같은 핵심 영역이 포함되어야 하며, 권한이 있는 사용자만 중요 구성 요소에 액세스할 수 있도록 보장하고, 강력한 암호화 기술을 활용하여 데이터 보호를 강화해야 한다. 또한, 공격에 강한 효과적인 합의 메커니즘을 도입하는 것은 네트워크 무결성을 유지하는 데 필수적이다.

그 외에도 보안 관련해서 취약점을 정기적으로 감사하고 테스트하고, 개인정보보호 강화 기술을 사용하여 금융 표준과 같은 업계 규정을 준수해야 한다. 또한 지속적인 모니터링과 명확하게 정의된 사고 대응 계획을 활용하여 모든 보안 문제를 신속하게 감지하고 해결함으로써 잠재적 위협의 영향을 최소화한다.

제 5 장

전자상거래와 기업 시스템

1. 전자상거래와 ERP(Enterprise Resource Planning)
2. 전자상거래와 SCM(Supply Chain Management)
3. 전자상거래와 CRM(Customer Relationship Management)
4. 전자상거래와 ERP, SCM, 그리고 CRM 통합 활용

제5장

전자상거래와 기업 시스템

전자상거래는 전자적인 기술을 이용하여 상품이나 서비스를 교환하는 모든 비즈니스 트랜잭션을 의미한다. 이는 일반적으로 인터넷, 이동통신 등 온라인을 통해 이루어지며, 전자상거래는 온라인 쇼핑몰, 온라인 결제, 인터넷 은행 및 기타 형태의 전자 지불, 온라인 경매 등 다양한 형태로 나타날 수 있다.

전자상거래는 기업의 시장 확장과 경쟁력을 향상시키는 데 중요한 역할을 하며, 기존의 지역 시장을 초월하여 글로벌 시장에 쉽게 접근할 수 있도록 해 주고, 소규모 비즈니스 또한 온라인을 통해 대규모의 고객에게 제품이나 서비스를 판매할 수 있는 기회를 제공한다. 전자상거래는 소비자에게 편의성과 접근성을 제공하며, 시간과 공간 제한 없이 언제 어디서나 제품이나 서비스를 구매할 수 있다. 이로 인해 전자상거래는 소비자와 기업 간의 거래 방식을 변화시키고, 소비자의 쇼핑 행동 및 구매 습관을 변화시키고 있으며, 기업에게는 비용 절감과 효율성 향상의 기회를 제공한다. 온라인을 통해 판매되는 제품은 오프라인 상점을 운영하는 데 필요한 많은 비용과 노력을 절감할 수 있다. 또한, 전자상거래는 기업이 제품 또는 서비스에 대한 고객의 피드백을 쉽게 수집하고 분석할 수 있는 기회를 제공하여 제품이나 서비스의 품질을 향상시킬 수 있는 정보를 제공한다.

하지만 전자상거래는 또한 보안 문제와 사기 등의 위험 요소도 가지고 있다. 개인정보 보호와 온라인 결제 시스템의 안전성은 항상 주의해야 할 중요한 문제이다. 이러한 문제를 해결하기 위해 보안 기술 및 전자상거래 규제가 계속해서 발전하고 있다.

이와 같이, 전자상거래는 기업과 소비자 간의 거래를 온라인을 통해 가능하게 하는 혁신적인 거래 방식으로, 시장의 확장과 경쟁력 향상에 기여하며, 소비자에게는 편의성과 접근성을 제공하고, 기업에게는 비용 절감과 효율성 향상의 기회를 제공한다.

글로벌 경쟁 환경에서 기업들은 고객 욕구의 다양화, 기업 활동의 글로벌화, 정보 기술의 발전, 폭발적으로 발생하는 데이터 등 급변하는 기업 및 사회환경 속에서 기업생존 및 경쟁 우위 확보전략으로 다양한 경영혁신을 전개하고 있다.

기업 내 분산된 모든 자원을 효율적으로 통합 관리 해 줄 수 있는 전사적자원관리(ERP)시스템이 경영혁신의 도구가 되었으며, 시장이 글로벌화 되고 기업의 외부 활동과의 연계성이 중요하게 대두되고, 전자상거래의 특성상, 재고관리, 배송 등이 더욱 중요하게 됨에 따라 효율적이고 최적화된 공급사슬관리(SCM)가 필요하게 되었으며, 온라인상에서 발생하는 엄청난 양의 데이터를 수집 및 분석, 활용하게 되면서 고객관계관리(CRM)의 역할이 매우 중요하게 되었다.

이렇듯 기존의 오프라인에서 사용하던 기업시스템들이 온라인 거래의 확장에 따라 전자상거래에도 온라인 특성을 반영하여 기업시스템들이 적용되고 있다.

전자상거래 기업들은 기업시스템들을 다음과 같은 목적으로 활용을 한다. 즉, 인터넷, 이동통신 등을 온라인상에서 고객을 유인·유지하고 만족시키는 새로운 방법을 찾고, 고객에게 제품 및 서비스를 제공하는데 있어 기업의 공급사슬, 생산, 구매 프로세스를 최적화한다. 또한 기업 내부의 프로세스를 자동화함으로써 원가 절감 및 효율성을 향상시킨다. 그리고 기업의 관리자 및 경영자들이 정확한 의사결정을 할 수 있도록 기업이 데이터를 수집하고, 분석하여 가치 있는 비즈니스 지식을 창출하고 공유하며 이를 활용한다.

대표적인 기업시스템인 ERP(Enterprise Resource Planning), SCM(Supply Chain Management), CRM(Customer Relationship Management)이 전자상거래에 어떻게 활용 되는지 살펴보도록 하겠다. [그림 5.1]은 전자상거래에서 대표적으로 활용되고 있는 기업시스템인 ERP, SCM, CRM의 구성도를 보여준다.

그림 5.1 전자상거래 기업 시스템 구성도

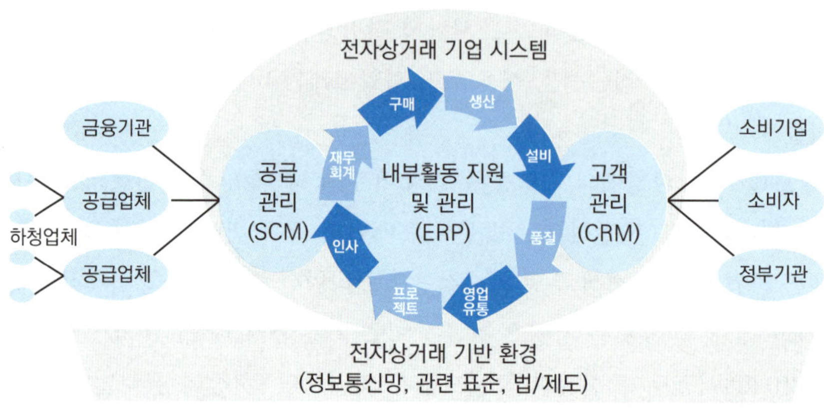

전자상거래에서 ERP, SCM, CRM은 각각 기업의 효율적인 운영과 고객 만족을 위해 중요한 역할을 하며, 이들 시스템은 상호 보완적으로 작용한다. 각 시스템의 주요 역할과 상호 관계를 살펴보면, 전자상거래 운영에서 시스템들 간의 연동 및 통합의 중요성을 이해할 수 있다.

ERP 시스템은 전사적인 자원을 통합 관리하여 기업 운영의 효율성을 높이는 시스템이다. 이를 통해 회사 내 다양한 부서가 동일한 데이터를 실시간으로 공유할 수 있다. ERP는 모든 경영 활동을 한 곳에 통합해 전체적인 운영을 조율하고 비용 절감을 실현하며, 데이터 분석 기반의 의사결정을 지원한다. ERP는 전반적인 자원 관리의 중심으로서 SCM과 CRM의 데이터를 통합하여 업무 간 소화를 지원하고, 이 데이터는 CRM과 SCM의 효과적인 운영을 위해 필수적이다.

SCM 시스템은 원재료 조달에서부터 제품 생산, 물류, 최종 배송에 이르는 공급망 전 과정을 관리하여 고객에게 제품이 원활히 공급되도록 한다. 전자상거래에서 SCM은 재고 관리와 물류 최적화에 특히 중요하며, 빠른 배송과 고객 주문에 따른 실시간 재고 관리 등을 가능하게 한다. SCM은 ERP와 통합하여 재고 상태와 생산량 등을 실시간으로 파악하고, CRM에서 제공하는 수요 데이터를 활용해 공급망을 조정한다. 이를 통해 재고 부족을 방지하고 고객 수요에 유연하게 대응할 수 있다.

CRM 시스템은 고객의 데이터를 수집, 분석하여 고객 맞춤형 서비스를 제공하고, 장기적인 관계를 구축함으로써 고객 만족과 충성도를 높인다. CRM은 고객의 구매 이력, 선호도, 피드백 등 데이터를 바탕으로 개인화된 마케팅과 맞춤형 서비스를 가능하게 하며, 이를 통해 고객 유지율을 높인다. CRM은 ERP와 연동해 실시간 재고와 물류 상태를 확인하고 고객이 주문을 조회할 수 있도록 하며, SCM 데이터를 활용해 고객 맞춤형 배송 옵션과 프로모션을 제공한다. ERP와의 통합으로 고객 주문 시 재고 부족 문제를 줄일 수 있다.

이들 시스템은 상호 보완적이며 전자상거래에서 각각의 시스템이 긴밀히 연결될 때 그 효과가 극대화된다. 이것들이 통합될 경우, 전반적인 운영 효율성과 고객 만족도가 동시에 극대화된다. 각 시스템이 따로 운영될 경우 데이터가 공유되지 못해 효율성이 떨어지지만, 이들이 통합되면 다음과 같은 이점이 발생한다. 재고, 물류 상태, 고객 데이터를 실시간으로 공유하여 정확한 의사결정을 내리고, 고객 요구에 빠르게 대응할 수 있다. ERP, SCM, CRM이 통합되어 수요 예측, 재고 관리, 고객 주문 관리가 자동화되므로 불필요한 비용이 줄어든다. 고객이 원하는 제품을 적시에 제공하고, 개인화된 맞춤 서비스를 제공하여 고객 만족도를 높일 수 있다. ERP와 CRM 통합으로 고객 불만, 재고 부족 등 문제가 발생할 때 신속히 대처할 수 있다. 전자상거래의 경쟁이 심화되면서 많은 기업들이 ERP, CRM, SCM의 통합 시스템을 도입해 비용 절감, 신속한 배송, 고객 맞춤형 경험을 제공함으로써 시장에서 경쟁 우위를 확보하기 위해 노력하고 있다.

1 전자상거래와 ERP(Enterprise Resource Planning)

ERP(Enterprise Resource Planning)는 전사적 자원 관리라고 하며, 기업 내의 생산, 물류, 재무, 회계, 영업, 판매, 구매, 인사 관리 등의 기간 업무에 대한 각종 데이터의 통합과 선진화된 업무 프로세스의 수행을 지원하는 기업 통합 정보시스템이다.

현대사회에서 시스템의 온라인화는 필수적이다. 기업시스템인 ERP의 경우도 역시 인터넷 등과 연계되는 온라인화가 지원되며, 전자상거래 시스템과의 연계 등 온라인상의 기업 활동도 적용된다.

빠르게 변화하고 경쟁이 치열한 전자상거래 환경에서 기업에 적합한 ERP시스템을 갖추는 것은 운영을 간소화하고 효율성을 향상하며 경쟁과 지속 가능한 성장을 위해 반드시 필요하다.

모든 성공적인 전자상거래 기업은 회사 내부 부서, 공급망 네트워크, 물류 파트너 또는 기타 서비스 제공업체 등 다양한 사람들 간의 조정에 의존한다. ERP는 또한 재고 관리, 주문 처리 및 배송을 포함하여 공급망의 모든 부분을 연결하도록 만들어진 애플리케이션이다.

전자상거래에서 ERP를 사용하는 목적은 기존의 오프라인에서 ERP를 사용하는 목적과 유사하며 다음과 같다.

첫째, 효율성을 높여 운영을 간소화하는 것이다. ERP는 공급제품, 주문 및 고객을 추적하는 것을 더 쉽게 한다. ERP는 작업 속도를 높이고, 비용을 절감하며 업무의 효율성을 향상시킨다.

둘째, 의사결정자들의 의사 결정 지원 강화이다. ERP를 사용하면 실시간 지표와 정보를 얻을 수 있다. 이를 통해 온라인·오프라인상에서 얻어진 데이터를 분석하여 이를 기반으로 의사 결정을 내릴 수 있다. 재고, 판매, 고객 및 재무 데이터를 사용하여 전자상거래의 가격 책정 및 프로모션을 개선할 수 있다.

셋째, 고객 경험의 개선이다. ERP는 전자상거래 비즈니스가 개인화된 고객 서비스를 제공하는 것을 더 쉽게 해준다. 소비자 정보의 중앙 데이터베이스는 특정 그룹에 맞게 제안, 할인 및 마케팅을 조정하는 데 도움이 된다. 고객이 주문을 확인하고, 패키지가 어디에 있는지 확인하고, 환불 등 고객의 요구사항을 쉽게 해결해 준다.

넷째, 효율성과 생산성의 향상이다. ERP는 사물의 작동 방식을 개선한다. 재고, 청구, 분석 및 보고서를 처리한다. 전자상거래 기업은 자동화를 통해 성장과 전략에 집중할 수 있다.

다섯째, 확장성과 적응성이다. ERP는 전자상거래 기업의 성장을 돕는 데 사용된다. ERP는 제품, 고객 및 회사가 변경되어야 함에 따라 변경된다. 주문을 처리하고, 타사 앱들과 연결하고, 여러 채널을 통해 제품을 판매한다.

온라인 사회에 ERP 시스템을 활용함으로써 전자상거래 기업은 더 큰 효율성, 정확성 및 확장성을 달성할 수 있다. 주문 상태, 재고 수준, 고객 정보와 같은 중요한 데이터를 실시간으로 활용하여 판매자는 의사 결정 프로세스를 개선하고 훌륭한 고객 경험을 제공할 수 있다.

전자상거래에 맞게 조정된 ERP 시스템은 온라인 판매자가 운영을 효율적으로 관리할 수 있는 포괄적인 솔루션을 제공함으로써 역량을 강화한다. ERP 시스템을 활용함으로써 기업은 역동적인 전자상거래 환경에서 경쟁 우위를 확보하고 지속 가능한 성장을 추진할 수 있다.

1) 전자상거래에서 ERP의 장점

ERP 시스템은 전자상거래 사업에 여러 가지 장점을 제공하는데, 향상된 운영 효율성과 향상된 재고 관리부터 원활한 주문 처리 및 데이터 기반 의사 결정에 등 다양한 장점을 가지고 있다.

첫째, 간소화된 운영이다. ERP는 다양한 비즈니스 작업을 하나로 통합하는 시스템이다. 사람들의 작업을 더 쉽게 만들고 실수 가능성을 줄인다. 이를 통해 일이 더 효율적으로 진행되고 시간과 비용을 절약하며 효율성을 높일 수 있다. ERP를 사용하는 일부 전자상거래 회사는 더 빠른 워크플로, 더 적은 인적 오류 및 더 쉬운 관리의 이점도 있다.

둘째, 향상된 효율성 및 생산성이 가능하다는 것이다. ERP를 사용하면 재정 관리, 재고 추적 및 주문 처리와 같은 작업을 더 쉽게 수행할 수 있다. 이를 통해 우선 순위가 높은 작업에 집중할 수 있으며 비즈니스가 더 효율적이고 더 많은 작업을 수행할 수 있다. 효율성이 향상되면 주문 처리가 더 빨라지고 생산성이 향상되며 운영 비용이 절감된다.

셋째, 정확한 재고 관리를 할 수 있다. 실시간으로 재고 상태를 추적하여 재고 부족이나 과잉 재고 문제를 줄이고, 이를 통해 고객에게 신속하고 정확한 배송을 보장한다. 주문이 들어오면 자동으로 재고가 업데이트되기 때문에 수작업 오류를 최소화할 수 있다. 주문 처리를 함에 있어서도 전자상거래에서 ERP는 주문 생성, 처리, 출하까지 전체 흐름을 자동화하여 주문 처리 시간을 단축하고 고객의 주문 상태를 쉽게 확인할 수 있게 한다.

넷째, 향상된 고객 경험을 제공한다. 전자상거래 ERP는 고객 데이터를 활용하여 집중적인 마케팅, 판매 및 고객 서비스를 지원한다. 고객은 주문을 추적하고 신속하게 도움을 받을 수 있다면 만족도가 높아지고 재구매 가능성이 높아진다.

다섯째, 데이터 기반의 의사 결정이다. ERP는 온라인·오프라인 및 조직 전체의 모든 다양한 데이터들을 모아 실시간 정보를 제공한다. 이를 통해 재고 수준, 주문 상태 및 고객 데이터와 같은 주요 지표에 대한 실시간 정보가 제공된다. 데이터 분석을 수행하여 추세를 파악하고 데이터 기반 의사 결정을 내리고 관리할 수 있다. ERP를 사용하여 판매, 고객 및 재정을 분석 등 기업은 정보에 입각한 결정을 내리고 추세를 파악하며 시장 수요에 신속하게 대응할 수 있다.

여섯째, 효과적이고 효율적인 주문 관리가 가능하다. 전자상거래 ERP는 주문을 하고, 수행하고, 배송하는 것을 쉽게 한다. 이를 통해 실수를 줄이고, 주문 접수를 신속하게 하며, 고객 서비스와 배송을 개선한다.

일곱째, 향상된 고객 경험을 제공한다는 것이다. ERP 시스템의 주요 이점은 뛰어난 고객 경험을 제공할 수 있다는 것이다. 기업은 부서 간에 고객 데이터를 통합하여 고객 상호작용과 선호도에 대한 전체적인 관점을 얻는다. 이를 통해 개인화된 마케팅 캠페인, 타킷 프로모션, 향상된 고객 서비스가 가능하다. 그 결과 고객 만족도, 충성도, 반복 구매가 증가한다.

마지막으로 수익성을 높일 수 있다. ERP는 재고 수준을 최적화함으로써 기업은 보유 비용을 줄이고, 재고 부족을 최소화하며, 과잉 재고를 피할 수 있다. 정확한 수요 예측 및 재고 관리로 더 나은 자원 할당과 비용 관리가 가능하다. 또한 ERP 시스템이 제공하는 데이터 기반 통찰력을 통해 판매자는 수익성 있는 판매 채널을 식별하고 활용하고, 운영을 간소화하고, 정보에 입각한 가격 책정 및 수익 관리 결정을 내릴 수 있다.

이렇듯, 전자상거래에서 ERP는 회사의 다양한 비즈니스 프로세스를 통합 관리하여 효율성을 극대화하는 핵심 역할을 한다. 특히, ERP는 전자상거래 비즈니스의 원활한 운영과 경쟁력 강화를 위해 재고 관리, 주문 처리, 재무 관리, 고객 서비스 향상, 데이터 분석 및 예측, 통합된 정보 시스템 등 다양한 분야에서 그 기능을 수행한다. ERP는 전자상거래 운영의 핵심 인프라로 작용하여 회사 전체의 업무를 자동화하고 효율성을 높이며, 궁극적으로는 고객 경험을 개선하는 역할을 한다.

2) 전자상거래 ERP의 주요 특징

ERP 시스템을 전자상거래에 사용하면 비즈니스 프로세스를 개선하고 비즈니스가 성공하는데 도움이 되는 몇 가지 주요 특징이 있다.

첫째, 중앙 집중형 데이터 관리이다. 전자상거래 ERP에는 중앙 집중형 데이터 처리가 필요한데, 이를 통해 비즈니스에서 상품, 주문, 고객 및 자금을 추적할 수 있다. 데이터 일관성, 중복 레코드 제거 및 비즈니스 통합은 사람들이 더 나은 결정을 내리고 더 효율적으로 작업하는 데 도움이 된다.

둘째, 효율적인 재고 관리이다. 전자상거래의 ERP는 여러 매장의 재고를 관리하고, 재입고를 자동화하며, 실시간 재고 데이터를 만든다. 이 기능을 통해 주문 작성, 제품 추적이 가능하며 재고 부족 방지 및 제품 제공을 가능하게 한다.

셋째, 주문 관리이다. 주문을 효율적으로 처리하고 이행하고, 배송을 추적하고, 반품을 관리하는 것이 고객 만족도와 유지율을 개선하는 데 필수적이다. 이를 통해 주문 처리, 주문 상태 확인, 반품 및 교환, 고객과의 대화가 더 쉬워진다. 이 기능은 구매 프로세스를 가속화하고, 고객의 만족도를 높이고, 주문을 더 쉽게 받을 수 있도록 한다.

넷째, 고객 관계 관리를 한다. ERP로 고객 관계를 효과적으로 관리할 수 있다. 온라인에서 모아진 고객 데이터를 활용하여 판매자는 고객 상호작용, 선호도 및 구매 내역 등을 분석할 수 있으며, 이를 통해 개인화된 마케팅 캠페인, 프로모션, 향상된 고객 서비스를 제공하여 고객 충성도를 높이고 반복 구매를 촉진하며, 수익을 창출할 수 있다.

다섯째, 재무 관리를 수행한다. 전자상거래 ERP 시스템에는 재무 관리가 포함되어 재무 업무를 보다 쉽게 수행한다. 청구서, 지불 처리 및 재무 보고를 자동화하여 데이터가 정확하고 최신 상태인지 확인한다. 이 기능을 통해 기업은 수입, 비용 및 현금 흐름을 추적할 수 있는데, 재무 가시성과 통제는 전자상거래 사업에 필수적 요소이다. ERP 시스템은 재무 관리를 통합하여 소매업체가 매출, 비용 및 재무 거래를 정확하게 추적할 수 있도록 한다. 자동화된 송장, 비용 관리 및 재무 보고와 같은 기능을 통해 기업은 재무 건전성에 대한 통찰력을 얻고 현금 흐름을 최적화하며 정보에 기반한 결정을 내릴 수 있다.

여섯째, 확장성 및 사용자 정의가 가능하다. 전자상거래 ERP 시스템은 비즈니스의 요구 사항을 충족하도록 확장하고 변경할 수 있다. ERP 시스템은 회사가 성장함에 따라 더 많은 데이터, 거래 및 근로자를 처리할 수 있다. 전자상거래 사업의 요구에 맞게 변경할 수 있으며, 다른 시스템들과 연동 및 통합이 가능하다.

3) 전자상거래를 위한 ERP 유형

전자상거래에서 최선의 선택을 위한 솔루션으로 사용 가능한 다양한 유형의 ERP 시스템을 간략히 살펴보겠다.

첫째, 온프레미스(On-Premise) ERP이다. 기존 ERP 시스템은 회사 서버에 로컬로 설치되어 완전한 제어를 제공하지만 상당한 사전 투자와 지속적인 유지 관리가 필요하다. 이러한 시스템을 변경하는 것은 어렵다.

둘째, 클라우드 기반 ERP이다. 클라우드에 호스팅 된 ERP 소프트웨어는 확장성, 유연성 및 어디서나 액세스 가능성을 제공한다. 광범위한 하드웨어 인프라가 필요 없으며 공급업체가 정기적으로 업데이트하고 유지 관리한다.

셋째, 하이브리드 ERP이다. 하이브리드 ERP는 클라우드 기반 솔루션의 유연성과 On-Premise 시스템의 제어 및 보안을 결합하였다.

4) 전자상거래 ERP 활용 사례

언급한 바와 같이 전자상거래에서 ERP는 기업운영에 필수적으로 사용되는 시스템이다. 다음은 대표적인 전자상거래업체들이 ERP를 어떻게 활용하고 있는지를 알아보겠다.

아마존은 ERP 시스템을 통해 방대한 물류, 재고, 주문 및 고객 관리를 효율적으로 운영, 특히 실시간 재고 관리, 자동화된 주문 처리, 물류 최적화 및 데이터 분석을 통한 고객 맞춤 서비스 등에 활용하고 있다. 아마존의 ERP 시스템은 비즈니스 프로세스를 자동화하고 통합함으로써 대규모 운영을 효율적으로 관리하고 있으며, 고객 만족도와 비용 절감을 동시에 달성하고 있다. 이는 전자상거래 업계에서 아마존이 경쟁 우위를 유지하는 중요한 요인 중 하나이다.

아디다스는 글로벌 스포츠 의류 브랜드로, ERP 시스템을 통해 제조, 물류, 재고, 판매 및 공급망 전반을 효율적으로 관리하고 있다. 특히 아디다스는 빠르게 변화하는 스포츠 의류 시장에서 경쟁력을 유지하기 위해 ERP 시스템을 도입하여 데이터를 통합하고 실시간 관리가 가능하게 하는 시스템을 구축하였다. 이를 통해 아디다스는 다양한 제품군의 글로벌 공급망을 최적화하며, 고객 만족도를 높이는 데 성공했다. 아디다스의 ERP 시스템 도입은 글로벌 시장에서 신속하고 효율적인 공급망 관리, 고객 맞춤 서비스 제공 및 비용 절감을 가능하게 해주었다. 이는 빠르게 변화하는 스포츠 의류 시장에서 경쟁 우위를 확보하고, 고객의 요구에 신속히 대응하는 데 큰 도움이 되고 있다.

스타벅스는 ERP 시스템을 활용하여 글로벌 규모의 매장 운영, 공급망 관리, 고객 맞춤 서비스, 재무 및 인사 관리 등 다양한 비즈니스 영역에서 효율성을 극대화하고 있다. 특히, 스타벅스는 ERP 시스템을 도입하여 원활한 재고 관리, 주문 처리 자동화, 고객 경험 향상, 그리고 경영 의사결정 지원에 큰 성과를 얻고 있다. 스타벅스의 ERP 시스템은 전 세계적으로 표준화된 운영 방식을 통해 글로벌 브랜드로서 일관된 서비스 품질을 유지하면서, 효율적으로 매장 관리와 공급망 운영을 실현하는 데 큰 역할을 하고 있다. 이를 통해 스타벅스는 비용 절감, 품질 향상, 고객 만족도 증대와 더불어 지속 가능한 경영을 추구하고 있다.

쿠팡은 ERP 시스템을 통해 방대한 물류 및 배송 네트워크를 효과적으로 관리하여 한국 전자상거래 시장에서 빠른 배송과 효율적인 서비스로 성공을 거두었다. 특히, 쿠팡의 ERP 시스템은 재고 관리, 물류 최적화, 고객 주문 처리, 그리고 데이터 기반 의사결정에서 중요한 역할을 하고 있다. 쿠팡의 ERP 시스템 활용은 빠르고 정확한 물류 운영, 고객 서비스 강화, 그리고 비용 절감을 통해 한국 전자상거래 시장에서 경쟁력을 강화하고 있다. 특히 ERP 시스템을 통해 고객의 수요에 빠르게 대응할 수 있어 빠른 배송을 원하는 소비자들에게 높은 만족도를 제공하고 있다.

2 전자상거래와 SCM(Supply Chain Management)

공급망 관리(SCM)는 기업과 업계가 조달 프로세스에서 핵심 주체를 조정하기 위해 사용하는 다양한 활동을 의미한다. 대부분의 경우 조달 관리자는 여전히 전화, 이메일, 팩스, 대면 대화 및 직관을 통해 작업하며 생산 프로세스에 직접 관련된 제품의 전략적 구매를 위해 신뢰할 수 있는 장기 공급업체에 의존하고 있으나, 전자상거래 기업들은 이러한 것들을 시스템을 활용해 해결하고 있다.

전자상거래에서 사용되는 SCM은 빠르게 변하는 소비자 수요와 온라인 기반의 주문 구조에 맞게 실시간 재고 확인, 유연한 물류 배치, 빠른 출고 시스템 등 고객의 요구에 대한 즉각적인 대응 기능을 갖춘다. 기존에는 생산관리의 MRP(Material Requirement Planning)가 많이 사용되었는데 방대한 계산량에 의해 계산이 어려웠지만, SCP(Supply Chain Planning) 소프트웨어가 구현되어 실시간 계산이 가능하게 되어, 영업, 조달, 생산, 물류 부문과 동기화가 가능하게 되었다.

전자상거래 환경에서 SCM은 여러 정보시스템과 실시간 연계되는 형태로 적용된다. 고객의 동향을 파악하여 빠르게 대응해야 하기 때문에 실시간으로 진행되는 프로세스가 중요하다. 고객의 주문이 온라인상에서 실시간으로 접수되면 이러한 정보가 창고관리시스템과 물류시스템으로 연동되고 재고 확인 및 출고 지시가 이루어진다. 고객의 요구에 즉각적으로 대응하기 때문에 이러한 프로세스는 전통적인 SCM보다 빠른 속도와 유연성이 요구되며, 당일배송, 새벽배송 등과 같은 다양한 배송 옵션과 상품 배송의 실시간 추적 등의 기능이 함께 적용되어야 한다. 또한 일반적인 SCM에서는 공급자의 생산 예측을 바탕으로 수요에 맞춘 공급 계획을 수립하고, 대량의 물류 처리를 최적화하지만, 전자상거래 SCM은 다품종 소량 주문 처리와 개별 고객 맞춤 배송이 핵심이다. 이에 따라 디지털 기술을 활용하여 자동화된 분류 시스템, 물류센터의 로봇화, 인공지능 기반 수요 예측 등 최신 기술의 적극적 도입이 필수적이다.

전자상거래에서 SCM 시스템을 도입하면 고객 서비스 향상, 운영 효율성 증가, 비용 절감 등의 효과를 얻을 수 있다. 특히 빠른 배송과 재고 관리, 데이터 분석을 통해 고객 만족도를 높이고, 불필요한 비용을 줄여 수익성 강화에 중요한 역할을 한다. 이러한 SCM의 역할과 효과 덕분에 많은 전자상거래 기업들이

SCM 시스템을 도입하여 효율성을 극대화하고 경쟁력을 확보하고 있다.

전자상거래에서 SCM은 공급업체, 제조업체, 유통업체, 소매업체, 그리고 고객 간의 제품, 정보, 서비스, 그리고 자금의 실시간 흐름을 효율적으로 관리한다. SCM은 공급업체, 고객, 그리고 기업의 다양한 요구를 충족시켜 운영 효율성을 극대화한다.

SCM을 통해 전자상거래 기업은 온라인 프로세스를 최적화하고 정보 시스템을 활용하여 판매, 원자재, 구매, 제조, 물류를 동기화한다. 이를 통해 고객 대응력을 강화하고 새로운 서비스를 제공하여 고객 만족도를 향상시키고자 한다.

전자상거래 환경에서 SCM은 전체 프로세스의 최적화를 가능하게 하며, 공급업체부터 최종 고객까지 공급망의 모든 프로세스를 통합하고 관리함으로써 공급업체, 고객, 그리고 기업의 다양한 요구를 충족하고 효율성을 극대화하도록 한다.

[그림 5.2]는 기업들 간의 공급자, 제조업체, 유통업자, 소매상, 그리고 구매고객 등과 관련된 제품·정보·서비스 등의 흐름을 나타내는 SCM 시스템 구성도이다.

그림 5.2 SCM: 시스템 구성도

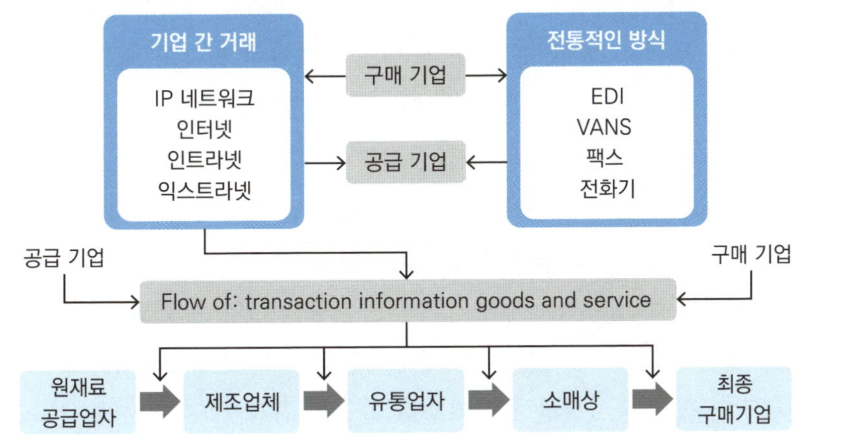

1) 전자상거래 SCM의 효과

전자상거래 기업들은 SCM 구현을 통해 비용 최소화, 효율적인 재고 관리, 맞춤형 고객 서비스, 그리고 사이클 타임 단축 등의 효과를 기대한다. 특히 기업 간 전략적 제휴 및 아웃소싱은 비즈니스 프로세스를 원활하게 하여 비용 절감 및 효율적인 비즈니스 운영으로 이어진다.

기업 간 공급망 통합은 공급업체와 구매자 간의 정보 공유에 소요되는 시간과 비용을 절감할 수 있다. 공급업체는 구매자의 재고 정보를 실시간으로 모니터링하여 구매자에게 필요한 적정 재고 수준을 제공하고, 이를 통해 공급업체와 구매자 모두에게 최적의 안전 재고 수준을 확보할 수 있다.

더 나아가, 고객 만족도 향상을 위해 기업은 다양한 고객 데이터를 분석하여 각 고객의 요구에 맞는 맞춤형 서비스를 제공한다. 또한 공급망 자동화와 중개업체 제거는 비용 절감과 함께 전체 주문 처리 사이클 타임을 단축시키며, 이를 통해 변화하는 고객 요구에 더욱 신속하게 대응하고 고객 충성도를 높일 수 있다.

특히, 4차 산업혁명기술 중 하나인 인공지능(AI)이 공급망 관리에 많은 변화와 영향을 미치고 있는데, 다른 거의 모든 비즈니스 영역과 마찬가지로 인공지능은 SCM을 혁신하고 있으며, 다음과 같다.

- 프로세스 최적화: 과거 데이터 패턴과 실시간 정보를 분석하여 재고 관리, 수요 예측, 물류 계획 등 중요한 공급망 프로세스를 최적화할 수 있다. 인공지능은 추세를 감지하고 수요 변동을 예측하며 최적의 재고 수준을 추천하여 재고 부족을 줄이고 재고 비용을 절감할 수 있다.
- 의사결정 개선: 인공지능은 복잡한 데이터 분석에서 도출된 실행 가능한 결과를 제공하는 데 사용될 수 있다. 인공지능 기반 분석은 비효율성을 파악하고 잠재적인 중단을 예측하며 최적의 솔루션을 제안하여 공급망 경영진이 보다 신속하고 정보에 입각한 의사결정을 내릴 수 있도록 지원한다.
- 비용 절감: 공급망 관리를 위한 인공지능의 비용 절감 효과는 매우 크다. 반복적인 작업을 자동화하고 리소스 할당을 최적화하며 오류를 최소화함으로써 인공지능 기술은 운영 비용을 절감하고 전반적인 수익성을 개선하는 데 도움이 된다.

- 실행 가능한 결과 생성: 인공지능은 센서, IoT 기기, 기업 시스템 등 다양한 데이터에서 대량의 데이터를 분석하여 실행 가능한 결과를 도출할 수 있다. 인공지능은 데이터의 패턴, 상관관계, 이상 징후를 파악함으로써 공급망 내에서 선제적인 의사결정과 위험 관리를 가능하게 한다.
- 프로세스 자동화: 인공지능 기반 자동화는 주문 처리, 운송 경로 설정, 자동화된 창고 운영 등 공급망 프로세스 간소화에 사용되고 있다. 인공지능 기반 로봇과 자율 주행 차량은 운영 효율성을 개선하고 인건비를 절감하며 전반적인 생산성을 향상시킨다. 또한 예측 분석을 통해 인공지능은 생산 일정을 최적화하여 리소스 활용도를 높이고 리드 타임을 단축하는 데 도움을 줄 수 있다.
- 고객 경험 개인화: 인공지능 방법론은 고객의 선호도, 행동, 구매 이력을 분석하여 제품 추천, 배송 옵션, 가격 책정 전략을 맞춤화 하여 고객 만족도와 충성도를 높일 수 있다.
- 선제적인 문제 해결: 인공지능은 잠재적인 문제가 확대되기 전에 이를 식별하는 데 사용될 수 있다. 인공지능 기반 시스템은 공급업체 지연이나 운송 병목 현상과 같은 공급망 위험을 예측하여 조직이 선제적인 조치를 취하고 운영 및 고객 서비스에 미칠 수 있는 잠재적 영향을 완화할 수 있도록 지원한다.

전자상거래 기업이 SCM을 도입하고 강화함으로써 얻을 수 있는 효과는 물류 효율 향상, 운영상 비용 절감 및 생산성 제고, 고객 만족도 향상의 세 가지 측면으로 정리할 수 있다.

첫째, 물류 효율성 향상이다. SCM의 가장 직접적인 효과는 물류 시스템의 효율화인데, 공급망 관리 기법을 활용하면 재고의 최적 배치, 창고 운영 개선, 운송 경로 최적화 등이 가능해져 주문 후 배송까지 걸리는 시간이 크게 단축된다. 효율적인 물류 관리는 곧 신속한 배송을 의미하며, 적시에 이루어지는 배송은 전자상거래에서 고객 만족의 핵심 요인이다. 물류 효율이 높아지면 고객이 주문한 상품을 약속한 시간 내에 받을 수 있고, 이는 곧 브랜드 신뢰도 제고로 이어진다. 또한 SCM을 통한 물류 프로세스 개선은 물동량 처리 능력 증대를 가져와, 프로모션이나 특별 세일 기간과 같은 주문 폭증 시에도 원활한 대응을 가능하게 한다.

둘째, 운영 효율 및 비용 측면 효과이다. SCM 도입은 기업 내부의 운영 효율성을 크게 향상시킨다. 공급망 단계 간의 정합성이 높아지면 불필요한 재고나 프로세스 중복, 낭비가 줄어들고, 운영 비용이 절감된다. 예를 들어 SCM을 통해 적정 재고 수준을 유지하면 재고과잉에 따른 자금 부담을 줄이는 동시에 재고부족으로 인한 판매손실을 방지할 수 있다. 수요 예측과 생산계획, 물류계획이 통합되면 채찍효과를 완화하여 공급망 전반의 재고 변동성과 비용을 낮출 수 있다.

또한 SCM은 프로세스 표준화와 자동화를 촉진하여 작업 생산성을 높인다. 정보 공유와 협업 강화로 부품 조달 지연이나 생산 병목을 사전에 예방하고, 주문, 생산, 배송 사이클타임을 단축함으로써 더 민첩하게 시장 수요에 대응할 수 있다. 한편 물류비용도 SCM 최적화를 통해 감소하는데, 예컨대 운송 모드 선택 최적화, 적재율 개선, 창고 레이아웃 효율화, 차량 경로 최적화 등이 있다. 물류 프로세스를 체계적으로 관리하면 비용 감소, 효율 증대, 고객 서비스 개선을 동시에 달성할 수 있다는 것은 많은 기업들의 경험으로 확인되고 있다.

셋째, 고객 서비스 및 만족도 향상이다. SCM이 최종적으로 지향하는 것은 고객에게 가치를 전달하는 것이며, 효과적인 SCM은 고객 만족을 크게 높인다. 앞서 언급한 물류의 신속성과 정확성은 고객 경험의 질을 좌우한다. 고객은 원하는 상품을 제시간에 정확히 배송 받을 때 만족하며, 이는 재구매와 충성도로 이어진다. SCM을 통해 배송 품질이 높아지면 고객 클레임이나 반품이 감소하고, 이는 긍정적 리뷰로 연결되어 추가 매출까지 창출할 수 있다. 또한 SCM은 고객 서비스의 투명성을 높이는데, 예를 들어 실시간 배송추적이나 재고 가시성을 제공함으로써 고객이 신뢰감을 갖고 안심하도록 한다.

SCM 개선은 고객 서비스 향상이라고 할 수 있는데, 이를 통해 확보된 고객 만족과 충성도는 기업의 지속 성장에 기여한다. 오늘날 경쟁이 심화된 전자상거래에서 고객은 빠른 배송, 정확한 재고, 쉬운 반품을 기본으로 기대하고 있으며, SCM 역량이 이들 요소를 충족하는 중요한 요인이라고 할 수 있다.

위와 같이 전자상거래 기업의 SCM 도입은 물류 운영의 효율성과 효과성을 높여 비용을 절감하고, 양질의 고객 서비스를 제공함으로써 만족도를 높이는 효과를 발생시킨다. 이는 궁극적으로 기업의 경쟁우위 확보와 수익성 향상으로 연결되므로, 많은 전자상거래 기업들이 SCM을 활용하는 이유이다.

2) 공급망 관리의 장점

많은 기업에게 공급망 관리는 비즈니스 운영의 기초이다. 특히 최적화된 공급망 관리는 전자상거래 기업들에게 필수적인 요소이며 기업들에게 다양한 장점을 주는데 다음과 같다.

첫째, 생산성 향상이다. SCM의 예측 유지 관리는 시스템을 보다 효율적으로 운영할 수 있도록 도와주며, 이를 통해 병목 현상을 해결하고 업무흐름을 개선하며 생산성을 높일 수 있다. 또한 출하 및 납품 시간을 줄이기 위해서 프로세스 자동화와 데이터 분석도 수행한다.

둘째, 공급망 비용 절감이다. 예측 분석을 사용하여 낭비되는 재고와 위험한 부족 현상을 줄일 수 있으며, 가장 효율적이고 유용한 업무흐름이 가능하다. 또한 더 정확한 예측을 통해 부적절한 적재 배송 트럭, 조정되지 않은 배송 경로, 비효율적인 차량 관리를 줄일 수 있다.

셋째, 공급망 민첩성 및 회복탄력성 향상이다. 트렌드와 시장 변화가 갑자기 일어날 수 있는데, SCM 시스템은 모든 상황에 적응할 수 있는 민첩성이 있다. 실시간 데이터와 분석 결과를 활용하여 관리자가 기계와 직원을 워크플로우에 효율적으로 재할당할 수 있으며, 다양한 고객 피드백에 대해 즉시 조치를 취할 수 있다. SCM의 가상 재고와 스마트 창고 프로세스는 공급과 수요를 안정적으로 조절하여 재고수준을 최적화한다.

넷째, 제품 품질의 개선이다. 고객 피드백을 연구개발팀에 직접 제공함으로써 제품 디자인과 개발에 고객의 요구사항을 완벽하게 반영한다. 연구개발팀과 제조팀은 기계학습과 분석에서 얻은 결과를 활용한 의미 있는 제품 디자인 개선으로 고객의 트렌드와 요구사항에 대응할 수 있다.

다섯째, 고객 서비스 향상이다. SCM 사례는 고객 중심이며 고객에 대한 대응력과 적응력을 강화하도록 설계된다. SCM은 간편하게 고객 피드백을 얻고, 트렌드를 적용하여 구체적인 개인화를 구현할 수 있도록 한다.

여섯째, 투명성 및 지속가능성 향상이다. SCM을 통해 설계 및 제조 단계부터 배송, 라스트마일, 반품에 이르는 모든 과정을 실시간으로 투명하게 모니터링할 수 있다. 조직은 전체 공급망에서 모든 Input과 Output을 실시간으로 볼 수 있으므로 환경 발자국 등을 대폭 개선할 수 있고, 공급업체 및 다른 벤더와 직접 협력할 수 있다.

3) 전자상거래와 SCM 활용 방법

전자상거래는 제품이나 서비스를 온라인상에서 판매하고 구매하는 디지털 기반의 거래 형태로, 그 구조는 고객의 주문 접수부터 결제, 재고 확인, 물류 운영, 배송까지 다양한 과정을 포함한다. 이러한 전 과정은 단순히 온라인 플랫폼의 운영만으로는 안정적으로 유지되기 어렵기 때문에, 이를 뒷받침하는 공급망 관리의 역할이 점점 더 중요해지고 있다

SCM은 상품의 생산에서부터 소비자에게 전달되기까지의 전체 흐름을 효율적으로 조율하는 전략적 관리 기법으로, 전자상거래의 실시간성과 자동화 요구에 맞추어 디지털 기반으로 새롭게 적용되고 있다.

전자상거래에서 SCM을 활용하는 방법은 다음과 같다.

첫째, 시스템 간의 통합을 통한 정보 흐름의 일원화다. 고객이 주문한 정보가 판매자 시스템에 입력되면, 해당 정보는 즉시 재고 관리 시스템과 연동되어 상품의 보유 여부를 확인하고, 물류 센터로 출고 지시가 전달된다. 통합 구조는 주문부터 배송까지의 시간을 단축시키는 데 중요한 역할을 하며, 인적 오류를 줄이고 자동화 수준을 높이는 데 기여한다.

둘째, 수요 예측 기반의 공급 계획 수립이다. 전자상거래에서는 특정 시즌이나 이벤트 기간 동안 갑작스럽게 수요가 증가하거나 특정 상품이 급부상하는 경우가 많다. 이때 과거 구매 이력, 트렌드 변화, 검색 빈도, 지역별 수요 등을 분석하여 수요를 사전에 예측하면, 상품을 적절한 수량만큼 미리 확보하거나 전략적 위치에 분산 배치할 수 있다. 이를 통해 공급 부족 또는 과잉 재고와 같은 문제를 예방하고, 공급망 전반의 효율성을 향상시킬 수 있다.

셋째, 배송 및 물류 자동화의 구현이다. 전자상거래에서 빠른 배송은 고객 만

족도를 좌우하는 핵심 요소 중 하나로, SCM은 이를 뒷받침하기 위한 물류 시스템의 자동화를 필요로 한다. 예를 들어, 자동 피킹 로봇을 이용한 물류창고 운영, 라스트마일 배송 경로의 최적화, 실시간 배송 추적 시스템 등이 여기에 해당한다.

전자상거래에서 SCM 활용을 통해서 얻는 다양한 장점이 있는데 다음과 같다.

- 운영 효율성이 극대화: 자동화 시스템과 통합 플랫폼을 통해 주문·재고·배송 간의 비효율 요소가 제거되면서, 처리 시간이 줄어들고 업무 중복이 감소한다.
- 고객 응답 속도 향상: 주문 즉시 상품 준비 및 출고가 가능해지며, 이는 곧 빠른 배송으로 이어져 고객 만족도를 높이는 핵심 요인이 된다.
- 데이터 기반 의사결정: 전자상거래는 다양한 데이터를 실시간으로 수집하기 때문에, 이를 분석하여 가격 정책, 재고 배치, 마케팅 전략 등 공급망 전반에 걸친 의사결정을 보다 정밀하게 수행할 수 있다.
- 시장 변화에 유연하게 대응: 외부 환경 변화나 특정 상품의 급격한 수요 증가 등에도 신속한 공급 조정이 가능해지기 때문이다.

이같이 전자상거래에서 SCM의 활용은 주문, 재고, 배송 등 주요 공급망 프로세스를 자동화하고, 실시간 정보 공유를 가능하게 하는 시스템 통합에서 시작한다. 전자상거래 플랫폼과 SCM 시스템을 연동하여 주문 접수, 재고 현황, 물류 추적, 반품 처리 등 모든 데이터를 실시간으로 통합 관리하는 것이 중요하다. 전자상거래 통합 SCM에서는 실시간 재고 추적과 자동 주문 관리가 핵심이며, 재고 수준을 최적화하여 과잉재고와 품절을 방지하고, 주문이 들어오면 자동으로 재고가 차감되고 발주가 연동되는 구조를 예로 들 수 있다. 이로 인해 재고 비용 절감과 고객 만족도 향상이 동시에 달성된다. 공급망 프로세스의 자동화는 인건비 절감과 처리 속도 향상에 크게 기여한다. 주문 관리, 물류 이행, 배송 추적 등 반복적이고 표준화된 업무를 자동화함으로써 기업이 마케팅, 제품 개발 등 핵심 역량에 집중할 수 있게 된다.

통합된 시스템은 대량의 운영 데이터를 실시간으로 수집·분석할 수 있다. 이러한 데이터 분석을 통해 수요예측, 재고 관리, 배송 경로 최적화 등 공급망 전반의 의사결정 품질을 높일 수 있다. 또한, 고객 행동 데이터 분석을 통한 맞춤형 마케팅도 가능해진다.

전자상거래에서 SCM활용은 고객이 언제 어디서나 주문·배송 현황을 실시간으로 확인할 수 있게 하여, 전반적인 쇼핑 경험을 개선한다. 이러한 투명성과 신속성이 고객 충성도와 재구매율을 높이는 핵심 요인이 되며, 프로세스를 자동화하여 주문 처리, 재고 관리, 배송 등 반복 업무의 자동화, 데이터 분석 역량 강화와 고객 경험을 최우선으로 하는 고객 중심의 공급망 운영이 필요하다.

4) 전자상거래 SCM 프로세스

전자상거래 기업의 운영 과정에서 SCM 적용은 다음과 같은 단계를 거친다.

첫째, 재고 관리 및 주문 연계이다. 고객 주문이 들어오면 전자상거래 플랫폼의 재고관리시스템(WMS) 또는 주문관리시스템이 실시간으로 해당 상품의 재고를 확인하고 할당한다. 실시간 재고 연계를 통해 품절 상품은 웹사이트에 노출되지 않도록 하고, 주문 즉시 재고가 차감되어 중복 판매나 과판매를 방지한다. 시스템은 고객의 배송지에 가장 가까운 물류센터로 주문 데이터를 전송하여 풀필먼트 효율을 높인다.

둘째, 물류센터에서의 출고 및 포장이다. 지정된 물류센터에서는 수거 담당 직원이나 로봇이 주문서에 따라 상품을 선반에서 출고한다. 출고된 상품들은 주문별로 분류 및 포장되고, 적절한 상자나 봉투에 담겨 포장된다. 이 과정에서 시스템은 상품 크기와 특성에 맞는 포장 재료를 추천하고 라벨을 인쇄하여 부착하며, 출고 준비가 완료된 상자에는 운송장을 붙여 배송 단계로 보낸다.

많은 전자상거래 기업들이 자동화 분류기나 컨베이어 시스템을 도입하여, 포장된 주문들이 목적지나 배송 방법에 따라 자동으로 구분되도록 함으로써 처리량을 극대화하고 인건비를 절감하고 있다.

셋째, 배송 및 물류 관리이다. 포장 완료된 배송 상자는 물류 허브 또는 배송 터미널로 이송되어 최종 배송을 위한 분류 작업을 거친다. 대규모 전자상거래 업체들은 지역별 분류센터를 운영하여 각 패키지를 최종 목적지별로 그룹화한다. 이후 택배 차량이나 자사 배송차량에 상차 되어 고객이 있는 지역으로 운송되며, 마지막으로 지역 배송망을 통해 고객의 문전까지 배달된다.

중요한 것은 SCM의 물류 최적화 기법이 이 단계에 적용되어 최적 경로 산출, 적재 효율 극대화, 운송 일정 조율 등이 이루어진다는 점이다. 예컨대, 다수의 배송 패키지를 하나의 트럭 노선에 할당하거나, 주문 시점에 고객에게 여러 배송 옵션을 제시하고 그에 따라 물류 자원을 할당하는 것도 SCM 시스템이 담당한다.

넷째, 고객과의 정보 공유 및 서비스이다. 전자상거래 SCM에서는 IT 시스템 통합을 통해 고객과 물류 과정의 정보를 실시간으로 공유하는 것이 일반적이다. 고객은 주문 후 실시간 배송 추적을 통해 상품이 주문 접수, 출고 준비, 배송중, 배송완료와 같은 단계를 거치는 것을 확인할 수 있으며, 이는 SCM 시스템이 물류 이벤트 데이터를 수집 및 연계하여 제공하기 때문이다. 이처럼 공급망 정보의 가시성을 높이는 것은 고객 만족도 제고와 물류 프로세스 통제에 모두 이익이 된다.

다섯째, 반품 및 역물류이다. 전자상거래에서는 반품비율이 오프라인보다 높은 편이므로, SCM 적용에 있어 역물류 관리도 매우 중요하다. 고객이 상품을 반품 요청하면, 이를 회수하여 창고로 되돌리고 품질을 검사한 후 재판매 가능 재고로 편입하거나, 공급업체로 반송하거나, 폐기하는 등의 프로세스가 효율적으로 이루어져야 한다. 많은 전자상거래 기업들이 간편한 반품 절차를 마련하여 고객 만족도를 높이고 있는데, 이는 SCM 측면에서는 반품 회수 전담 네트워크 구축, 반품된 상품의 상태 데이터 관리, 환불 및 교환 처리에 관련 부서와의 연계 시스템 구축 등을 의미한다.

전자상거래의 전 과정은 SCM 기술과 프로세스의 유기적 적용으로 이루어진다. 세계적인 전자상거래 기업들은 이러한 과정을 지원하기 위해 막대한 투자를 통해 자동화 물류센터, 통합 정보 시스템, 데이터 분석 기반 최적화, 파트너 협력 네트워크 등을 구축해왔다. 그 결과 대량의 주문도 정확하고 빠르게 처리하여 고객에게 일관된 서비스 품질을 제공하고, 동시에 운영 효율과 비용 절감이라는 경영 목표도 달성하고 있다.

5) 전자상거래 SCM 활용 사례

전자상거래에서의 SCM은 소비자에게 제품을 신속하고 효율적으로 전달하기 위해 공급망을 통합적으로 관리하는 시스템이다. 전자상거래에서는 특히 주문 처리와 배송 속도가 핵심 경쟁 요소이기 때문에 SCM은 상품 조달, 재고 관리, 물류, 고객 서비스 등 모든 단계에서 중요한 역할을 한다. 주요 기능과 예시를 통해 전자상거래에서의 SCM이 어떻게 활용되는지 알아보겠다.

전자상거래에서는 SCM을 통해 고객의 구매 패턴, 계절별 수요 변화 등을 분석하여 앞으로의 판매량을 예측하고 이에 맞춘 생산 및 재고 계획을 수립한다. 효율적인 수요 예측은 필요한 만큼의 재고만을 확보하게 하여 재고 과잉과 재고 부족을 방지하고, 불필요한 비용을 줄이는 데 도움을 준다.

다음은 대표적인 전자상거래 기업들의 SCM 활용 사례를 알아보자.

(1) 아마존

아마존은 세계 최대의 전자상거래 기업으로, SCM 전략 전반에서 선도적인 기술을 활용하고 있다. 특히 수요 예측 분야에서는 인공지능(AI)과 빅데이터 분석 역량을 바탕으로 탁월한 운영 효율을 보여주고 있다. 아마존은 고객의 검색 기록, 장바구니 이력, 구매 시기, 계절 패턴, 지역별 인기 상품 등의 데이터를 종합 분석해 특정 상품이 어느 지역에서 언제 많이 판매될지 수요를 예측한다.

이러한 예측 데이터를 바탕으로, 아마존은 예측 배송(Predictive Shipping) 시스템을 운영한다. 이는 고객이 상품을 주문하기 전에 이미 해당 상품을 가까운 물류센터에 미리 보내는 방식으로, 고객이 주문한 후 매우 짧은 시간 안에 배송이 가능하다.

또한 아마존은 수요 예측 결과를 단순히 재고 운영에만 활용하지 않고, 마케팅과 프로모션 전략에도 연계하고 있다. 특정 상품의 수요가 낮아질 것으로 예상되면 할인 이벤트를 앞당기거나, 재고가 집중된 지역에 광고를 노출시키는 방식으로 운영 효율을 극대화한다. 이처럼 AI 기반의 수요 예측 시스템은 단순히 예측에 그치지 않고, 기업의 전반적인 전략 결정에 핵심적인 역할을 하고 있다.

이렇듯, 아마존은 고객의 검색 및 구매 데이터를 분석해 수요를 예측하고, 인기 제품을 미리 준비하여 신속한 배송을 가능하게 한다. SCM 시스템을 통해 각

창고 및 물류 센터의 재고 상태를 실시간으로 모니터링하여 언제 어디서든 재고 상황을 파악할 수 있다. 재고 부족이나 과잉을 방지하여 비용을 절감하고, 고객이 원하는 제품을 항상 구매할 수 있도록 보장한다.

(2) 쿠팡

쿠팡은 한국의 대표적 전자상거래 기업으로, SCM을 통한 물류 혁신으로 경쟁우위를 확보한 대표적인 사례로, SCM 시스템을 통해 로켓배송과 새벽배송 서비스를 실현했다. SCM 시스템은 제조업체, 유통업체, 물류 업체 등 다양한 파트너와의 데이터를 통합하여 공급망 전반을 효율적으로 관리한다. 이를 통해 각 협력 업체와 원활히 협력하여 제품 생산 및 공급이 원활하게 이루어 지도록 지원한다. 생산부터 고객에게 제품이 도착하는 전 과정을 효율적으로 관리하고 있으며, 공급망의 유연성을 높이고 있다.

쿠팡은 전국에 전략적으로 위치한 수십개의 풀필먼트 센터를 기반으로 전체 고객의 99% 이상이 주문 후 24시간 내 상품을 받을 수 있도록 배송망을 설계했으며, 이러한 신속하고 신뢰성 높은 배송망은 고객 만족과 충성도를 크게 높였고, 쿠팡이 시장 점유율을 확대하는 핵심 경쟁력으로 작용했다. 풀필먼트 센터는 고객 주문에 즉시 대응할 수 있도록 설계되어 있으며, 자율 주행 차량이나 컨베이어, 자동 분류기 등을 활용해 주문 처리 속도를 높이고 있다.

또한 쿠팡은 SCM 수직 통합 전략을 통해 공급망 전반을 자체 통제하고 있다. 쿠팡은 End-To-End 시스템을 구축하여 재고 관리, 주문 처리, 분류, 배송까지 모든 프로세스를 일원화된 플랫폼에서 관리함으로써 비용 효율성과 운영 속도를 동시에 달성하였다. 쿠팡의 세부적인 물류 프로세스 혁신은 라스트마일 배송 효율을 극대화하여 경쟁사 대비 더 빠른 배송과 낮은 오류율을 구현하게 했다.

한편 쿠팡은 공급 측 SCM 전략으로 대규모 직매입 및 저가 정책을 펼치고 있는데, 공급업체와의 협상력을 높여 낮은 단가에 제품을 확보하고 고객에게 저렴한 가격으로 제공한다. 이처럼 상품 공급망을 주도적으로 관리하게 함으로써 재고 부족이나 공급 지연 위험을 줄이고, 동시에 규모의 경제로 비용 우위를 얻는 효과가 있다.

이렇게 쿠팡은 한국 전자상거래 시장에서 차별화된 고객 경험을 제공하며 경쟁사를 앞서는 견고한 물류 기반을 구축하고 있으며, 시장에서의 신뢰도와 충성도를 동시에 높이고 있다.

(3) 마켓컬리

마켓컬리는 신선식품 전자상거래 분야에서 SCM 역량을 바탕으로 새벽배송 시장을 개척한 한국 스타트업 기업이다. 2015년 설립된 마켓컬리는 업계 최초로 산지부터 소비자 집 앞까지 온도를 유지하는 Full-Cold Chain 시스템을 도입하고 새벽배송이라는 혁신적인 서비스로 신선식품 유통 패러다임을 바꾸었다.

마켓컬리가 이러한 새벽배송을 가능하게 한 중심에는 SCM에 대한 과감한 투자와 통합 운영이 있었는데, 초기부터 확보한 투자금을 물류 시스템 고도화 및 생산자들과의 공급망 관리에 집중 투입하여, 새벽배송 선두 지위를 확고히 했다. 또한 마켓컬리는 24시간 내내 시스템이 가동되는 사업모델을 선택하여 이에 맞춘 SCM 서비스를 구축했으며, 이러한 SCM 시스템은 마켓컬리가 안정적으로 양질의 상품을 확보하고, 공급 변동성에도 유연하게 대응할 수 있는 기반이 되었다.

SCM의 효과는 운영 지표로도 나타났는데, 꾸준한 데이터 분석 및 최적화 노력을 통해 지난 7년간 신선식품 폐기율을 1% 미만으로 유지해왔으며, 이는 탁월한 재고 관리와 수요예측 정확도 때문이다. 즉, 고객들의 주문 패턴을 예측하고, 바로 다음 날 판매될 분량만 생산자에게 주문함으로써 재고를 남기지 않는 것이다.

이를 통해 풀필먼트부터 라스트마일까지 일관된 콜드체인 서비스를 운영하고, 문제가 발생할 경우 신속히 개선할 수 있는 구조를 갖추었으며, 그 결과 배송 신뢰도가 높아져 마켓컬리는 높은 고객 재구매율을 유지하게 되었다.

아마존

아마존은 물류 전문업체가 판매자를 대신하여 제품의 보관, 포장 배송, 그리고 반품까지 처리하는 대행 서비스인 Fulfillment를 통해 온라인 쇼핑몰을 운영하고 있다. 아마존은 주문, 재고 관리, 유통의 모든 부분을 직접 관리하는 자체적인 물류 시스템을 개발하였고, 규모의 경제를 통해 비용을 절감하고 있다. 아마존의 보관 시스템은 물류 및 재고 관리의 효율성을 높이기 위해 지속적으로 발전하였다.

아마존은 2024년에 본격적으로 확장된 아마존 웨어하우스 및 유통(AWD) 시스템을 통해 보관 용량 제한이 없는 저비용 대량 보관 솔루션을 이용하고 있으며, 이를 통해 FBA 주문 처리 센터로 자동 재고 보충을 실행하여 고객 주문에 빠르게 대응한다. 고객 주문에 따라 처리해야 하는 재고가 부족한 상황에서는 재빠르게 재고를 보충하는 것이 원활한 프로세스 운영과 고객 만족을 충족시키는 것에 중요한 역할을 한다. 아마존은 기존에 이용하고 있던 FBA 물류센터에 더불어 AWD의 물류 서비스를 추가로 운영하여 통합된 물류 창고를 관리하고 있다.

아마존의 AWD 솔루션은 이를 만족시키는 자동 재고 보충 시스템을 제공한다. 아마존은 FBA 주문 처리 센터에 있는 재고 수준을 정기적으로 모니터링하고, 총 공급량이 최적 수준 이하로 확인되면 AWD 물류 창고에서 아마존 주문 처리 센터로 재고 배송을 생성하여 자동 재고 보충을 실행한다. 이 과정을 통해 주문처리 센터에 해당 재고가 빠르게 배치되어 고객 주문에 빠르게 대응할 수 있다. 또한 FBA가 아마존 플랫폼에 한정되어 서비스를 제공하는 시스템이라면 AWD를 이용하는 판매자는 아마존 외에도 다양한 온라인 마켓 플레이스에서 상품을 판매할 수 있다. 이를 통해 옴니채널의 상품 공급이 가능해지고 판매자의 판매 기회가 확대된다는 장점을 경쟁력으로 갖출 수 있다.

아마존은 물류 시스템의 전체 과정 대부분에서 인력의 동원을 최소화하고, 로봇, 컨베이어 벨트, AGV 등을 활용함으로써 자동화된 시스템을 사용하고 있다. 특히 적재, 집품 등의 과정에서 로봇을 적극적으로 도입해 출고 시간을 획기적으로 줄일 수 있었는데, 대표적인 로봇은 '스패로'와 '키바'이다.

아마존은 2022년 스패로 로봇의 도입을 통해 직원들의 반복적인 업무 부담을 줄이고 프로세스를 간소화할 수 있다. 또한, 아마존은 2012년 이후 키바 로봇을 물류센터의 적재 공간에 도입했다. 키바 로봇은 작업자의 광활한 물류센터 이동을 줄여 작업의 효율성이 키바 로봇 도입 이전에 비해 60~80% 이상 향상했다.

아마존은 배송 네트워크를 대도시를 중심으로 전국에 당일 배송을 위한 소형 물류센터를 설립했다. 각 소형 물류센터에는 지역 수요 데이터를 반영하여 재고를 유지하고,

고객의 구매 이력 및 장바구니 패턴 등의 데이터들을 분석하여 물류센터에 재고를 사전에 준비하여 빠른 배송을 진행하고 있다.
아마존은 '프라임 에어'를 이용한 자동화 배송 시스템인 드론 배송을 실시한다. 아마존은 2016년 프라임 에어의 첫 배송에 성공했고, 현재까지 드론 배송 서비스의 확대를 위해 노력 중이다. 2022년에는 캘리포니아 록퍼드와 텍사스 칼리지스테이션 두 지역에서 시범 운영을 시작했으며 2024년 미연방항공청(FAA)으로부터 장거리 배송을 승인받으며 드론 배송 활성화를 추진 중이다.

3 전자상거래와 CRM(Customer Relationship Management)

전자상거래 기업을 운영하기 위해서는 다양한 시스템들이 필요한데, 특히 고객관계관리(CRM)는 다른 시스템들에 비해 많은 고객 데이터를 활용하기에 그 중요성과 활용도가 매우 높다.

전자상거래에서 CRM은 온라인상의 고객 데이터를 수집 및 분석, 활용하여 마케팅, 판매, 고객 서비스를 최적화하는 프로세스를 나타낸다. 전자상거래에서 CRM의 목적은 실시간으로 고객을 관리하고, 고객 요구에 신속하게 대응하고, 고객 행동을 예측하고, 고객을 유지하고, 고객과 시장 점유율을 높이는 것이다.

전자상거래 CRM은 고객 데이터를 통합 관리하고 이를 기반으로 맞춤형 서비스를 제공함으로써 고객 만족도와 충성도를 높이고, 구매 전환율과 재구매율을 향상시키는 데 매우 효과적이다. 또한, 고객의 피드백과 행동 데이터를 바탕으로 고객의 요구에 신속히 대응할 수 있어 경쟁 우위를 확보하는 데 큰 도움이 된다. CRM을 통해 고객의 구매 이력, 검색 기록, 선호도 등을 분석하여 맞춤형 상품 추천, 프로모션 제공, 효율적인 고객 지원을 제공할 수 있다. CRM을 효과적으로 활용한 기업들은 고객에게 최적의 맞춤형 경험을 제공하며 장기적인 성장을 이끌어내고 있다.

전자상거래에서의 CRM 활용이 판매자에게 주는 혜택은 다음과 같다.

첫째, 전자상거래에서 CRM의 도입은 고객 세분화가 훨씬 향상된다. 고객들의 소비나 그들이 남긴 데이터는 기업으로 하여금 고객의 소비 패턴, 나이, 사는 곳 등 속성을 알 수 있게 하고 이를 바탕으로 그룹화가 가능하다. 이로 인해 고객을 위한 개인 맞춤화 서비스 제공할 수 있다.

둘째, 재고 관리를 더욱 효과적으로 시행할 수 있다. CRM을 통해서 고객들의 소비 성향이나 이를 바탕으로 한 미래 예측도 가능하므로 잘 나가거나 앞으로도 잘나갈 것 같은 제품에 대한 재고를 미리 준비해두는 등 효과적인 재고 관리를 할 수 있다. 현대 사회에서 소비자들은 신속성을 매우 중요하게 생각하기에 만약 재고가 없거나 지연이 된다면, 이는 그 순간의 소비도 방해할 수 있고 그 이후의 소비에도 부정적인 영향을 끼칠 수 있다. 그러므로 이러한 재고 관리를 효과적으로 대비할 수 있는 것은 CRM의 도입해서 얻는 큰 이점이라고 볼 수 있다.

셋째, 고객지원이 효과적이다. 고객의 정보들을 기반으로 해서 그들이 필요하거나 원할 때 고객의 상황에 맞게 지원이 가능하다. 전자상거래이기에 접근성 또한 뛰어나기에 여러 경로들을 통해 최선의 방법으로 고객만족도를 향상시킬 수 있다.

1) 전자상거래에서 CRM 사용 목적

기업이 CRM을 전자상거래에 활용하는 가장 기본적인 방법은 고객의 데이터를 수집하고 이를 관리하는 것에서 시작한다. 과거 고객의 구매이력이나, 검색한 제품을 바탕으로 한 고객의 관심사, 구매주기나 어떠한 물건을 동시 구매하게 되는지 등의 다양한 정보를 기반으로 고객의 데이터를 획득하고 데이터베이스를 형성한다.

기업은 이를 통해 고객을 더욱 세분화하고 고객의 요구와 니즈를 잘 파악할 수 있게 되고 더욱더 개인화된 마케팅을 진행할 수 있게 된다. 예를 들면 개별 고객에게 맞춤형 상품을 제안할 수도 있고, 구매 주기에도 구매를 하지 않는다면 할인쿠폰 등을 지급하여 구매를 유도할 수도 있다. 이러한 활동을 통해 전자상거래 기업들은 충성도 있는 고객들을 확보해 나아갈 수 있다.

물론 충성도 높은 고객을 확보해가는 것도 중요하지만 CRM을 활용하여 이를 유지해 가는 것도 중요하다. 우선 고객과의 지속적인 소통을 이어 나가야 한다. SNS 등의 소셜 미디어나, 이메일 혹은 고객센터의 통신서비스를 포함하여 여러가지 상호 소통창구를 제공해야 하며 만약 고객의 불만이 접수된다면 빠르게 피드백을 해야 하며, 제품 개발이나 서비스 제공에 있어서도 SNS의 댓글과 같은 현실적이며 직접적인 고객의 반응을 확인해 적극적인 서비스 개선을 할 수 있다.

현재 시장에서 많은 기업들이 전자상거래 시장에서 치열하게 경쟁하고 있고, 점유율을 확대하기 위해서 이런 개인 세분화된 마케팅은 필수적인 것으로 보인다.

전자상거래가 CRM을 사용하는 궁극적인 목적은 데이터 분석을 통해 고객의 선호 제품과 구매 특성을 분석하고 그 결과를 개인별 맞춤 서비스 제공에 활용하여 고객 충성도를 증진시켜 고객과 기업의 이익을 동시에 추구하기 위해서이다.

앞에서 언급했듯이, 오늘날 전자상거래와 CRM은 분리할 수 없는 개념이다. 전자상거래 기업들이 CRM을 사용하는 목적은 다음과 같다.

- 고객 데이터 관리 및 분석: CRM은 다양한 고객 데이터를 관리하고 체계적으로 분석하여 기업은 개별 고객에 맞춤화 서비스를 제공할 수 있다. 고객의 연락처 정보, 구매 이력, 상호작용 기록 등과 같은 다양한 고객 데이터를 중앙 관리하고 체계적으로 분석할 수 있는 플랫폼을 제공한다. 이를 통해 기업은 개별 고객에 대한 종합적인 프로파일을 구축하여 고객에게 맞춤화 된 서비스를 제공할 수 있다. 또한 CRM은 기업이 고객의 구매 행동 및 패턴을 분석하여 예측 분석을 수행할 수 있도록 하며, 기업이 시장 동향을 예측하고 수요를 예측하여 생산 계획을 수립하는 데에 도움을 준다.
- 고객 서비스 향상: 고객의 니즈에 맞는 서비스를 제공하기 위해 활용된다. CRM은 고객의 문의나 불만 등에 대한 빠른 대응과 해결을 돕는 고객 지원 기능을 제공한다. 이를 통해 고객은 원활한 서비스 경험을 얻을 수 있으며, 이는 고객의 만족도를 향상시키고 고객의 충성도를 높이는 데에 기여한다.
- 타킷 마케팅 및 개인화된 커뮤니케이션: CRM은 고객 데이터를 분석하여 타킷 고객층을 식별하고, 이에 맞춘 타킷 마케팅 및 개인화된 커뮤니케이

션을 수행할 수 있도록 돕는다. 이를 통해 기업은 고객에게 보다 효과적으로 마케팅 메시지를 전달할 수 있으며, 이는 고객과의 관계를 강화하는 데에 기여한다.

- 판매 효율 향상: CRM은 판매 관리를 지원하여 영업 팀이 고객과의 상호작용을 효율적으로 추적하고 관리할 수 있도록 돕는다. 이를 통해 기업은 고객의 구매 니즈를 더 잘 파악하고 맞춤형 제안을 제공함으로써 판매 성과를 향상시킬 수 있다.
- 고객 충성도 유지 및 증진: 전자상거래 플랫폼은 고객과의 상호작용을 증진시키고, 고객과의 관계를 강화할 수 있는 다양한 기능을 제공한다. 이를 통해 기업은 고객의 요구를 파악하고 맞춤형 서비스를 제공함으로써 고객 충성도를 높일 수 있다. CRM은 기업이 고객과의 관계를 유지하고 강화하여 고객의 충성도를 유지하고 증진시키는 데에 중요한 역할을 한다. 이는 기업이 고객과의 지속적인 상호작용을 통해 고객의 신뢰를 얻고, 장기적인 고객 관계를 구축하는 데에 도움을 준다.
- 데이터 분석 기반의 의사결정: CRM은 고객 데이터를 분석하여 고객의 행동 패턴 및 선호도 등을 파악할 수 있도록 도와준다. 이를 통해 기업은 데이터 기반의 의사결정을 수행하여 마케팅 전략, 제품 개발, 서비스 개선 등 다양한 영역에서 효과적인 전략을 수립할 수 있다. 획득한 고객 정보를 분석할 수 있기 때문에 판매 시 개인화된 제안 및 혜택을 제공할 수 있고, 판매 후에는 맞춤형 고객 서비스를 펼칠 수 있으며, 이후에는 타킷팅 및 개인화된 마케팅 캠페인을 통해 고객의 재구매를 효과적으로 유도하여 고객 유지 및 평생고객유치 가능성을 높이는데 활용하고 있다.
- 경쟁력 강화: CRM은 기업이 고객 중심의 경영 체제를 구축하고 유지함으로써 경쟁력을 강화하는 데에 중요한 역할을 한다. 고객의 만족과 충성도를 향상시키는 것은 기업이 경쟁 환경에서 더 큰 성공을 거두는 데에 결정적인 영향을 미치는 요소이다.

2) 전자상거래 고객 데이터 활용

전자상거래는 다양하고 많은 데이터를 발생시키고, 수집할 수 있으며, 특히 고객 데이터의 다양한 활용은 고객과의 긴밀한 관계를 유지하고, 고객의 니즈를 파악하여 보다 효과적인 마케팅 전략을 수립함으로써 기업의 경쟁력을 향상시키는 데 큰 역할을 하며 다음과 같다.

(1) 고객 데이터 통합, 관리, 수집 및 분석

전자상거래 플랫폼을 CRM 시스템과 통합함으로써 기업은 온라인 상에서의 고객 행동 데이터를 효과적으로 수집하고 관리할 수 있다. 이를 통해 기업은 고객의 구매 이력, 선호도, 관심사 등을 더 잘 파악하고, 이를 기반으로 맞춤형 마케팅 전략을 수립할 수 있다.

CRM은 전자상거래 플랫폼을 통해 수집된 고객 데이터를 중앙에서 관리하고 체계적으로 분석할 수 있다. 고객의 구매 이력, 관심사, 행동 패턴, 소비 트렌드 등을 포함한 데이터를 수집하고 분석함으로써, 고객의 니즈를 파악하고 이에 맞는 맞춤형 서비스를 제공할 수 있다. 이를 통해 기업은 개별 고객에 대한 이해를 높이고, 보다 개인화된 마케팅 전략을 수립할 수 있다.

(2) 맞춤형 고객서비스 및 마케팅

CRM은 전자상거래 플랫폼을 통해 수집한 고객 데이터를 기반으로 고객에게 개인회된 맞춤형 서비스를 제공할 수 있다. 이를 통해 기업은 개별 고객에 적합한 제품 추천, 할인 혜택, 개인화된 마케팅 콘텐츠 등을 제공하여 고객의 만족도를 높일 수 있다.

맞춤형 마케팅 전략으로 CRM은 고객 데이터를 기반으로 타킷 마케팅을 수행할 수 있는 기능을 제공하는데, 기업은 고객의 관심과 선호도에 맞는 제품 및 서비스를 추천하고, 개별 고객에게 맞춤형 할인 혜택이나 프로모션을 제공함으로써 고객의 구매 활동을 유도할 수 있다.

개인화된 마케팅 전략으로 CRM은 개인화된 마케팅 전략을 구축하는 데 중요한 역할을 한다. 고객의 선호도, 관심사, 구매 이력 등을 바탕으로 맞춤형 제안을 제공함으로써 고객 만족도를 높이고, 재구매율을 높일 수 있다. 이는 이메일 마케팅, 개인화된 프로모션 및 할인, 개인화된 제품 추천 등을 통해 구현될 수 있다.

CRM은 전자상거래 플랫폼을 통해 수집한 고객 데이터를 분석하여 효과적인 마케팅 및 판매 전략을 수립하는 데에 활용한다. 이를 통해 기업은 타킷 마케팅을 보다 정확하게 수행하고, 고객의 구매 경로와 행동 패턴을 파악하여 판매 전략을 최적화할 수 있다.

또한 CRM은 예측 분석을 통해 고객의 행동을 예측하고 이에 따라 적절한 마케팅 전략을 수립하는 데에 활용된다. 이를 통해 기업은 고객이 원하는 제품과 서비스를 미리 파악하고, 이에 맞는 마케팅 전략을 미리 마련할 수 있다.

(3) 고객 서비스 및 응대

전자상거래에서 고객 서비스와 응대는 매우 중요한 요소이다. 전자상거래 플랫폼과 CRM의 통합은 고객과의 상호작용을 효과적으로 관리할 수 있도록 돕는다. 이를 통해 기업은 고객의 문의나 불만 사항에 신속하게 대응하고, 고객과의 관계를 더욱 강화할 수 있다.

고객 서비스 향상을 위해서 CRM은 고객과의 상호작용을 관리하고, 고객의 문의나 불만 사항에 신속하게 대응할 수 있는 기능을 제공한다. 이를 통해 기업은 고객의 만족도를 향상시키고, 고객이 원활한 쇼핑 경험을 얻을 수 있도록 도와준다.

또한 CRM은 고객 서비스의 품질을 향상시키는 데에도 중요한 역할을 한다. 고객의 문의나 불만을 즉시 처리하고, 개인화된 서비스를 제공하여 고객 만족도를 높일 수 있다. 또한, CRM을 통해 고객의 의견을 수집하고 이를 기업의 제품 개발 및 서비스 개선에 활용함으로써 고객과의 신뢰 관계를 구축할 수 있다.

(4) 고객 충성도

전자상거래와 CRM의 통합은 고객의 만족도를 향상시키고, 고객 충성도를 높이는 데에 기여할 수 있다. 이를 통해 기업은 고객과의 장기적인 관계를 구축하고, 고객의 요구와 선호도를 더 잘 파악하여 지속적인 관심과 지원을 제공할 수 있다.

고객 충성도 관리를 통해서 CRM은 기업이 고객과의 장기적인 관계를 유지하고 발전시킬 수 있도록 돕는다. 이를 통해 기업은 고객에게 지속적인 관심과 지원을 제공하고, 고객이 다시 찾고 싶은 브랜드로 자리매김할 수 있도록 도와준다.

또한 CRM은 고객의 충성도를 유지하고 향상시키는 고객 충성도 프로그램의 중추적인 요소로 활용될 수 있다. 고객 충성도 프로그램을 통해 고객에 대한 보상, 할인, 특별 이벤트 및 혜택을 제공함으로써 고객의 유지를 도모할 수 있다. 또한, CRM을 활용하여 고객의 피드백을 수집하고 이를 바탕으로 고객 충성도 프로그램을 지속적으로 업데이트할 수 있다.

그리고 CRM은 고객 만족도를 측정하고 분석할 수 있는 기능을 제공한다. 이를 통해 기업은 고객의 피드백을 적극적으로 수집하고, 서비스나 제품을 개선할 수 있는 방안을 모색할 수 있다. 이는 기업이 지속적으로 고객의 만족도를 높이기 위한 노력을 할 수 있도록 돕는다.

(5) 데이터 기반 의사결정

전자상거래와 CRM의 통합은 데이터 기반의 의사결정을 가능하게 한다. 기업은 온라인·오프라인상에서 모아진 고객 데이터를 분석하여 시장 동향을 예측하고, 고객 행동 패턴을 파악하여 전략적인 의사결정을 내릴 수 있다. 이를 통해 기업은 더욱 효율적인 마케팅 및 판매 전략을 구상할 수 있다.

CRM은 고객 데이터를 분석하여 판매 동향 및 고객 행동 패턴을 파악할 수 있는 기능을 제공한다. 이를 통해 기업은 데이터 기반의 의사결정을 수행하여 마케팅 전략과 판매 전략을 최적화할 수 있다. 이는 기업이 더욱 효과적인 전략을 구상하고, 고객의 니즈를 더욱 정확하게 파악하여 서비스를 제공할 수 있도록 돕는다.

3) 전자상거래 CRM 활용 사례

전자상거래 기업에서의 CRM은 기업이 고객과의 관계를 관리하고 최적화하는 데 중요한 역할을 한다. 이는 고객 데이터를 활용하여 고객의 니즈를 파악하고 개인화된 서비스를 제공하며, 이를 통해 고객의 만족도를 높이고 유지하는 과정을 포함한다. CRM은 전자상거래 기업에게 많은 이점을 제공한다. 그것은 고객과의 긴밀한 관계 구축을 통해 고객의 충성도를 높이고, 새로운 고객을 유치하고, 매출을 증대시키는 데 도움이 된다. 이를 효과적으로 달성하기 위해 다양한 전략과 기술을 적용하는 사례들이 있다.

CRM을 성공적으로 활용하는 주요 전자상거래 기업의 사례를 살펴보자.

(1) 아마존은 전자상거래 산업에서 혁신적인 CRM 전략을 구현하여 고객 경험을 혁신하고 충성도를 유지하는 데에 큰 성공을 거두었다. 아마존은 고객 관계 관리를 통해 고객의 구매 이력, 검색 기록, 평가 및 리뷰를 분석하여 고객에게 맞춤형 제품 및 서비스를 제공한다. 이를 통해 아마존은 다음과 같은 CRM 사용 사례를 성공적으로 구현하고 있다.

- 개인화된 제품 추천: 고객의 구매 이력을 분석하여 개인 맞춤형 제품 추천을 제공한다. 고객이 사이트를 방문하면 과거 구매 이력을 바탕으로 관련 상품을 추천하고, 이를 통해 고객은 보다 편리하게 원하는 제품을 찾을 수 있다.
- 사용자 경험 개선: CRM을 통해 고객의 행동 패턴을 분석하여 사용자 경험을 지속적으로 개선한다. 사용자가 사이트에서 특정 상품을 검색하거나 구매를 완료하지 않는 경우, 이에 맞춰 맞춤형 광고를 제공하여 고객이 다시 사이트로 돌아오도록 유도한다.
- 맞춤형 마케팅 전략: CRM 데이터를 사용하여 맞춤형 마케팅 전략을 수립한다. 이를 통해 이메일 마케팅 및 프로모션을 통해 고객의 관심을 유발하고, 특정 상품에 대한 고객의 니즈에 맞춘 할인 및 제안을 제공한다.
- 고객 서비스 개선: CRM을 사용하여 고객의 의견과 불만을 신속하게 파악하고 처리한다. 이를 통해 고객의 만족도를 높이고, 불만이나 문의 사항이 있을 경우 신속하고 친절하게 대응하여 고객들의 신뢰를 구축한다.
- 고객 충성도 유지: CRM을 활용하여 고객에 대한 특별 혜택과 할인을 제공하여 고객 충성도를 유지하고 높이는데 초점을 맞추고 있다. 또한, 회원 전용 이벤트 및 프로모션을 통해 고객들에게 독점적인 혜택을 제공하여 경쟁사와의 차별화를 이루고 있다.

아마존은 고객의 검색 기록, 장바구니에 담긴 상품, 구매 이력 등 다양한 데이터를 CRM 시스템을 통해 분석하여 맞춤형 추천 상품을 제공한다. 이를 통해 고객이 관심 가질 만한 상품을 자동으로 추천해주고, 이메일 마케팅을 통해 고객이 미처 확인하지 못한 제품을 다시 상기시킨다. 아마존의 개인화된 추천 시스템은 고객의 구매 전환율을 높여주었고, CRM을 통해 고객별 맞춤형 경험을 제공함으로써 재구매율을 증가시켰다. 이는 고객 충성도를 높이는 데 크게 기여하고 있다.

이러한 CRM 사용 사례들을 통해 아마존은 전자상거래 시장에서의 경쟁력을 높이고, 고객들의 충성도를 유지하며, 지속적인 성장을 이루는데 성공하고 있다. CRM을 효과적으로 활용함으로써 아마존은 고객 경험을 향상시키고, 고객들과 긴밀한 관계를 유지하며, 이를 통해 시장에서의 선도적인 위치를 유지하고 있다.

(2) 넷플릭스는 CRM을 전략적으로 활용하여 고객 경험을 개선하고 충성도를 유지하는 데에 주요한 역할을 한다. 넷플릭스는 고객의 시청 기록, 평가, 검색 기록 등 다양한 데이터를 수집하고 분석하여 이를 기반으로 고객에게 맞춤형 콘텐츠를 추천하고, 다양한 방법으로 CRM을 활용하고 있다.

- 개인화된 콘텐츠 추천: CRM을 활용하여 고객의 시청 기록과 평가를 분석하여 맞춤형 콘텐츠 추천을 제공한다. 이를 통해 고객은 자신에게 맞는 새로운 콘텐츠를 쉽게 발견할 수 있으며, 이로 인해 사용자 경험이 향상된다.
- 대규모 데이터 분석을 통한 마케팅 전략: 수많은 데이터를 분석하여 고객의 행동을 예측하고 이에 맞는 마케팅 전략을 수립한다. 이를 통해 새로운 콘텐츠 출시, 프로모션, 및 마케팅 활동에 대한 결정을 내릴 때 데이터를 기반으로 명확한 전략을 수립한다.
- 사용자 경험 개선을 위한 피드백 수집: CRM을 사용하여 고객의 의견과 피드백을 수집하고 이를 기반으로 서비스를 개선한다. 고객의 요구 사항을 파악하고 이에 대응하여 사용자 경험을 개선하고, 고객들의 의견을 적극적으로 수용하여 서비스를 개선하는 데 주력한다.
- 맞춤형 마케팅 및 커뮤니케이션 전략: CRM 데이터를 활용하여 고객에게 맞춤형 마케팅 및 커뮤니케이션을 제공한다. 이를 통해 이메일 알림, 푸시 알림, 개인화된 광고 등을 통해 고객들에게 새로운 콘텐츠 및 이벤트에 대

한 정보를 제공하여 고객들의 참여도를 높인다.

- 새로운 콘텐츠 개발을 위한 데이터 분석: CRM 데이터를 사용하여 새로운 콘텐츠의 개발과 투자에 대한 결정을 내린다. 사용자들의 선호도와 관심사를 파악하여 새로운 콘텐츠의 수요를 예측하고, 이를 바탕으로 다양한 장르와 유형의 콘텐츠를 개발하여 서비스에 제공한다.

넷플릭스는 고객의 시청기록과 선호도를 CRM 시스템에 저장하고, 이를 바탕으로 개인 맞춤형 콘텐츠 추천을 제공한다. 고객이 시청한 장르나 영화, 드라마 등의 패턴을 분석하여 각 사용자가 좋아할 만한 새로운 콘텐츠를 추천한다. CRM 기반의 개인화된 추천 덕분에 고객이 자신이 좋아할 만한 콘텐츠를 쉽게 발견할 수 있게 되었으며, 이는 넷플릭스의 높은 고객 만족도와 충성도를 유지하는 데 중요한 역할을 했다. 이로 인해 사용자들은 넷플릭스에 지속해서 머물며 더 많은 콘텐츠를 소비하게 되었다.

(3) 에어비앤비는 고객 관계 관리(CRM)를 효과적으로 활용하여 호스트와 게스트 간의 관계를 관리하고 향상시키는 데에 주요한 역할을 한다. 에어비앤비는 고객의 예약 기록, 호스트 및 게스트 간의 평가, 후기, 문의 사항 등 다양한 데이터를 수집하고 분석하여 이를 기반으로 고객에게 개인 맞춤형 서비스를 제공하며, 이를 통해 에어비앤비는 다음과 같은 CRM 사용 사례를 성공적으로 구현하고 있다.

- 호스트와 게스트 간의 상호작용 관리: CRM을 통해 호스트와 게스트 간의 상호작용을 관리하고 개선한다. 호스트와 게스트 간의 평가와 후기를 분석하여 서비스 품질을 평가하고, 문제가 발생할 경우 적시에 해결하여 양측의 만족도를 향상시킨다.
- 개인화된 추천 및 검색 기능: CRM 데이터를 활용하여 고객에게 개인 맞춤형 숙소 추천 및 검색 기능을 제공한다. 사용자의 이전 검색 기록, 선호도, 예약 기록 등을 분석하여 고객들이 관심을 가질 만한 숙소를 제안하고, 이를 통해 고객들의 검색 편의성을 높인다.
- 고객 의견 수집 및 서비스 개선: CRM을 사용하여 고객의 의견과 피드백을 수집하고 이를 기반으로 서비스를 개선한다. 고객들의 의견을 적극적

으로 반영하여 서비스 품질을 높이고, 호스트와 게스트들이 보다 만족스러운 경험을 할 수 있도록 지속적으로 노력한다.

- 회원 전용 이벤트 및 할인 제공: CRM을 활용하여 회원 전용 이벤트, 할인, 프로모션 등 다양한 혜택을 제공한다. 이를 통해 충성도를 높이고, 고객들에게 독점적인 혜택을 제공하여 서비스 이용을 장려하고, 경쟁 우위를 유지한다.
- 지역별 수요 예측 및 가격 책정: CRM 데이터를 사용하여 각 지역별 수요를 예측하고, 이에 따라 적절한 가격 책정을 수행한다. 이를 통해 호스트들이 올바른 가격으로 숙소를 제공할 수 있도록 지원하고, 동시에 게스트들이 합리적인 가격으로 숙소를 예약할 수 있도록 돕는다.

에어비앤비의 CRM 사용 사례는 호스트와 게스트 간의 상호작용을 개선하고, 고객들에게 개인 맞춤형 서비스를 제공하여 전반적인 사용자 경험을 향상시키는 데에 중요한 역할을 한다. 데이터를 통해 고객의 요구사항을 파악하고, 이를 바탕으로 서비스를 지속적으로 개선함으로써 에어비앤비는 전 세계적으로 많은 사용자들의 신뢰를 얻고 있다.

(4) 스타벅스는 고객의 구매 이력과 선호도를 CRM 시스템을 통합 관리하여 맞춤형 리워드와 혜택을 제공한다. 스타벅스 리워드 앱을 통해 고객은 자신의 음료 구매 내역, 적립 포인트 현황 등을 쉽게 확인할 수 있으며, 새로운 상품 출시나 개인 맞춤형 혜택을 푸시 알림으로 전달받는다. CRM 기반의 리워드 프로그램을 통해 스타벅스는 고객의 브랜드 충성도를 높였으며, 고객이 자주 방문하도록 유도하는 효과를 얻었다 고객은 개인화된 혜택을 제공받아 더 큰 만족감을 느낄 수 있게 되었다.

(5) 나이키는 고객의 구매 이력, 온라인 쇼핑 패턴, 피드백 등을 CRM에 저장하고 분석하여 맞춤형 마케팅 캠페인을 진행한다. 예를 들어, 고객이 특정 스포츠에 관심이 많은 경우 해당 스포츠 관련 상품의 신제품 출시 정보를 제공하거나, 고객이 좋아할 만한 신발 추천 및 할인 혜택을 제공한다. 나이키의 CRM 활용으로 개인화된 마케팅이 가능해졌으며, 이를 통해 고객 충성도가 높아졌고, 타깃 마케팅의 효과가 증대되었다. 나이키는 CRM을 통해 고객 맞춤형 경험을 제공하여 경쟁력을 강화할 수 있었다.

쿠팡(Coupang)

쿠팡은 고객 관계 관리(CRM)를 효과적으로 활용하여 고객 경험을 개선하고, 고객 충성도를 유지하는 데에 핵심적인 역할을 한다. 쿠팡은 고객의 구매 이력, 검색 기록, 평가, 관심사 등 다양한 데이터를 수집하고 분석하여 이를 기반으로 고객에게 맞춤형 상품 및 서비스를 제공하며, 다음과 같은 CRM 사용 사례를 성공적으로 구현하고 있다.

- 맞춤형 상품 추천: CRM을 활용하여 고객의 구매 이력과 관심사를 분석하여 맞춤형 상품 추천을 제공한다. 이를 통해 고객들은 관심 있는 상품을 빠르게 찾아볼 수 있으며, 쇼핑 경험을 개선할 수 있다.
- 이용자 경험 개선: CRM 데이터를 사용하여 이용자의 행동 패턴을 파악하고 이에 따라 사용자 경험을 지속적으로 개선한다. 이용자가 사이트나 앱에서 특정 상품을 검색하거나 구매를 완료하지 않는 경우, 이에 맞춰 맞춤형 광고를 제공하여 이용자가 다시 사이트로 돌아오도록 유도한다.
- 고객 의견 수집 및 서비스 개선: CRM을 활용하여 고객의 의견과 피드백을 수집하고 이를 기반 분석된 결과를 반영하여 서비스를 지속적으로 개선한다. 고객들의 의견을 반영하여 서비스 품질을 향상시키고, 고객들의 만족도를 높이기 위해 노력한다.
- 할인 및 이벤트 알림: CRM 데이터를 활용하여 고객들에게 할인 및 이벤트 정보를 제공한다. 이를 통해 고객들은 특별한 혜택을 누리며, 쇼핑 시 경제적 이익을 얻을 수 있다.
- 고객 충성도 유지: CRM을 사용하여 회원 전용 이벤트, 특별 혜택, 프로모션 등 다양한 혜택을 제공하여 고객들의 충성도를 유지하고 높인다. 이를 통해 고객들은 쿠팡을 선호하는 경향을 보이며, 지속적인 이용을 유도한다.

쿠팡의 CRM 사용 사례는 고객 경험을 개선하고, 고객들의 니즈를 파악하여 서비스를 개선하는 데에 중요한 역할을 한다. 개인화된 상품 추천과 편리한 주문 내역 관리를 통해 고객 경험을 높였고, CRM 기반 고객 지원을 통해 고객 불만을 신속히 해결하여 긍정적인 사용자 경험을 제공한다. 데이터를 기반으로 한 맞춤형 서비스 제공은 고객들의 만족도를 높이고, 쇼핑 경험을 향상시키는 데에 큰 영향을 미치고 있다.

쿠팡은 고객 친화 전략을 펼치기 위해 CRM을 도입하였는데 쿠팡은 CRM을 통해 데이터를 기반으로 고객 경험을 개선시킬 수 있는 판매 및 프로모션 전략과 배송 서비스를 펼쳐 고객 충성도를 향상시킨 것은 물론 데이터를 통한 의사결정을 가능케 해 기업 전반의 비즈니스 프로세스와 경영 환경을 개선할 수 있었다.

결론적으로 쿠팡이 국내 전자상거래 시장에서 1위의 지위를 차지할 수 있었던 것은 적자를 감안하면서도 소비자들의 니즈를 파악하기 위해 긴 시간과 투자를 고객중심경영에 집중하여 충성고객을 지속적으로 확보해낸 결과라고 할 수 있다.

4 전자상거래와 ERP, SCM, 그리고 CRM 통합 활용

전자상거래에서 ERP, SCM, 그리고 CRM의 통합은 필연적이라 할 수 있는데 구현하면 판매자는 업무효율성 향상, 의사결정 향상, 데이터 관리 및 활용 등을 수행할 수 있다. 이러한 전자상거래에서 기업 시스템들은 운영 효율성을 높이고, 의사결정을 향상시키며, 운영 비용을 줄이고 수익을 극대화하는 것이 주요 목적이다.

ERP, SCM, CRM은 운영 관리, 공급망 관리, 조달, 재고 관리, 고객관리 등과 같은 업무 수행을 지원하며, 이들 시스템의 통합은 다음과 같은 혜택이 있다.

첫째, 생산성의 증가이다. 영업 및 마케팅 담당 직원들의 불필요한, 비효율적인 업무들을 없애고, 효율적으로 업무 프로세스를 개선하여 생산성을 높일 수 있다.

둘째, 지능화된 의사결정이 가능하다는 것이다. 전자상거래 CRM을 다른 시스템과 통합 활용하여 고객을 더욱 세밀히 파악할 수 있으며, 고객에 대한 모든 데이터를 분석 및 활용하여 의사결정 속도와 품질을 크게 향상시킬 수 있다.

셋째, 고객경험의 향상이다. 정확한 고객 데이터를 기반으로 고객 요청에 신속하게 대응하고, 정확하고 효과적인 광고 및 마케팅을 수행할 수 있으며, 이를 통해 고객 만족도가 향상되고 기업의 수익이 창출된다.

1) ERP와 SCM 통합이 주는 혜택

강력한 공급망 관리 시스템은 기업이 적응하고 효율적으로 운영하며 고객의 요구를 충족하는 데 탁월하지만, 재무, 인사, 제조, 조달 등 다양한 부서의 데이터를 중앙 집중하여 ERP와 통합하면 매우 강화된다.

ERP와 SCM을 통합하면 공급망 전문가가 재고 수준, 생산 일정, 주문 상태 및 재무 정보와 관련된 중요한 데이터에 액세스할 수 있다. 이를 통해 운영 관리를 간소화할 수 있을 뿐만 아니라 실시간 운영 및 비즈니스 데이터를 통합할 수 있다. 이러한 통합은 상황에 맞는 데이터를 공급망 프로세스에 자동으로 삽입할 수 있도록 지원함으로써 의사결정과 실행을 개선한다.

또한 통합은 프로세스의 격차, 부정확성, 실수를 방지하는 데 중요한 역할을 한다. 이를 통해 공급망이 훨씬 더 효율적으로 운영되어 비용을 획기적으로 절감할 수 있다. 또한 공급망 파트너와의 디지털 연결을 통해 확장된 공급망 전체에 연결된 프로세스를 노출하여 가시성, 투명성 및 계획 기능을 향상시킬 수 있다.

2) ERP와 CRM의 통합이 주는 혜택

고객 관계 관리(CRM)와 전사적 자원 관리(ERP)는 비즈니스 프로세스 효율성을 높이고 의사결정을 향상을 원하는 기업들이 찾는 엔터프라이즈 시스템이다. 두 시스템 모두 SCM과 함께 대표적인 엔터프라이즈 시스템으로, 기업내 부서간 데이터를 연결하고, 통합하며, 업무 자동화와 함께 실시간 경영이 가능하도록 한다. 두 시스템은 기업경영을 지원하고 업무의 효율성을 높인다는 유사한점과 다양한 지원 기능을 갖추고 있지만 상호 대체할 수는 없는데, 각각의 시스템이 기업의 목적에 따라 활용되기 때문이다.

CRM 시스템은 고객 데이터를 기반으로 활용되며, 다양한 분석활동을 통해 마케팅, 영업, 광고, 고객 서비스 등 업무를 지원하며, ERP 시스템의 주요 역할은 재무, 공급망 운영, 인사, 회계, 영업, 마케팅 등 일반적인 기업의 모든 업무 기능들을 지원한다. 두 시스템은 EAI(Enterprise Application Integration)라는 개념을 통해 통합 연결되어 활용된다.

CRM과 ERP는 데이터 통합을 통해서 중앙 집중화하고 업무 프로세스를 자동화하여 비즈니스 가치를 창출하는 시스템이다. 그러나 CRM이 고객 데이터를 기반으로 고객과의 상호작용 등 다양한 분석활동을 수행하며, ERP는 전사적인 비즈니스 프로세스를 지원하고 운영을 자동화한다는 차이점이 있다.

앞에서 언급한 EAI를 통한 CRM과 ERP 시스템의 통합은 기본적으로 데이터 통합을 의미하며, 실시간으로 비즈니스 프로세스를 관리할 수 있으며, 업무 효율성과 생산성이 향상되고, CRM과 ERP의 통합으로 부서 간의 협업 및 구체적인 데이터 공유가 가능하며, 더욱 효율적인 업무 수행이 가능하도록 시스템이 지원한다.

제 6 장

모바일 커머스, 소셜 커머스 그리고 라이브 커머스

1. 모바일 커머스(Mobile Commerce)
2. 소셜 커머스(Social Commerce)
3. 라이브 커머스(Live Commerce)

제6장

모바일 커머스, 소셜 커머스 그리고 라이브 커머스

1 모바일 커머스(Mobile Commerce)

현대사회에서 스마트폰과 같은 모바일 기기 없이 생활하는 사람은 거의 없다. 시간과 공간을 가리지 않고 언제 어디서나 온라인에 접속할 수 있고 금융서비스를 이용하거나 물건을 검색하고 구매하며 제품의 배송현황까지 확인해 볼 수 있는 시대이다. 모바일 커머스를 포함한 전자상거래 시장은 꾸준히 빠르게 그리고 지속적으로 성장하고 있다. 많은 기업들이 전 세계적으로 증가하는 전자, 모바일 커머스 시장에 맞춰 소비자들이 편리하게 구매할 수 있도록 애플리케이션을 개발하고 인공지능, 빅데이터 기술 등을 활용하면서 커지는 시장에 대응하고 있다.

[그림 6.1]은 전자상거래의 범위를 나타내는데, 모바일 커머스와 소셜 커머스는 전자상거래에 포함이 되며, 전자상거래 내에서 모바일 커머스와 소셜 커머스는 단말기를 사용한다는 측면에서 일부가 중복된다는 것을 보여준다.

모바일 커머스는 무선인터넷상의 온라인 상거래인데 전자상거래와 비교하여 말한다면 모바일 전자상거래라 말할 수 있다. 이는 휴대 단말기를 이용하여 디지털 상품이나 물리적 상품의 거래를 수행하는 판매자와 구매자간 전자상거래의 비즈니스 모델이다. 이러한 모델은 온라인상에서 구매를 하기 위해서는 결제수단이 필요하며, 신용카드 결제, 간편결제, 가상계좌 결제, 소액 결제, 계좌이체 등 다양한 결제 서비스 기능을 활용한다.

그림 6.1 **전자상거래 범위**

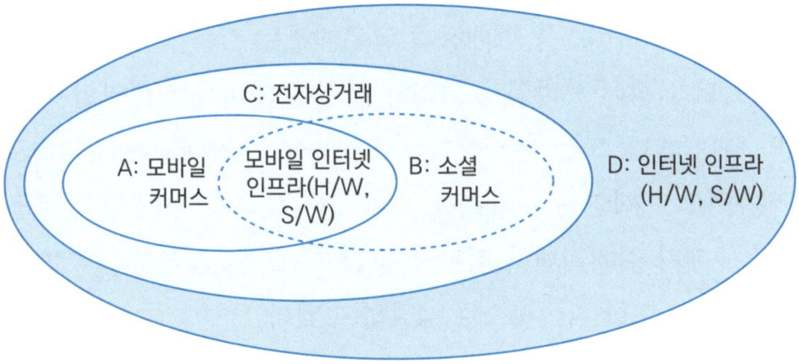

A: 비즈니스(협의의 m커머스는 이에 포함된다)
A+B: 광의의 모바일 비즈니스
A+B+C: 기술 인프라 산업을 포함한 모바일 비즈니스

그리고 소셜 커머스는 오랫동안 PC기반의 온라인 환경에서 상품이나 서비스 구매 및 정보 교환 등을 해오던 기존의 서비스에서 이동통신의 발전과 다양한 모바일 단말기의 등장과 함께 소셜 네트워크와 결합하면서 언제 어디서나 실시간으로 확산성을 가지고 급속히 성장해 왔다. 이는 일반적으로 상거래가 이루어지는 마켓플레이스에 국한되지 않고 소셜 웹이나 스마트폰 등의 앱으로 확장하고 있기 때문이다. 또한 모바일 단말기와 위치 기반서비스를 결합시켜 오프라인까지도 서비스의 영역을 넓히고 있으며, 실시간으로 제품과 서비스를 구매하고, 결제하고, 정보를 교환하는 환경 속에서 지속적으로 성장하고 있다.

대표적인 소셜 네트워크 서비스(SNS: Social Network Service)로 페이스북, X(트위터), 인스타그램 등의 경우 SNS를 커머스 플랫폼으로 활용하여 전자상거래의 툴로 활용되고 있으며 모바일과 SNS를 결합한 위치 기반 커머스 플랫폼으로 활용되고 있다.

6장에서는 전자상거래와 모바일 커머스, 그리고 소셜 커머스의 차이점, 특징, 그리고 어떠한 기술들이 적용되었으며 이를 활용한 사례들은 무엇이 있는지 등에 알아보도록 하겠다.

1) 모바일 커머스 개요

모바일 커머스는 온라인상의 전자상거래에서 확장된 개념으로, 모바일 기기를 통해 제품이나 서비스를 판매하거나 구매하는 것을 나타낸다. 애플리케이션이나 웹사이트를 통해 모바일로 거래하는 것을 의미하는 모바일 커머스는 전자상거래의 하위 개념, 또는 전자상거래가 모바일로 진행되는 경우라고 할 수 있다. 전 세계적으로 개인용 휴대기기, 스마트폰, 태블릿 등이 널리 보급되고 모바일을 통한 구매가 쉬워지면서 전체 온라인 거래 중 큰 부분을 모바일 커머스가 차지하고 있으며 또한 지속적으로 성장하고 있다.

2) 모바일 커머스와 전자상거래의 차이

모바일 커머스는 온라인상의 전자상거래에서 확장된 개념으로, 기존의 전자상거래처럼 유선이 아닌 무선을 통해 이루어진다는 것을 의미한다. 기존의 전자상거래와 모바일 커머스는 무선 네트워크나 이동통신망을 이용한 편리성과 기기의 이동성에 차이점이 있을 뿐, 거래 형태의 본질은 동일하다.

온라인에서 이루어지는 모든 거래는 전자상거래라고 말할 수 있는 반면, 모바일 커머스는 태블릿, 스마트폰 등 모바일 단말기에서 발생하는 온라인 상거래를 포함한다. 즉, 전자상거래라는 범주 안에 모바일 커머스가 포함되어 있고 컴퓨터에서 제품을 검색하고 구매하게 된다면 이는 전자상거래로 간주한다. 하지만 스마트폰, 태블릿 등 개인용 휴대 단말기를 사용해 제품을 검색하고 구매하게 된다면 이는 모바일 커머스하고 할 수 있다.

이 외에도 여러 면에서 차이가 있는데 전자상거래와 모바일 커머스의 차이점은 [표 6.1]과 같다.

표 6.1 전자상거래와 모바일 커머스의 비교

특성	전자상거래	모바일 커머스
사용 장치	• PC, 노트북 등	• 스마트폰, 태블릿 등 각종 휴대단말기
인터넷	• 필수적	• 선택적(온라인·오프라인 모드)
연결성	• 있음	• 더 많은 사용자, 연결성 더 큼
이동성	• 유선 연결 가능한곳. 제한적 이동 가능	• 유, 무선 모두 가능, 이동 가능성
결제방식	• 카드, 온라인 뱅킹 등	• 카드, 모바일 뱅킹, 휴대폰결제 등 다양하고 편리한 모바일 결제방식
접근성	• PC 온라인상에서 시공간 제약 없음	• 휴대성, 이동성 등 시공간 제약 없음
위치 추적	• 제한적 인식, 광범위한 추적	• 정확한 위치 추적 및 사용자 개인 맞춤화 가능
보안	• 보안 프로그램 설치, 불안전성 존재. 모바일 커머스에 비해 상대적인 안정성	• 불안전성 존재 • 생체 인증 등 다양한 인증 보완 노력
플랫폼	• PC 웹 사이트	• 웹 사이트 모바일 버전, 모바일 앱, 하이브리드 앱 등
사용법	• 다양한 인터페이스	• 단순화된 인터페이스

3) 모바일 커머스의 가치 및 특징

기업은 고객에게 자사의 제품이나 서비스가 매력적일 수 있도록 해야 하며, 고객들이 모바일 커머스를 통해 얻고자 하는 가치들을 충족시키도록 노력해야 한다.

모바일 커머스의 가치는 기업이 얻을 수 있는 가치와 고객이 얻을 수 있는 가치로 설명할 수 있다.

(1) 기업이 얻을 수 있는 가치

첫째, 모바일 단말기들이 이용하는 모바일 플랫폼이라는 기존의 PC기반의 채널이 아닌 모바일 기반의 채널을 활용한 온라인 판매자의 매출 증대이다. 기존 오프라인 기반의 유통업체나 온라인 업체들의 경우 모바일 플랫폼은 고객들과 연결할 수 있는 새로운 채널로써 매우 중요한 플랫폼이다. 온라인 플랫폼이 존재하지만 모바일 시장의 확대는 상당부분이 모바일로 이전되거나 모바일 플랫폼을 통해 판매 등 서비스가 제공되고 있다.

둘째, 고객 관련 데이터를 더욱 많이 확보할 수 있다. 고객 데이터들을 활용하여 고객에 대한 구체적인 분석을 통해 고객에게 맞춘 서비스나 제품을 제공한다. 모바일 환경이 PC보다 훨씬 많은 데이터를 축적하고 있기 때문에, 기업은 마케팅을 위해서라도 모바일 커머스에 집중하고 있다. 하지만 개인정보의 유출이나 프라이버시 이슈는 여전히 존재한다.

셋째, 모바일 커머스를 통해 고객 충성도를 크게 증대할 수 있다. 새로운 플랫폼이 등장하고 그에 따라 대중화가 되기 시작할 때 이용자들은 이에 대해 아주 높은 수용성을 가지고 있다. 특히 초기에 결제에 대한 거부감이 장애 요소로 작용하였으나, 현재는 다양한 결제방식과 함께 사용자들이 사용성이 향상되었다. 모바일 커머스에서 고객 충성도는 강력한 브랜드를 형성하게 할 것이며, 고객의 삶에 더 큰 연결성을 얻게 될 것이다.

(2) 소비자 입장에서 모바일 커머스의 가치

첫째, 소비자가 모바일 커머스를 통해서 다양한 이벤트, 할인 정보 등을 얻을 수 있다. 제품이나 서비스 정보만을 제공하는 것이 아니라, 개인화를 활용하며 각각 소비자의 성향이나 특성 등에 맞는 맞춤형 이벤트나 할인 행사, 특별 서비스에 대한 정보를 함께 제공함으로써 소비자의 구매를 이끌어낼 수 있다.

둘째, 소비자가 지도나 GPS 등 위치기반서비스 기능을 통해 매장의 위치를 파악할 수 있다. 고객이 위치정보를 기업에 제공하는 것과 동시에, 고객도 기업의 위치 정보를 얻을 수 있다.

셋째, 소비자가 관심있는 제품이나 서비스 관련 타인의 리뷰, 연관 상품 등의 정보를 제공받을 수 있다. 즉, 제품과 서비스에 대한 정보 뿐만 아니라 다른 사람의 사용후 리뷰나 평점, 그리고 교차판매 등이 가능한 추천 기능을 활용한 연관 상품 정보 등을 추가적으로 제공하여 판매된 제품이나 서비스에 대한 소비자의 신뢰도 상승과 신규 소비자들의 구매 욕구를 높일 수 있다.

넷째, 모바일 커머스 이용자가 상품과 서비스 구매 시에 간편하고 안전하게 결제할 수 있어야 한다. 국내 모바일 커머스의 활성화를 위해 다양한 결제 방법과 보안관련 등 규제의 개선이 필요하다.

다섯째, 모바일 커머스 사용자가 언제 어디서나 필요할 때 고객 문의나 불만을 즉시 접수할 수 있어야 한다. 즉, 언제든지 고객과의 소통이 가능해야 하며, 즉각적인 반응과 응답이 요구되며, 스마트폰이나 다른 모바일 기기를 통해 언제 어디에서나 직접 업체에게 문의를 하고 응답을 받을 수 있어야 한다.

(3) 모바일 커머스의 특징

모바일 커머스는 기본적으로 무선인터넷과 이동단말기를 이용하여 이루어지는 전자상거래의 기기상 특성을 가지고 있는데, 모바일 커머스의 특징이라는 의미를 부여한다면 이동성, 즉시성, 편재성, 편리성, 개인화, 보안성, 접근성, 위치성 등으로 이용 환경의 차이 등으로 특징을 지을 수 있고, 이러한 특징은 모바일의 서비스형태에 따라 달라질 수 있다(표 6.2).

표 6.2 **모바일 커머스의 특성**

특징	주요내용
이동성(Mobility)	• 이동 중에도 어디서나 이용자의 접근이 가능 • 이용자의 지리적 위치정보 제공, 현재 이용자의 위치에서 필요로 하는 정보 접근 가능
즉시성 (Real Time)	• 언제든지 이용자의 접근이 가능 • 필요한 시간대에만 접근이 가능하도록 조절 가능 • 실시간 거래와 정보처리, 검색이 가능
편재성(Ubiquity)	• 편재성은 무선 단말기의 장점 • 스마트폰 등 무선 단말기로 언제 어디서나 실시간으로 검색과 통신 지원
편리성 (Convenience)	• 무선인터넷에 접속하기 위해서 이동통신 단말기를 비롯한 휴대형 통신 단말기를 통해 편리하게 접속이 가능하며, 장소에 상관없이 무선인터넷 이용이 가능

개인화 (Personalization)	• 무선단말기를 통하여 개인정보관리 • 휴대용 기기의 특성상 사용자와의 긴밀성을 바탕으로 개인화, 맞춤 서비스가 가능
보안성(Security)	• 개인정보보호 등 보안관리 중요 • 안정적인 거래를 위한 인증방법 필요
접근성 (Reachability)	• 사람과 사람 간의 통신을 위한 기능 • 무선 단말기를 가진 사용자는 언제 어디서나 연결이 가능
위치성 (Localization)	• 서비스와 앱에 위치정보를 결합, 가치를 부여, 이용자가 거래를 원하도록 서비스 제공

인터넷, 이동통신과 관련된 특성이 아닌 전통적인 전자상거래 활동과 비교할 때 모바일 커머스에는 다음과 같은 몇 가지 특징을 가지고 있다.

첫째, 더욱 개방적이고 포용적이다. 모바일 무선화로 네트워크의 범위가 더욱 넓고 더욱 개방적이며, 동시에 사이버 가상기능이 더욱 현실성을 띠게 하여 더욱 포괄적이다.

둘째, 언제 어디서나 존재하는 편리성과 이동성이다. 모바일 커머스의 가장 큰 특징은 자유와 개성화이다. 휴대단말기를 이용하여 사람들은 언제 어디서나 자신의 데이터를 활용하여 상품 검색 등이 가능하며, 또한 GPS를 활용하여 위치 정보와 동기화하고 이를 통해 이용자에게 편리한 기능을 제공하기도 한다.

셋째, 잠재 사용자 규모가 크다. 모바일 단말기의 사용자 규모는 인구수에 유사할 정도로 엄청나게 증가하고 있으며, 모바일 커머스는 사용자 규모에서나 사용자의 소비 측면에서 전통적인 전자상거래보다 훨씬 우위에 있다.

넷째, 사용자의 신분을 비교적 쉽게 확인할 수 있다. 휴대전화번호는 고유하고 휴대전화의 SIM 카드에 저장된 사용자 정보가 사용자의 신원을 결정할 수 있기 때문에, 휴대전화의 실명 시스템의 구현에 의해 신원 확인이 쉽다.

다섯째, 고객 맞춤형 개인화 서비스가 가능하다. 휴대전화는 PC보다 연결성과 확장성이 뛰어나기 때문에 모바일 커머스 생산 업체는 보다 능동적으로 대처하고 다양한 고객에게 맞춤형 서비스를 제공한다. 사람들이 쓰는 단말기에는 SIM 카드 와 금융인증서 등을 통해 개인정보 또한 저장되어 있다. 모바일 뱅킹, 금융인증서 등의 개인정보를 모바일을 통해 관리가 가능하고 사용자의 신원을 확인하기 용이하며 사용자의 특성 담겨 있는 기기를 통해 개인에게 맞는 맞춤형 서비스 제공이 가능하다.

여섯째, 모바일 커머스는 보급하기 용이하다. 사용자가 이용하기 편리하고 좋은 서비스는 대중화되기 마련이며, 모바일 커머스가 대중화에 더욱 적합한 개인 소비 성향을 결정한다. 예를 들면 자동 판매기, 주차장 시간 계기 등이 포함되며, 반자동지불시스템에는 상점의 수납기, 택시 요금 계산기 등이 포함되고, 일상 비용 수납 시스템에는 물, 전기, 가스 등 비용의 수납 등이 포함된다. 과거에는 이런 비용 지급을 주로 현금으로만 처리하였지만 지금은 카드, 휴대폰 등을 주로 사용한다. 모바일 커머스가 소비자의 소비 방면을 결정하는 모습을 볼 수 있다.

일곱째, 모바일 커머스 영역은 기술혁신이 용이하다. ICT 등 새로운 기술의 혁신이 빠르게 일어나는 현대사회에서 이러한 4차 산업혁명 기술들과 같은 IT의 발전은 모바일 시장에서 그에 맞게 빠르게 적용되고 있고 사용자가 즉시 사용할 수 있게 간편하게 적용되고 있다. 특히 모바일 커머스 분야는 IT, 무선통신, 무선 접속, 소프트웨어 등과 관련되어 있고 비즈니스 방식이 더 다양하고 복잡해서 분야에서 새로운 기술이 나오기 쉬우며, 기술 혁신 영역으로 진화하고 있다.

마지막으로, 소셜 미디어와 커머스의 연계 활용이 가능하다. 현대 사회에서 SNS는 빼놓을 수 있는 라이프 스타일 중 하나가 되었다. 인스타그램, 페이스북, X(트위터), 틱톡 등 굉장히 많은 SNS를 수많은 사람들이 이를 이용하고 있다. 그에 맞게 기업들도 이들을 통해 제품을 구매할 수 있는 기능을 제공하고 광고와 홍보를 통해 상품의 구매, 포지셔닝을 하고 있다. 모바일 기기를 통해 SNS를 이용하는 고객의 데이터를 얻고 그 데이터를 바탕으로 전략을 계획하는 시대가 되었다.

4) 모바일 커머스에 적용된 기술

모바일 기기의 기능이 현재는 발전된 ICT로 인해 거의 모든 비즈니스 영역에서 원활하게 쓰이고 있다. 이와 더불어 고화질 디스플레이, 대용량 메모리, 5G 등 기술들이 적용되어 모바일 기기 이용의 편리함과 접근성을 모두 높일 수 있었다. 이 외에도 동기화, 데이터 처리 속도 관련 기술이 적용되어 모바일 커머스 시장이 지금처럼 커질 수 있었다.

모바일 커머스는 다양한 첨단 기술을 통합하여 사용자 경험을 향상시키고 거래의 효율성을 높이고 있다. 주요 기술들은 다음과 같다.

첫째, 모바일 결제 서비스이다. NFC(Near Field Communication), QR코드, 블루투스 등의 기술을 이용하여 사용자가 신용카드 없이도 모바일 기기를 통해 손쉽게 결제할 수 있다. 애플페이나 삼성페이와 같은 서비스는 NFC를 사용하여 결제를 할 수 있게 해 준다. 또한, QR코드를 스캔하여 결제하는 방식은 중국의 알리 페이와 위챗 페이에서 널리 사용되고 있다.

둘째, 위치 기반 서비스(LBS, Location Based Service)이다. GPS를 활용하여 사용자의 현재 위치를 파악하고, 이를 기반으로 맞춤형 서비스와 상품 추천을 제공한다. 예를 들어, 사용자위치를 중심으로 주변 상점의 할인 정보나 이벤트 소식 등 소식을 실시간으로 제공한다. 이는 사용자의 위치 정보를 분석하여 더욱 개인화된 쇼핑 경험을 제공하는 데 도움이 된다.

셋째, 증강현실(AR, Augmented Reality)이다. AR 기술을 사용하여 사용자가 가상으로 제품을 체험해볼 수 있는 기능을 제공한다. 예를 들어, 이케아(IKEA)의 AR 앱은 사용자가 자신의 집에 가구를 배치해보는 경험을 가상으로 할 수 있게 해준다. 이를 통해 사용자는 제품이 실제로 어떻게 보일지 미리 확인하고 구매 결정을 할 수 있다. 또한, 화장품 브랜드들은 AR을 이용해 가상으로 메이크업을 시도해볼 수 있는 기능을 제공하기도 한다.

넷째, 인공지능(AI, Artificial Intelligence) 및 빅데이터이다. AI와 빅데이터 기술은 사용자의 구매 이력, 검색 기록, 선호도 등을 분석하여 맞춤형 상품 추천 서비스를 제공한다. 예를 들어, 아마존과 같은 전자상거래 플랫폼은 사용자의 이전 구매 기록과 검색 패턴을 분석하여 개인화된 추천 상품 목록을 제시한다. 또한, AI를 통해 소비자 행동을 예측하고, 이를 바탕으로 효과적인 마케팅 전략을 수립할 수 있다.

다섯째, 보안 기술이다. 모바일 커머스에서의 보안을 강화하기 위해 생체 인식(지문, 홍채, 얼굴 인식 등) 및 다중 인증 기술이 사용된다. 애플이나 삼성의 Face ID와 Touch ID는 사용자가 얼굴이나 지문을 통해 신원을 확인하고 안전하게 결제할 수 있도록 한다. 또한, 다중 인증을 통해 사용자가 로그인할 때 추가적인 보안 단계를 거쳐 개인정보와 거래의 안전성을 높인다.

5) 모바일 커머스의 유형 및 사례

대부분의 모바일 커머스 사이트들은 기존의 PC기반 전자상거래에서, 모바일 커머스 영역으로 확장되었다고 할 수 있다. 시간과 공간에 대한 비용을 절약해 주며, 중간 단계를 제거함으로써 원가를 낮출 수 있는 거래 형태이다.

모바일 커머스 유형은 거래 당사자들의 유형에 따라 기존의 전자상거래처럼 분류해볼 수 있다. 결국에는 기존의 전자상거래 유형들이 무선을 통해 이루어진다고 할 수 있기 때문인데 여러 모델들이 있는데, 대표적으로 B2C, B2B, C2C, O2O를 살펴보겠다.

(1) B2C

모바일 커머스는 기존의 유선 디지털 콘텐츠 보다 많은 환경을 제공. 많은 스마트폰 이용자들이 일상생활에서 흔히 접할 수 있는 것이 바로 이러한 모바일 커머스의 B2C이다.

B2C는 소비자가 일상생활에서 가장 많이 접하는 형태의 유형이고 중개인이 없이 바로 기업 또는 조직과 직접 거래하는 형태를 말한다. 기존의 전자상거래와 많이 유사하지만 종류가 훨씬 다양하다는 점이 있다.

스마트폰 이용자들이 사용하는 대부분의 애플리케이션 또한 이러한 B2C의 한 유형으로 스마트폰을 이용한 모바일 뱅킹, 모바일 게임, SNS 등도 B2C이며, 쇼핑몰 중심으로 거래. 교육, 서적, 음반이나 오락, 상품권, 예약서비스까지 다양한 분야를 포함한다.

소비자가 스마트폰을 통해 이용하는 아마존, 쿠팡, SSG, 토스, 카카오 뱅크,

모바일 게임, SNS 등을 통해 모바일 기기에서 이루어지는 모바일 구매 등을 그 예로 들 수 있다.

대표적인 예로써 쿠팡과 같이 쇼핑, 물류 유통 전문 앱이 음식 배달, 쿠팡 플레이 같은 OTT 서비스 제공과 같은 다양한 서비스를 제공하기도 한다. 이처럼 하나의 애플리케이션을 통해 다양한 서비스를 실시간으로 언제 어디서나 제약 없이 이용함으로 거래 비용을 큰 폭으로 줄일 수 있고 접근성을 높일 수 있다.

(2) B2B

기업과 기업 간의 거래를 일컫는 B2B는 모바일을 통해서 더 다양해졌다. 대부분 오프라인에서 직접 만나 거래를 하는 것이 일반적이었으나 현재는 웹사이트, 모바일을 통해 거래를 하고 실시간으로 재고 추적 및 관리가 쉬워졌다. 물품 또는 서비스에 대한 재구매가 필요할 때 있었던 여러 불편함을 모바일의 이동성과 즉시성을 통해 절차를 간편화 하여 재구매를 진행할 수 있게 됐고 이를 통해 인건비와 불필요한 업무를 큰 폭으로 줄일 수 있었다.

또한 기업의 성공적인 운영 요소로 현대 사회에서는 데이터가 매우 중요한 역할을 하고 있는데 모바일 기기를 통해 축적된 데이터를 바탕으로 기업은 고객들이 원하는 제품을 개발하고 시장에 대한 규모 측정 및 예측을 한다. 해당 데이터를 인공지능 및 빅데이터 기술을 활용하여 새로운 비즈니스 전략을 수립하고 판매를 촉진할 수 있는 방법으로 활용한다.

모바일 기기를 활용하여 기업 거래 간의 문서들이 전자화, 간편화 되고 빠른 시간내에 업무처리가 가능해졌다. 모바일 B2B는 기업 공급사슬을 더 효율적으로 운영할 수 있게 해주었는데 특히 B2B에서 모바일의 장점은 물류분야에 많은 도움이 되었다.

모바일 B2B는 이동성, 위치확인성이 가능하다는 점에서 물류분야에서 많이 사용되고 있다. 실시간 정보 확인이 가능한 모바일 커머스의 특성으로 인해 POS 분야에서도 활발하게 사용되며, 모바일 B2B거래는 많은 비용절감효과와 거래속도의 향상이 가능하다.

실시간으로 정보가 확인 가능하게 되면서 물류 추적 및 관리가 쉬워졌고 고객경험은 물론 비용절감효과를 높일 수 있었다. 지금도 모바일 B2B는 여러 기술의 발달로 그 분야가 점점 확대되고 있다.

사례로는 아마존의 경우 아마존 비즈니스를 통해 제품을 고객뿐만 아니라 기업에게도 제공하고 있는데 웹 브라우저 뿐만 아니라 모바일을 통해서도 계정을 만들고 판매 리스팅을 작성한 후 가격 및 수량을 정한 다음 본인 인증 후 판매를 하는 식으로 진행한다. 자신의 모바일 기기를 통해 현재 비즈니스 상황에 대한 보고도 받을 수 있고 실시간으로 고객수요에 맞춰 상품을 추천 받고 가격도 변경할 수 있다.

(3) C2C

앞에서 언급했듯이, C2C는 소비자와 소비자 간, 즉 개인과 개인 간 거래를 뜻하는 유형이다. 마찬가지로 중개를 해주는 단계가 없고 모바일기기를 통해 직접 온라인 상에서 중고 매매나 물물교환 등 거래를 한다.

제품과 서비스에 대한 리스크나 신뢰도 문제가 있기는 하지만, 여러가지 보호장치로 개선되고 있으며, 어느정도 모바일 플랫폼의 중간 개입이 있기 때문에 과거의 걱정만큼 위험한 것만은 아니다. 쉽고 빠른 개인 간 거래가 특징이며, 카카오, 밴드 등 SNS를 통한 개인 간 거래도 늘어나고 있다. 지역기반 C2C 중고거래 서비스는 기존의 중고 거래 서비스뿐 아니라 주민들 간 무료 나눔 문화를 함께 형성하면서, 이용자 간 불신 해소에 주력한 모바일 커머스 플랫폼이다.

다른 형태의 커머스보다 저렴하다는 장점이 있으나 거래 및 품질면에서 안정성 문제가 있고 현금영수증과 같은 증빙자료 발급이 되지 않는다는 단점이 있다.

국내에서는 네이버의 중고나라, 당근, 옥션, G마켓 등이 있고 미국의 이베이, 중국의 타오바오 등이 있다. 대표적인 모바일 C2C의 예로 당근은 사용자의 위치에 기반하여 거래를 진행할 지역을 선정하고 판매할 물품을 리스팅하기 위해 가격 책정 및 부가 설명을 추가하고 거래를 진행하는 방식이다. 당근페이를 통해 더욱 간편하고 안전한 송금이 가능하고 거래내역과 후기 작성을 통해 상대방의 거래 정보와 신용도를 평가할 수 있다. 또한 모바일을 통해 이동 중에도 제약없이 실시간으로 거래 상대와 채팅을 통해 거래장소나 제품에 대한 문의가 가능하다. 이와 더불어 동네생활 서비스를 통해 지역내에서 다양한 소식과 모임을 가지거나 모집공고도 할 수 있는 다양하고 편리한 서비스를 제공하고 있다.

미국의 이베이의 경우 경매 방식으로 가격을 책정하여 물건을 거래한다. 또한 보안상 문제를 해결하기 위해 페이팔 안전 결제 서비스를 이용하여 판매자와 구매자 모두에게 안전이 보장된 결제 서비스 환경을 조성하고 있다.

네이버의 패션 C2C 플랫폼인 포시마크는 모바일 기기를 통해 자체 라이브 커머스 기술과 네이버의 라이브 커머스 기술을 결합하여 라이브 서비스를 제공받을 수 있고 네이버의 스마트렌즈를 통해 포시렌즈를 출시하여 고객들이 원하는 물건을 촬영하고 원하는 제품과 비슷하거나 같지만 가격대별로 다양한 정보를 제공하는 서비스 또한 제공한다. 또한, 인스타그램과 당근마켓이 섞인 느낌의 포시마크는 모바일 기능을 통해 더 많은 이용자들을 연결하고 서로 수익 창출 및 소통이 가능하게 한다.

(4) O2O(Online-to-Offline)

O2O는 보통 Online-to-Offline을 의미하고, 넓게는 Offline-to-Online도 포함하는 비즈니스 거래 형태로 온라인과 오프라인을 통합하는 유형이다.

현재 모바일 커머스의 상당부분을 차지하며 각광받는 비즈니스 모델로 스마트폰 애플리케이션을 통해 온라인 상품이나 서비스를 오프라인으로 연결할 수 있다. 소비자들의 소비 생활을 혁신적으로 바꾸어 놓은 거래 유형으로 본질은 모바일 커머스이다.

국내의 경우 배달의 민족, 카카오 택시가 가장 대표적이라고 할 수 있다. 미국의 우버, 리프트, 에어비앤비도 예로 들 수 있다.

배달의 민족은 모바일 앱을 통해 음식 배달 서비스를 제공하는 기업이다. 배달의 민족의 경우 모바일 기기의 실시간 위치 정보를 통해 고객이 음식을 주문하고 나서 배달을 받기까지 현황에 대한 정보를 알 수 있게 정보를 제공한다. 또한 간편하고 다양한 적립이 가능한 모바일 결제를 통해 주문을 하는데 큰 어려움이 없다. 또한 음식 배달 서비스뿐만 아니라 B마트를 통해 식재료를 구매하여 빠른 시간 내에 받아볼 수 있고 생활용품 심지어 삼성스토어와 협업하는 등 정품 전자기기도 주문하여 고객이 받아볼 수 있는 서비스를 제공하고 있다.

2 소셜 커머스(Social Commerce)

소셜 커머스는 소셜 미디어를 활용하는 전자상거래의 한 분야로써 2005년 야후가 처음으로 언급하였으며, 위키피디아에서 소셜 커머스를 온라인상에서 재화나 서비스를 사고 파는 행위에 있어서 소셜 미디어 및 온라인 미디어를 연계하여 소비자 인맥을 마케팅에 활용하는 전자상거래라 정의하고 있다. 소셜 커머스는 온라인 쇼핑과 구전마케팅 효과가 결합해 시작된 개념으로, 소셜 미디어, 특히 소셜 네트워크 서비스(SNS: Social Network Service)를 이용해 이루어지는 모든 상거래를 소셜 커머스라 할 수 있다.

1) 소셜 커머스 개요

소셜 커머스는 제품 및 서비스의 구매와 판매를 지원하기 위해 소셜 미디어와 온라인 미디어를 활용하는 전자상거래의 한 종류이다. 소셜 네트워크 서비스와 전자상거래가 결합한 소셜 웹을 활용하고 있는 전자상거래 서비스이다.

소셜 커머스는 소셜 네트워크 서비스를 활용하여 사용자의 경험을 실시간으로 소셜 네트워크와 공유하는 상거래를 말하며, 페이스북, 인스타그램, 포스퀘어 등과 같은 소셜 미디어를 활용한 전자상거래를 의미한다.

다시 말하면, 예를 들어서 소셜 커머스는 페이스북, 인스타그램, X(트위터) 등 다양한 소셜 네트워크 서비스를 통해 많은 수의 공동 구매자를 모아 파격적인 할인가에 특정 상품이나 서비스를 제공하는 개념의 전자상거래이다.

전자상거래 시장에서 급격히 성장한 분야는 소셜 커머스이다. 기존에 오픈마켓에서 시행하고 있던 상거래 방식을 넘어서서 소셜 네트워크 서비스라는 새로운 툴을 접목하여 소비자의 참여율을 높였을 뿐만 아니라, 대량 구매를 통해 40~50% 할인율을 제공하면서 빠르게 성장하였다.

즉, 소셜 커머스는 페이스북, 인스타그램, X(트위터) 등과 같은 소셜 네트워킹 서비스를 활용하여 다수의 구매자를 모아 특정 상품이나 서비스를 대폭 할인된 가격으로 제공하는 전자상거래의 한 유형이다. 일정 수의 구매자가 모이면 정해진 가격으로 상품과 서비스를 판매하기 때문에 소셜 쇼핑이라고도 한다.

앞에서 언급했듯이, 소셜 커머스(Social Commerce)라는 용어는 2005년 야후에서 처음 사용되었으며, 2008년 그루폰(Groupon)이 공동 구매형 모델을 출시하면서 이후 널리 알려지게 되었다. 특히, 스마트폰 시장의 성장과 소셜 네트워크 서비스의 대중화로 인해 소셜 커머스는 새로운 전자상거래 시장으로 성장했다.

티켓몬스터, 쿠팡 등 국내 기업들은 초기에는 소셜 커머스 플랫폼으로 운영되었으나, 시장 성장 둔화로 인해 온라인 쇼핑몰과 유사한 서비스로 전환하기 시작했다. 이러한 변화는 상당한 시장 조정을 초래했고, 국내 소셜 커머스 시장을 주도했던 기업들은 시장이 정체기에 접어들면서 온라인 쇼핑몰 서비스로 전환했다.

웹 2.0세대에서는 생산자와 소비자의 협력 모델인 커머스 2.0이 주류를 이루었다. 따라서 현재 소셜 커머스의 핵심을 이루는 소셜 쇼핑 외에도, 페이스북의 오픈 그래프를 활용한 개인화된 쇼핑 환경 조성과 소셜 미디어 내 전용 커머스 공간 활용 또한 소셜 커머스이다. 이러한 관점에서 소셜 커머스는 소비자에게 전자상거래 시장의 새로운 유형의 사업 모델을 제시했다.

초기의 소셜 커머스는 다음과 같은 특징을 갖고 있었다.

- SNS를 통한 상품 정보 공유와 구전 효과에 기반한다. 사용자들은 자신이 관심 있는 상품이나 서비스를 SNS에 게시하고, 이를 통해 다른 사용자들의 관심을 유도한다. 이러한 사용자 간 상호작용은 자연스러운 홍보 효과를 발생시키고, 상품의 노출도를 높인다.
- 한정된 시간 동안 특가 할인을 제공하는 방식을 주로 활용한다. 이는 사용자들의 구매 욕구를 자극하고, 빠른 구매 결정을 유도하는 데 효과적이다.
- 커머스와 콘텐츠의 결합을 통해 쇼핑의 재미와 흥미를 더한다. 상품 소개 및 후기를 동영상, 라이브 방송 등 다양한 콘텐츠 형식으로 제공함으로써, 사용자의 관여도를 높인다.

이러한 특징을 바탕으로, 모바일 소셜 커머스는 다음과 같은 장점을 갖는다.

- 사용자들의 자발적인 참여와 공유를 통해 바이럴 마케팅 효과를 창출한다. SNS상에서의 구전 효과는 기업의 마케팅 비용을 절감시키고, 잠재 고객 확보에 크게 기여한다.

- 사용자 데이터와 실시간 반응을 바탕으로 타깃 마케팅이 가능하다. 사용자의 관심사, 구매 이력 등을 분석하여 개인화된 상품 추천과 프로모션을 제공할 수 있다.
- 폭넓은 사용자 참여와 커뮤니티 형성을 통해 브랜드와 고객 간 관계를 강화한다. 소셜 커머스 플랫폼 내에서의 상호작용은 브랜드 충성도를 높이고, 장기적인 고객 유지에 도움을 준다.

국내외 주요 소셜 커머스의 사례를 살펴보면, 국내의 경우, 쿠팡, 위메프, 티몬 등이 있고, 네이버, 카카오 등 포털 및 플랫폼 사업자들도 자사의 소셜 네트워크 서비스와 연계한 소셜 커머스 서비스를 강화하고 있다. 해외의 경우, 페이스북, X(트위터) 인스타그램 등 글로벌 SNS 기업들이 직접 커머스 영역에 뛰어들며 모바일 소셜 커머스 시장을 주도하고 있다. 또한, 핀터레스트(Pinterest), 스냅챗(Snapchat) 등 이미지 및 동영상 멀티미디어 기반 소셜 네트워크 서비스들도 쇼핑 기능을 강화하며 영향력을 확대하고 있다.

국내에서는 소셜 커머스가 통신판매업자로 분류가 되는데, 일반적으로 오픈마켓이 통신판매중개업자로 분류되는 것과는 법제도상 다르다. 오픈마켓은 판매자와 구매자가 거래할 수 있는 온라인상의 거래 플랫폼을 제공하지만, 일반적인 온라인 쇼핑몰과 같지 않게 판매 상품에 책임을 지지 않지만, 소셜 커머스는 직접 판매할 물건을 선별하고 판매 제품에 대해서 판매자 책임이 있기 때문에 이를 관리하고 운영할 상대적으로 많은 인력이 필요하다. 즉, 오픈마켓은 직접 판매를 하는 것이 아니고 판매자와 구매자를 거래를 중계라는 역할이기 때문에 중개 품목에 대한 책임이 없고 소셜 커머스에 비해 상대적으로 다품종 대량의 재고를 보유할 수 있다(표 6.3).

표 6.3 소셜 커머스와 오픈마켓 비교

구분	소셜 커머스	오픈마켓
분류	• 통신판매업자	• 통신판매중계업자
사업 모델	• SNS를 이용한 공동 구매 비즈니스 모델	• 판매자와 수매자를 중개해주는 마켓플레이스 제공
주요 수익원	• 판매 수수료, 광고	• 중개 수수료, 광고
판매책임	• 있음	• 없음
주요기업	• 쿠팡, 티몬, 위메프, 페이스북, 인스타그램, 핀터레스트 등	• G마켓, 옥션, 11번가, ebay 등

2) 소셜 커머스 특징

소셜 커머스는 온라인상에서 소비자의 경험을 소셜 네트워크 서비스와 실시간으로 공유 및 활용하는 상거래를 말한다. 특히, 소셜 커머스는 소셜 네트워크 서비스를 기반으로 온라인뿐만 아니라 오프라인 거래에도 영향을 미칠 수 있다는 점에서 기존의 온라인 쇼핑과는 다르다.

다양한 소셜 네트워크 서비스를 활용하면 소비자는 제품과 서비스를 평가하고 경험을 공유할 수 있으며, 이를 통해 정보 생산자 및 제공자로서 보다 적극적인 역할을 할 수 있다.

소셜 커머스에서 소비자의 경험과 참여는 개인적인 차원을 넘어선다고 할 수 있는데, 소셜 커머스에서 소비자는 한 명의 개인이 아니라 소비자 개인과 소셜 네트워크 서비스로 연결되어 있는 여러 다수의 집합체이다. 소셜 커머스의 소비자는 익명이 아닌 기명이다. SNS의 공개 프로파일은 물론, 소셜 네트워크 서비스에서의 흔적을 통해 개인 신상에 관한 구체적인 정보들을 제공하며, 소셜 커머스에서 의사결정은 불특정 다수에 의한 투표가 아니라 신뢰할 수 있는 지인들의 추천에 기반을 둔다.

소셜 네트워크 서비스는 새로운 정보의 생성, 수집, 그리고 확산을 촉진하는 촉매제 역할을 할 수 있다. 제품 및 서비스의 경험적 속성은 사용 후에 비로소 파악할 수 있으며, 암묵적 지식은 소비자가 개인적인 관점에서만 파악할 수 있다. 이를 통해 소셜 네트워크 서비스는 기존 소비자에게 제공되던 정보의 질적 한계를 극복하는 데 기여하고 있다.

SNS가 모바일 기술이나 증강현실 기술 등과 결합하면서, 소셜 커머스는 오프라인의 상거래 공간까지 온라인화가 가능하고, 판매자가 아닌 소비자 중심 상거래인 소비자가 곧 판매자, 마케터, 유통 채널이 되어 기존의 전자상거래와는 다른 형태를 나타낸다.

소셜 커머스는 상거래 행위에 있어 인맥을 통한 정보 습득과 설득 과정을 오프라인에서 온라인으로 옮긴 점이 기존 온라인 쇼핑과의 차이점이다. 기존 온라인 쇼핑의 경우 온라인상에 존재하는 가상의 상점에서 상품·서비스를 구매하는 형태로 소비자가 구매하려는 상품·서비스와 관련된 정보는 검색엔진이나 포털 그리고 블로그 등을 통해서 얻을 수 있다. 특히 상거래에서 가장 큰 영향을 미치는 인맥을 통한 정보 습득과 설득 과정은 전적으로 오프라인에 의존할 수밖에 없었다. 반면 소셜 커머스의 경우, 정보가 소셜 네트워크를 통해 공유되고 확산되므로 친구나 지인을 통해 얻은 신뢰할 수 있는 정보는 오프라인보다 훨씬 빠르게 네트워크를 통해 전파된다.

그림 6.2 소셜 커머스 관계도

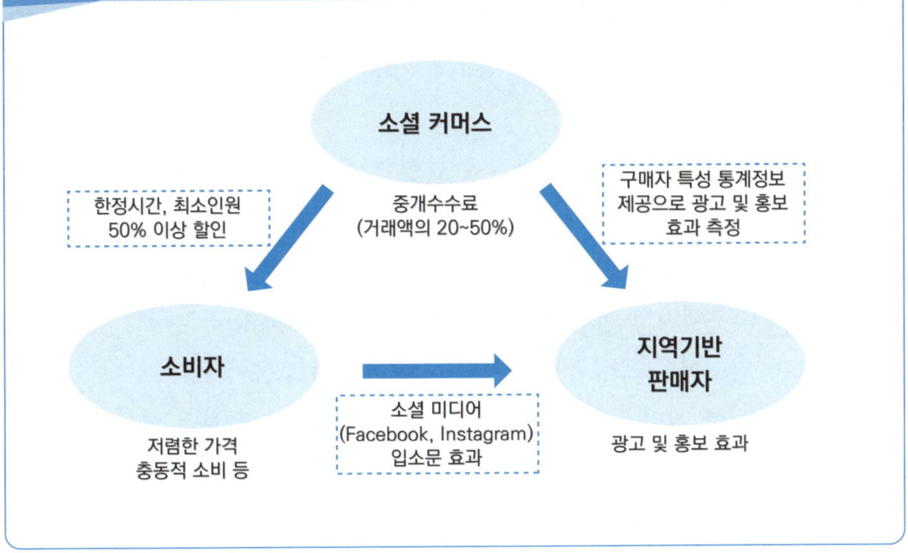

[그림 6.2]는 소셜 커머스의 관계들을 정리해 놓은 것이다. 소셜 커머스 업체는 거래액의 20~50%에 해당하는 중개수수료 등을 주요 수익원으로 한다.

소셜 커머스는 소비자에게 한정된 기간 동안 최소한의 참여로 파격적인 할인 혜택을 제공하는 반면, 판매자에게는 광고 및 홍보 성과를 향상할 수 있도록 한다. 소비자는 할인된 가격을 제공받고 이 정보를 다른 소셜 미디어를 통해 다른 사람들과 공유한다. 판매자는 이전보다 낮은 비용으로 광고 및 홍보 효과를 얻고, 단기간에 대량 판매를 달성하며, 재고 처분을 통해 수익을 증대할 수 있다.

일반적으로 소셜 커머스의 특징은 4가지로 나눌 수 있다

첫째, 규모이다. 소비자 입장에서 특정 기업의 규모는 해당 기업의 기술적 사양과 고객지원과 같은 서비스 전반의 시스템 구축에 대한 추정으로 확대된다. 소비자는 규모가 큰 기업의 전문성이 뛰어나다고 생각한다. 즉, 규모가 큰 기업일수록 해당기업에 대한 소비자 신뢰가 높다고 생각한다.

기업의 규모는 그 기업을 신뢰할 만한 기업인지 측정할 수 있는 근거가 되기 때문이다. 더욱이 대기업들은 중소기업들과 비교해서 소비자 수준에서의 시장 점유율이나 판매량 등 증가폭이 상대적으로 더 크고 시장에서나 소비자의 신뢰도 높다고 할 수 있다.

둘째, 상호작용성이다. 상호작용성은 오프라인과 차별되는 온라인만의 특성이라고 할 수 있다. 상호작용은 다양한 과정에 참여하는 의사소통 당사자들이 상호 동등한 위치에서 메시지를 교환하고 공유하며 상호 간의 의미를 만들어가는 과정을 의미한다.

즉, 상호작용성은 의사소통 과정에 참여하는 사람들의 대화를 통제하거나 서로 역할을 교환할 수 있는 정도를 말한다. 또한 시간과 공간의 제약없이 언제 어디서나 온라인으로 연결만 되어 있으면 가능하기 때문에 사용자들 사이에 활발히 소통이 이루어지고 이를 통해서 이용자들 상호신뢰에 긍정적인 영향을 미치고 있으며, 참여하는 구성원들 사이의 신뢰 향상에 도움이 된다.

그러므로 소셜 커머스에서 판매자들은 소비자와의 지속적인 의사소통을 통해서 상호 간의 신뢰를 높여가는 것이 중요하다. 특히 이용자가 소셜 커머스에서 구매하고자 할 때 구매자의 제품이나 가격 등 문의에 대한 마케터의 대응이 성실하고 적극적으로 응대할 경우 구매자는 거래에 대한 만족과 신뢰, 현재 이

용하고 있는 커머스 사이트에 대한 반응 역시 긍정적으로 나타나는 것으로 확인되었다.

셋째, 정보품질이다. 소셜 커머스에서 정보품질은 중요한 특성이다. 소셜 커머스는 일반 온라인 쇼핑몰과 다르게 실시간으로 발생하는 새로운 정보들을 업데이트 하고 소비자에게 새로운 정보를 빠르게 제공하고 있다. 정보품질은 기업이 자사의 제품과 서비스에 대한 정보를 소비자들에게 제공하려고 운영 하는 기업 포털사이트의 품질요인이다.

소셜 커머스에서 정보품질은 상품 정보품질, 가격 정보품질, 고객서비스 정보품질, 판매자 정보품질로 구분되는데, 상품 정보품질은 주로 상품명, 용도, 성분, 재질, 성능, 규격과 용량, 그리고 사용법에 대한 정보로 정의되고, 가격 정보품질은 상품가격에 대한 각종 할인정보의 품질인 할인율, 할인품목, 할인 마감시간 등이 포함된다. 고객서비스 정보품질은 소비자가 지각한 서비스정보에 대한 품질, 주문과 정상주문정보, 결제정보 및 배송서비스 등으로 제시된다. 그리고 판매자 정보품질은 소셜 커머스에서 개인 판매자나 기업 판매자가 제공하는 제품이나 서비스, 정보 등에 대한 품질의 정도를 나타낸다. 웹사이트의 정보가 믿을 만하고 최신 정보이며, 이해하기 쉬울수록 사용자의 태도에 긍정적인 영향을 미치며, 정보품질이 높을수록 긍정적인 영향을 미칠 수 있다.

온라인상의 거래는 오프라인과는 다르게 매장에서 만나서 거래를 하는 것이 아닌 비대면 거래이기 때문에 신뢰가 무엇보다도 중요하다. 온라인 거래에서 소비자가 불안한 이유 중의 하나가 정보의 불충분성, 정보의 정확성 등과 같은 정보품질과 관련된 문제들이다. 전자상거래에서 가장 민감한 부분 중 하나인 정보의 불충분성, 정확성 등 정보품질과 관련된 문제들은 거래 시 소비자에게 불안감을 가져다줄 수 있다. 그러므로 온라인상에서 거래가 이뤄지기 위해서는 무엇보다도 판매자가 제공하는 제품 등의 정보 품질이 중요하며, 구매자에게 정확하고 가치 있는 정보를 제공하여 구매자가 판매자를 믿고 거래를 할 수 있도록 해야 한다. 온라인 소비자들은 소셜 커머스에서 제공하는 정보를 기반으로 거래의사결정을 하며, 소셜 커머스에서 상품이나 서비스에 대한 높은 품질의 정보는 신뢰에 긍정적인 영향을 미친다. 즉 소셜 커머스 차원에서의 정보품질은 신뢰와 밀접한 관계에 있다.

마지막으로 거래안전성이다. 거래안전성은 온라인 거래에서 반드시 확인되어야 할 중요한 요인으로, 소셜 커머스에서도 마찬 가지로 적용된다. 오프라인 매장 결제는 주로 카드나 현금으로 직접 이루어지는 반면, 소셜 커머스는 주로 카드, 계좌 이체와 온라인 뱅킹을 통한 결제가 일반적이다. 따라서 소비자들은 이런 다양한 결제 방식으로 결제하는 과정에서 소비자의 개인정보 노출에 대한 우려를 가지고 있으며, 결제 방식과 서비스의 안정성과 보안 등이 매우 중요하다고 인식하고 있다.

거래 보안의 중요성이 부각됨에 따라, 온라인 거래에서 보안, 안전성과 해당 거래에 대한 사용자 만족도 간의 관계가 지속적으로 논의되어 왔다. 온라인에서의 거래는 다양한 형태의 위험이 존재하는데, 사용자 입장에서는 법·제도적인 위험도 있지만, 소비자 개인이 가지는 위험에 대해서 판매자가 보안 등 강화를 통해서 안정성을 제공하는 것이 중요하다. 소비자들은 결제나 개인 프라이버시에 대해서 민감하게 반응하기 때문에 이에 대한 안전과 보안을 원하므로, 거래 전반에 대한 신뢰수준의 향상을 위해서는 반드시 해당 거래에서의 안전성이 먼저 확보되어야 한다.

그리고 소셜 커머스가 성공하기 위해서 필요한 요소들로는 할인율, 제품 다양성, 상호작용성, 지역기반 제공, 추천 수용도를 들 수 있다.

- 할인율: 소셜 커머스에서 일정 수 이상의 구매자 등과 같은 제시된 조건이 이루어졌을 때, 명시된 정상 가격에서 일정만큼의 할인율을 적용하여 가격을 인하하는 것 정도를 뜻한다. 이러한 가격 할인은 거래 실시 이전에 소비자에게 고지된다. 가격 할인은 소비자의 제품 구매를 위한 동기로 일정 기간 동안만 실시하고, 그 기간 이후에는 정상 가격으로 환원되는 판매 촉진 방식이다. 기업들 간의 판매 촉진 경쟁이 치열해짐에 따라, 소비자들은 소셜 커머스 가격 할인을 일시적인 이벤트나 게릴라 할인이 아닌, 일상적인 시장 현상으로 인식하고 있다. 더욱이 소셜 커머스의 할인 폭이 다른 판매 서비스보다 크기 때문에, 소비자들은 이러한 가격 경쟁력을 더욱 강하게 인식하고 있다.
- 제품 다양성: 제품 다양성은 소셜 커머스가 온라인을 기반으로 하는 서비스이고, 재고 관리의 제약이 적고 상품을 전시하는 데에 비용이 들지 않는

다는 장점 때문에 발생하는 특징이다. 현재는 온라인 기술의 발달과 배송 서비스의 향상으로 온라인에서 해외 제품도 쉽게 접할 수 있으며 식료품은 물론 대형 제품도 거래가 가능하므로 온라인 매장이 오프라인 매장보다 전시·판매할 수 있는 제품의 다양성이 훨씬 높다. 이러한 다양성은 상품 비교의 용이성이라는 편리함을 제공해줌으로써 소비자에게 긍정적인 편익을 제공한다.

- 상호작용성: 상호작용성은 소셜 커머스가 온라인, 즉 인터넷을 기반으로 하기 때문에 생기는 특징이다. 인터넷은 상호작용성을 가지고 있는데, 이는 온라인 쇼핑몰에서 소비자는 원하는 제품을 구매하기 위해 스스로 정보를 습득하고 그 과정에서 판매자나 다른 소비자와 정보를 교환하며 의사소통을 하는 과정에서 발생한다. 이러한 상호작용은 소비자들이 갖고 있는 정보를 커뮤니티의 형태나 메시지, 이메일 등의 형태로 직접 공유하며 양방향으로 일어날 수도 있고, 판매자가 제공하는 정보나 콘텐츠를 일방적으로 받고 그것을 통해 판매자와 소통을 할 수도 있다.
- 지역기반 제공: 소비자 개개인의 시간, 위치와 같은 모든 상황을 고려하여 개인에게 가장 효과적이고 최적의 정보와 서비스를 제공해주는 것을 의미한다. 이 특징은 모바일 서비스의 발달로 인해 온라인·오프라인의 경계가 허물어져 가능한 것으로, 위치기반 서비스의 활용이 용이해지고 정보의 접근성이 편리해짐에 따라 소비자들이 실시간으로 소셜 커머스를 이용할 수 있다는 점에 기인한다.
- 추천 수용도: 소셜 커머스에서 거래가 이루어지기 위해서 극복해야 하는 제약인 일정 수의 구매자를 충당하기 위해서 소비자들이 만들어내는 특징이다. 한 소비자가 다른 소비자에게도 할인 정보를 온라인·오프라인으로 제공함으로써 소셜 커머스 거래를 가능하게 함과 동시에 다른 소비자는 자신이 원하는 제품을 할인된 가격에 구매할 수 있기 때문에 추천을 수용하게 된다.

3) 소셜 커머스의 효과

경기 침체와 물가 상승의 압박 속에서 온라인상에서 새로운 방식의 쇼핑과 저렴한 가격으로 인한 소비 효율성의 증가로 인해, 소비의 질을 높이고 지출을 줄이는 스마트 소비 트렌드가 등장했으며, 반값 할인 등 파격적인 할인 혜택에 대한 소비자 수요의 증가와 함께 소셜 커머스가 성장했다.

소셜 네트워크를 효율적인 마케팅 수단으로 활용하여, 판매자 입장에서는 높은 할인율로 줄어든 수익을 적은 마진이지만 대량 판매를 통해서 수익을 얻고자 하는 방식이다. 구매자가 공동 구매를 달성하기 위해 적극적 마케터로서의 역할을 하게 되면서 자연스럽게 입소문 마케팅을 하게 되었고, 그동안 마케팅에 어려움이 있었던 소규모 판매자들에게도 홍보와 판매를 동시에 할 수 있는 기회가 제공되었다. 소셜 커머스가 중소 상공인이나 지역 상공인이 중심이 되어 시장을 형성한다는 점에서 지역경제의 활성화에 직·간접적인 영향을 미치고 있다.

4) 소셜 커머스 유형 및 사례

일반적으로 소셜 커머스는 활용하는 방법에 따라 공동 구매형, 소셜 링크형, 소셜 웹형, 오프라인 연동형 등으로 분류할 수 있으며, 판매방식 특성에 따라 플래쉬 세일, 그룹바이, 소셜 쇼핑, 소셜 쇼핑 앱스, 구매 공유, 퍼스널 쇼퍼 등으로 분류할 수 있다.

(1) 활용방법에 따른 분류

소셜 커머스는 소셜 네트워크 등 소셜 미디어를 활용한 전자상거래로, 소비자의 경험이나 정보를 소셜 네트워크상에서 친구나 지인들과 실시간으로 공유하며 공동 구매나 입소문을 통해 할인 혜택을 제공하는 상거래 방식이다. 일반적으로 공동 구매형, 소셜 링크형, 소셜 웹형, 오프라인 연동형 유형으로 구분할 수 있다(표 6.4).

표 6.4 SNS 활용방법에 따른 소셜 커머스의 유형 분류

유형	내 용
공동 구매형	• 공동 구매 사이트가 소셜 미디어와 결합한 형태로서 제품별로 정한 구매 수량이 달성되면 파격적인 할인을 제공
소셜 링크형	• 사이트에 소셜 미디어 링크를 삽입, 해당 링크를 클릭하면 소셜 미디어 게시물에 자동으로 삽입
소셜 웹형	• 상거래 사이트 내에서 소셜 미디어 기능을 구현하기 위해 소셜 미디어와 적극적으로 통합하여 구매, 평가, 리뷰 등의 소비자 활동을 자동으로 반영하고 공유
오프라인 연동형	• 네트워크 기반 단말기를 통해 오프라인 공간과 소셜 미디어를 연결하고, 위치 기반 서비스를 활용하여 소비자의 오프라인 매장 경험을 모바일 기기와 결합하는 유형

① 공동 구매형

공동 구매 사이트와 소셜 네트워크 서비스를 결합한 것으로, 소비자는 정해진 각 제품의 구매 수량 이상 판매되면 파격적인 할인 혜택을 받을 수 있으며, 이를 통해 소비자는 소셜 네트워크 서비스를 통해 지인들을 공동 구매에 적극적으로 참여시키도록 한다.

초대받은 친구가 가입하거나 제품을 구매할 때 현금이나 포인트를 제공하는 등의 인센티브 프로그램은 사용자 참여를 유도한다. 그루폰과 위폰이 대표적인 예로써, 이러한 프로그램은 소비자들이 페이스북이나 X(트위터)와 같은 소셜 네트워크 서비스를 통해 할인된 상품 구매나 경험을 홍보하고 확산하도록 유도하여 고객 참여를 높이고 소비자 참여를 높인다.

공동 구매형 소셜 커머스의 장점은 사용자가 마케터 역할을 할 수 있도록 지원하고, 파격적인 할인과 같은 인센티브를 통해 친구와 지인에게 소셜 커머스 플랫폼을 홍보할 수 있다는 것이다. 이는 사용자의 자발적인 참여를 유도하여 소셜 커머스가 핵심 성공 요인인 고객 증가, 규모 확장, 인지도 향상을 조기에 달성할 수 있도록 한다.

② 소셜 링크형

소셜 커머스 사이트나 온라인 쇼핑몰 사이트에 페이스북, 인스타그램, 트위터, 핀터레스트 등의 SNS와 연동될 수 있도록 하여 자신의 소셜 네트워크에 등록되어 있는 지인들에게 자신이 관심 있는 상품을 공유할 수 있도록 링크를 삽입하는 방식으로 소셜 커머스의 형태 중 가장 기본적인 형태의 비즈니스 모델이다.

소셜 커머스 사업 모델의 가장 기본적인 형태로, 소셜 커머스 사이트나 온라인 쇼핑몰에서 페이스북, X(트위터), 인스타그램, 핀터레스트 등의 소셜 미디어 플랫폼과 연동하여, 사용자가 관심 있는 상품을 소셜 네트워크 서비스에 등록된 친구들과 공유할 수 있도록 하는 방식이다.

이 방법은 판매자의 소셜 커머스 사이트에 소셜 네트워크 서비스로 연결되는 버튼형 링크를 게시하는 것이다. 버튼을 클릭하면 웹 문서로 연결되는 웹 링크가 만들어지고, 이 링크는 해당 소셜 네트워크 게시물에 자동으로 삽입된다. 더불어 웹 문서를 그대로 복사하여 판매자의 소셜 네트워크에 게시물로 만들어진다.

일반적으로 쉐어디스(Share This) 등을 이용하면 쉽게 적용할 수 있으며, 판매 사이트의 웹 링크가 자동으로 소셜 네트워크 게시물에 입력되고 다른 사용자의 링크가 도출되는 방식이다.

③ 소셜 웹형

소셜 웹형은 전자상거래와 소셜 네트워크 서비스를 적극적으로 통합하여 전자상거래 사이트 내에 소셜 네트워크 기능을 구현한다. 전자상거래 사이트에서의 구매, 평점, 리뷰와 같은 소비자 활동은 소비자의 소셜 네트워크에 자동으로 반영되고 친구나 지인과 공유된다. 또한, 같은 소셜 네트워크에 있는 친구나 지인이 전자상거래 사이트에서 어떤 활동을 하고 있는지도 보여줄 수 있다.

다시 말하면, 소셜 웹형은 판매 사이트와 소셜 네트워크 서비스 자체를 결합시킨 형태로, 소셜 네트워크 서비스의 특징이라고 할 수 있는 구매 이후 평가, 리뷰 등과 같은 개개인 간의 의견공유 기능을 소셜 커머스 사이트 내에 배치하는 것이다. 커머스 사이트 내의 활동은 이후 소비자 개인의 소셜 네트워크 서비스에 자동으로 연결되어 친구나 지인들에게 공유된다.

대표적인 예로는 페이스북 플러그인을 사용하는 Levi's와 같은 사이트나 X(트위터)에게 게시물을 자동으로 배포하는 사이트가 있으며, 웹 링크는 기본 설정이며, 전자상거래 사이트에서의 소비자 활동은 소비자의 소셜 네트워킹 서비스에 자동으로 반영된다.

소셜 웹형의 장점은 온라인 쇼핑몰 사용자들이 쇼핑몰 내에서 직접 토론에 참여하고 제품을 평가할 수 있다는 것과, 다른 사용자의 제품 리뷰와 평점을 즉시 확인할 수 있어 구매 결정에 큰 도움이 된다는 것이다.

반면, 관련 상품에 대한 고객 또는 사용자의 참여가 낮을 경우, 사용자는 해당 상품이나 서비스를 인기가 없고, 유행이 지난 상품이나 서비스로 오해할 수 있다는 단점이 있다.

④ 오프라인 연동형

오프라인 연동형은 위치기반서비스(LBS)가 되는 단말기 등 스마트 기기를 이용하여 소셜 네트워크 서비스와 연결하는 방식이다. 기존 온라인 쇼핑몰보다 온라인 영역뿐만 아니라 오프라인 영역까지 확장이 가능하다는 점에서 파급효과가 더 크다고 할 수 있다.

예를 들어 포스퀘어(Foursquare)나 고왈라(Gowalla)와 같은 위치 기반 서비스를 활용하여 모바일 기기를 통해 소비자의 오프라인 매장 경험을 소셜 네트워크로 확장하는 것으로, 예로써 디젤(Diesel)의 프로모션을 통해 소비자가 매장 내 컴퓨터에서 직접 소셜 네트워크에 접속할 수 있도록 하는 것이 있다. 사용자의 현재 위치는 지속적으로 업데이트되어 친구와 콘텐츠를 공유할 수 있으며, 단골 고객은 해당 매장에 대한 더 높은 수준의 프로모션을 제공받는다.

(2) 특성에 따른 분류

소셜 커머스는 판매방식의 특성에 따라 분류할 수 있으며, 국내에서 가장 일반적인 소셜 커머스 형태는 공동 구매이며, 쿠팡, 위메프, 티켓몬스터 등 여러 기업이 이를 운영하고 있다(표 6.5).

소비자는 자신이 스마트폰, 태블릿 PC 등 이동통신 단말기를 통한 위치기반 서비스(LBS) 연결로 자신의 오프라인 위치에 따라 주변 매장과 연결되어 혜택을 누릴 수 있다. 더욱이 소셜 커머스는 소셜 네트워크 서비스 등 소셜 미디어와의 통합을 통해 실시간 기능과 확장성을 제공한다. 더불어, 거래가 이루어지는 영역은 더 이상 전자상거래 사이트에 제한되지 않고, 소셜 미디어를 연결 고리로 활용하여 소셜 웹으로 확장된다.

스마트 폰 등 모바일 단말기와 위치기반 서비스의 도움을 받아 오프라인까지도 확장되며, 국내는 쿠팡, 티켓몬스터, 위폰 등의 소셜 쇼핑 사이트들에 편중되어 있지만, 해외에서는 매우 다양한 방식으로 소셜 커머스가 구현되고 있다.

표 6.5 소셜 커머스의 유형 및 특성에 따른 분류

유형	대표업체	소셜 특성	내용
플래쉬 세일 (Flash Sale)	Vente-Privee	회원 간 입소문을 통해 혜택 극대화	• 기간 한정 온라인 세일 방식으로 회원들 간의 입소문을 통해 회원 혜택을 확대
그룹바이 (Group-Buy)	쿠팡, 위메프, 티몬, 그루폰, 리빙소셜 등.	소셜 미디어를 통한 구전효과	• 특정 상품을 정해진 기간 동안 일정 인원이 모이면 할인 쿠폰을 제공하여 판매 • 오프라인에서 온라인으로 지역 사업을 확장하고, 상품 소개자에게 혜택을 제공하며, 입소문을 통해 회원 혜택을 확대
소셜 쇼핑 (Social Shopping)	Polyvore, Kaboodle, Lockerz 등	쇼핑 정보 포털	• 온라인 판매 사이트, 사용자들 간에 제품 공유 • 사이트 광고주는 소셜 디스커버리 기능을 통해 제품을 직접 게시하고 광고
소셜 쇼핑 앱스 (Social Shopping Apps)	ShopKick, Stickybits 등	스마트폰 앱을 통해 온라인·오프라인에서 쇼핑	• 스마트폰기기의 앱을 통해 소비자가 오프라인상의 상점을 방문 시 포인트와 혜택을 제공하는 방식 • 기업은 사용자 이용 패턴, 구매 정보 등의 정보 수집 가능

구매 공유 (Purchase Sharing)	Blipply, Swipely 등	신용카드 결제를 바탕으로 타켓 마케팅	• 소비자의 제품 구매 정보 공유, 기업에 마케팅 도구 제공, 구매한 소비자에게 보상 제공 • 소비자 구매 정보 취급에 따른 보안 등의 문제
퍼스널 쇼퍼 (Personal Shopper)	GoTrylton 등	쇼핑 관련 커뮤니티	• 상품에 대한 다른 사람의 객관적 조언을 얻는 방식 • 사업 초기 단계로 커뮤니티 형태라는 특징

① 플래쉬 세일(FlashSale)

플래시 세일은 기간 한정 온라인 세일 방식으로, 대표적인 예로 방트 프리베(Vente-Privee)는 등록된 회원만 세일 상품을 볼 수 있는 프라이빗 쇼핑 경험을 제공한다. 패션, 아동복, 신발, 스포츠, 자동차, 뷰티, 여행 등 다양한 상품에 최대 70% 할인 혜택을 제공한다.

회원들 간의 입소문을 통해 회원 혜택을 확대하고, 한정된 기간 동안 온라인에서 제품을 판매한다. 특히 회원제 플래시 세일로 유명한데, 세일의 경우에는 36-48시간동안 한정수량 브랜드의 상품을 최대 80퍼센트 이상까지 할인된 가격에 판매한다.

② 그룹 바이(Group-Buy)

그룹 바이는 제한된 인원이 한정된 기간 동안 모여 특정 상품에 대한 할인 쿠폰을 받아 구매하는 공동 구매 모델이다. 다른 플랫폼과 차별화되는 점은 지역 맞춤형 상품 제공에 중점을 둔다는 것인데, 그루폰, 티켓몬스터, 쿠팡, 위메프, 리빙소셜이 대표적인 그룹 바이 모델을 가지고 있는 사례이다. 예로써, 그루폰은 오프라인 지역 업체와 협력하여 온라인에서 상품을 판매하는데, 이러한 접근 방식을 통해 지역 업체는 할인율과 중개 수수료를 마케팅 비용으로 산정하고, 사용자는 최대 50% 할인된 가격으로 상품을 구매할 수 있어 기업과 소비자 모두 만족하는 비즈니스 모델이다. 또한 마케팅 방법으로 그루폰은 친구 추천 및 구매 시 보상 등을 제공하며 구전효과를 활용하고 있다.

③ 소셜 쇼핑(Social Shopping)

소셜 쇼핑은 단순히 할인된 가격으로 상품을 판매하는 것이 아니라, 사용자들이 찾은 평판이 좋은 온라인 소매업체와 상품을 서로 공유하도록 하는 것이다.

예를 들어, 폴리보어(Polyvore)는 패션 쇼핑 포털 역할을 하며 웹사이트, 제품, 패션 정보 등 다양한 정보를 제공하며, 유명인의 패션 스타일과 잡지에 실린 패션 스타일 정보, 그리고 소비자 리뷰도 제공한다. 또한, 사용자가 상품 사진을 업로드하고 어울리는 상품 추천을 요청하면, 해당 상품을 찾을 수 있는 소매업체 웹사이트 링크를 제공하며, 이 모든 것이 소비자들의 자발적인 커뮤니티 활동을 통해 가능하다.

더욱이, 이 사이트에서 공유되는 모든 정보는 페이스북(Facebook), X(트위터), 블로그 등 다양한 플랫폼을 통해 실시간으로 공유되는데, 폴리보어(Polyvore)는 이를 입소문 마케팅이라고 한다. 폴리보어 외에도 소셜 쇼핑 사이트인 카부들(Kaboodle), 라커즈(Lockerz) 등도 소셜 디스커버리 기능을 활용하는 소셜 커머스의 한 유형이다.

④ 소셜 쇼핑 앱스(Social Shopping Apps)

소셜 쇼핑 앱은 위치 기반 쇼핑 앱이다. 오프라인 매장에서 구매하면 리워드와 보상을 제공하며, 적립된 포인트를 쿠폰으로 사용할 수 있다. 기업은 이러한 데이터를 활용하여 사용자 사용 패턴 및 구매 정보 등의 정보를 수집하고 분석할 수 있다.

대표적인 사례가 숍킥(Shopkick)인데, 스마트폰에 Shopkick 앱을 설치한 소비자는 오프라인 매장을 방문할 때마다 "킥"이라는 포인트를 적립할 수 있다. 매장 방문 외에도, 고객은 체크인이나 제품 바코드 스캔을 통해 추가 킥을 적립할 수 있다.

적립된 킥은 타킷, 월마트, 스타벅스 등의 기프트 카드나 상품권, 적십자사 등의 자선 단체 기부 등 다양한 리워드로 교환할 수 있다. 숍킥은 사용자를 위해 지역 브랜드 및 소매업체의 특가 상품, 세일 상품, 쿠폰도 모아 제공하며, Best-Buy, Walmart, Target, Starbucks, Macy's, Sports Authority 등 미국 전역의 주요 소매업체의 기프트 카드, 페이스북 크레딧으로 교환할 수 있으며 P&G, 유니레버, 몬델레즈, 로레알 등 주요 브랜드에서도 킥을 제공해 왔다.

또한, 기업은 소비자가 선호하는 매장, 사용 패턴, 선호도에 대한 수집된 정보를 활용하여 개인 맞춤형 마케팅을 제공할 수 있다. Shopkick 앱은 방문, 체크인, 스캔을 통해 데이터 수집을 통한 소비자 행동을 정확하게 분석할 수 있기 때문에 가능하며, 소비자는 선호하는 매장의 할인 쿠폰을 받고, 이벤트에 대한 푸시 알림을 받는 등의 혜택을 받을 수 있다.

⑤ 구매 공유(Purchase-Sharing)

구매 공유형 소셜 커머스는 소비자가 제품 구매 정보를 공유할 수 있도록 하여 기업에 마케팅 도구를 제공하는 동시에, 구매하는 소비자에게 금전적 보상을 제공한다.

대표적인 사례가 스와이플리(Swipely)인데, 소비자가 사이트에 신용카드를 등록하고 상품이나 서비스를 구매하면, 이 구매 정보는 마케팅 목적으로 기업에 제공된다.

이러한 마케팅 방법을 통해 기업은 제품이나 서비스를 구매하는 소비자에게 포인트를 제공하여 재구매 고객을 유치할 수 있으며, 나아가 포인트를 적립한 소비자가 친구나 지인에게 제품과 서비스를 홍보하는 등 바이럴 마케팅 효과를 얻을 수 있다.

⑥ 퍼스널 쇼퍼(Personal Shopper)

GoTryItOn은 무엇을 입을지, 무엇을 구매해야 할지 등을 고민할 때 소셜 네트워크를 통해 친구나 지인들 또는 네트워크상의 다른 사람들로부터 조언을 얻는 유형의 소셜 커머스이다. 즉, 소셜 네트워크를 통해 상품에 대한 다른 사람의 객관적 조언을 얻는 것이다.

커머스 이용자와 참여하는 사업자가 많아지면, 참여자에 포인트를 제공하고, 참여자들의 상호작용에 의해서 사업자는 구전효과를 얻는다. 또한 사이트 운영자는 수익 모델로 광고수입 등을 기대하는데, 현재로서는 사업초기 단계로 아직은 순수한 커뮤니티 운영 수준에 머물러있는 상태이다.

GoTryItOn은 소셜 미디어에서 사용자들이 무엇을 입을지, 무엇을 살지 고민할 때 다른 사람들에게 객관적인 조언을 구할 수 있는 소셜 커머스 플랫폼의 한 유형이다. 다시 말해, 소셜 네트워크 서비스 등 소셜 미디어를 통해 다른 사람들로부터 제품이나 서비스에 대한 객관적인 조언을 얻는 것이다.

이 모델은 조언을 제공한 조언자에게 포인트를 제공하고, 커머스 기업은 입소문을 통해 이익을 얻는다. 또한, 이 모델은 사용자가 증가하고 더 많은 기업이 참여할수록 참여 사용자에게 포인트가 지급되고, 참여 기업은 사용자들의 입소문을 통해 이익을 얻고, 사이트 운영자는 광고 수익 등을 창출하는 방식이다.

3 라이브 커머스(Live Commerce)

라이브 커머스 또는 라이브 스트림 쇼핑은 브랜드와 소매업체가 라이브 비디오 스트림이나 쇼핑 가능한 비디오를 활용하여 온라인에서 제품을 판매하는 것을 말한다. 고객은 스트리밍을 보면서 실시간으로 쇼핑하며, 엔터테인먼트와 전자상거래를 동시에 즐길 수 있다.

라이브 커머스는 코로나19 팬데믹을 거치면서 폭발적인 성장을 했는데, 이는 온라인 쇼핑의 추세를 앞당기고, 줌(Zoom)과 같은 화상 통화 서비스를 비즈니스에 사용하거나 친구, 가족과 소통하는 데 더욱 익숙해지게 했다. 라이브 커머스는 라이브 스트리밍 댓글 섹션의 상호작용적인 특성과 진행자가 시청자에게 즉각적인 반응을 제공할 수 있기 때문에 TV 쇼핑보다 더 개인적인 느낌을 주며, 매장의 판매 직원에게서 구매하는 것과 같은 경험과 함께 효율적인 구매를 하도록 하였다.

더불어 인플루언서 마케팅을 통해 브랜드는 제품을 홍보할 수 있도록 하고, 프로필이나 스토리뿐 아니라 라이브 판매 이벤트, 심지어 온라인 경매까지 활용하였으며, 디지털 커머스 기술을 통해서 고객 중심 온라인 애플리케이션에 더욱 스마트하고 접근성이 높게 하였다.

1) 라이브 커머스 개요

라이브 커머스는 몰입형 라이브 비디오 쇼핑 플랫폼과 쇼핑 가능한 비디오를 통해 온라인에서 제품을 판매하는 모델이며, 고객은 실시간으로 브랜드와 상호작용하며, 고객에게는 라이브 스트리밍 이벤트를 시청하는 것과 같은 쇼핑 경험을 제공한다.

라이브 스트리밍(Live Streaming)과 커머스(Commerce)의 합성어인 라이브 커머스는 TV 홈쇼핑과 유사하며, 쇼핑 진행자가 실시간으로 상품을 설명하고 방송 중에 실시간으로 매출을 발생시키는 형태이다. 모바일 단말기의 사용자 급증과 함께 모바일 플랫폼을 중심으로 라이브 커머스 시장이 폭발적으로 성장하고 있다.

전자상거래는 일반적으로 상품 검색, 주문, 구매 및 배송까지 모든 과정을 한 번에 처리하지만, 판매자와 구매자 간의 상호작용에 대한 욕구를 충족하는 데는 어려움이 있다. 라이브 커머스는 구매자가 온라인 라이브 방송을 통해 구매 전에 판매자나 인플루언서에게 질문을 하고 소통할 수 있도록 하며, 판매자와 구매자 간의 실시간 상호작용을 통해 참여를 유도하고 이러한 서로 간의 의사소통을 통해 비대면 쇼핑에 상당한 영향을 주었다.

스마트폰의 보급으로 온라인 소매 시장은 크게 확대되었다. 과거와 달리 건물이 필요 없어 진입 장벽이 낮아졌고, 인건비나 임대료 등 고정 비용이 낮아져 가격 경쟁력을 확보할 수 있어 온라인 소매업체의 빠른 성장을 가져왔다.

특히, 라이브 커머스는 온라인 소매 시장에 새로운 변화를 가져왔는데, 이는 모바일 기기의 확산과 함께 기존 미디어와 차별화되는 모바일 라이브 커머스만의 특별한 경험이 결합된 결과라 할 수 있다.

라이브 커머스가 성공하려면 중요한 요소가 방송 환경, 판매 제품, 그리고 소비자에게 제공되는 혜택과 엔터테인먼트적 요소이며, 더불어 이러한 핵심 요소를 돋보이게 할 수 있는 인플루언서 등과의 협력이 매우 중요하다.

라이브 커머스가 주는 혜택은 다음과 같다.

첫째, 라이브 커머스는 판매 촉진으로 이어진다. 라이브 커머스 전략은 단 몇 분 만에 많은 시청자에게 제품을 노출시켜 판매를 더욱 빠르게 촉진한다.

둘째, 라이브 커머스는 충동구매를 촉진한다. 사람들은 특별 이벤트에 참여할 때 구매 의향이 더 강해지고, 기간 한정 특가 상품을 놓칠까 봐 걱정할 수 있다.

셋째, 라이브 커머스는 더 나은 참여를 촉진한다. 동영상 콘텐츠는 다른 형태의 콘텐츠보다 참여도가 높은데, 사람들은 정적인 광고보다 친구와 동영상을 공유할 가능성이 두 배 더 높다.

넷째, 라이브 커머스는 브랜드 인지도를 높인다. 소비자가 브랜드를 대표하는 얼굴이나 제품을 사용하는 유명 인플루언서를 보게 되면 브랜드를 더 자주 인식하게 될 것이다.

2) 브랜드를 위한 라이브 커머스의 이점

라이브 커머스를 도입하면 브랜드, 소매업체, 그리고 전자상거래 기업이 경쟁 우위를 확보할 수 있는데, 방법은 다음과 같다.

- 전환율 향상: 라이브 쇼핑 이벤트는 재미있고 상호작용적이어서 고객의 체류 시간이 길어진다. 고객이 오래 시청할수록 제품을 인지하는 단계에서 구매 단계로 빠르게 전환할 수 있다. 독점 할인이나 일회성 쿠폰과 같은 기간 한정 전략을 활용하여 고객의 충동구매를 유도해야 한다.
- 라이브 커머스를 활용하는 일부 기업은 일반 온라인 쇼핑보다 최대 10배 높은 전환율을 달성했다.
- 브랜드 인지도 및 매력도 향상: 옴니채널 전략에 라이브 커머스를 추가하는 브랜드는 젊은세대의 관심을 빠르게 끌 수 있다. 젊은 세대는 혁신적이고 상호작용적인 쇼핑 방식을 선호하며, 특히 신뢰할 수 있는 인플루언서의 조언을 받거나 제품을 직접 볼 때 더욱 그렇다.

또한, 라이브 스트리밍은 실시간으로 함께 시청하고, 댓글을 달고, 쇼핑할 수 있는 커뮤니티 의식을 형성한다. 이러한 요소들은 브랜드를 돋보이게 하고 새로운 고객을 유치하는 데 도움이 될 수 있다.

- 참여도와 충성도 향상: 라이브 비디오 쇼핑을 통해 고객은 단순히 제품만 보는 것이 아니라, 제품 비하인드 스토리, 라이브 데모, 다른 구매자의 사용 후기까지 확인할 수 있다. 또한, 질문을 통해 양방향 소통을 통해 신뢰

를 구축하고 재방문을 유도할 수 있다.

- 시장 통찰력 확보: 라이브 스트리밍은 시청자에게 통찰력을 제공하는 중요한 요소이다. 고객의 댓글, 반응, 질문을 통해 많은 것을 배울 수 있으며, 즉석에서 질문에 답변하여 고객이 구매에 대한 확신을 가질 수 있도록 도울 수 있다.

3) 라이브 커머스가 고객에게 제공하는 혜택

라이브 커머스는 브랜드뿐만 아니라 고객에게도 이점을 제공하는데, 다음과 같다.

- 쇼핑 편리성 향상: 라이브 커머스는 온라인 쇼핑의 편리함과 오프라인 매장에서 경험할 수 있는 인간적인 상호작용을 결합한다. 이러한 엔터테인먼트와 편의성의 조화는 쇼핑을 단순한 거래로만 치우치지 않고 더욱 즐겁게 만들어 준다.
- 일부 전자상거래 소매업체는 고객이 쉽게 구매할 수 있도록 라이브 스트리밍에 구매 옵션을 통합하기도 한다.
- 맞춤형 쇼핑 경험 제공: 라이브 비디오 쇼핑 진행자는 시청자의 취향에 따라 상품을 추천할 수 있다. 또한, 고객은 설문조사를 통해 실시간 피드백을 공유하여 진행자가 보여줄 상품을 직접 선택할 수 있다.
- 제품 이해도 향상: 라이브 커머스를 통해 고객은 실시간으로 상품을 보고 상호작용할 수 있다. 상품을 직접 만져볼 수는 없지만, 사이즈를 확인하고 다양한 각도에서 살펴보고 특징을 파악할 수 있어 마치 실제처럼 감각적인 쇼핑 경험을 제공한다.
- 독점 프로모션 제공: 라이브 스트리밍 커머스는 기간 한정 특가, 독점 할인, 신제품 선공개 기회를 선호하는 고객에게 적합하다.

4) 라이브 커머스의 유형

전자상거래 마케터는 다음을 포함한 네 가지 유형의 라이브 커머스를 사용한다.

첫째, 온라인 마켓플레이스이다. 알리바바, 이베이, 아마존과 같은 온라인 마켓플레이스는 라이브 비디오 쇼핑을 자사 마켓플레이스 경험의 일부로 통합하여 전자상거래 플랫폼에 통합한다. 이러한 통합을 통해 판매자는 더 많은 고객에게 도달하고 제품을 홍보할 수 있다.

예를 들어, 아마존 라이브 커머스는 판매자와 인플루언서가 라이브 스트림을 통해 제품 기능을 선보일 수 있도록 지원한다. 비디오 바로 옆에 있는 구매 옵션을 통해 고객은 더욱 쉽게 쇼핑할 수 있다.

둘째, 튜토리얼이다. B2C 전자상거래 브랜드, 특히 뷰티 및 스킨 케어 분야는 라이브 제품 데모를 통해 고객에게 제품 사용 방법을 보여주고 관련 상품을 교차 판매한다. 이러한 튜토리얼은 유용한 팁과 요령을 공유하여 시청자의 시간을 더욱 가치 있게 만든다.

셋째, 라이브 이벤트이다. 라이브 이벤트와 FAQ는 기업이 라이브 스트리밍 커머스를 활용하여 제품을 알리고 인지도를 높이는 또 다른 방법이다. 이러한 비디오 방송을 통해 브랜드는 고객의 질문에 직접 답변할 수 있으며, 이는 브랜드 리콜을 높이는 데 도움이 된다. 기업은 라이브 이벤트를 통해 신제품을 출시하고 교육 세션이나 워크숍을 제공할 수도 있다.

넷째, 라이브 경매이다. 라이브 경매는 시청자가 온라인 쇼핑의 편리함을 누리면서 실시간 입찰에 참여할 수 있는 인기 있는 라이브 커머스 방식이다. 진행자는 라이브 스트리밍 중에 제품을 소개하고, 고객은 입찰 전에 질문을 할 수 있다.

5) 라이브 커머스와 소셜 커머스의 비교

라이브 커머스는 라이브 스트리밍 앱을 사용하여 실시간 상호작용적인 쇼핑을 제공하는 반면, 소셜 커머스는 실시간 상호작용 없이 소셜 미디어 플랫폼에서 직접 판매하는 방식이다.

라이브 커머스는 라이브 비디오 스트리밍을 통해 고객이 진행자 및 인플루언서와 소통하고, 질문하고, 구매할 수 있도록 한다. 실시간 연결은 시청자의 참여를 유도하고, 제품 혜택에 대한 정보를 제공하며, 궁금한 점을 즉시 해소할 수 있도록 하는 데 매우 중요하다.

이러한 상호작용은 브랜드와 고객 간의 신뢰를 구축하며, 라이브 커머스는 플래시 세일, 특별 할인, 기간 한정 특가 등을 통해 전환율을 높인다.

소셜 커머스는 소셜 미디어의 광고, 게시물 또는 앱 내 스토어를 활용하여 제품을 홍보하고 판매하며, 리뷰와 사용자 생성 콘텐츠를 통해 신뢰를 구축한다. 소셜 커머스가 라이브 커머스와 다른 점은 사용자가 자신의 경험을 공유하고 네트워크에 제품을 추천하는 입소문 효과를 창출할 수 있다는 것이다.

[표 6.6]은 라이브 커머스와 소셜 커머스의 차이점을 나타내고 있다.

표 6.6 라이브 커머스와 소셜 커머스의 차이점

	Live commerce	Social commerce
목표 고객	• 대화형 개인화 쇼핑 경험을 원하는 고객	• 편리하고 캐주얼한 쇼핑 경험을 원하는 고객
상호작용	• 고객과 호스트 간의 실시간 상호작용	• 상호작용이 부족, 거래는 게시물이나 광고를 통해 이뤄짐
참여	• 라이브 Q&A, 데모 및 긴급요인으로 인해 높음	• 좋아요, 댓글, 공유 등을 통해 참여
긴급요인	• 시간에 민감한 거래와 제한된 제품 가용성으로 인해 긴급요인 발생	• 시간에 얽매인 긴급요인 부족
적합한 분야	• 데모 및 실시간 상호작용이 필요한 뷰티, 패션, 전자 및 럭셔리 제품	• 고객 리뷰와 추천이 필요한 라이프스타일, 홈 인테리어, 일상용품

6) 라이브 커머스 활용 사례

라이브 커머스가 번창하는 이유는 플랫폼들이 비디오, 소셜 연결, 그리고 즉석 쇼핑을 하나의 완벽한 경험으로 통합하는 방법을 찾아냈기 때문인데, 이러한 성장세를 이끄는 요인과 각 플랫폼의 차별점은 다음과 같다.

(1) 틱톡 라이브 쇼핑(TikTok Live Shopping)

사용자의 70%가 18세에서 34세 사이인 TikTok은 Z세대를 타깃팅하는 데 필수적인데, 틱톡은 이미 제품 검색 방식에 영향을 미치고 있지만, 틱톡 라이브 쇼핑은 브랜드와 인플루언서들이 더욱 직접적으로 라이브 스트리밍을 진행하고, 실시간으로 제품을 선보이고, 시청자의 질문에 답하고, 독점 혜택을 제공할 수 있도록 한다.

틱톡의 차별점은 진정성과 소통을 갈망하는 젊은 세대를 타깃팅할 수 있다는 것이며, 틱톡의 라이브 스트리밍은 편안하고 진솔하며 공감할 수 있는 경험을 제공한다. 스킨케어 데모, 트렌디한 패션 하울, 기기 리뷰 등 어떤 콘텐츠라도 틱톡의 방법론은 적합한 타깃 고객에게 콘텐츠를 노출하여 구매를 유도한다.

(2) 인스타그램 라이브 쇼핑(Instagram Live Shopping)

인스타그램은 오랫동안 패션, 뷰티, 라이프스타일 플랫폼으로 활용되었기에 인스타그램 라이브 쇼핑이 활성화된 것은 당연하다. 브랜드와 인플루언서는 라이브 스트리밍 중에 상품을 태그하여 시청자가 앱을 벗어나지 않고도 즉시 상품을 둘러보고 구매할 수 있도록 지원한다.

인스타그램의 개인 맞춤화는 라이브 투표, Q&A 스티커, 카운트다운과 같은 도구를 통해 브랜드는 시청자와 직접 소통할 수 있도록 운영되고 있다. 진행자는 제품과 관련된 현실적인 질문을 통해 시청자가 참여하고 공감하는 느낌을 줄 수 있다. 이러한 상호작용은 쇼핑을 개인적이고 흥미롭게 만들어 판매 가능성을 높인다.

(3) 아마존 라이브(Amazon Live)

아마존은 아마존 라이브를 통해 자사의 거대한 전자상거래 생태계에 라이브 커머스를 도입했다. 현대식 QVC와 비슷하지만 더욱 스마트하고 편리하며, 브랜드와 인플루언서들은 라이브 제품 데모를 진행하고, 특징을 강조하며, 시청자와 소통하는 동시에, 쇼핑객들은 클릭 후 즉시 구매할 수 있다.

아마존 라이브의 가장 큰 장점은 원활한 연동인데, 리뷰, 추천, 믿을 수 있는 배송 서비스는 구매를 앞둔 쇼핑객들에게 큰 도움이 된다. 브랜드에게 아마존 라이브는 특히 수요가 높은 제품의 전환으로 이어지는 직접적인 경로이다.

(4) 유튜브 라이브 쇼핑(YouTube Live Shopping)

유튜브의 강점은 장편 콘텐츠에 있으며, 유튜브 라이브 쇼핑은 이러한 강점을 잘 활용한다. 브랜드는 실시간 스트리밍을 통해 튜토리얼, 언박싱, 제품 데모, Q&A 등을 제공하며, 이 플랫폼은 구매자가 결정을 내리기 전에 더 많은 정보가 필요한 IT 기기, 뷰티 제품 또는 가전제품에 적합하다.

시청자는 질문을 하고, 제품 작동 모습을 보고, 삽입된 링크를 클릭하여 구매할 수 있어 양방향적이고 원활한 경험을 제공하고, 고가 제품을 판매하는 기업의 경우, 유튜브의 투명성과 깊이 있는 콘텐츠가 고객 간의 신뢰와 확신을 구축하는 데 도움이 된다는 것을 알게 되었다.

(5) 페이스북 라이브 쇼핑(Facebook Live Shopping)

페이스북 라이브 쇼핑은 판매를 촉진하는 동시에 커뮤니티를 구축하는 데 중점을 두는데, 특히 소규모 기업들은 페이스북 라이브 쇼핑을 통해 제품을 홍보하고, 고객과 직접 소통하며, 지속적인 관계를 구축한다.

페이스북의 강점은 타킷팅 기능에 있는데, 이를 통해 브랜드는 맞춤형 콘텐츠로 특정 고객에게 도달할 수 있으며, 미국 소비자의 약 20%가 페이스북에서 쇼핑 검색을 시작한다는 점을 고려하면, 페이스북 라이브 쇼핑은 발견과 전환을 촉진하는 강력한 플랫폼으로 활용되고 있다.

제 7 장

전자상거래 보안 및 결제

1. 전자상거래 보안
2. 정보보안의 구조
3. 전자상거래 보안 기술의 기업 적용 사례
4. 전자상거래 결제 서비스

제7장

전자상거래 보안 및 결제

정보화 시대에 모든 산업활동과 사람들의 생활에서 정보 그 자체가 주요한 자산이며 원천이 된다. 그러나 정보를 이용하고 취급할 때 정보 유출이나 관리 소홀로 인해 보안이 취약해지고, 이로 인한 정보의 무단 유출, 파괴, 변조 등의 불법 행위가 발생하게 된다.

특히 불법 사용자에 의한 개인정보의 파기나 변조 또는 유출, 그리고 기업의 중요 기술 및 연구 정보의 유출은 개인이나 기업 모두에게 심각한 피해를 초래할 수 있으며, 개인정보는 사용자의 인지나 동의 없이 유출될 수 있으며, 기업의 경우 정보 유출은 기업에 막대한 손실을 초래할 수 있다.

전자상거래에서 보안문제는 가장 중요한 이슈 중 하나이다. 초기의 전자상거래는 시스템, 거래, 배송, 결제 등 모든 면에서 불안정하고 많은 보안문제를 가지고 있었다. 지금은 IT의 발달과 업체들의 노력, 그리고 사용자들의 인식의 변화 등으로 보안에 대한 노력을 기울여왔으며, 상당히 안정적인 구조를 갖추게 되었으나 보안은 지속적인 이슈로 남아있다.

전자상거래는 디지털 기술의 발전과 함께 빠르게 성장하며 우리의 소비 방식을 크게 변화시켰다. 이제는 시간과 장소에 구애받지 않고 상품이나 서비스를 구매하는 것이 일상이 되었고, 이에 따라 상품이나 서비스를 구매하고 대금을 지불하는 방식에도 변화가 일어나, 오프라인 매장에서 직접 결제하던 전통적 방식 대신 온라인상에서 편리하고 안전하게 거래를 완료할 수 있는 전자상거래 결제 서비스가 급속히 확산되었다. 특히, 사용자의 편의성과 거래의 안전성을 동시에 만족시킬 수 있는 결제 서비스의 중요성은 그 어느 때보다 강조되고 있다.

전자상거래 결제 서비스는 구매자와 판매자 간의 거래를 연결해주는 핵심 인프라로, 실시간성, 비대면성, 글로벌 접근성 등의 특징을 기반으로 하며, 모바일 기반의 간편결제 서비스가 일반적이며 소비자들의 구매 경험을 획기적으로 변화시키고 있고, 결제 서비스의 보안성과 편의성을 높이기 위한 다양한 기술 혁신이 발전하고 있다.

사용자는 전자상거래 결제 서비스의 편의성, 신뢰성, 보안성을 가장 중요하게 인식하고 있으며, 전자상거래의 주요 요소로 작용하고 있다. 본 장에서는 전자상거래 보안과 결제 서비스의 특징과 유형, 적용되는 기술, 그리고 실제 활용 사례에 대해서 알아보겠다.

1 전자상거래 보안

전자상거래는 전 세계적으로 점점 더 중요한 경제 활동으로 자리 잡고 있으며, 그에 따라 보안의 중요성 또한 커지고 있다. 온라인 상에서 상품과 서비스를 거래하는 과정에서 발생하는 다양한 보안 위협은 사용자와 기업 모두에게 심각한 문제를 야기할 수 있다. 전자상거래 보안은 이러한 위협에서 거래 정보를 보호하고, 안전한 거래 환경을 구축하는 데 필수적인 요소다. 전자상거래 보안은 기술적, 법적, 관리적 측면에서 여러 요소가 복합적으로 작용하는 영역이다.

전자상거래가 일상적인 쇼핑 및 거래 방식으로 자리 잡으면서, 그에 따른 보안 문제가 더욱 중요한 과제가 되었다. 온라인 결제 시스템, 개인정보 보호, 금융 거래의 안전성 등 전자상거래에서 처리되는 민감한 정보들이 대량으로 유통되기 때문에, 이를 보호하지 않으면 사기, 해킹, 데이터 유출 등의 심각한 위험에 직면할 수 있다. 이러한 위험은 기업의 이미지를 손상시킬 뿐만 아니라, 법적 책임을 초래하고, 소비자와의 신뢰를 잃게 만든다. 또한, 전자상거래의 글로벌 확장성은 보안에 대한 국제적인 요구를 더욱 높이고 있다.

전자상거래 보안은 온라인 환경에서 거래의 안전성을 보장하기 위한 기술과 절차를 포함하는 개념으로, 정보의 기밀성, 무결성, 인증, 부인 방지 등의 요소를 포함한다. 전자상거래는 인터넷 등을 통한 온라인상의 데이터 전송과 결제를 기반으로 하기 때문에 해킹, 피싱, 데이터 위변조, 개인정보 유출 등의 다양한 보안 위협에 노출되어 있다. 이와같이 전자상거래 보안은 사용자의 신뢰를 확보하고, 안전한 거래 환경을 구축하는 데 필수적인 요소이다.

온라인 환경에서는 해커나 악성 코드에 의해 시스템이 공격당할 가능성이 있으며, 전송되는 데이터가 중간에서 탈취되거나 변조될 수도 있다. 또한, 거래가 이루어진 후에도 상대방이 거래 사실을 부인하거나, 허위 결제를 통해 사기를 저지르는 등의 위험이 존재한다. 이와 같은 위협에서 전자상거래를 보호하기 위해 정보 보안 기술을 적용하며, 거래 과정에서 발생할 수 있는 다양한 보안 취약점을 보완할 수 있다.

전자상거래 보안의 필요성은 온라인 거래의 증가와 함께 더욱 강조되고 있는데, 온라인 쇼핑, 온라인 뱅킹, 모바일 결제 등이 활성화됨에 따라 거래 데이터와 개인 정보의 보호가 무엇보다 중요하다. 특히, 금융 정보 유출이나 신원 도용 등의 사건이 발생할 경우, 소비자는 경제적 피해를 입을 뿐만 아니라 기업의 신뢰도도 크게 하락할 수 있다. 따라서 전자상거래 기업들은 보안 체계를 강화하고, 안전한 결제 시스템을 구축하며, 사용자 인증 절차를 철저히 하는 등의 지속적인 노력을 기울이고 있다.

1) 전자상거래 보안의 기본요소

전자상거래에서 보안 요소란 정보보안 시스템이 반드시 갖추어야 할 시스템의 요소들을 말한다. 온라인 비즈니스는 개방형, 양방향성을 특징으로 하기 때문에 거래정보의 보안유지를 어렵게 한다. 재정적인 피해가 크지 않다고 하더라도 개인적 거래정보나 신상정보가 제3자에게 노출되거나 개인의 신용정보가 유출되어 악용될 가능성이 많다. 이러한 취약성들을 극복하기 위하여 구현되어야 할 보안상의 기본적인 기능은 다음과 같다.

(1) 기밀성(Confidentiality)

전자상거래에서의 기밀성은 사용자와 기업 간에 주고받는 정보, 특히 개인정보와 결제 정보가 외부에 노출되지 않도록 보호하는 것을 의미한다. 즉, 기밀성은 메시지와 데이터를 볼 권한이 있는 사람에게만 제공하는 기능을 말한다. 기밀성은 때때로 개인 정보 보호와 혼동되는데, 개인 정보 보호는 고객이 전자상거래 상인에게 제공하는 정보의 사용을 제어할 수 있는 기능을 말한다.

즉, 기밀성은 제3자가 전송 내용을 획득하지 못하도록 하는 것을 의미하는데, 예를 들어, 전자결제를 위해 온라인 판매자에게 은행 계좌 번호와 비밀번호를 전송할 때, 도청이나 스니핑 등 기타 수단으로 가로채더라도 내용을 해독할 수 없도록 암호화하여 전송해야 한다.

이를 위해 전자상거래 플랫폼은 데이터를 전송할때 SSL/TLS 암호화 기술을 적용하여 네트워크를 통한 중간 탈취를 방지한다. 웹사이트 주소창에서 HTTPS가 표시되는 것도 이 기술이 적용되었음을 나타낸다. 만약 기밀성이 확보되지 않으면 해커는 중간에서 정보를 가로채고, 이를 금융사기나 스팸 공격에 악용할 수 있다.

(2) 인증(Authentication)

인증은 전자상거래 플랫폼에 접근하는 사용자나 시스템의 신원을 검증하는 과정으로, 보안의 기초가 되는 절차다. 전자상거래 보안에서 인증 원칙은 판매자와 구매자가 모두 실제 존재해야 한다는 것을 요구한다. 즉, 온라인상에서 거래하는 사람이나 조직의 신원을 식별하는 능력을 말한다. 사업체는 실제이며, 정품 품목이나 서비스를 취급하며, 약속한 것을 제공해야 한다. 고객은 또한 판매자가 온라인 거래에 대해 안전하다고 느낄 수 있도록 신원 증명을 제공해야 하며, 인증 및 식별을 보장할 수 있다.

즉, 인증은 정보를 보내는 사람이 누구인지 신원을 확인하는 것이다. 예를 들어, 판매자 관점에서 고객이 상품 대금 결제를 위해 신용카드 번호를 보낼 때, 인증은 고객이 신용카드의 실제 소유자인지 확인하는 과정이다.

일반적으로 ID와 비밀번호를 사용하는 방식 외에도, OTP(일회용 비밀번호), 생체인식, 금융인증서, 공동인증서 등 다중 인증 절차가 사용되며, 이를 통해 불법 접근이나 계정 탈취를 방지할 수 있다. 또한 웹사이트의 서버도 신뢰할 수 있는 기관의 SSL 인증서를 통해 본인임을 입증해야 하며, 정확한 인증 절차는 전자상거래의 정당성과 안전성을 확보하는 데 필수적이다.

(3) 무결성(Integrity)

무결성은 전자상거래상에서 고객이 온라인에서 공유한 모든 정보가 변경되지 않도록 보장하는 것을 의미한다. 이 원칙은 온라인 비즈니스가 아무것도 변경하지 않고 제공된 고객 정보를 활용하고 있다고 명시한다.

전자상거래에서 무결성은 과정에서 전달되거나 저장된 데이터가 변조되거나 위조되지 않고 원래의 상태로 유지되는 것을 말한다. 다시 말하면, 무결성은 웹사이트에 표시되거나 온라인상에서 전송되거나 수신되는 정보가 승인되지 않은 당사자에 의해 어떤 방식에 의해 변경되지 않았는지 확인하는 기능을 말한다.

예를 들어, 승인되지 않은 사람이 온라인 커뮤니케이션의 내용을 가로채서 변경하는 경우 메시지의 무결성이 손상된 경우나, 고객이 주문한 상품 정보나 결제 금액이 해커에 의해 조작되어 거래의 신뢰가 무너지고, 고객 불만과 법적 분쟁으로 이어지는 경우가 발생할 수 있는데, 이를 방지하기 위해 해시(Hash) 방법론이나 전자서명 같은 기술이 사용되며, 거래 내용이 위변조 되었는지 검증할 수 있도록 시스템이 설계된다.

(4) 부인방지(Nonrepudiation)

부인 방지는 전자상거래 참여자가 온라인 작업을 거부하지 않도록 하는 기능을 말한다. 예를 들어, 별칭이 있는 무료 이메일 계정이 제공되면 사람이 댓글을 게시하거나 메시지를 보내고 나중에 거부할 수 있다.

전자상거래에서 부인방지는 거래가 이루어진 후, 거래 당사자가 자신이 그 행위를 하지 않았다고 부인할 수 없도록 하는 보안 기능이다. 이는 전자상거래에서 결제 완료나 상품 발송 등의 행위가 발생했음을 명확히 입증할 수 있도록 로그 기록, 전자서명, 거래 내역 저장 등의 방식으로 실현된다. 이러한 보안 요소는 추후 분쟁 발생 시 법적 증거로 활용되며, 신뢰할 수 있는 상거래 환경을 유지하는 기반이 된다. 특히 전자계약서와 전자세금계산서 등이 법적 효력을 갖는 이유도 부인방지 기능이 갖춰졌기 때문이다.

(5) 사용자 중심의 보안 설계(User-Centered Security Design)

전자상거래 보안은 단순히 강력한 기술을 도입하는 데서 끝나는 것이 아니라, 사용자가 쉽게 이해하고 실행할 수 있는 방식으로 설계되어야 한다. 너무 복잡하거나 불편한 보안은 사용자의 이탈을 유발할 수 있기 때문이다.

예를 들어 간편결제와 생체 인증을 결합하거나, 비밀번호 강화 안내, 자동 로그아웃 기능, 거래 알림 등을 통해 보안성과 편의성을 동시에 제공하는 것이 중요하다. 또한 사용자가 자연스럽게 보안에 참여할 수 있도록 하는 사용자 친화적인 보안 설계 역시 전자상거래에서 매우 중요하다.

2) 전자상거래 보안의 중요성

전자상거래 환경에서 다양하고 복잡한 거래들이 이뤄지지만, 무엇보다 판매자와 구매자가 신뢰를 갖고 안정적인 거래를 할 수 있도록 하는 것이 중요하며, 보안이 중요한 이유는 다음과 같다.

첫째, 금전적 손실 방지이다. 전자상거래는 본질적으로 금융 거래를 포함하기 때문에 보안 사고는 직접적인 금전적 손실로 이어질 수 있다. 신용카드 정보 유출, 사기 거래, 결제 시스템 해킹 등은 기업과 소비자 모두에게 심각한 피해를 줄 수 있다. 데이터 유출이 발생 했을때 기업은 포렌식 조사, 시스템 복구, 법적 비용, 고객 보상, 규제 기관 벌금 등의 직접 비용 뿐만 아니라 평판 손실, 주가 하락, 고객 이탈 등의 간접 비용도 부담해야 한다. 소비자 측면에서도 신용카드 도용, 신원 도용, 피싱 사기 등으로 인한 금전적 피해가 심각한 문제이다. 따라서 적절한 보안에 대한 투자는 잠재적 손실을 예방하는 비용 효율적이며 필수적인 선택이다.

둘째, 고객 신뢰 구축이다. 전자상거래에서 신뢰는 성공의 핵심 요소이다. 고객은 개인정보와 금융 정보를 안전하게 보호할 수 있는 기업과 거래하기를 원한다. 보안 사고가 발생하면 기업 신뢰도가 급격히 하락하며, 이는 장기적인 매출 감소로 이어질 수 있다. 반면, 강력한 보안 체계를 갖추고 이를 명확히 소통하는 기업은 경쟁 우위를 확보할 수 있다.

셋째, 법적 규제 준수이다. 전 세계적으로 데이터 보호와 프라이버시 관련 규제가 강화되고 있으며, 이를 위반할 경우 심각한 법적 제재가 따른다. 유럽의 일반 데이터 보호 규정(GDPR), 미국의 캘리포니아 소비자 프라이버시법(CCPA), 한국의 개인정보 보호법 등이 대표적인 예이다. 이는 기업이 고객 데이터를 어떻게 수집, 저장, 처리해야 하는지에 대한 엄격한 지침을 제공한다. 이러한 규제는 단순한 법적 의무를 넘어, 안전한 전자상거래 환경 구축을 위한 최소한의 보안 표준을 제시한다는 의미가 있다.

넷째, 비즈니스 연속성 보장이다. 보안 사고는 전자상거래 비즈니스의 운영 중단을 가져올 수 있다. 랜섬웨어 공격, 디도스(Distributed Denial of Service) 공격, 시스템 해킹 등으로 인해 웹사이트나 애플리케이션이 작동을 멈추면 직접적인 매출 손실 외에도 고객 이탈, 파트너사 신뢰 상실 등의 추가적인 피해가 발생한다.

다섯째, 글로벌 시장 접근성이다. 전자상거래는 글로벌 시장 진출의 핵심 채널이지만, 국가별로 상이한 보안 및 프라이버시 규제는 거대한 장벽이 될 수 있다. 적절한 보안 체계를 갖춘 기업은 다양한 국가의 규제를 효과적으로 준수할 수 있으며, 이는 글로벌 확장의 기회를 넓히는 데 도움이 된다. 또한, 국제 인증이나 글로벌 보안 표준 준수는 해외 파트너와의 협력이나 해외 소비자의 신뢰 획득에 중요한 요소이다.

3) 전자상거래 보안의 특징

전자상거래 보안은 오프라인 환경과는 다른 여러 가지 고유한 특성을 가지고 있는데, 대표적으로 개방성, 익명성, 실시간성, 데이터 기반성, 공격 기술의 진화성, 그리고 신뢰 기반성 등이 있다.

첫째, 전자상거래는 기본적으로 온라인상에서 거래가가 이루어지기 때문에 누구나 접근할 수 있는 개방적 구조를 가지고 있다. 이로 인해 불특정 다수의 사용자 역시 접속이 가능하며, 이러한 사용자들에 의한, 시스템의 취약점을 노리는 외부 공격도 상대적으로 빈번하게 발생한다. 특히 최근 들어 다양한 플랫폼과 시스템이 연동되면서 보안의 범위는 더욱 넓어지고 복잡해졌다.

둘째, 전자상거래는 익명성이 강조되는 환경이다. 오프라인 상점에서의 판매나 구매의 경우와 달리 온라인에서는 판매자와 구매자가 서로의 신원을 직접 확인하지 않은 상태에서 거래가 이루어지기 때문에, 사기나 신원 도용의 위험이 존재한다. 특히 중고 거래나 개인 간 직거래의 경우 이러한 문제가 자주 발생하며, 이를 보완하기 위한 수단으로는 전자서명, 인증서, 본인인증 등의 기술이 활용된다.

셋째, 전자상거래는 실시간성이 매우 강한 구조를 보인다. 상품 주문, 결제 승인, 배송 요청 등 모든 거래 과정이 실시간으로 진행되며, 보안 사고 발생 시 대응이 지연되면 그 피해 규모는 엄청나게 커질 수 있다. 예를 들어, 실시간 결제 시스템에서 공격이 발생하면 다수의 고객 결제가 동시에 유출되거나 조작될 수 있으며, 이 경우 기업은 단기간 내에 신뢰를 상실할 수 있다. 이를 방지하기 위해 보안 로그의 실시간 모니터링, 이상 거래 탐지 시스템, 실시간 인증 시스템 등의 기술이 활용되고 있다.

넷째, 전자상거래는 모든 거래 과정이 디지털 데이터 기반으로 이루어진다. 종이 서류나 대면 계약 없이 모든 과정이 온라인상에서 이뤄지기 때문에, 데이터의 위조, 삭제, 복제, 도청 등의 보안 위협에 취약하다. 특히 개인정보나 결제정보가 암호화되지 않은 상태로 저장되거나 전송될 경우, 해커에 의해 쉽게 탈취될 수 있다. 이를 막기 위해 암호화 통신, 전자서명, 블록체인 기반 스마트 계약 등이 보편화되고 있다.

다섯째, 사이버 공격 기술은 매우 빠르게 지능화되고 고도화되고 있다. 이에 대응하기 위해서는 단순한 보안 솔루션 도입만으로는 부족하며, 전사적인 보안 교육과 보안 인식 제고, 지속적인 보안 시스템 업데이트가 필수적으로 요구된다. 또한 스마트폰의 보급 확대와 노인층의 스마트폰 사용에 따른 전자상거래 참여 등으로 인한 사이버 범죄 확대가 문제 되고 있다.

마지막으로, 전자상거래 보안은 결국 사용자 신뢰와 직결된다. 한 번의 보안 사고로 인해 수천 명의 고객 정보가 유출된다면, 기업은 금전적 손해, 이미지 추락, 시장 신뢰도 하락 등의 심각한 피해를 겪게 된다. 반면, 투명한 보안 정책과 인증된 시스템을 운영하는 기업은 고객에게 높은 신뢰를 줄 수 있으며, 이는 장기적인 기업의 브랜드 가치로 이어질 수 있다. 따라서 보안은 선택이 아닌 필수이며, 기업의 생존과 직결된 경쟁력이라 할 수 있다.

전자상거래에 참여하는 기업들의 특성상 기업은 가치 창출을 통해 경쟁 우위를 확보하여 존속하는 것이 가장 큰 목적이다. 하지만 기업이 보안 문제로 인해 기업 평판 리스크를 안게 된다면 기업에게는 큰 위협이 되며, 업계 특성상 신뢰는 곧 생존과 직결되는 만큼, 전자상거래 보안에 있어서는 철저한 관리가 필요하다.

추가적으로 전자상거래 보안은 일반적인 정보 보안과 구별되는 몇 가지 고유한 특징을 가지고 있다.

- 다층적 보안 구조: 전자상거래 보안은 네트워크, 애플리케이션, 데이터베이스, 결제 시스템 등 단일 솔루션이 아니라, 여러 계층에 걸쳐 구현되어, 하나의 보안 조치가 실패하더라도 다른 계층의 보안 장치가 추가적인 보호를 제공하여 전체 시스템의 보안을 유지할 수 있게 한다.
- 사용자 편의성과의 균형: 전자상거래 보안의 중요한 특징 중 하나는 보안과 사용자 경험(UX) 사이의 균형을 추구해야 한다는 점인데, 보안 수준을 높이면 사용자 불편이 증가하고, 사용자 편의를 강조하면 보안 위험이 커질 수 있다. 예를 들어, 복잡한 비밀번호 요구사항, 여러 단계의 인증 과정, 세션 만료 등의 보안 조치는 사용자 경험을 저하시킬 수 있다.
- 지속적인 진화와 적응: 사이버 위협 환경은 끊임없이 변화하고 있으며, 이에 따라 전자상거래 보안 역시 지속적으로 진화해야 한다. 이러한 특성으로 인해 전자상거래 보안은 일회성 투자가 아닌 지속적인 프로세스로 접근해야 한다. 정기적인 보안 평가, 취약점 스캐닝, 침투 테스트, 보안 패치 적용 등의 활동이 상시적으로 이루어져야 하며, 보안 사고 대응 계획을 주기적으로 업데이트하고 훈련하여 새로운 유형의 공격에도 효과적으로 대응할 수 있는 역량을 갖추어야 한다.
- 제3자 위험 관리: 전자상거래는 결제 처리자, 호스팅 제공업체, 물류 파트너, 마케팅 서비스 등 다양한 제3자 서비스 제공업체와의 협력에 의존하고 있는데, 이러한 파트너십은 비즈니스 효율성을 높이지만, 동시에 보안 위험을 높인다. 실제로 많은 데이터 유출 사고는 취약한 제3자 시스템을 통해 발생하기에 자사 시스템뿐만 아니라 생태계 전반의 보안을 고려해야 한다. 제3자 위험 관리는 파트너 선정 시 보안 평가, 계약상 보안 요구사항 명시, 지속적인 보안 모니터링, 정기적인 보안 감사 등을 포함하는 개념이며, 특히, 클라우드 서비스, SaaS 솔루션, API 연동 등이 증가함에 따라 제3자 위험 관리의 중요성이 더욱 커지고 있다.

4) 전자상거래 보안의 유형

전자상거래에서 보안은 일반적으로 기술적 보안, 관리적 보안, 그리고 물리적 보안 3가지 유형을 말한다.

첫째, 기술적 보안은 전자상거래 시스템 자체를 보호하기 위한 정보보호 기술로 구성된다. 데이터 암호화, 사용자 인증, 접근 제어, 침입 탐지 및 방지, 보안 프로토콜 등이 포함된다. 암호화 기술은 고객의 개인정보와 거래 정보를 안전하게 보호하고, 인증 기술은 사용자의 신원을 검증하여 허가되지 않은 접근을 차단한다. 접근 제어 시스템은 사용자별 권한을 제한하여 내부자에 의한 정보 유출을 방지하고, 침입 탐지 시스템 및 방화벽은 외부 공격을 실시간으로 차단하거나 대응하는 역할을 수행한다. 일차적으로 이 보안 단계에서 정보가 유출되거나 침범되는 것을 막는 것이 중요하다. 또한 해당 단계가 보안 증진, 혹은 취약점 발생 부분 모두에서 기술 발전 또는 혁신의 영향을 가장 많이 받는다고 할 수 있다.

둘째, 관리적 보안은 조직 차원에서 보안 정책, 보안 교육, 대응 매뉴얼 등을 수립하여 보안을 체계적으로 운영하는 방식이다. 전자상거래 기업은 보안 사고 발생 시 신속하고 정확하게 대응할 수 있도록 내부 보안 규정을 마련하고, 정기적인 보안 점검 및 모의 훈련을 통해 조직 구성원들의 보안 인식을 제고해야 한다. 특히 최근에는 개인정보 보호법 및 정보통신망법 등 관련 법률 준수를 위한 컴플라이언스 관리 체계가 중요하게 강조되고 있다. 기업 내부의 보안 사고는 기술적 문제보다 관리 부주의에서 비롯되는 경우가 많다.

셋째, 물리적 보안은 서버, 데이터센터, 네트워크 장비 등 실제 공간이나 장비에 대한 보호 조치를 의미한다. 접근 통제 장치, 감시 카메라, 생체 인증 출입 시스템 등은 비인가자의 물리적 접근을 제한하는 수단으로 활용되며, 전자상거래 시스템이 안전하게 운영되기 위한 기반 인프라로서 매우 중요한 역할을 한다. 클라우드 환경이 보편화되면서 물리적 보안의 개념은 클라우드 센터와 외부 벤더를 포함하는 확장된 개념으로 이해되고 있다.

5) 전자상거래에서 보안 위협의 유형

전자상거래는 디지털 환경의 특성상 다양한 보안 위협에 직면할 수 있는데 다음과 같다.

- 피싱(Phishing): 사용자 정보를 탈취하는 가장 흔한 공격으로, 공격자는 가짜 웹사이트나 이메일을 제작해 사용자를 속인다. 특히, 할인 이벤트나 세일 기간에는 피싱 이메일이 급증하며, 이는 소비자의 경계심이 낮아지는 시기를 노리는데 대표적으로 블랙프라이데이 직전 가짜 아마존 이메일이 수십만 건 발송된 사례가 보고되었다. 또한 전자상거래 플랫폼에서 해커가 기밀 정보를 훔치려고 매우 개인화된 시도를 하는 스피어 피싱이 증가하고 있는데, 예를 들어, 온라인 소매업체는 신뢰할 수 있는 공급업체나 동료에게서 온 것처럼 보이는 이메일을 받을 수 있으며, 이러한 이메일에 연루되면 민감한 데이터가 손상될 수 있다.
- 맬웨어(Malware): 시스템에 침투해 데이터를 훔치거나 손상시키는 위협으로, 트로이 목마, 스파이웨어, 랜섬웨어 등이 포함된다. 랜섬웨어는 대상 컴퓨터의 데이터를 암호화하고 가상화폐 등으로 복구 비용을 요구하며, 맬웨어는 일반적으로 이메일의 첨부파일이나 다운로드 링크, 그리고 취약한 소프트웨어 등을 통해 주로 유입된다. 예를 들어, 사용자가 의심스러운 할인 쿠폰 링크를 클릭하면 시스템에 맬웨어가 설치된다.
- SQL 인젝션(SQL Injection): 데이터베이스에 악성 코드를 삽입해 민감한 정보를 빼내는 공격으로, 웹 애플리케이션의 입력 검증 부족에서 비롯된다.
- 중간자 공격(Man-in-the-Middle): 사용자와 서버 간 통신을 가로채 데이터를 조작하는 것으로, 공공 와이파이와 같은 보안되지 않은 네트워크에서 자주 발생한다. 예를 들어, 사용자가 카페에서 결제 시 공격자가 데이터를 가로채 신용카드 번호를 탈취하는 경우이다. 사용자가 입력한 데이터는 공격자가 캡처하는데, 여기에는 자격 증명과 결제 세부 정보가 포함된다. 가로채기, DNS 스푸핑, 이메일 하이재킹 및 SSL 스트리핑은 전자상거래 서비스 제공업체에 영향을 미치는 일반적인 중간자 공격 유형 중 일부이다.

- 크리덴셜 스터핑(Credential Stuffing): 유출된 계정 정보를 이용해 시스템에 침투하는데, 사용자가 여러 플랫폼에서 동일한 비밀번호를 재사용하면 위험은 커진다.
- 사회공학적 공격(Social Engineering): 기술적 취약점 대신 인간의 심리적 약점을 노린다. 예를 들어, 고객 지원을 사칭한 전화로 계정관련 정보 등을 요구한다.
- API(Application Programming Interface) 취약점 공격: 전자상거래 플랫폼의 API를 노리는 것으로, 결제 API의 취약점을 이용해 허위 거래를 생성한다. API는 의존도가 높아 사이버 공격의 주요 대상이며, 특히 온라인 스토어로 상당한 양의 트래픽을 생성하고 그 트래픽 중 일부는 신용 카드 번호 및 자격 증명과 같은 민감한 정보가 있는 엔드포인트에 액세스하기 때문이다. 정기적인 보안 감사와 API 구성에 대한 적절한 인증 및 권한 부여 사용 등이 필요하다.
- 내부 위협(Insider Threats): 계약자, 직원, 파트너 등을 포함한 승인된 사용자로부터 발생하는 사이버 보안 위험으로, 의도적이든 의도치 않게 합법적인 액세스를 오용하거나 사이버 범죄자가 계정에 액세스하도록 허용할 수 있다. 예로써, 내부 위협은 직원이나 파트너가 데이터를 유출하는 경우로써 해고된 직원이 고객 데이터를 경쟁사에 판매한 사례가 있다. 이러한 위협은 기술적, 심리적, 조직적 요인이 결합된 다층적 대응을 요구한다.

2 정보보안의 구조

정보보안은 시스템보안과 인터넷 서비스에 대한 보안으로 나눌 수 있다. 시스템 보안을 위해서는 해킹방지기술이 필요하고 서비스보안을 위해서는 암호기술이 필요하다. 문제는 이 두 가지가 동시에 발전해야만 의미가 있는데, 현재는 이 두 가지가 동시에 상업적 거래를 안전하게 보장하기에는 충분하지 못한 실정이다.

1) 시스템보안

시스템 소프트웨어는 기업정보시스템 운영의 기반이다. 시스템 소프트웨어의 손상이나 침해는 회사 전체의 운영을 마비시킬 수 있는 중요한 자산이다. 따라서 시스템 운영 체제, DBMS, 네트워크 시스템을 포함한 시스템 소프트웨어는 중단없이 운영되어야 하며, 문제가 발생하지 않도록 보호 관리해야 한다.

정보시스템은 신속하고 정확한 정보 지원을 필요로 하며, 기록, 현황 보고서 및 기타 필요한 정보 요청 시 정확한 데이터를 제공하는 것이 매우 중요하다. 따라서 각 기업이나 조직은 응용 소프트웨어 및 정보시스템 운영에 필요한 모든 정보의 무단 수정, 파괴, 변경 또는 유출을 방지하기 위해 철저한 데이터베이스 보안 조치를 갖춰야 한다.

응용 소프트웨어 및 정보시스템의 불법적인 사용은 허위정보의 입력, 삭제, 변경 등으로 인해 업무에 혼란과 지장을 초래할 수 있다.

따라서 기업의 중요 응용 소프트웨어 및 정보시스템에 대한 보안은 매우 중요하며, 프로그램과 시스템의 인증 및 무결성을 보장하기 위해 보안 취약점을 파악하고 인증 및 무결성을 강화해야 한다.

이를 위해 인증 서버는 인증 프로세스를 통해 응용시스템 사용 권한을 체계적으로 검증하여 무단 접근을 방지해야 한다. 이를 위해 단일 로그인(SSO)이 활용되는데, 단일 로그인은 단일 사용자가 각 서버에서 실행되는 정보시스템을 사용하고 고도의 사용자 인증을 받은 후, 권한이 부여된 응용 소프트웨어를 실행하고 단일 ID와 비밀번호를 사용하여 서버에 접속할 수 있도록 한다.

단일 로그인(SSO)은 X.509 및 디렉터리 서비스의 높은 수준의 인증 프로세스를 사용하여 구현할 수 있으며, 사용자 편의성을 제공하고 고도의 인증 프로세스를 통해 보안을 더욱 강화할 수 있다.

2) 인터넷 서비스 보안

기업의 정보시스템은 안정적인 네트워크 및 통신망이 필요하며, 이는 기업 내 정보의 전달의 신속성과 신뢰성을 보장하기 위해 반드시 필요하다. 그러나 기업 시스템을 위협하는 외부 침입자는 다양한 방법으로 침입을 시도하며, 이러한 침입을 막고 대응하기 위해서 인트라넷과 같은 독립적인 네트워크를 구성하고, 외부와는 연결은 엑스트라넷과 같은 전용선을 통해 이뤄지게 한다.

기업의 정보시스템은 외부로부터의 위협에 일반적으로 방화벽을 사용하여 접근을 통제하고 보호를 한다. 외부에서 인터넷을 통해 기업 내부의 정보시스템에 접속하기 위해서는 인증 등 보안 정책 및 절차에 따라 통제되고 관리된다.

분산화되고 다양한 인터넷 환경에서는 적합한 형태의 안전하고 실용적인 보안정책을 인프라적 요소로 구현하는 것이 중요하다. 인터넷 기반의 전자상거래 구현의 필수요소인 사용자 신분확인(Authentication) 및 권한인증(Authorization)에 필요한 인증(Certificated Authority) 시스템을 구현하기 위해서는 적합한 보안정책의 설립이 우선 실행되어야 한다.

(1) 암호화(Encryption)

전자결제 시스템에 있어서 가장 중요한 요소가 암호화 방식이다. 개방형 네트워크인 인터넷은 언제든지 목적에 따라서 인터넷상에서 주고받는 다른 사람의 데이터를 확인할 수 있기 때문에 데이터의 암호화는 반드시 필요하다. 전자상거래에서의 암호화는 정보 보호 시 주된 기능이었던 종전의 암호기술에 전자서명, 본인 인증 등의 기능이 추가된 것으로 정보화 사회의 새로운 기반 기술로 자리 잡고 있다.

암호화는 누구나 이해할 수 있는 내용을 허가된 사람만이 이해할 수 있고 다른 사람은 알아볼 수 없도록 암호문으로 변환하는 과정이다. 암호화는 일반적으로 원래의 메시지, 이 메시지를 암호화하는 키, 암호화된 메시지, 암호화된 메시지를 원래의 메시지로 복원시키는 키 등으로 구성된다.

암호화 시스템은 일반적으로 암호화되지 않은 상태의 정보 즉 원문(Plain Text)을 암호문(Cipher Text)으로 만드는 암호화 과정과 그 반대 과정으로 암호문을 다시 원문으로 변환시키는 복호화 과정을 포함하여 이와 같은 과정에서 사용되는 암호화 키 및 전자 정보보호를 위한 일련의 과정을 총칭하는 의미이다.

(2) 비밀키 암호방식(SKI: Secret key Infrastructure), 대칭형 암호방식

비밀키 암호방식은 송신자와 수신자 모두 동일한 비밀키를 사용하는 방식으로서 송신자가 비밀키를 사용하여 메시지를 암호화하고, 수신자는 같은 비밀키를 사용하여 메시지를 복호화한다. 비밀키 암호방식은 1970년대 초부터 상업통신망에 이용되어 온 암호방식으로 대칭형 암호방식이라는 말은 암호화하는 키와 복호화하는 키가 동일하기 때문에 붙여진 명칭이다. 처리속도가 매우 빠르고 암호화의 크기가 상대적으로 작아서 효과적인 장점이 있지만 비밀키 암호방식은 공유키를 대규모로 분산시키는 네트워크 환경에서는 약점이 있다. 대표적인 예로서는 DES(Data Encryption Standard)를 들 수 있다. DES의 대표적인 것이 바로 스마트카드이다. 스마트카드는 원래 IC(Integrated Circuit) 카드라고 하는데, 플라스틱 카드에 IC를 삽입하여 정보를 저장할 수 있다. 스마트카드는 대용량의 메모리, 쌍방향 통신, 정보안전보호기능을 가지고 있어 출근할 때는 신분증으로, 주차장에서는 주차카드로, 은행에 가면 현금카드로 사용할 수 있기 때문에 응용분야가 매우 다양하다.

(3) 공개키 암호방식(PKI: Public key Infrastructure), 비대칭형 암호방식

공개키 암호시스템은 2개의 키로 구성되어 있는데, 암호화하는 키와 복호화하는 키가 서로 다르고, 하나의 키를 확인하더라도 그에 대칭되는 다른 키를 확인하기 어려운 암호방식을 말한다. 암호시스템은 2개의 키를 생성하고, 키 하나를 공개하고 나머지 키를 자신이 보관하여 사용한다. 공개키는 사용자 본인 외에도 많은 사람이 알 수 있도록 공개 되지만, 비밀키는 본인만이 알고 다른 사람은 알 수 없도록 비밀로 유지되어야 한다.

이처럼 공개키 암호화 방식은 암호화하는 키와 복호화 하는 키가 서로 다른 경우이기 때문에 비대칭형 암호방식이라 한다. 사용자 A와 사용자 B가 통신할 때 사용자 A는 사용자 B의 공개키를 이용하여 암호화된 내용을 보내면 사용자 B는 사용자 A로부터 받은 내용을 자신이 가지고 있는 비밀키로 풀어서 확인한다. 그러나 공개키 암호화 방식은 사용하기 편하지만 암호화를 위한 키의 사이즈가 커서 비밀키 암호방식에 비해 상대적으로 속도가 느리고 많은 양의 내용들을 암호화, 복호화가 다소 불편하다.

전자거래 전에 공개키 기반구조를 구축하고, 사용자는 인증기관에서 인증서를 발급받을 수 있으며, 발급받은 인증서는 인터넷을 통한 거래에 사용할 수 있다. 인증기관의 인증서 발급 절차는 다음과 같다(그림 7.1).

- 사용자 A는 자신의 키와 공개키를 2개를 만든다.
- 사용자 A는 자신의 공개 키와 함께 인증서 발급요청서를 인증기관에 제출한다.
- 인증기관은 사용자 A가 제출한 공개 키와 사용자 A의 사용자 정보를 기반으로 만든 인증서를 사용자 A에게 발급한다.
- 발급한 사용자 A의 인증서를 인증 당사자들이 이용할 수 있도록 인증기관의 저장소에 등록한다.
- 사용자 B가 사용자 A의 서명이 있는 전자문서를 검증할 때, 인증기관의 저장소에 있는 사용자 A의 인증서를 사용하여 전자서명을 검증한다.

그림 7.1 인증 프로세스

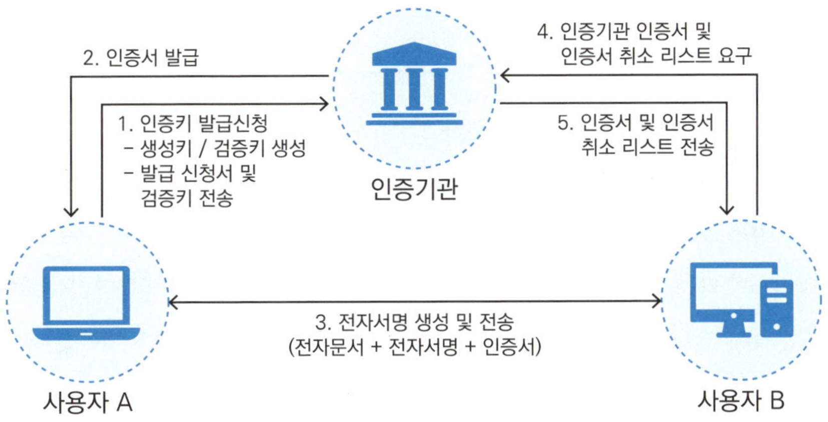

가장 잘 알려진 공개키 방식의 방법론은 RSA(Rivest, Shamir, Adleman)이다. RSA는 매우 큰 소수를 사용하여 키를 만드는데, 큰 소수는 인수분해가 어렵기 때문에 보안성이 뛰어나다.

(4) 복합형 암호방식(Hybrid Cryptosystems)

복합형 암호방식이란 비밀키와 공개키의 장점을 결합한 방식으로 볼 수 있다. 비밀키 암호방식은 공개키 암호방식에 비해 암호화 및 복호화 속도가 빠르다. 그러나 비밀키 암호방식에서는 키를 어떻게 안전하게 분배할 것인가가 중요한 문제이다. 즉, 복합 암호화는 처리시간 단축과 효율적인 키 관리를 결합한 방식으로, 인터넷 이메일 암호화 표준인 PEM(Privacy Enhanced Mail)과 PGP(Pretty Good Privacy)가 대표적인 예이다.

복합형 암호화 방식의 과정은 다음과 같다. 먼저 송신자는 정보를 작성하여 무작위로 임의의 비밀키 또는 대칭 키를 생성하여 메시지를 암호화한다. 그리고 이미 알고 있는 수신자의 공개키로 정보를 암호화하는 데 사용한 비밀 키를 암호화하여 정보와 함께 수신자에게 보낸다. 이렇게 하여 수신된 메시지에 대하여 수신자는 자신의 비밀키로 정보를 암호화하는 데 사용된 비밀 키 또는 대칭 키를 복호화하고 복호화한 비밀키로 메시지를 복호화하여 메시지 내용을 파악한다.

3) 암호화 시스템의 유형

(1) SET(Secure Electronic Transaction)

SET는 인터넷에서 안전한 신용카드 거래를 지원하도록 1996년 비자와 마스터카드에서 개발한 지불 프로토콜로써, 구현이 어렵고 내용이 방대한 정보보호 솔루션이다.

전자상거래의 경우 고객의 입장에서는 안전한 접속과 훌륭한 서비스를 기대할 것이고, 온라인 쇼핑몰의 경우에는 효율적이면서 저렴한 비용으로 처리할 수 있기를 기대하게 되는데, 이 거래를 중간에서 지원해야 하는 입장에 있는 카드사의 경우에는 전통적인 상거래에 미치는 영향을 최소화하면서 전통 상거래와 다른 형태의 서비스를 제공해야 한다.

즉 SET는 전자지불결제 시스템과 관련한 표준으로, 국내외 전자상거래에서 온라인으로 상품을 구매할 경우, 구매자의 신용카드 정보는 구매자 전용 시스템에서 암호화되며, 암호화된 정보가 입력되면 판매자의 결제 시스템에서 카드사에 해당 정보를 확인하여 안전하고 신뢰할 수 있는 결제처리를 보장한다.

SET는 OSI의 응용계층에서 운영되는 프로토콜로서 카드소유자, 상인, 은행, 인증기관, 카드발행처로 구성된다.

그림 7.2 SET의 구성요소

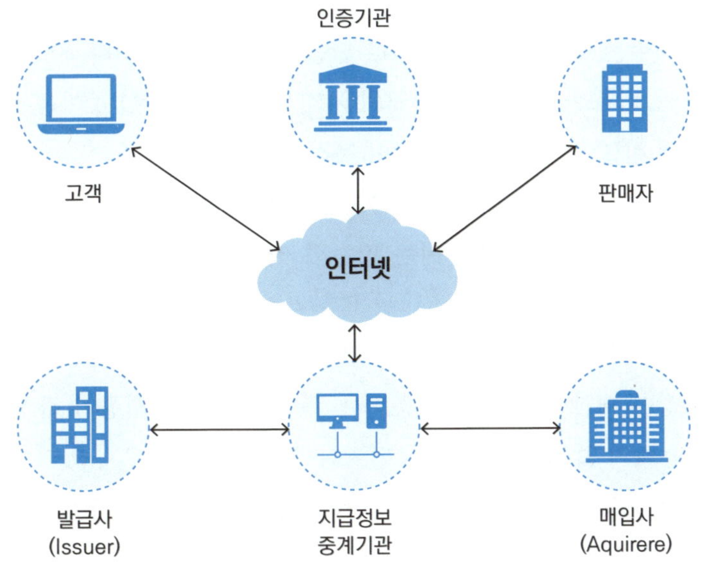

[그림 7.2]에서와 같이 SET 전자상거래의 단계는 다음과 같다.

- 카드소지자는 자기가 구매할 상품을 먼저 검색, 선택
- 카드소지자는 살 상품의 가격과 배달비용, 세금 등을 확인하고 주문서 작성
- 카드소지자는 지불수단을 선택(현재는 신용카드 거래 위주)
- 완성된 주문서를 상인에게 발송, 상인은 금융기관에 지불승인을 요청
- 상인은 승인확인 후 주문확인을 카드소지자에게 발송
- 상인은 상품을 발송하고 동시에 카드소지자의 금융기관에 지불요청

(2) SSL(Secure Socket Layer)

SSL은 넷스케이프(Netscape)에서 개발된 프로토콜로 네트워크 계층에 별도의 보안 전담계층을 추가하여 모든 응용프로그램에게 네트워크 투명성을 제공할 수 있도록 한 보안방법이다. 응용프로그램 자체가 별도의 보안 프로토콜을

구현할 필요가 없게 된다. 보안계층은 TCP/IP 계층 위에 위치하여 소켓(Socket)을 통한 암호화 채널을 사용한다. 따라서 특정한 웹 애플리케이션을 위한 보안 프로토콜이 아닌 일반적인 인터넷 환경에서 웹 브라우저와 서버 사이에 커뮤니케이션을 해주는 웹 커넥션 형식으로 만들어진 프로토콜이다. SSL은 기본적으로 신분확인, 암호화, 그리고 메시지의 무결성을 보장해 주며, 이는 인터넷 간의 채널을 통해 비밀 보장 서비스 제공이 목적이다.

SSL은 정보의 교환 간에는 인증수단으로 RSA 방식을 사용하고 지급수단으로서 신용카드가 이용될 경우에는 정보의 전송방식에 DES 표준을 이용하고 있다.

SSL에서는 인증서와 개인 키가 주로 사용자 PC에 저장되고 관리되므로 고객의 이동성이 제한된다. 따라서 증권사 등 일부 기업은 사용자 특성에 따라 인증서를 사용하지 않고 단지 데이터 암호화만 수행하는 경우가 있다.

초기에는 SSL 방식에 의한 전자상거래 표준이 마련되어 있지 않기 때문에 쇼핑몰, 온라인 뱅킹, 등 암호화, 인증방식이 서로 상이하였으나, 이후 TLS(Transport Layer Security)라는 이름으로 표준화되어 사용되고 있다.

표준화된 프로토콜인 TLS(Transport Layer Security)는 HTTP, FTP, SMTP 등 응용계층 프로토콜에 상관없이 사용할 수 있다.

4) 방화벽(Firewall)

방화벽은 조직 외부에서 인터넷을 통하여 조직 내부의 네트워크에 불법적으로 접근하는 것을 막기 위한 도구이다. 특히 기업의 내부와 외부의 연결이 빈번한 인터넷 비즈니스에 있어서 기업의 시스템에의 접근을 제어하기 위한 가장 강력하고 중요한 도구가 되고 있다. 원래 방화벽은 건물에서 화재가 발생했을 때 일정 부분 이외의 장소로 불이 번지는 것을 막기 위해 설치하는 벽을 의미한다. 이러한 방화벽의 원리는 기업 내부의 네트워크를 인터넷으로부터 분리해서, 허가되고 인증된 접근만 허용하고 불법적인 어떠한 연결도 차단하는 목적에서 네트워크 사용자에게 투명성을 보장하지 않기 위한 적극적인 보안대책이다. 즉 내부 네트워크와 외부 네트워크의 연결점에서 내부 네트워크상의 시스템들을 보호할 수 있는 네트워크 구성요소의 기능을 담당하는 시스템이 방화벽 시스템이다. 방화벽은 불법 사용자나 허가 받지 못한 사용자가 인터넷 등 범용 네트워크 상에서 개인이나 집단의 서버 등 시스템에 불법적으로 접근이나 접속을 시도하지 못하도록 하기 위해 사용된다. 이러한 목적을 충족시키기 위해서 방화벽은 다음과 같은 기능을 지원한다.

(1) 특정 서비스의 선택적 수용

보안 관리자는 네트워크상에서 그 기관의 보안 수준에 적합한 보안 규칙을 정의하고, 이 규칙을 방화벽 상에 적용함으로써 아래와 같은 효과를 거둘 수 있다.

- 특정 노드에 대한 선택적 보호: IP 어드레스를 이용하는 패킷 필터링은 특정 노드에 대한 선택적 접근 통제를 가능하게 한다.
- 집중적 보안: 기업 내부망에 산재되어 있는 호스트 시스템들을 안전하게 보호하기 위해 필요한 소프트웨어를 호스트 시스템에 직접 설치하지 않고 방화벽 한 곳에만 설치하여 안정적인 보안 기능을 제공한다.
- 프라이버시 강화: 방화벽은 내부 망의 정보유출을 방지하고 이중 DNS 기능을 지원하며, 라우팅 통제기능 또한 우수하다.

(2) 프록시 서비스의 지원

프록시 서비스의 지원은 애플리케이션 게이트웨이 방식 방화벽에서만 가능한데, 여기에는 반드시 해당 서비스 별로 별도의 프록시 서비스 모듈이 있어야 하는데, 서비스 모듈에 의해 사용자들은 외부망에 직접 접속할 수 있으며, 일회용 패스워드와 같은 추가 사용자 인증기능을 방화벽에서 수행할 수도 있다.

3 전자상거래 보안 기술의 기업 적용 사례

전자상거래 보안 기술을 활용하는 기업들은 고객의 개인정보와 결제 정보를 보호하고, 안전한 거래 환경을 제공하기 위해 다양한 보안 시스템을 적용하고 있다. 이러한 기업들은 보안 기술을 통해 고객의 신뢰를 얻고, 자신의 비즈니스를 확장하며, 동시에 데이터 유출과 같은 보안 위협을 최소화하는 데 중점을 두고 있다. 대표적인 전자상거래 기업들은 각각의 보안 기술을 다르게 적용하고 있으며, 이를 통해 보안을 강화하고 있다. 이들 중 대표적인 기업들로는 아마존, 알리바바, 쿠팡, 넷플릭스, 이베이, 스타벅스, 네이버페이, 토스가 있다. 각 기업은 자사의 플랫폼에 맞춘 보안 기술을 도입하여 전 세계 고객에게 안전하고 신뢰성 있는 서비스를 제공하고 있다.

1) 아마존(Amazon)

아마존은 세계에서 가장 큰 전자상거래 기업으로, 보안에 많은 자원을 투자하고 선진화된 보안 시스템을 구축하고 있다. 아마존의 웹사이트는 SSL/TLS 암호화 기술을 사용하여 고객과의 모든 통신을 안전하게 보호한다. 이 기술은 고객의 신용카드 정보나 개인정보가 인터넷을 통해 전송될 때 이를 암호화하여 외부 공격으로부터 보호한다. 또한, 아마존은 다단계 인증(2FA) 시스템을 도입하여 사용자가 로그인할 때 두 가지 인증 정보를 요구함으로써 계정 도용을 방지한다.

또한, 아마존은 인공지능 기반의 보안 시스템을 활용하여 거래 내역을 실시간으로 모니터링하고 의심스러운 거래를 즉시 감지한다. 토큰화 기술을 활용하여 결제 과정에서 고객의 실제 카드 정보 대신 토큰을 사용함으로써 정보 유출 위험을 줄인다.

특히 아마존의 보안 체계는 AWS(Amazon Web Services)의 클라우드 보안 기술을 기반으로 한다. 아마존은 기계학습과 행동 분석을 활용한 이상탐지시스템을 통해 사기 거래를 효과적으로 차단하고 있다. 아마존의 AWS는 클라우드 기반 보안 서비스를 제공하여 다른 기업들이 자체적인 보안을 강화하는 데 필요한 도구를 제공하고 있다.

아마존은 또한 제로 다운타임 보안 패치 시스템을 운영하고 있다. 이는 보안 업데이트가 서비스 중단 없이 실시간으로 적용되도록 하는 기술로, 고객이 서비스를 이용하는 중에도 지속적으로 보안을 강화할 수 있다.

아마존의 또 다른 특징적인 보안 기술은 암호화 상태 검사 시스템이다. 이 시스템은 아마존의 모든 데이터가 저장과 전송 과정에서 암호화되었는지 실시간으로 확인하고, 암호화되지 않은 데이터가 발견될 경우 자동으로 암호화를 적용한다.

2) 알리바바(Alibaba)

알리바바는 중국의 대표적인 전자상거래 플랫폼으로, 글로벌 시장에서도 큰 영향력을 가진 기업이다. 알리바바는 방대한 거래량을 안전하게 처리하기 위한 독자적인 보안 시스템을 구축하고 있다.

알리바바는 SSL/TLS 암호화 기술을 사용하여 고객의 개인정보와 결제 정보를 안전하게 보호한다. 알리바바의 결제 시스템인 알리페이는 안전한 결제를 위해 암호화된 결제 시스템과 토큰화 기술을 활용한다.

또한 이상 거래 탐지 시스템을 사용하여 의심스러운 거래를 실시간으로 모니터링하고 이를 차단한다. 알리바바는 블록체인 기술을 결제와 거래 시스템에 통합하고 있다. 이를 통해 거래의 투명성을 높이고, 고객과 판매자 간의 신뢰를 강화한다. 또한, 인공지능과 머신러닝 기술을 통해 고객의 결제 패턴을 분석하고, 부정 거래를 탐지하여 사기 행위를 예방한다. 알리바바는 이러한 첨단 보안 기술을 통해 안전한 전자상거래 환경을 제공하며, 글로벌 시장에서의 경쟁력을 높이고 있다.

알리바바는 2019년부터 BASIC(Business, Application, System, Infrastructure, and Compliance) 보안 프레임워크를 도입했다. 이는 비즈니스 계층부터 인프라 계층까지 다층적인 보안 체계를 구축하는 것으로, 각 계층별로 특화된 보안 기술을 적용한다. 특히 AliCell이라 불리는 마이크로 세분화 기술은 각 계층 간의 통신을 최소화하고 모니터링함으로써 보안 취약점을 줄이는 효과가 있다.

알리바바의 또 다른 특징은 Liuyonghao라는 보안 시스템으로, 실시간으로 위협 정보를 수집하고 분석하여 선제적으로 보안 위협에 대응하는 능력을 갖추고 있다. 특히 중국 내외의 다양한 해킹 그룹의 공격 패턴을 데이터베이스화 하여, 유사한 공격 패턴이 감지될 경우 즉각적으로 대응할 수 있다.

2021년에는 알리바바의 양자 암호화 기술 도입이 주목받았다. 이는 미래의 양자 컴퓨터에 의한 암호 해독 위협에 대비한 기술로, 현재의 암호화 방법론이 무력화될 가능성에 선제적으로 대응하는 사례다.

3) 쿠팡(Coupang)

쿠팡은 한국의 대표적인 전자상거래 기업으로, SSL/TLS 암호화 기술을 통해 고객의 개인정보와 결제 정보를 보호한다. 쿠팡은 로켓배송과 같은 빠른 배송 서비스 외에도 안전한 결제 시스템을 제공하기 위해 토큰화 기술을 사용한다. 고객의 신용카드 정보는 토큰화된 값으로 처리되어, 해커가 결제 정보를 탈취해도 실제 카드 정보는 유출되지 않도록 보호된다. 또한, 쿠팡은 다단계 인증(2FA) 시스템을 적용하여 사용자 계정의 보안을 강화하고, 인공지능 기반의 이상거래 탐지 시스템을 운영하여 부정 거래를 실시간으로 감지하고 차단한다. 쿠팡의 인공지능 추천 시스템은 소비자의 구매 패턴을 분석하여 개인화된 상품을 제시하고, 이는 고객의 만족도를 높이는 데 기여하고 있다. 쿠팡은 또한, 로켓배송 등 배송 서비스의 보안도 강화하여 물리적인 배송 과정에서도 안전성을 유지하고 있다.

4) 넷플릭스(Netflix)

넷플릭스는 전 세계적으로 인기 있는 스트리밍 서비스로, 사용자 계정 보호와 결제 정보 보호를 위해 SSL/TLS 암호화 기술을 사용한다. 넷플릭스는 모든 거래 및 결제 정보를 안전하게 암호화하고, 사용자의 로그인 정보를 보호하기 위해 다단계 인증(2FA) 시스템을 도입하고 있다. 고객이 로그인할 때 추가적인 인증 단계를 요구하여 계정 도용을 방지한다. 또한, 넷플릭스는 인공지능 기반의 보안 시스템을 도입하여 이상 거래 및 로그인 시도를 실시간으로 감지하고, 의심스러운 활동에 대해 경고를 보낸다. 넷플릭스는 클라우드 기반 보안 서비스를 통해 서비스를 제공하며, 고객의 개인정보를 안전하게 보호하고 있다. 넷플릭스의 보안 시스템은 고객의 결제 정보뿐만 아니라 계정 관리와 관련된 모든 데이터를 안전하게 보호하는 데 중점을 두고 있다.

5) 이베이(Ebay)

이베이는 온라인 경매 및 쇼핑 플랫폼으로, SSL/TLS 암호화 기술을 사용하여 고객의 개인정보와 결제 정보를 보호한다. 이베이의 결제 시스템인 페이팔은 강력한 보안 프로토콜을 적용하여 결제 정보가 외부로 유출되지 않도록 보호한다. 이베이는 또한 이상 거래 탐지 시스템을 운영하여 거래가 정상적인지 실시간으로 모니터링하고, 의심스러운 거래를 차단한다. 이베이는 다단계 인증(2FA) 시스템을 적용하여 고객 계정 보호를 강화하고 있으며, 인공지능 기반의 사기 탐지 시스템을 활용하여 사기 행위를 실시간으로 감지하고 차단하는 기술을 운영하고 있다. 이를 통해 이베이는 안전한 거래 환경을 제공하고, 사용자의 신뢰를 얻고 있다.

6) 스타벅스(Starbucks)

스타벅스는 글로벌 커피 체인으로, SSL/TLS 암호화 기술을 사용하여 고객의 결제 정보와 개인정보를 보호한다. 스타벅스는 특히 모바일 결제 시스템과 관련된 보안 기술을 강화하는 데 주력하고 있다. 고객이 모바일 앱을 통해 결제할 때, 결제 정보는 암호화된 결제 시스템과 토큰화 기술을 사용하여 보호된다. 스타벅스는 다단계 인증(2FA) 시스템을 통해 고객 계정을 보호하고 있으며, 인공지능 기반의 보안 시스템을 사용하여 의심스러운 거래를 실시간으로 감지하고 차단한다. 스타벅스는 모바일 앱을 통해 충성 고객을 위한 맞춤형 서비스를 제공하는 동시에, 모든 거래와 사용자 정보를 안전하게 처리하기 위해 다양한 보안 기술을 활용하고 있다.

7) 네이버페이(NaverPay)

네이버페이는 국내 대표적인 간편결제 서비스로, 다양한 보안 기술을 적용하여 사용자 정보와 결제 정보를 보호하고 있다. 특히 네이버페이는 2018년부터 생체인증 기술을 도입하여 지문, 얼굴인식 등을 통한 결제 승인 시스템을 구축했다. 이를 통해 물리적 카드나 비밀번호 없이도 높은 수준의 보안을 유지하며 편리한 결제가 가능해졌다.

네이버페이의 보안 체계는 크게 세 단계로 구성된다.

- 사용자 인증 단계에서는 생체인증과 함께 이중인증(2FA)을 적용하여 계정

접근 보안을 강화한다.

• 데이터 전송 단계에서는 종단 간 암호화(End-to-End Encryption)를 통해 모든 거래 정보가 안전하게 전송되도록 한다.

• 데이터 저장 단계에서는 토큰화 기술을 적용하여 실제 카드 정보 대신 무작위로 생성된 토큰 값을 저장함으로써 데이터 유출 시에도 실제 카드 정보가 노출되지 않도록 한다.

네이버페이는 인공지능 기반 이상거래탐지시스템(FDS)을 고도화하여, 사용자의 일반적인 결제 패턴과 다른 의심스러운 거래를 실시간으로 감지하고 차단하는 능력을 강화했다. 이 시스템은 기계학습 방법론을 활용해 사용자별 결제 패턴을 학습하고, 평소와 다른 위치, 시간, 금액의 거래가 발생할 경우 추가 인증을 요구하거나 거래를 차단한다. 이러한 보안 체계 덕분에 네이버페이의 부정 사용률은 업계 평균보다 현저히 낮은 수치를 나타내고 있다.

8) 토스(Toss)

토스는 2015년 출시 이후 핀테크 분야에서 혁신적인 서비스를 제공하며 성장해왔다. 토스의 보안 시스템은 MSO(Multi-Signature Operation) 방식을 도입한 것이 특징이다. 이는 중요한 거래나 데이터 접근 시 여러 관리자의 승인을 필요로 하는 시스템으로, 단일 지점 장애를 방지하고 내부 부정 행위를 예방하는 효과가 있다.

토스는 2021년 발생한 해킹 시도에 대해 효과적으로 대응한 사례가 있다. 당시 공격자들은 피싱 사이트를 통해 사용자의 계정 정보를 탈취하려 했으나, 토스의 행동 기반 인증 시스템이 이를 감지했다. 이 시스템은 사용자의 평소 앱 사용 패턴, 터치 방식, 자판 입력 속도 등을 분석하여 비정상적인 접근을 식별한다.

또한 토스는 2023년부터 화이트박스 암호화 기술을 도입했는데, 이는 암호화 키가 소프트웨어 실행 중에도 노출되지 않도록 하는 기술로, 모바일 환경에서의 보안을 크게 강화했다. 특히 불법 변조된 기기에서의 앱 실행 시에도 보안을 유지할 수 있게 되었다.

토스의 보안 사고 대응 체계는 24시간 운영되는 보안관제센터(SOC)를 통해 실시간으로 보안 위협을 모니터링하며, 이상 징후 발견 시 자동화된 대응 체계가 작동한다. 또한 정기적인 모의 해킹과 버그 바운티 프로그램을 통해 외부 보안 전문가들의 참여를 통해 지속적으로 시스템의 취약점을 발견하고 개선하고 있다.

4 전자상거래 결제 서비스

디지털 시대에는 고객이 번거로움 없는 쇼핑 경험을 누릴 수 있도록 빠르고 쉬운 결제 서비스를 제공하는 것이 중요하다. ICT발전과 함께 전자상거래는 기존 결제수단의 불편함을 해결하고자 전자 결제 서비스를 시작했다. 전자상거래 결제 서비스는 고객에게 선택할 수 있는 다양한 옵션을 제공하여 결제 환경을 개선하고 선호하는 결제 모드를 자유롭게 선택할 수 있도록 한다.

전자상거래 결제는 현대 디지털 경제의 핵심 축을 이루는 중요한 요소로, 소비자와 판매자 간의 거래가 온라인 환경에서 안전하고 신속하게 이루어질 수 있도록 지원하는 체계이다. 인터넷과 모바일 기술의 비약적인 발전에 따라 전자상거래는 단순한 상품 거래를 넘어 금융, 보험, 교육, 여가 등 다양한 분야로 확장되었으며, 이에 따라 결제 서비스 역시 다양한 기술과 방식을 융합하여 발전해 왔다.

전자상거래 결제는 단순히 돈을 주고받는 행위를 넘어서, 사용자 인증, 데이터 암호화, 실시간 승인, 정산 및 거래 기록 관리 등 복합적인 기능을 내포하고 있으며, 이러한 요소들이 유기적으로 결합되어 소비자 신뢰와 거래 안정성을 확보하는 데 중요한 역할을 하고 있다.

전자상거래가 증가함에 따라서 전자상거래의 지불 결제 수단으로 신용카드에 의한 결제가 주류를 이루고 있다. 그러나 이러한 신용카드에 의한 결제에는 신용카드 사기와 해킹 등에 의한 피해가 발생될 수 있고, 이를 막기 위하여 신용카드 회사들은 암호 기술과 보안 기법을 개발하기 위하여 많은 관심과 노력을 기울이고 있다.

전자상거래 결제 서비스는 단순히 금전 거래를 처리하는 것을 넘어, 소비자 신뢰를 높이고 전체 거래 과정을 원활하게 만드는 핵심 요소로 자리 잡았다. 이를 가능하게 한 배경에는 암호화 기술, 토큰화, 바이오 인증, 블록체인, 인공지능 등 다양한 첨단 기술이 있다. 이러한 기술들은 결제의 보안성과 편의성을 높이며, 새로운 서비스 모델과 시장의 확대를 이끌어내고 있다.

전자지불결제란 인터넷, 이동통신, 컴퓨터, 휴대형 단말기 등 정보통신기술을 활용하여 온라인에서 상품이나 서비스 구매 결제 방식을 말한다. 즉, 온라인 상점에서 상품을 구매한 후, 해당 상점과 제휴 관계에 있는 은행이나 신용카드 회사, 간편결제 회사 등의 다양한 온라인 결제 수단을 통해 구매 대금을 결제하는 것을 말한다. 이러한 온라인 결제 방식은 실시간으로 처리되고 판매자에게 인증 코드를 전송하여 상품 및 서비스 구매를 용이하게 하며, 개인 간 거래뿐만 아니라 소비자, 판매자, 은행, 신용카드, 간편결제 회사 간의 거래에도 안전한 거래 환경을 제공한다.

지속적으로 성장하던 온라인 시장은 코로나19 팬데믹을 거치면서 더욱 확산되었으며, 이전보다 훨씬 다양하고 많은 제품과 서비스 등이 온라인상에서 거래되고 있다. 이러한 폭발적인 수요의 증가는 결제의 안전성과 함께 편의성을 추구하게 되었으며, 비용을 결제를 위한 다양한 결제방식들이 나타나면서 시장 전체에 전자지불결제에 대한 관심이 집중되었다. 전자지불결제는 전자상거래를 할 때 안전한 환경을 제공하여 전자상거래의 안전핀 역할을 한다. 전자지불결제란 넓게는 전자자금 이체, 신용카드 결제 등에서부터 좁게는 순수 디지털화폐 등에 의한 결제를 포함하지만 현재 주로 사용되고 있는 것은 신용카드 결제 방식이나 온라인 결제 방식이다.

전자상거래는 일반적인 상거래처럼 온라인상에서 상품이나 서비스 구매시 판매자로부터 구매자에게 상품이나 서비스를 보내고 구매자로부터 구매 대금을 판매자에게 보내는 결제 프로세스가 반드시 필요하다.

유형의 재화인 경우 소비자는 온라인상에서 상품을 주문하고 그 대금을 지불할 수 있으나, 상품 자체를 인터넷으로 인도할 수는 없다.

상품과 같은 유형의 재화인 경우에 구매자는 온라인상에서 상품을 주문하고 구매 대금을 상거래 업체가 제공하는 결제 서비스를 통해서 지불할 수 있으나,

오프라인 매장처럼 바로 현장에서 받거나 할 수 없고, 온라인상으로 받을 수도 없으며, 배송이나 매장 픽업을 통해서 받을 수 있다.

반면, 정보, 음악, 웹툰, 소프트웨어 등 무형 상품의 경우, 상품을 온라인으로 주문하고 수령하는 것부터 구매 대금 결제까지 온라인에서 한 번에 처리할 수 있다.

전자상거래에서 거래가 처리됨에 따라 거래 시 발생한 정보의 가용성이 증가하는데, 데이터베이스에 저장된 거래 데이터는 검색 및 분석할 수 있으며, 여러 데이터베이스의 거래 관련 데이터와 통합하여 활용할 수 있다. 이러한 정보 가용성의 향상은 소비자나 판매자, 은행, 신용카드 회사, 물류 회사 등 전자상거래 이해관계자들의 업무 관리 효율성을 향상시킨다.

그러나 데이터가 전자적으로 처리되는 온라인 시스템에서는 거래 관련 데이터 외에도 데이터 집계, 무단 접근 및 침입, 개인정보 등의 정보 공개가 쉽게 발생할 수 있으며, 이는 사용자 익명성을 훼손하고 개인정보를 침해할 수 있다.

또한 거래는 불특정 다수의 사람을 대상으로 비대면으로 가상공간에서 이루어지기 때문에 실제 오프라인 시장에서 대면 거래 보다 거래 당사자와의 신뢰를 구축하기가 어려움이 있다.

따라서 전자상거래가 더 많은 소비자와 판매자에게 널리 받아들여지고 대중화되고 다가가기 위해서는 거래의 효율성을 높이기 위해서는 콘텐츠도 중요하지만 무엇보다도 안정적인 시스템과 간편하고 안전하게 결제할 수 있는 전자결제 시스템 또는 서비스가 제공되어야 한다.

1) 결제 서비스 개요

전자상거래에서 전자 결제 서비스는 거래 시 실제 화폐나 수표를 사용하지 않고 전자 결제 방식을 통해 거래를 가능하게 한다. 전자 지불 결제 기술은 전자상거래 기업이 제품 및 서비스에 대한 지불을 수집하는 데 사용된다. 온라인 비즈니스 수행 절차는 기업과 고객 모두에게 간편해진 전자상거래 결제 서비스로 인해 극적으로 변화되었다.

그림 7.3 전자 결제 서비스 구조도

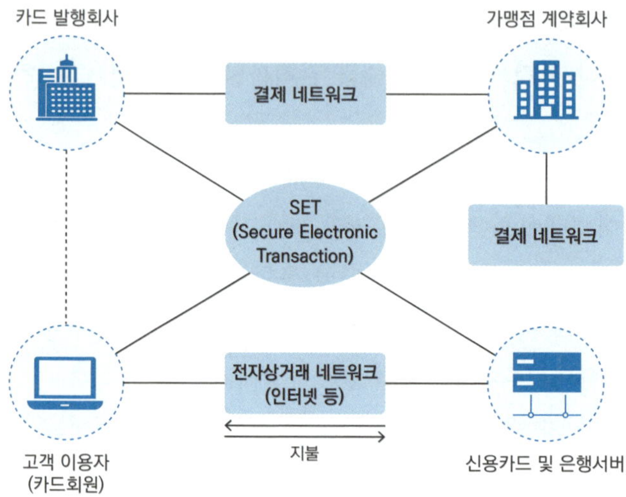

결제 게이트웨이는 온라인 결제 시스템에서 선택한 결제 처리 네트워크에 가상 상점을 연결하는 데 사용된다. 강력한 결제 게이트웨이는 고객에게 아래 나열된 다양한 보안 전자상거래 결제 옵션을 제공한다. 귀하의 자금을 청산하기 위해 이 처리 네트워크는 귀하의 은행과도 협력한다.

전자상거래 결제 게이트웨이의 경우 선택할 수 있는 결제 게이트웨이가 너무 많다. 기업은 어느 것이 가장 유익한 지불 게이트웨이가 될 수 있는지 파악하고 이를 통합해야 한다. 고객의 쇼핑 경험을 향상하고 게인화에 도움이 되므로 고객에게 다양한 옵션을 제공하는 것도 중요하다.

ICT 발전과 함께 시작된 전자상거래는 온라인 상거래에서 기존의 화폐나 지급결제 수단의 불편한 점을 해결한 전자적 방식에 의한 지급 방식을 시작했고, 전자화폐, 전자지불결제 시스템 등이 등장하였다.

전자화폐는 정보 보안, 전자 인증, 암호화 등과 함께 전자상거래 핵심 요소이며, 전자화폐는 지폐와 같은 기존 화폐와 동일한 가치를 지닌 디지털 화폐로, 전자상거래 결제에 사용된다. 전자화폐는 디스크나 IC 칩과 같은 저장 매체에 저장되고 네트워크를 통해 전송될 수 있다.

그리고 화폐의 가치나 그에 대한 정보를 암호화하여 전자기기에 저장하고, 결제 시 화폐의 가치를 상대방에게 이전하거나 정보를 변경할 수 있도록 하는 전자적 시스템을 전자결제 시스템 또는 전자결제 서비스라고 한다.

전자상거래의 지속적인 성장과 함께 인터넷, 이동통신 등 온라인화는 전 세계적으로 빠르게 확대되었고, 온라인 거래, 광고 및 판매도 급증하였다. 이러한 온라인 거래를 지원하는 전자 결제 시스템은 주로 카드사, 은행, 결제 서비스 제공업체를 통해 제공되고 있다.

전자상거래는 초기에 활성화와 함께 새로운 결제 수단의 등장, 현금 시장에서 소액 현금을 대체해야 할 필요성, 그리고 실물 화폐 사용의 불편함을 나타났으며, 이를 해결하기 위한 방법의 하나로 전자화폐가 등장하였다. 온라인 거래의 보안성과 안전한 인터넷 및 이동통신 기술을 포함하는 정보통신기술의 발전 또한 전자화폐의 확산에 기여했다.

일반적으로 사용되는 전자화폐는 사용자의 현금이나 예금 등을 담보로 발행되며, 시장에서 유통 중인 자금 보증을 요구하기 때문에 시장에서 새로운 가치 창출은 없다.

전자 결제 시스템은 거래 시점 등과 같은 요소를 기준으로 분류되는데, 결제 시점, 은행이 화폐의 인증 확인 시점, 인증 방식, 그리고 거래 금액 등으로 분류할 수 있다. 또한, 전자화폐는 개인의 사생활 보호를 위해 익명성을 보장하여 사용되지만, 이는 탈세, 횡령, 자금 세탁과 같은 범죄에 악용될 수 있다.

전자상거래에서 상품이나 서비스 구매시에 소비자가 결제하고자 하는 결제 서비스가 개인정보와 익명성이 보장되지 않는다면 문제가 발생할 수 있는데, 만약 이런 경우에 결제를 진행하게 되면 구매자의 개인정보가 결제 시스템의 데이터베이스에 저장되어 고객의 동의없이 분석, 사용될 수 있고, 이러한 정보는 외부 다른 기업과 공유하거나 판매가 될 수 있고, 결과적으로 고객의 프라이버시가 침해 받은 일이 발생하게 된다.

실제로 다양한 정보 분석 프로그램이 사용자 동의 없이 개인 정보를 유출하고 있다. 또한 거래시에 프라이버시와 익명성을 보장하는 결제 서비스가 자금세탁, 밀수, 탈세 등에 악용될 수 있다. 따라서 실시간 모니터링과 함께 주기적이며 적절한 감사 추적을 통해서 개인의 프라이버시와 익명성을 보장하는 결제 서비스를 소비자는 이용해야 하며, 판매자는 이러한 결제 서비스를 제공하는 안정적이고 신뢰할 수 있는 결제 시스템을 운영해야 한다.

표 7.1 전자 결제 시스템의 조건

신뢰성	• 결제 시스템으로서 기능을 수행, 사기거래 방지 등 신뢰 구축
보안성	• 암호방식을 이용한 안전한 결제 시스템 구축
익명성 보장 및 개인정보 보호	• 자신의 신상기록, 거래내역 보호
소액결제가능	• 소비자를 대상으로 기존의 방식으로 처리 어려운 소액결제 가능
경제성	• 전자적 방식을 이용하는 데 따른 추가적 경제적 부담 최소화, 사용자들이 용인할 수 있는 수준
기반구조	• 전자지불을 가능하게 하는 기반구조가 구축
추적 가능성	• 거래에 따른 문제가 발생했을 때에는 원인을 발견하기 위한 추적이 가능
거래 효율성	• 거래 시 발생하는 비용이 낮아야 함
사용 용이성	• 누구나 쉽고 편하게 사용
사용자 수용성	• 위에 언급된 조건들이 만족될 때 제고

2) 전자상거래 결제 특징

전자상거래 결제 서비스는 단순히 거래 금액을 이체하는 수단에 머무르지 않고, 전체 금융 생태계와 소비자 경험에 지대한 영향을 미치는 복합 시스템이다. 이러한 결제 시스템의 특징은 크게 여섯 가지 측면에서 나타난다.

첫째, 실시간성이다. 전자상거래 결제의 가장 큰 장점 중 하나는 실시간 거래 처리다. 구매자가 결제 버튼을 누르는 순간 거래가 즉시 처리되며, 이는 사업자에게도 즉각적인 주문 확인과 재고 관리, 배송 준비가 가능하도록 한다. 특히, 실시간성은 온라인 라이브커머스나 한정판 상품 판매와 같은 시간 민감형 전자상거래 모델에서 핵심적이다.

둘째, 기술적 통합성이다. 이는 결제 과정에 포함되는 암호화, 인증, 데이터 전송 및 저장, 그리고 실시간 승인과 정산의 전 과정을 하나의 체계로 통합하여 운영함으로써, 소비자와 판매자 간의 거래를 안전하고 신속하게 처리할 수 있도록 한다. 전자상거래 결제는 기존의 오프라인 거래 방식과 달리, 네트워크와 서버, 클라우드 인프라, 그리고 모바일 기기 등이 복합적으로 연결되어 작동하는 시스템으로, 이러한 통합성은 다양한 기술 및 플랫폼 간의 상호 운용성을 요구한다.

셋째, 사용자 중심의 편리성이다. 소비자들은 언제 어디서나 간편하게 결제할 수 있는 환경을 기대하며, 이에 따라 결제 시스템은 복잡한 인증 절차와 보안 과정을 포함하면서도 사용자 인터페이스와 사용자 경험을 최적화하는 방향으로 발전해 왔다. 예를 들어, 모바일 결제의 경우 스마트폰의 터치, 스캔, 제스처 등의 간단한 조작만으로 결제가 완료되도록 설계되었으며, 이러한 시스템은 소비자의 시간적 비용을 줄이고 만족도를 크게 높인다. 또한, 사용자가 이전에 선택했던 결제 정보를 기억하고 재사용할 수 있도록 하는 기능이나, 소비자 맞춤형 할인 및 포인트 적립 서비스 등은 전자상거래 결제 시스템이 단순 거래 수단을 넘어 소비자와의 장기적인 신뢰 관계를 구축하는 데 기여한다.

넷째, 보안성이다. 온라인상에서 금융 정보를 다루는 만큼, 보안은 전자결제 시스템의 신뢰 기반이다. 금융 정보와 개인 정보가 오가는 결제 과정에서는 다양한 사이버 위협과 해킹, 피싱, 중간자 공격 등의 위험이 상존한다. 따라서 결제 시스템은 최신 암호화 방법론, 다중 인증 절차, 토큰화, 실시간 모니터링, 이상 거래 탐지와 같은 보안 기술을 결합하여 고도의 보안 체계를 구축한다. 이러한 보안 체계는 단순히 데이터의 안전을 보장하는 데 그치지 않고, 거래의 무결성과 신뢰성을 확보하는 역할을 한다. 결제 과정에서 발생하는 모든 정보는 암호화되어 전송되며, 결제 승인 후에도 거래 내역이 불변의 상태로 기록되어야 하므로, 블록체인 기술과 같은 분산 원장 기술이 점차 도입되고 있다. 이와 같은 보안 기술들은 서로 중복되지 않고 각기 다른 위협에 대해 보완적으로 작용함으로써, 전체 시스템의 안정성을 극대화한다.

다섯째, 다양한 결제 옵션과 유형을 제공하는 것이다. 전통적인 신용카드 결제, 은행 계좌 이체 등 기존 방식과 전자지갑, 모바일 결제, QR 코드 결제, NFC

결제, 암호화폐 결제 등 다양한 방식이 존재한다. 이러한 다변화는 소비자에게 선택의 폭을 넓혀주며, 각 유형은 기술적 특성과 운영 방식에서 서로 다른 장점을 제공한다. 예를 들어, 전자지갑은 사용자 금융 정보를 안전하게 저장하고 빠른 결제를 지원하며, 모바일 결제는 사용자 편의성과 실시간 승인 기능으로 소비자 만족도를 높인다. 암호화폐 결제는 중앙 집중식 금융 시스템의 제약을 벗어나 탈중앙화된 거래를 가능하게 하여 국제 거래와 같은 분야에서 새로운 가능성을 열어준다. 이처럼 다양한 결제 유형은 시장 상황과 소비자 요구에 따라 유연하게 선택될 수 있으며, 각 유형 간의 경쟁과 상호 보완성을 통해 전체 전자상거래 결제 시스템의 발전을 촉진한다.

여섯째, 글로벌 금융 환경과 밀접한 연관성을 가진다는 것이다. 전 세계적으로 인터넷 사용이 보편화되면서, 각국의 금융 시스템, 법적 규제, 통화, 문화적 차이가 결제 시스템에 반영되고 있다. 이에 따라 국제 전자상거래 결제 시스템은 다양한 국가의 규제와 표준을 동시에 충족시켜야 하며, 다중 통화를 지원하고 환율 변동에 따른 리스크를 관리하는 등 복잡한 과제를 안고 있다. 글로벌 시장에서 성공적으로 운영되는 결제 시스템은 여러 금융 기관과의 협업, 정부와의 긴밀한 소통, 그리고 국제 표준 준수를 통해 각국의 소비자들이 신뢰할 수 있는 결제 환경을 제공한다.

마지막으로 맞춤형 서비스 제공 능력이다. 소비자들은 각자의 결제 습관, 선호 결제 수단, 그리고 금융 상황에 따라 다양한 옵션을 선택할 수 있으며, 결제 시스템은 이러한 개인의 특성을 반영하여 최적화된 서비스를 제공한다. 예를 들어, 특정 결제 앱은 사용자의 이전 거래 기록과 소비 패턴을 분석하여 개인화된 할인 혜택이나 적립 포인트 프로그램을 제공하며, 이를 통해 소비자 충성도를 높이는 데 기여한다. 또한, 판매자들은 다양한 결제 옵션을 제공함으로써 소비자 접근성을 향상하고, 결제 실패나 취소로 인한 문제를 최소화할 수 있다. 맞춤형 서비스는 단순한 결제 기능을 넘어, 소비자와 판매자 간의 신뢰 구축 및 장기적인 관계 형성에도 긍정적인 영향을 미친다.

3) 결제 서비스 유형

전자상거래에서 가장 중요한 하부 구조 중의 하나가 대금결제 시스템으로 전자상거래에 대한 사용자들의 신뢰도는 대금결제 시스템의 안전성이라 할 수 있다. 대표적인 전자 결제 서비스는 전자화폐, 전자수표, 신용카드, 스마트 카드 등이며 다음과 같다(표 7.2).

표 7.2 전자 결제 서비스 유형

유형 비교	전자 결제 서비스 유형			
	전자화폐형	신용카드형	전자수표형	스마트카드형
장점	• 이체의 동시성 • 인증 불필요 • 높은 익명성 • 자유로운 자금 이체 • 복제 및 이중 사용 방지	• 신용확인이 어려운 거래지원 • 광범위한 사용 • 법적인 문제 미적용 • 상거래 보안의 보장 • 가장 보편화된 방법	• 자금보관의 안정성 • 기업 간 자금 결제	• 개인 간 자유로운 자금이체 • 신용보증 불필요 • 관리용이 및 높은 안정성 • 온·오프라인 사용 지원 • 시스템의 투자 효율 제고
단점	• 사용기한 지정 • 거래처리 비용 과다 • 사용자 수 제한 • 전자화폐 분실 책임	• 소액결제 부적합 • 신용불량자 사용 불가 • 익명성 저하 • 시스템의 유지비 과다 • 시스템 확장성 제한	• 제한된 사용자 • 사용자의 사용 전 인증 필수 • 높은 처리 비용 • 익명성 저하 • 시스템 확장성 제한	• 초기 투자비용 소요 • 정산의 필요
활용 방안	• 소액 전자상거래 • 정보상품 거래	• 일반적인 전자상거래 등	• 기업 간 거래 • 거액의 자금 결제	• 통합형 전자지불 결제 • 각종 정보 내장

(출처: 한국정보화진흥원)

전자화폐는 발급자에게 사전에 수수료를 지불하고, 카드의 IC칩이나 컴퓨터 네트워크에 특정 통화 가치를 전자 기호로 저장한 후, 이를 사용하여 상품 등을 구매할 수 있는 전자 지불 방법이다.

고객은 상품이나 서비스 구매 시에 이러한 전자화폐를 단말기나 공중망을 이용하여 상품 제공업자에게 이전함으로써 비용을 지불할 수 있다. 전자화폐는 특성상 모두 공개된 인터넷 등 온라인상에서 거래가 이루어지므로 익명성이 매우 중요한 요소이다. 익명성을 최대한 유지하기 위해서는 암호화의 수준이 높아야 하는데 이 경우에는 편의성이 떨어지는 약점을 가지게 된다. 현재 전자화폐는 대부분이 카드형 전자화폐를 사용 중이며, 네트워크형 전자화폐는 보안성, 안전성의 문제로 그 개발이 미미한 실정이다.

전자화폐는 지불 시 은행 등 전자화폐 발급자와 연결되어 전자결제가 이루어지는 온라인 방식과 은행 등의 개입이 없는 오프라인 방식으로 나누어 볼 수도 있는데, 전자의 대표적인 예는 네델란드의 디지캐시사에서 발행하는 E-Cash가 있고, 후자의 대표적인 예는 IC 카드를 이용한 전자지갑형 전자현금인 영국의 Mondex Card와 벨기에의 Proton이 있으며, 미국의 Visa Cash, Apple Pay Cash, Square Cash 등이 있다.

전자수표는 전통적인 종이로 된 수표 모델에 기반을 두고 있다. 전자수표 메시지의 디지털 서명은 종이 수표에 손으로 쓰는 서명을 대신한다. 전자수표의 사용자는 은행 계좌를 갖고 있어야 하며, 결제 시스템은 수표 발행자와 인수자의 신원 확인을 위한 보안 인증 기능이 포함되어야 한다. 그리고 전자수표를 거래에 사용하는 당사자는 일반적으로 규모가 큰 거래나 기업과 기업의 상거래에 지불 수단으로 사용된다.

이 시스템의 특징은 개인용 컴퓨터 메모리카드 국제협회(Personal Computer Memory Card International Association: PCMCIA)의 메모리카드를 이용한 하드웨어 기반의 서명 방법을 사용한 것이다. 이러한 서명 카드는 컴퓨터 인식 장치에 설치되며, 수표에 서명하고 배서하려면 이 카드가 반드시 필요하다.

신용카드는 전자상거래에서 가장 보편화된 결제 방식으로, Visa, Mastercard, Amex, UnionPay 등의 국제 카드 네트워크를 통해 이루어진다. 강점은 광범위한 수용성과 소비자 보호 제도이며, 일정한 신용 보증이 이루어지므로 판매자 입장에서도 안정적이며, 사용하기 간편하다(그림 7.4).

신용카드 결제 서비스는 이미 널리 사용되고 있는 신용카드를 그대로 온라인 상거래에 적용하려는 것으로 카드사가 신분을 보장하기 때문에 거래의 안정성을 보장하면서 온라인상에서 구매가 가능하다. 전 세계에서 가장 일반적인 결제 수단으로 사용되고 있어 보편성이 있으며, 법적·제도적인 문제가 거의 없다.

그러나 이러한 신용카드도 몇 가지 문제점을 가지고 있는데 신용카드를 사용하는 경우 최소한의 신용카드 서비스 비용이나 결제 시스템 유지 비용이 발행하기 때문에 결제금액이 제한적이며 소액 결제에는 부적당하였다. 현재는 그러한 결제에 대한 제한이 많이 없어졌고, 간편결제 서비스 등 다양한 결제 서비스의 등장으로 금액의 규모에 상관없이 대부분의 결제가 가능해졌다. 또, 청소년이나 무직자 같은 경우나 신용상태가 열악하여 신용카드를 발급받지 못해 보편적 사용성이 떨어지고 개방형 네트워크인 인터넷에서 신용카드로 결제할 경우에는 정보 노출의 위험을 배제할 수 없다는 단점이 있다.

그림 7.4 전자상거래 신용카드 결제 서비스 운영 체제

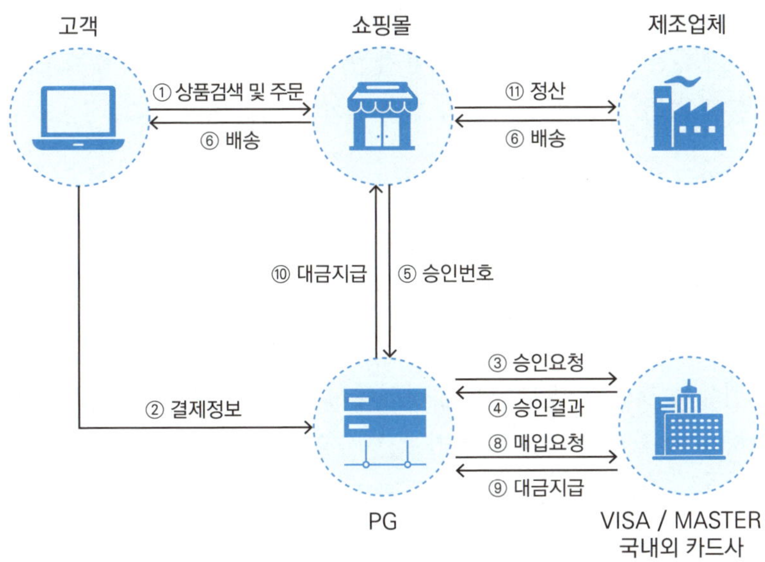

기존의 다른 전자지불결제 시스템들이 대부분 미국을 중심으로 개발되고 사용되어 온 반면 스마트카드 기반의 전자지불결제 시스템은 유럽을 중심으로 개발되었다. IC카드는 스마트카드라고도 불리며, 개인 간 전자 자금 교환, 은행에서의 자금 입·출금, 원격지에 있는 사람에게 송금하는데 사용할 수 있다.

즉, 전자적으로 금전적 가치를 보유할 뿐만 아니라 네트워크를 통한 원격 전송 등 현금의 단점을 보완하는 기능도 실현하였다. 또한, 여러 종류의 통화를 전자 지갑에 저장하여 다양한 통화를 결제에 사용할 수 있으며, 통화 정보는 IC 카드에 저장되므로 컴퓨터에 저장하는 것보다 안전하다.

다른 장점으로는 온라인 거래와 오프라인 거래에서 사용할 수 있으며, 사용하기 편리하고, 유통 비용이 낮으며, 신용 보증이 필요 없어 소액 구매에 사용할 수 있다. 그리고 매장에서는 현금과 거스름돈을 취급하지 않아 관리가 쉽고 시간을 절약할 수 있다. 특히 스마트카드형 시스템은 중앙시스템 투자비용과 기기간 통신비용을 절감하여 전체 시스템의 투자 효율성을 높일 수 있다.

스마트카드는 온라인상에서 자주 이용되지 않았지만, 오프라인 기능으로 인해 사용폭이 넓어졌고 높은 안전성 그리고 편리성은 스마트카드를 소액지불이나 온라인상에서 간편한 지불 방식으로 사용되고 있다.

전자상거래 결제 서비스는 지급 방식, 기술 기반, 제공 주체에 따라 다양한 방식으로 분류된다. 각 서비스는 사용자 편의성, 보안 수준, 수수료 구조, 기술 호환성 등에 따라 선택되며, 다음과 같은 결제 서비스들이 있다.

(1) 직불카드(Debit Card)

직불카드는 고유한 자격 증명이 있는 카드이며 고객의 은행 계좌에 연결되어 있다. 직불카드는 거래 시점에 사용자의 은행 계좌에서 즉시 돈을 인출하며, 이것이 직불카드와 신용카드의 주요 차이점이다.

직불카드는 재정 한도 내에서 온라인에서 지출하고자 하는 고객은 직불카드로 지불하는 것을 선호한다. 직불카드를 사용하면 고객은 자신의 은행 계좌에 이미 있는 돈으로만 구매한 상품을 지불할 수 있는 반면, 신용 카드는 구매자가 지출한 금액이 본인에게 청구되고 결제 기간이 끝날 때 지불이 이루어진다.

(2) 전자지갑(e-Wallet)

전자지갑은 고객이 여러 개의 신용카드, 직불카드, 은행 계좌 번호를 안전한 환경에 저장할 수 있는 선불 계좌이다. 이를 통해 지불할 때마다 계좌 정보를 입력할 필요가 없으며, 고객이 등록하고 전자지갑 프로필을 생성하면 더 빠르게 지불할 수 있다.

다시 말해서, 전자지갑은 사용자가 구매할 때마다 본인 증명을 입력할 필요 없이 안전한 환경에서 다양한 직불 카드, 신용 카드 및 기타 결제 방법을 저장할 수 있는 선불 계정으로 생각할 수 있다. 전자지갑을 이용하면 고객이 매번 카드 정보 입력을 건너뛸 수 있어 신속한 결제가 가능하다. PhonePe, PayTM, Mobikwik, AmazonPay 등은 잘 알려진 디지털 또는 전자 지갑 중 일부이다.

(3) 온라인 뱅킹(Online Banking)

고객의 은행에서 직접 온라인 구매 비용을 지불하는 간단한 방법이다. 고객의 은행에 이미 있는 돈을 지불하는 직불 카드와 비슷한 방법을 사용한다. 사용자는 이 전자상거래 결제 서비스를 사용하기 위해 직불카드가 필요하지 않지만, 온라인 뱅킹 시설을 이용하려면 은행에 등록해야 한다. 고객은 구매를 완료하기 위해 온라인 뱅킹 ID와 PIN만 제공하면 된다.

(4) 모바일 결제(Mobile Payment)

고객은 모바일 결제를 이용하여 스마트폰을 이용해 쉽고 빠르게 상품을 구매할 수 있다. 사용자는 애플리케이션 스토어에서 모바일 결제 앱을 다운로드하기만 하면 된다. 그런 다음 지갑에 돈을 추가하고 구매하고 은행 계좌에서 직접 결제하려면 은행 계좌를 해당 앱에 연결해야 한다.

소비자가 전자상거래 웹사이트에서 결제하기 위해 해당 앱을 사용하기로 선택하면 앱은 결제 요청을 수신하며, 결제가 처리되기 전에 이를 승인해야 한다.

온라인 결제를 하는 최신 방법 중 하나는 모바일 폰을 통한 것인데, 신용 카드나 현금을 사용하는 대신, 고객이 해야 할 일은 문자 메시지를 통해 서비스 제공자에게 결제 요청을 보내는 것이며, 고객의 모바일 계정이나 신용 카드에 구매 비용이 청구된다. 모바일 결제 시스템을 설정하려면 고객이 서비스 제공자의 앱을 다운로드 받아 설치후에 신용 카드나 모바일 청구 정보를 앱에 연결하기만 하면 된다.

예로써, 스마트폰에 내장된 근거리무선통신(NFC) 또는 QR코드를 활용한 결제로, 애플페이, 삼성페이, 구글페이 등이 대표적이다. 오프라인과 온라인 간 경계를 허물며, 현장 결제의 간소화를 가져왔다. 예를 들어, 대중교통, 자판기, 무인 매장 결제는 대부분 NFC 또는 QR기반 모바일 결제를 채택하고 있다.

(5) P2P(Peer-To-Peer) 결제

앞에서 전자상거래 모델에서 언급되었던 P2P 결제란 개인과 개인 간에 대금 결제를 할 수 있도록 제공되는 지불 서비스를 나타낸다. 결제 프로세스는 지불자 및 피지불자가 페이팔과 같은 지불 브로커에 계정을 개설하고, 지불자가 자신의 계정에 자금을 투입하면, 지불 거래가 승인되며, 곧 지불 금액이 지불자의 계정에서 차감되어 피지불자 계정으로 입금된다.

P2P 결제의 장점은 누구나 이메일 주소만 있으면 다른 사용자에게 지불 또는 송금이 가능하다는 것과 개인 간에도 신용카드를 통해 대금 결제를 할 수 있다.

대표적인 예로 페이팔은 결제 중개 업체로, 지불자의 돈을 받아 이메일을 통해 안전하게 피지불자에게 전달해 주는 서비스 제공하고 있다. 온라인상의 대부분의 결제 서비스는 페이팔의 프로세스와 유사한 형태를 가지고 있다. [그림 7.5]은 페이팔의 결제 프로세스를 나타낸다.

그림 7.5 페이팔 결제 프로세스

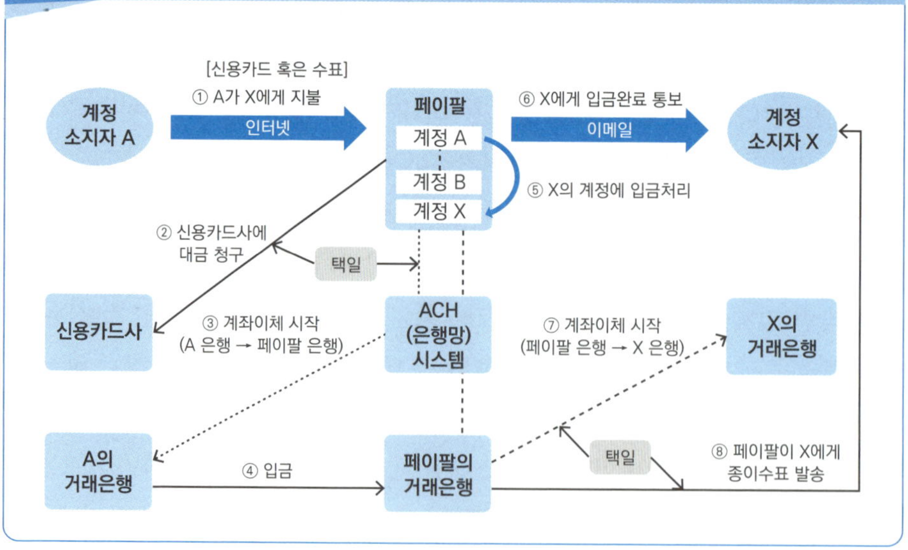

(6) 간편결제 서비스

카카오페이, 네이버페이, 애플페이 등은 신용카드 또는 계좌 정보를 미리 등록한 후, 추가 정보 입력 없이 결제할 수 있는 서비스다. 대부분 앱 기반으로 작동하며, 모바일 커머스 최적화, 높은 전환율, 광고·적립금 연계 기능 등 부가 혜택이 많다. 간편결제는 O2O(Online-to-Offline) 서비스나 구독 기반 경제에서도 활용도가 높으며, 브랜드 충성도 유지를 위한 주요 수단이 되기도 한다.

(7) 암호화폐 결제

암호화폐는 최근 몇 년간 빠르게 성장하여 기존의 신용카드, 직불카드, 은행 송금 등 전통적인 결제 방식과 비교하여 새로운 결제 방식으로 주목받고 있다. 암호화폐를 이용한 결제는 많은 전자상거래 기업들이 쓰고 있으며, 이는 전자상거래에 큰 변화를 일으키고 있다.

비트코인, 이더리움과 같은 디지털 자산을 활용한 결제는 탈중앙화, 익명성, 낮은 수수료 등의 장점을 갖는다. 특히 글로벌 거래 시 송금 수수료를 절감하고 은행 없는 국가의 금융 접근성을 높일 수 있다.

예를 들어 비트코인을 통한 결제는 환전이나 국제 송금 수수료 없이 거의 실시간으로 거래를 처리할 수 있다. 전통적인 결제 방식을 사용했다면 환율 변동이나 수수료가 발생하고, 송금이나 환전이 다 되기까지 시간이 오래 걸릴 수도 있지만 암호화폐는 이런 과정이 생략되어 글로벌 거래에서 상당히 효율적으로 사용되고 있다. 또한 암호화폐는 블록체인 기술을 이용해 중개자 없이 직접 거래가 이루어지는 것이기 때문에 수수료가 적거나 거의 없다는 장점이 있다. 암호화폐 결제를 통해 전자상거래 기업과 소비자 모두는 경제적인 측면에서 이점을 가질 수 있다.

그러나 가격 변동성이 크고, 정산 지연 및 규제 미비로 인해 현재는 주로 일부 플랫폼에서 제한적으로 운영된다.

(8) 에스크로 서비스

에스크로는 제3자가 결제 대금을 일시 보관한 후, 구매자와 판매자의 거래가 완료되었음을 확인한 뒤 대금을 지급하는 방식이다. 주로 중고 거래, C2C 플랫폼, 해외 직구에서 활용되며, 거래의 신뢰도를 높이는 역할을 한다.

중국의 알리페이, 한국의 에스크로 전자지급결제대행(PG) 등에서 기본 옵션으로 제공되며, 일부는 블록체인 기반의 스마트 에스크로 방식도 도입하고 있다.

(9) 후불결제(BNPL: Buy Now, Pay Later)

최근 급부상한 결제 방식으로, 소비자가 즉시 상품을 받고 나중에 분할 결제하는 서비스다. Zilch, Klarna, Toss 후불결제 등이 있으며, 무이자 할부 구조와 즉시 사용 가능성으로 젊은 세대에게 인기를 끌고 있다.

후불결제란 후불결제 이용이 가능한 가맹점에서 소비자가 물품을 구매할 때, 계좌 잔액이나 신용카드 없이도 N페이, 카카오페이, 토스 등 결제 서비스 기업이 가맹점에 먼저 대금을 지불하고, 나중에 소비자가 결제 서비스 기업에 이용 금액을 지불하는 방식의 서비스다.

신용카드가 없이도 신용카드 할부 형태로 상환 결제가 가능하다는 특징이 있다. 신용카드의 경우 소득 수준이나 신용등급에 따라 사용의 제한이 있으나, 후불결제는 18세 이상 성인이면 애플리케이션을 통해 서비스에 가입하여 누구나 쉽게 서비스를 이용할 수 있고, 신용카드처럼 상황 금액을 분할 납부할 수 있으며, 일정기간 무이자 할부도 가능하다. 따라서 BNPL 업체는 수수료를 통해 이윤을 창출한다.

다만, 신용 위험이 증가하고 연체 시 과도한 이자가 발생할 수 있어, 사용자 교육과 신용 평가 모델이 병행되어야 한다.

(10) 계좌이체

계좌이체는 사용자가 본인 명의 계좌를 통해 구매 대금을 이체하는 방식으로, 고객의 은행 계좌에서 실시간 출금이체를 통해 결제하는 방식을 말한다. 그래서 실시간 계좌이체라고 부르기도 하며, 이미 자주 사용하는 은행 계좌가 있다면 쉽게 사용할 수 있는 현금성 결제수단이다. 본인 인증 절차가 필요하고, 해외 결제는 다소 어려운 편이다.

인터넷 뱅킹에서 오픈뱅킹 기술로 확장되었고, 사이트 내에서 실시간 이체를 통해 즉시 자금이 이동한다. 신용카드 결제에 비해 절대적인 수수료가 낮고 자금 흐름이 투명하여 기업 거래에서도 선호된다.

4) 전자상거래 결제 적용 기술

전자상거래 결제 서비스에 적용되는 기술은 단순한 결제 행위의 안전성과 속도를 넘어, 전체 금융 생태계의 효율성 및 신뢰성을 확보하기 위한 복합적 기술의 집약체이다. 이와 같은 시스템은 다양한 첨단 기술들이 서로 긴밀히 연계되어 작동하며, 이를 통해 전자상거래 거래에서 발생할 수 있는 각종 보안 위협, 데이터 변조, 부정 거래 등을 사전에 예방하고 안정적인 결제 환경을 제공한다. 이러한 기술들은 금융 분야와 IT 기술, 네트워크 보안, 그리고 최신 디지털 혁신 기술들이 결합되어 있으며, 각 기술은 고유한 역할을 수행함과 동시에 상호 보완적으로 작용하여 전체 시스템의 완성도를 높인다.

우선, 결제 데이터의 안전한 전송과 저장을 위해 채택되는 암호화 기술은 전자상거래 결제 시스템의 핵심 기반을 형성한다. 고급 암호화 방법론을 사용하여 거래 데이터가 네트워크를 통해 전송될 때 외부 침입자가 이를 가로채거나 변조하지 못하도록 보호하는데, 이 과정에서 최신 대칭키 및 비대칭키 암호화 기법이 적용된다. 대칭키 암호화는 처리 속도가 빠르고 대용량 데이터를 효과적으로 암호화할 수 있어 결제 승인 과정과 실시간 정산에 유리하며, 비대칭키 암호화는 키 배포의 안전성을 보장함으로써 초기 사용자 인증과 거래 승인 단계에서 중요한 역할을 수행한다. 또한, 데이터 무결성을 보장하기 위해 해시 방법론을 이용한 검증 절차가 도입되어, 거래 내역이 도중에 변경되지 않았음을 확인할 수 있다. 이와 같이 암호화 및 데이터 검증 기술은 결제 시스템 전반의 보안성을 강화하는 동시에, 거래의 신뢰도를 유지하는 데 필수적이다.

전자상거래 결제 기술에서는 사용자 인증 및 접근 제어 기술 역시 중요한 역할을 한다. 결제 시스템에 접속하는 사용자와 결제 요청을 수행하는 주체의 신원 확인은 결제 성공 여부와 보안 위협을 사전에 차단하는 핵심 요소로 작용한다. 이를 위해 단일 비밀번호에 의존하는 기존 방식에서 벗어나 다중 요소 인증이 채택되고 있다.

다중 요소 인증은 사용자에게 비밀번호 외에도 OTP, 스마트폰 푸시 알림, 생체 인식 정보 등을 추가로 요구함으로써, 계정 도용 및 부정 결제 위험을 효과적으로 줄인다. 이와 더불어, 최신 결제 시스템은 사용자별 디지털 서명을 도입하여 거래 요청의 합법성을 검증하며, 사용자 인증에 기반한 동적 접근 제어를 통해 각 결제 단계마다 적절한 권한을 확인한다. 이러한 기술적 조치는 금융 정보의 노출 위험을 최소화하며, 사용자와 결제 서비스 제공자 간의 신뢰 구축에 기여한다.

네트워크 보안과 관련해서는 결제 시스템이 온라인 환경에서 실시간으로 작동하는 만큼, 다양한 공격 벡터에 대응하기 위한 기술들이 동시에 적용된다. 방화벽, 침입 탐지 시스템, 그리고 침입 방지 시스템 등은 결제 데이터가 외부 네트워크와 통신할 때 불법적인 접근을 사전에 차단하며, 이상 트래픽 발생 시 자동으로 대응하는 체계를 마련한다. 또한 인공지능과 기계학습 기술을 활용하여, 정상적인 트래픽 패턴과 비교해 비정상적인 활동을 실시간으로 분석하고, 잠재적 위협을 신속하게 감지하는 시스템이 적용되고 있다. 이러한 기술은 전자상거래 결제의 실시간 보안 모니터링과 대응 능력을 향상시켜, 거래 중 발생할 수 있는 위협을 미연에 방지하는 데 중요한 역할을 한다.

결제 시스템은 또한 사용자 경험을 극대화하기 위한 기술적 혁신을 지속적으로 도입하고 있다. 모바일 결제의 경우, NFC 기술이나 QR 코드 인식 기술을 활용하여, 소비자가 스마트폰이나 태블릿을 통해 간편하게 결제를 진행할 수 있도록 지원한다. 이러한 모바일 결제 기술은 단순한 터치나 스캔 동작만으로 거래를 완료할 수 있게 하여, 오프라인 상점과 온라인 플랫폼 간의 경계를 허물고 있다. 사용자의 결제 과정에서 발생할 수 있는 지연이나 복잡한 인증 절차를 최소화하기 위해, 시스템은 캐싱, 빠른 응답 프로토콜, 그리고 사용자 인터페이스 최적화를 통해 결제 승인 속도를 극대화하고 있다. 이와 같은 기술적 접근은 소비자의 결제 만족도를 높이는 동시에, 상점의 판매 효율을 크게 향상시킨다.

최근에는 블록체인과 같은 분산 원장 기술이 전자상거래 결제 시스템에 혁신적인 변화를 불러오고 있다. 블록체인 기술은 중앙 집중식 서버 없이도 거래 내역을 여러 노드에 분산 저장함으로써, 데이터 위변조와 해킹 시도를 근본적으로 차단할 수 있는 장점을 제공한다. 이를 통해 결제 거래의 투명성과 불변성이 보장되며, 거래 당사자 모두가 실시간으로 거래 기록을 검증할 수 있다. 또한, 스마트 계약 기술을 활용하여, 사전에 정의된 조건이 충족되면 자동으로 결제 승인 및 정산이 이루어지도록 하는 시스템이 도입되고 있다. 이러한 기술은 특히 국제 거래나 복잡한 결제 구조를 가진 비즈니스 모델에서 큰 효과를 발휘하며, 기존의 중앙 집중형 금융 시스템의 한계를 극복하는 대안으로 주목받고 있다.

결제 시스템의 API 기술 역시 다양한 결제 방식의 통합과 상호 운용성을 가능하게 하는 핵심 기술 중 하나이다. API는 금융 기관, 카드사, 전자지갑 서비스 제공자, 그리고 기타 결제 관련 업체 간에 실시간 데이터 연동을 지원함으로써, 결제 승인, 거래 취소, 정산, 그리고 리포팅과 같은 기능들을 자동화하고 효율적으로 처리할 수 있도록 돕는다. 이러한 API 기반 통합 시스템은 소비자와 판매자 모두에게 원활한 결제 경험을 제공하며, 시스템 전반의 처리 속도와 신뢰성을 높인다. 또한, API는 각 기관이 독자적으로 개발한 결제 솔루션 간의 연계를 가능하게 하여, 새로운 결제 모델과 부가 서비스 개발에 중요한 기반을 제공한다.

인공지능과 빅데이터 분석 기술의 접목은 전자상거래 결제 시스템에서 또 다른 중요한 적용 기술로 부상하고 있다. 이들 기술은 결제 과정에서 발생하는 방대한 양의 거래 데이터를 실시간으로 분석하여, 비정상적인 패턴을 감지하고 사기 행위를 사전에 차단하는 역할을 수행한다. 기계학습은 과거 거래 데이터를 기반으로 정상적인 거래 패턴을 학습한 후, 이를 토대로 실시간 거래의 위험도를 평가하며, 의심스러운 거래가 발견되면 자동으로 경고 신호를 발송하거나 거래를 일시 중지하는 기능을 제공한다. 이러한 기술은 금융 사기 및 부정 거래의 위험을 크게 줄이며, 결제 시스템의 안정성과 신뢰성을 향상시키는 데 기여한다. 빅데이터 분석은 또한 소비자의 결제 습관과 패턴을 분석하여, 개인 맞춤형 금융 서비스나 마케팅 전략을 수립하는 데 활용되며, 이를 통해 소비자 만족도와 시장 경쟁력을 동시에 강화할 수 있다.

전자상거래 결제 시스템에서는 클라우드 컴퓨팅 기술을 활용한 확장성과 유연성 확보가 중요한 적용 기술로 자리 잡고 있기도 하다. 클라우드 기반의 결제 인프라는 대규모 트래픽과 거래 데이터를 효율적으로 처리할 수 있도록 지원하며, 필요에 따라 자원을 신속하게 확장하거나 축소할 수 있는 유연성을 제공한다. 이러한 클라우드 기술은 결제 시스템의 가용성과 안정성을 높이고, 시스템 장애나 과부하 상황에서도 안정적인 서비스를 제공할 수 있도록 한다. 또한, 클라우드 환경에서는 데이터 백업 및 재해 복구 계획이 보다 체계적으로 마련될 수 있어, 전자상거래 결제 시스템의 연속성을 보장하는 데 큰 역할을 한다.

또한, 사물인터넷 기술의 발전은 전자상거래 결제 시스템에 새로운 가능성을 열어주고 있다. IoT 기기들이 결제 단말기로써 활용되면서, 자동차, 웨어러블 기기, 스마트 가전 등 다양한 기기들을 통해 결제가 이루어지는 사례가 증가하고 있다. 이러한 IoT 기반 결제 시스템은 소비자가 특정 기기를 통해 결제를 간편하게 처리할 수 있도록 지원하며, 동시에 기기들 간의 보안 통신 프로토콜과 인증 기술을 적용하여 거래의 안전성을 유지한다. IoT 기술은 결제 시스템의 사용 환경을 확장하고, 새로운 서비스 모델을 창출하는 데 기여하며, 소비자와 기업 모두에게 혁신적인 사용자 경험을 제공한다.

전자상거래 결제 시스템은 최신 보안 표준과 규격을 준수하는 기술적 기반 위에 구축되어, 각종 국제 금융 규제와 데이터 보호 법령을 충족시키는 방향으로 발전하고 있다. 결제 시스템은 다양한 국가의 법적 요구 사항과 금융 감독 기관의 지침을 반영하여 설계되며, 지속적인 보안 업데이트와 시스템 점검을 통해 외부 위협에 대한 대응력을 강화하고 있다. 이러한 표준 준수 노력은 결제 시스템의 글로벌 호환성을 확보하고, 국제 거래 시 발생할 수 있는 법적 분쟁이나 규제 리스크를 최소화하는 데 중요한 역할을 한다.

이처럼 전자상거래 결제 시스템의 기술 적용은 단순히 하나의 기술에 국한되지 않고, 다수의 첨단 기술이 서로 융합되어 이루어지는 복합적 시스템이다. 이를 통해 결제 승인, 정산, 보안, 사용자 인증, 그리고 거래 모니터링 등 모든 과정이 자동화되고 실시간으로 처리됨에 따라 거래의 효율성과 신뢰성이 극대화되는 것이다. 결제 시스템은 기술 혁신에 따라 지속적으로 발전하고 있으며, 각 기술은 서로 보완적이며 중복 없이 각자의 고유한 기능을 수행한다. 이러한 종합 기술 체계는 전자상거래 결제 시스템이 현대 디지털 경제에서 필수 불가결인 인프라로 자리매김할 수 있도록 하는 원동력이 된다.

이와 같이 전자상거래 결제 시스템의 적용 기술은 암호화, 인증, 네트워크 보안, 클라우드 기반 확장성, 인공지능 분석, 블록체인 분산 저장, 사물인터넷 결제 등 다각적인 기술들이 복합적으로 융합되어 운영되는 종합 체계이다. 각 기술은 결제 과정의 특정 부분에서 고유한 역할을 수행하며, 상호 보완적으로 작용하여 전체 시스템의 효율성, 보안성, 그리고 사용자 만족도를 극대화한다. 이러한 기술적 통합은 전자상거래 결제 시스템이 단순한 금융 거래의 수단을 넘어, 글로벌 디지털 경제의 핵심 인프라로 자리 잡는 데 결정적인 기여를 하게 될 것이다.

전자상거래 결제 시스템의 적용기술은 금융 서비스의 혁신과 함께 앞으로도 지속적으로 변화할 것으로 예상된다. 인공지능, 블록체인, IoT, 클라우드 컴퓨팅, 그리고 빅데이터 분석 등 첨단 기술의 발전은 결제 시스템에 새로운 기능과 효율성을 부여할 뿐만 아니라, 글로벌 시장의 변화와 소비자 요구에 민첩하게 대응할 수 있는 유연성을 제공한다. 이러한 기술 발전은 단기적인 효율성 개선을 넘어서, 장기적으로 금융 거래의 안전성, 투명성, 그리고 사용자 편의성을 혁신적으로 향상시키는 기반이 될 것이다.

5) 전자상거래 결제 서비스 사례

온라인상에서 상품과 서비스를 구매할 때 전자 매체를 사용하여 비용을 지불한다. 현금이나 수표를 사용하지 않는 이러한 지불 방식을 전자상거래 결제 서비스, 온라인 또는 전자 결제 서비스라고 한다.

온라인 뱅킹 및 쇼핑의 사용이 증가함에 따라 다양한 전자상거래 결제 시스템이 성장했으며 안전한 전자 지불 거래를 늘리고 개선하고 제공하기 위한 기술이 개발되었다.

서류 없는 전자상거래 지불결제는 서류 작업, 거래 비용 및 인건비를 줄임으로써 지불 처리에 혁명을 일으켰다. 이 시스템은 사용자 친화적이며 수동 처리보다 시간이 덜 소요되며 기업이 시장 도달 범위를 확장하는 데 도움이 된다.

다음은 다양한 전자상거래에서 결제 서비스의 사례를 알아보자.

(1) 간편결제 활용 사례

현재 사용 중인 삼성페이의 대표 기술은 MST과 NFC가 동시에 지원이 가능하다는 것이고 대부분의 오프라인 카드 단말기에서 결제가 가능하며, 특히 국내 환경에 최적화되어 있다.

카카오페이는 바코드와 QR코드 기반 결제와 온라인 간편결제를 하고 있으며 카카오톡과 연동되어 송금, 결제, 인증, 투자까지 가능한 종합 금융 플랫폼으로 사용되고 있다.

애플페이는 NFC 기반 비접촉 결제가 대표 기술이며 아이폰의 생체 인증

(Face ID, Touch ID)을 통해 보안성이 높다는 장점이 있다. 신용카드와 체크카드 등록과 앱 내 결제, 웹 결제, 교통카드 등이 가능하다.

네이버페이는 온라인 간편결제와 삼성페이 연동을 통한 오프라인 결제를 하고 있으며 네이버쇼핑과 강하게 연동되어 포인트 적립과 혜택을 제공받는 것에 최적화되어 있다.

(2) 전자지갑 활용사례

대표적으로 전자지갑, 디지털 지갑을 제공하는 기업들로는 애플, 구글, 아마존, 삼성, 페이팔, 벤모 등이 있다. 애플은 앞서 언급했던 애플페이를 통해 디지털 지갑 서비스를 제공하는데, 디지털 지갑에서 음성 인공지능 시리(Siri)를 이용할 수 있고, 애플워치에서도 사용할 수 있다. 전자지갑은 디지털 지갑의 형태로 다양하게 응용되어 활용되고 있는데, 자동차 열쇠나 비행기 티켓 등에 사용되며, 사용자는 카드 정보를 저장하지 않고도 안전하게 결제할 수 있다.

2011년에 처음 출시된 구글 월렛(Google Wallet)은 2015년에 출시된 구글페이(Google Pay)의 폭넓은 사용과 함께 빠르게 성장했다. 구글 월렛 사용자는 은행 계좌를 모바일 앱 계정에 직접 연결하여 안드로이드(Android)를 포함한 대부분의 구글 애플리케이션에서 사용할 수 있다.

국내에서도 네이버와 카카오, 삼성 등은 디지털 지갑 서비스를 제공한다. 각종 인증서와 증명서, 멤버십 등을 지갑에 보관하여 사용할 수 있으며 이러한 서비스 외에도 사용자 편의성을 높이기 위한 차별화된 기능들을 개발하여 추가하고 있다.

아마존페이의 결제 서비스

아마존 플랫폼에서 사용할 수 있는 아마존페이는 2007년에 시작한 온·오프라인 소비자를 위한 간편결제 서비스로 많은 이용자들이 사용하고 있다. 아마존페이는 웹이나 모바일 앱에서 아마존 계정에 저장된 신용카드 등 결제 수단과 주소와 같은 배송지 정보를 이용해 간편하게 재화와 서비스를 구매할 수 있다.

아마존에서는 원클릭(One-Click) 서비스가 대표적인데, 원클릭은 단 한번의 클릭으로 즉시 주문과 결제가 이루어지는 서비스로 고객의 편리함을 극대화한 서비스이다. 사용자가 계정에 신용 카드 같은 결제 수단과 배송 주소를 저장해 두면, 바로 원클릭을 통하여 주문을 할 수 있다.

복잡하게 개인정보를 반복 입력해야 하는 불편함을 없애도 등록과정을 단순화하였다. 간편결제의 선두주자로서 주문과 결제 과정이 간소화되고 편리해짐에 따라 아마존의 매출은 급성장하게 되었다.

스타벅스의 결제 서비스

스타벅스는 자체 모바일 앱을 통해 클로즈드 루프 결제 시스템을 도입하여 결제 프로세스를 간소화하고, 고객의 충성도 역시 높일 수 있었다. 폐쇄 루프 결제 시스템을 통해 고객은 특정 가맹점의 생태계 내에서만 독점적으로 거래를 할 수 있다. 이 시스템은 일반적으로 독점 앱, 카드 또는 계정에 연결되어 결제 및 혜택이 브랜드 네트워크 내에서 유지되도록 하는 것이다.

예를 들어, 스타벅스의 앱을 사용하면 고객이 타사 결제 프로세서를 사용하지 않고도 돈을 충전하고, 구매하고, 보상을 받을 수 있다. 고객이 앱에 금액을 충전하고 결제 시 바코드를 스캔하여 결제한다.

폐쇄 루프 시스템의 중심인 스타벅스 모바일 앱은 소비자들의 상당한 디지털 참여를 유도할 수 있었다. 디지털 판매의 증가는 특히 피크 시간대에 마찰 없는 경험을 제공하여 더 빠른 서비스와 더 많은 판매량을 가능하게 하려는 스타벅스의 전략과 일치한다.

스타벅스의 디지털 지갑은 현금 없이도 스타벅스에서 거래를 할 수 있으며, 쿠폰이나 리워드, 자금 충전, 상품등록 등과 같은 기능을 제공한다.

알리페이(Alipay)와 위챗페이(WeChat Pay)의 QR 코드 결제

중국의 대표적인 간편결제 서비스인 알리페이와 위챗페이는 QR 코드를 활용하여 온·오프라인에서 간편한 결제를 지원하여 소비자들의 편의성을 증대시켰고, 더 이상 현금을 가지고 다니지 않도록 서비스가 활성화 되었다.
알리페이는 일반적으로 은행계좌, 신용카드를 연동시켜 인터넷과 스마트폰 등으로 송금과 결제가 가능한 서비스를 제공하고 있다.
반면에, 위챗페이는 텐센트의 텐페이와 모바일 메신저인 위챗이 연동되어 만들어졌으며, QR코드 결제, 인앱(In-App) 결제 등을 적용하였고, 기존의 위챗 사용자와 알리페이의 네트워크를 활용하여 급속히 성장하였으며, 위챗페이는 메신저 기반의 마케팅을 통해 O2O 서비스 영역과 모바일 결제에 특화되어 중국 전역에서 활발히 사용되고 있다.

제 8 장

전자화폐와 가상화폐

1. 전자화폐와 가상화폐 개요
2. 전자화폐(Electronic Money)
3. 가상화폐(Virtual Currency)

제8장

전자화폐와 가상화폐

디지털 통화(Digital Currency) 또는 전자화폐(Electronic Money)는 전자적으로만 교환되는 화폐나 증서이다. 일반적으로 컴퓨터 네트워크, 온라인, 디지털 선불카드 시스템에서 사용되며, 전자송금, 지로, 디지털통화는 전자화폐의 실제 예이다. 또한 전자화폐는 관련된 금융관련 암호 기술을 집합적으로 나타내기도 하는데, 유사한 단어로 이머니, 전자캐시, 전자통화, 디지털 화폐, 디지털캐시, 사이버화폐, 가상화폐, 가상캐시, 암호화폐 등이 있으며, 대부분의 전자화폐가 쉽고 정확하게 지불하기 위해 비접촉식 지불 시스템을 사용하고 있다.

1 전자화폐와 가상화폐 개요

전자화폐와 가상화폐는 현대 사회에서 급속도로 발전하고 있는 새로운 형태의 결제 수단이다. 이들은 기존의 현금, 카드 등의 물리적인 결제 수단을 대체하거나 보완하는 역할을 하며, 디지털 기술의 발전과 함께 그 존재감을 더욱 확실하게 하고 있다.

전자화폐란, 금융거래가 전자적인 형태로 이루어지는 화폐를 말한다. 전자화폐는 현금과 같이 실물화폐의 한계를 극복하고, 사용자들에게 더욱 편리하고 신속한 결제 수단을 제공한다. 일상생활에서의 작은 금액의 결제부터 대규모 거래에 이르기까지 다양한 범위에서 활용될 수 있으며, 인터넷이나 이동통신 등 온라인상에서 언제 어디서든 거래가 가능하다. 전자화폐는 신용카드, 직불카드, 전자지갑, 모바일 결제 등 다양한 형태로 존재하며, 각각의 방식은 사용자의 편의성, 보안성, 접근성 등을 고려하여 설계되었다. 특히 모바일 결제는 스마트폰의 보급률이 높아진 현대 사회에서 가장 널리 사용되는 전자화폐의 방식 중 하나로, QR코드나 NFC를 이용한 접촉식 결제, 앱을 통한 온라인 결제 등 다양한 방식으로 활용되고 있다.

가상화폐는 전자화폐의 한 종류로, 온라인 상에서만 존재하고 거래되는 디지털 화폐다. 가상화폐는 중앙 은행이나 정부와 같은 중앙기관의 개입 없이 P2P 방식으로 거래가 이루어지며, 이는 블록체인 기술을 기반으로 한다. 블록체인 기술은 모든 거래 정보를 투명하게 기록하여, 거래의 신뢰성을 보장하고 중복거래나 사기를 방지한다.

가상화폐의 대표적인 예로는 비트코인(Bitcoin), 이더리움(Ethereum) 등이 있다. 비트코인은 2009년에 등장한 세계 최초의 가상화폐로, 중앙기관의 개입 없이 자유롭게 거래가 가능한 점, 거래 내역이 공개되지만 거래자의 신원은 익명으로 유지되는 점 등이 특징이 있다. 이 외에도 이더리움, 리플(Ripple), 도지(Doge) 등 수많은 가상화폐가 존재하며, 이러한 가상화폐들은 고유의 기능과 목적을 가지고 있다.

전자화폐와 가상화폐는 기존의 금융 시스템에 새로운 가능성을 제시하며, 미래의 금융 트렌드를 이끌고 있다. 그러나 이들은 지속적인 발전 단계에 있으며, 법적인 정의와 규제, 기술적인 문제 등 여러 가지 이슈들을 하나씩 해결해나가며 활용폭을 넓혀가고 있다.

그리고, 전자화폐와 가상화폐는 모두 디지털 형태의 화폐이지만, 그 운영 방식과 사용 목적에서 다음과 같은 차이점을 보인다.

첫째, 발행 및 관리 주체의 차이다. 전자화폐는 중앙 은행이나 금융 기관 등의 공인된 중앙 기관이 발행하고 관리한다. 이런 기관들은 화폐의 발행양을 조절하거나, 금리를 설정하는 등의 방법으로 화폐 가치를 관리한다. 한편 가상화폐는 중앙 기관 없이 개인들 사이에서 거래가 이루어지며, 이를 가능하게 하는 기술이 바로 블록체인이다. 블록체인은 거래 내역을 분산된 네트워크에 기록함으로써 중앙 기관 없이도 신뢰성 있는 거래를 가능하게 한다.

둘째, 익명성이다. 전자화폐 거래는 대부분의 경우 사용자의 신원이 확인된다. 이는 전자화폐가 기존의 금융 시스템을 기반으로 운영되기 때문인데, 이 시스템은 신용 정보나 개인 신원 정보를 기반으로 화폐를 발행하고 거래다. 그러나 가상화폐는 이와는 달리 거래자의 신원을 완벽히 숨길 수 있다. 이는 블록체인 기술을 통해 거래 내역은 공개되지만 거래자의 신원 정보는 암호화되어 익명성이 보장되기 때문이다.

셋째, 가치 변동성이다. 전자화폐는 해당 국가의 경제 상황이나 중앙 은행의 통화 정책 등에 의해 그 가치가 결정된다. 따라서 일반적으로 가치 변동성이 비교적 낮다. 그러나 가상화폐는 자유 시장의 수요와 공급에 의해 가치가 결정되므로 가치 변동성이 매우 높다.

마지막으로 법적 지위의 차이다. 전자화폐는 대부분의 경우 해당 국가의 법률에 의해 인정되고 보호받다. 이는 전자화폐가 해당 국가의 법정 화폐와 동일한 가치를 가지며, 법적 결제 수단으로 인정받기 때문이다. 그러나 가상화폐의 경우 국가마다 그 법적 지위가 다르다. 일부 국가에서는 법적 결제 수단으로 인정하지만, 일부 국가에서는 가상화폐 거래를 금지하거나 제한하기도 한다.

이처럼 전자화폐와 가상화폐는 화폐의 형태나 운영 방식, 법적 지위 등에서 차이를 보이며, 이는 각각의 화폐가 사용되는 환경과 목적에 따라 달라진다.

2 전자화폐(Electronic Money)

전자상거래가 활성화되면서 어떻게 결제할 것인지에 대한 고민은 지속되고 있다. 기존의 종이나 금속으로 만들어진 화폐는 4차 산업혁명, 정보화의 빠른 변화에 적절히 대응하기에는 다음과 같은 한계가 있다.

첫째, 편의성의 하락이다. 실물 화폐는 소유의 안전을 보장할 수 있다. 그러나 전자상거래의 목적을 생각해보면 거래를 수행하는 당사자는 시간이나 공간의 제약 없이 편리하게 업무를 처리할 수 있다. 기업과 기업, 기업과 소비자, 소비자와 소비자는 제한 없이 온라인에서 소통할 수 있지만 가장 중요한 결제가 실물 화폐로만 오프라인에서 이루어진다면 편의성은 줄어든다. 즉, 현금을 사용하는 데 불편함을 느끼는 사람이 늘어나면서 새로운 지불결제 방법이 필요하게 되었다.

둘째, 정보화가 불가능하다는 것이다. 빅데이터는 오늘날 모든 분야에서 핵심적인 역할을 하고 있다. 4차 산업혁명의 도래와 함께 컴퓨터 및 정보 기술을 적절히 활용하여 빅데이터를 적극적으로 활용하고 있으며 전자상거래도 예외는 아니다. 온라인 환경에서 거래를 수행할 때 모든 절차가 정보로 기록되며 이러한 정보가 축적되어 빅데이터가 생성된다.

그러나 현금으로 거래할 때는 현금 지급 및 수령에 대한 별도의 기록이 없다. 모든 정보가 귀중한 자원이자 경쟁력이 되는 정보화 시대에 정보 기록의 부재는 큰 단점이 될 수 있다. 이러한 실물 화폐의 편의성 감소와 정보화의 불가능성은 전자상거래 과정에서 새로운 결제 수단의 개발로 이어졌다.

이 과정에서 전자화폐가 전자상거래의 새로운 지불결제 수단으로 나타났는데, 전자화폐는 발급자에게 사전에 수수료를 지불하고, 카드의 IC칩이나 컴퓨터 네트워크에 특정 일정한 화폐가치를 전자 기호로 저장한 후, 이를 사용하여 상품 등을 구매할 수 있는 전자적 지급 수단이다.

온라인상에서 거래은행과 접속되는 컴퓨터 내에 저장하였다가 필요시 온라인을 통해 대금결제에 사용하는 전자 결제 서비스이다. 전자화폐는 디지털 데이터를 기반으로 다양한 구매, 판매 및 지불에 사용된다. 전자화폐는 기존의 실물 화폐와 동일한 법적 효력을 갖는다. 은행이 액면가를 보장하기 위해 검증하는 디지털 정보로 볼 수 있고, 물리적 매체를 거치지 않고도 그 자체로 가치가 있다. 즉, 물리적 화폐와 동일한 기능을 수행하면서 전자화폐 사용자의 편의성을 높인다. 전자화폐는 대부분 IC 카드에 저장되고 사용되며 통신 회선을 사용하여 전송되며 물리적 화폐보다 유통성과 편의성이 높다. [그림 8.1]은 전자화폐 운영 프로세스를 나타내는데, 고객이 온라인상의 판매자로부터 보유하고 있는 전자화폐를 사용해서 상품을 구매하고, 판매자는 해당 은행들과 결제처리 프로세스를 통해서 판매대금이 입금되는 과정을 설명한다.

그림 8.1 **전자화폐 운영 프로세스**

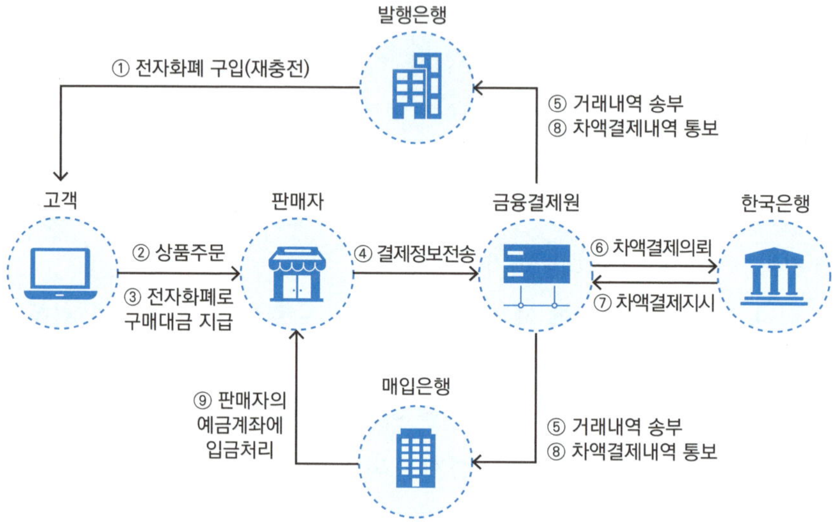

전자화폐는 실물화폐와 달리 몇 가지의 문제점을 가지고 있다. 그중 가장 큰 문제는 개인정보 유출 문제이다. 사람들의 거래가 오프라인에서 온라인으로 움직임에 따라 개인정보 유출 문제가 더욱 심각해지고 있다. 이러한 개인정보 문제는 디지털 화폐에도 해당한다. 신용카드를 등록하기 위해 입력해야 하는 개인의 이름, 생년월일, 휴대전화 번호, 결제 비밀번호 등의 개인정보는 디지털 정보로 저장되고 전송된다. 하지만 디지털 정보는 조작과 복제가 쉽기 때문에 사용자가 의도하지 않은 방식으로 정보가 사용될 수 있다. 정보를 관리하는 기관의 실수나 해킹으로 인해 정보가 제3자에게 쉽게 전달될 수 있다. 이는 다른 디지털 계좌에도 해당하지만, 장기간 디지털 화폐를 사용하지 않는 휴면 계좌에 대한 정보를 어떻게 저장하고 처리할 것인가 하는 문제도 있다. 이 때문에 최근 많은 디지털 화폐가 익명성을 보장하기 위한 조치를 취하고 있다. 그러나 이는 익명성이 완벽하게 보장될 경우 물리적 화폐의 문제와 마찬가지로 자금 세탁 및 탈세에 적극적으로 사용될 수 있다는 이중적 문제점도 가지고 있다. 따라서 디지털 화폐 관련 기업은 소비자의 신뢰를 확보하기 위해 이러한 이중성을 적절히 균형 잡아야 한다. 전자화폐를 발행할 때는 임의 조작이 불가능하도록 위조나 변조를 방지할 수 있는 칩을 안전 장치로 내장해야 한다. 소유자 외의 다른 사람이 접근하기 어렵도록 암호화를 처리할 수 있는 고성능 프로토콜을 설치해야 한다. 무엇보다도 전자화폐를 발행하는 기관은 관리자로서 부정적인 거래, 제3자에 의한 정보 조작 또는 해킹이 있는지 여부를 지속적인 모니터링을 통해 정기적으로 기록해야 한다. 전자화폐에 문제가 발생할 경우 사용자에게 얼마나 빨리 전달할 수 있는지도 중요하며, 이러한 방식으로 전자화폐의 안전성을 확보하면 사용자는 전자화폐 발행 기관을 신뢰하고 계속 사용하게 될 것이다.

전자화폐의 등장은 사회와 문화에 많은 변화를 가져왔다. 이 변화는 일상 생활에서부터 사회 구조, 경제 활동에 이르기까지 광범위한 영역에 걸쳐 나타나고 있다.

첫째, 전자화폐의 등장은 현금 없는 사회를 실현하고 있다. 사람들은 물리적인 지갑을 들고 다닐 필요 없이 스마트폰 하나로 모든 결제를 처리할 수 있게 되었다. 이는 물론 대형 슈퍼마켓이나 소매점, 작은 상점이나 길거리 상점에서도 이루어지고 있다. 이러한 변화는 소비 문화뿐만 아니라 생활 방식에도 영향을 미치며, 편리성과 효율성을 크게 향상시키고 있다.

둘째, 전자화폐는 모든 거래가 디지털로 기록되기 때문에, 거래의 투명성을 증가시킨다. 이는 소비자와 사업자 모두에게 큰 이점을 제공한다. 예를 들어, 소비자는 전자화폐를 통해 자신의 소비 패턴을 명확하게 파악하고 관리할 수 있다. 또한, 사업자는 전자화폐를 통해 정확한 매출 계산과 재고 관리가 가능하며, 이를 통해 경영 효율성을 높일 수 있다.

셋째, 전자화폐의 확산은 기업들의 경제 활동에도 영향을 미치고 있다. 기업들은 전자화폐를 통해 더욱 효율적인 결제 시스템을 구축하고, 이를 통해 경영 효율성을 높이고 있다. 또한, 전자화폐는 해외 거래를 더욱 쉽게 할 수 있게 해주며, 해외 온라인 쇼핑몰이나 서비스에서 전자화폐를 통해 결제를 할 수 있고, 글로벌 거래 활성화에 크게 기여하고 있다.

이처럼 전자화폐의 등장은 우리 사회와 문화에 큰 변화를 가져왔다. 이러한 변화는 더욱 편리하고 효율적인 결제 환경을 제공하며, 사람들의 생활 방식을 크게 변화시키고 있다. 이러한 전자화폐 시스템은 기술의 발전과 함께 계속해서 발전하고 변화하고 있으며 이를 통해 더욱 다양하고 편리한 결제 환경이 제공될 것으로 기대된다.

1) 전자화폐의 특징

앞에서 언급한 바와 같이, 전자화폐는 발급자에게 사전에 수수료를 지불하고, 카드의 IC(Integrated Circuit)칩이나 컴퓨터 네트워크에 특정 통화 가치를 전자 기호로 저장한 후, 이를 사용하여 상품 등을 구매할 수 있는 전자 지불 수단이다.

고객은 상품이나 서비스 구매 시에 이러한 전자화폐를 단말기나 공중망을 이용하여 상품 제공업자에게 이전함으로써 비용을 지불하며, 전자화폐는 특성상 모두 공개된 인터넷 상에서 거래가 이루어지므로 익명성이 매우 중요한 요소이다.

전자화폐 서비스는 결제할 때 은행 등 전자화폐 발급자와 연결되어 전자 결제가 이루어지는 온라인 방식과 은행 등의 개입이 없는 오프라인 방식으로 구성되어 있다.

기존의 실물화폐와 비교하여 전자화폐의 특징은 다음과 같다.

첫째, 사용자의 익명성이다. 사용자의 익명성 특징은 실물 화폐 특징과의 공통점이라고 볼 수 있다. 실물 화폐는 은행과 다른 기관에서 인출할 때 기록이 남지만, 인출한 후에 그 화폐를 사용할 때는 별다른 기록이 남지 않는다. 전자화폐 역시 온라인에서 제품이나 서비스를 구매한 후 대금을 지불하는 과정에서 이용자의 익명성은 유지된다. 그러나 전자화폐를 악용하여 여러 범죄에 이용할 수 있기 때문에 일련의 안전 장치를 보유하고 있다. 전자화폐를 발행하는 기관은 발행 시에 각 화폐에 식별 정보를 부여한다. 즉 전자화폐의 식별 정보와 이용자의 식별 정보를 비교하여 누가 전자화폐를 사용했는지 추적할 수 있다. 일반적인 이용자가 적절한 방식으로 전자화폐를 활용했을 때는 익명성이 보장되지만, 문제가 발생되었을 경우에는 이용자를 언제든지 빠르게 추적할 수 있다.

둘째, 오프라인성이다. 전자화폐의 가장 큰 목적은 이용자가 편리하게 구매한 제품이나 서비스의 대금을 지불하는 것이다. 즉 이용자의 지불 과정에 있어서 화폐를 발행하고 관리하는 역할을 하는 은행의 개입을 최소화해야 한다는 것이다. 따라서 전자화폐를 이용하는 이용자는 은행에 직접 접속하여 전자화폐를 사용할 수 있는지 확인할 필요가 없다. 이용자는 은행을 거치지 않고 각 상점에 설치되어 있는 프로그램과 암호 기법으로 즉각적으로 활용이 가능하다.

셋째, 양도성이다. 위에서 언급한 것처럼 전자화폐는 이용자가 편리하게 전자화폐를 언제 어디서든 이용할 수 있어야 존재 의미가 있다. 또한, 전자화폐 역시 화폐이므로 거래를 하는 과정에서 다른 사람에게 화폐의 가치가 즉각적으로 이전될 수 있어야 한다. 이용자가 타인에게 돈을 보낼 때, 은행을 거쳐서 한 전자화폐가 다른 전자화폐로 전환되는 과정을 거치지 않는다. 이는 돈을 송금하는 시간을 절약할 수 있으며, 은행의 업무 처리 과정에서의 통신 부화를 감소시킬 수 있다.

넷째, 분할성이다. 기존의 실물 화폐가 가진 가치를 분할하기 위해서는 은행이나 상점에 직접 방문하여 화폐를 교환해야 했다. 이는 화폐의 분할 과정에서의 불편함을 초래한다. 전자화폐는 이러한 실물 화폐의 단점을 개선했다. 일정한 가치를 보유하고 있는 전자화폐를 분할하여 사용할 수 있도록 만든 것이다. 물론 전자화폐가 분할되었을 때, 그 가치에 맞는 안전성, 유효성, 그리고 정당성은 모두 갖추고 있어야 한다. 언제 어디서든 전자화폐를 용도에 맞게 분할할 수 있는 이용자 외에도 은행과 상점에게도 장점이 존재한다. 기존 실물 화폐를 이용했을 때의 은행은 이용자가 본인이 가진 화폐를 분할하기 원했을 때 적은 금액의 화폐를 새로 발행하여 지급해야 했다. 그러나 그러한 일 처리 과정을 전자화폐가 대신해주기 때문에 은행의 업무 처리가 더욱 효율적으로 진행될 수 있게 되었다. 실물 화폐와 다르게 새롭게 도입된 전자화폐의 분할성은 이용자, 은행, 그리고 상점 모두에게 긍정적인 효과를 가져왔다고 볼 수 있다.

다섯째, 디지털 정보화이다. 전자화폐 역시 실물 화폐와 비슷하게 오프라인성 특징을 보유하고 있다. 그러나 근본적으로 전자화폐는 전자상거래가 활발해지면서 만들어졌다. 컴퓨터를 매개체로 활용하여 인터넷의 온라인 네트워크에서도 사용할 수 있는 화폐를 만들자는 의도가 전자화폐 발명의 가장 큰 원인이라는 것이다. 따라서 전자화폐는 오프라인에서만 존재하는 물리성에 지나치게 의존해서는 안 된다. 디지털 환경 속에서 데이터로 존재하여 실물 화폐의 가치는 그대로 유지하면서도 필요할 때 온라인에서의 거래 내역을 확인할 수 있는 정보로서의 가치도 가지고 있어야 한다. 이는 화폐의 안전성 측면에 대해서도 마찬가지이다. 기존 실물 화폐는 물리성에 의존했기 때문에 종이 위에 복사를 방지할 수 있는 기술을 도입하여 화폐를 인쇄했다. 그러나 전자화폐는 디지털 환경 속에서 동일한 안전성을 보장할 수 있어야 하기에 디지털 데이터 내에서 은행의 인증과 복사를 방지할 수 있는 기술까지 적용하여 이용되어야 한다. 이러한 온라인 환경에서의 안전성이 확실하게 보장된 전자화폐만이 인터넷 상에서 이용될 수 있다.

여섯째, 익명성의 취소이다. 전자화폐의 첫 번째 특징인 이용자의 익명성과 반대되는 특징이다. 기본적으로 올바른 이용자의 올바르게 이용된 전자화폐 거래는 익명성을 보장해야 한다. 그러나 문제는 전자화폐의 보관의 용이하다는 점에 있다. 기존 실물 화폐는 은행에서 인출할 때를 제외하고 거래의 기록이 남지 않기 때문에 돈 세탁이나 세금 탈취 등의 범죄에 자주 이용되었다. 그러나 범죄가 커지게 되면 현금의 액수 또한 커지기 때문에 범죄자가 현금을 어떻게 보관할 것인지에 대한 어려움이 존재했다. 이러한 실물 화폐의 보관 어려움은 범죄의 횟수나 범인 검거에 어느 정도 도움이 되었다고 볼 수 있다. 반면, 전자화폐는 디지털 정보화의 특징이 있기 때문에 실물로 존재하는 것이 아니라 모든 거래의 내용은 디지털 정보로 남는다. 실물 화폐와 다르게 범죄를 저지른 후, 돈을 보관하는 데 어려움을 겪지 않는다는 것이다. 전자화폐가 실물 화폐보다 범죄에 용이하게 이용될 수 있다는 뜻이기 때문에 부작용에 미리 대처해야 할 필요가 있다. 이러한 악용을 막기 위해 전자화폐의 익명성을 취소할 수 있다. 정당하게 이용된 전자화폐 거래는 기존처럼 거래에서 발생되는 모든 정보의 익명성이 계속 보장되지만, 의도된 방향이 아니라 부정적으로 전자화폐가 이용되었을 때는 은행이나 법원 등 관련 기관에 의해서 이용자의 거래와 관련된 정보를 열람할 수 있도록 식별 번호를 노출시킬 수 있다.

2) 전자화폐의 장·단점

다음은 전자화폐의 장단점에 대해 알아보자. 우선 장점은 다음과 같다.

첫째, 편리성이 있다. 전자화폐는 지갑을 들고 다니지 않아도 신속하고 간편한 결제 수단을 통해 상품을 구매할 수 있다. 즉, 전자화폐를 이용하면 신용카드나 현금과 같은 물리적인 결제 수단을 사용하지 않고도 온라인에서 간편하고 빠르게 결제할 수 있다. 이는 소비자에게 편리성을 제공하고, 판매자에게는 매출 증대와 효율성을 제공한다. 또한 모든 거래가 온라인 상에 저장이 되기 때문에 거래의 투명성을 보장해주고 거래 내역 추적이 용이하다. 따라서 이를 통해 사기나 부당거래를 방지할 수 있다.

둘째, 확장성이다. 디지털 기술을 이용하기 때문에 대량의 거래와 복잡한 상품 거래를 효율적으로 다룰 수 있으며 글로벌 거래로도 확장이 가능하다.

셋째, 접근성이다. 온라인 환경이라면 어디서든 전자화폐를 사용할 수 있다. 이는 지리적, 시간적 제약을 극복하고 글로벌한 거래를 할 수 있는 장점을 제공한다.

넷째, 안전성이다. 또한 지갑이나 물리적 화폐를 직접 들고 다니지 않아도 되기 때문에 분실이나 도난의 위험을 줄여준다. 또한, 전자화폐 거래는 기록이 디지털로 저장되므로 거래의 추적과 투명성이 높아진다.

다섯째, 경제 활성화이다. 전자화폐는 온라인 상거래와 같은 디지털 경제를 활성화시키는데 기여할 수 있다. 전자화폐를 이용한 온라인 상거래는 지역과 시간의 제약 없이 이루어질 수 있으며, 소상공인들의 경쟁력을 향상시켜 경제적 활성화를 도모할 수 있다.

마지막으로 비용 절감이다. 전자화폐는 중개인이나 중개 기관 없이 직접 거래가 이루어지므로 수수료가 줄어든다. 이는 소비자와 사업자 모두에게 경제적 혜택을 제공한다.

다음은 전자화폐가 가지고 있는 단점이다.

첫째, 가치 변동성이다. 분산화된 전자화폐의 가치는 수요와 공급에 따라 변동하기 때문에 예측하기 어렵고 불안정하다. 이러한 가치 변동성은 투자자들에게 큰 리스크를 초래할 수 있으며, 전자화폐의 신뢰성에 대한 의문을 제기할 수 있다.

둘째, 보안 문제이다. 전자화폐는 디지털 형태로 저장되기 때문에 해킹과 같은 사이버 공격에 취약할 수 있다. 이에 따라 개인 정보와 자금의 손실이 발생 가능하기에 사용자들은 개인정보와 자산의 보안을 보장하기 위해 추가적인 보안 조치를 취해야 한다. 또한 디지털 기술이 익숙하지 않거나 아직까지 보편화되지 않은 곳에서는 기술적인 제약이 있을 수 있고 이용상에 어려움을 겪을 수 있다. 그리고 네트워크 장애가 발생할 경우 거래가 이루어지지 않거나 지연될 수 있다.

셋째, 수수료 부과이다. 물리적 화폐 사용과 달리 디지털 거래는 하나의 거점을 거쳐가기 때문에 수수료가 부과될 수 있다. 이 수수료는 대부분 적지 않기 때문에 사용자 입장에서는 상당한 부담이 될 수 있다. 또한 일부 전자화폐 시스템은 은행과 계약을 맺고 계좌를 만들어 사용하는 것이기 때문에 계좌를 보유하지 않은 사람들은 이용이 어려워 서비스가 제한될 수 있다.

넷째, 표준화와 규제 문제이다. 전자화폐의 다양성과 새로운 기술의 등장으로 인해 표준화와 규제에 대한 문제가 제기되고 있다. 다양한 전자화폐의 표준화와 규제는 시간과 노력이 필요하며, 사용자들의 신뢰를 얻기 위해 규제 기관의 역할이 중요하다.

마지막으로 기술적 요구사항이다. 전자화폐를 사용하기 위해서는 디지털 기기와 인터넷 접속 등 온라인화가 필요하다. 이는 일부 사용자에게는 접근성이 어려울 수 있는 문제가 될 수 있다.

이렇듯, 전자화폐는 우리의 경제와 일상생활에 큰 변화를 가져오고 있다. 하지만 이러한 변화는 장점과 단점을 동시에 가지고 있으며, 이를 해결하기 위해서는 기술적인 발전과 규제의 협력이 필요하다. 전자화폐의 발전은 우리의 삶을 더욱 편리하고 진보된 방향으로 이끌 것이다.

3) 전자화폐의 유형

전자화폐의 종류는 다양하지만, 가장 대표적인 유형으로 화폐 정보가 어디 있느냐에 따라 IC 카드형과 네트워크형이 있다.

IC 카드형 전자화폐는 플라스틱 카드 위에 부착된 IC칩에 개인의 화폐 정보를 저장하여 결제를 진행할 때 사용할 수 있다. 일회성이 아닌, 가치를 저장할 수 있는 장치가 있기 때문에 실물 화폐를 ATM 등에 넣으면 자동 연동되어 반복적으로 사용이 가능하다. 경제활동이 다양화되고 정보통신이 발달하면서 IC 카드 형태의 매체는 개인 정보를 전자화된 방식으로 저장할 수 있고 인증의 전달 매체로 인기를 얻고 있다.

이러한 IC 카드형 전자화폐는 가치를 이전할 수 있는지 여부에 따라서 폐쇄형과 개방형이 존재한다. 폐쇄형은 한 사람의 카드에서 다른 사람의 카드로 가치를 이전할 수 없는 것을 의미한다. 개방형은 이용자 간의 카드끼리 자유롭게 가치의 이전이 가능하다. 물론 개방형의 경우에는 한 사람의 가치가 이전되는 과정에서 문제가 발생할 수 있다는 위험성이 존재한다. 따라서 많은 국가는 개방형보다는 폐쇄형 IC 카드형 전자화폐를 이용하고 있다.

하지만, IC 카드가 보유한 보안성, 저장성, 그리고 컴퓨터 시스템의 외부 매체로서의 역할에 대한 문제점 때문에 스마트 카드를 개발하고자 하는 움직임이 가속화되고 있다. 스마트 카드는 CPU와 메모리 칩을 내장하고 있어 기존 IC 카드형 전자화폐가 가지고 있는 기능을 그대로 활용하면서 교통, 통신, 의료 등의 분야로 기능 수행 영역이 빠르게 확장되고 있다.

네트워크형 전자화폐는 전자화폐와 다르게 실물이 존재하지 않고 컴퓨터의 인터넷망 등 온라인상에 존재한다. 인터넷 통신망을 이용하여 온라인 내에 존재하는 가상 은행의 계좌나 개인용 컴퓨터에 이용자의 화폐 가치 정보를 저장할 수 있다. 이용자는 가상 은행이나 컴퓨터 속 소프트웨어에 본인의 정보를 저장하고, 결제를 진행해야 할 때 활성화시켜서 사용한다. 이러한 네트워크형 전자화폐의 예시는 Cyber Cash와 E-Cash 등이 있다.

전자화폐에는 주요 서비스 및 시스템 유형들이 있다.

첫째, 모바일 결제 시스템이다. 모바일 결제 시스템은 현재 많은 사람들과 기업이 이용하고 있는 지불 방식이다. 스마트폰이나 컴퓨터 등 디지털 기기를 통해 온라인 상에서 카드와 현금을 통해 지불이 가능하고 NFC 기술이나 QR 코드를 이용하면 오프라인 상에서도 결제가 가능하다. 모바일 결제 시스템의 예시로는 애플페이, 삼성페이, 카카오페이 등이 있다.

현재 어디에서나 전자화폐를 이용할 수 있다. 예를 들면, 상점들은 카운터에 카카오 QR 코드를 세워 두고 손님들은 QR 코드를 스캔해 짧은 시간에 결제를 완료한다. 또한 이러한 전자화폐를 사용하는 사람들이 많아지다 보니 이제는 전자화폐를 이용하면 몇 퍼센트 할인을 해주는 등 사용을 더욱 장려하고 있다.

둘째, 중앙 집중형 전자화폐 시스템이다. 이 시스템은 하나의 중앙 기관이 전자화폐의 발행과 관리 모두를 담당하는 것으로 보편적으로 은행과 금융 기관이 이 시스템 역할을 수행한다. 즉, 중앙 은행이나 금융기관에 의해 발행되고 관리되는 전자화폐로, 대표적으로 중앙 은행 디지털 통화와 같은 형태로 사용된다. 중앙화된 전자화폐는 신뢰성과 안정성을 보장받을 수 있지만, 중앙 기관에 의해 제어되므로 사용자의 개인정보와 자유를 제한하는 요소가 있다.

사용자들은 은행에서 계약을 맺고 계정 개설을 통해 디지털 지갑을 생성해 해당 기관이 제공하는 디지털 결제 앱과 웹페이지를 통해 결제를 진행한다. 인터넷 뱅킹 시스템을 예시로 들 수 있다. 요즘 은행과 금융 기관은 이러한 자사 인터넷 뱅킹 앱을 필수로 제작하고 있으며 소비자에게 더욱 쉽고 편리한 서비스와 상품을 제공하기 위해 경쟁하고 있다. 얼핏 보면 서비스가 모두 비슷해 보일 수 있지만 소비자 자신의 취향과 성향에 따라 잘 맞는 서비스를 찾아가면 더욱 효과적으로 이용할 수 있다.

셋째, 분산형 전자화폐 시스템이다. 이 시스템은 중앙 집중형 시스템과 반대로 중앙 기관 없이 블록체인 기술과 스마트 컨트롤을 활용하여 거래를 처리하는 시스템이다. 분산화된 전자화폐는 중앙 기관이 아닌 네트워크 참여자들에 의해 발행되고 관리되며, 누구나 참여를 할 수 있고 거래를 확인할 수 있으며 거래 기록은 블록체인에 저장이 된다. 대표적인 예로는 비트코인이 있다. 분산화된 전자화폐는 중앙 기관에 의존하지 않으므로 개인정보와 자유를 보장받을 수 있지만, 가치의 변동성과 보안 문제 등의 문제점이 있을 수 있다.

넷째, 전자화폐 기프트 카드이다. 이 기프트 카드는 카드 안에 전자화폐가 저장된 것을 말하는데, 전자상거래 플랫폼 내에서만 사용되는 전용 화폐로, 주로 포인트나 마일리지와 같은 형태로 사용된다. 이러한 카드는 상점이나 온라인 쇼핑몰에서 구매를 할 때 사용할 수 있으며 재충전이 가능한 카드도 있다. 예를 들면 스타벅스 기프트 카드나 티머니 카드가 있다. 스타벅스 기프트 카드는 실물 카드를 선물 받게 되면 스타벅스 앱에서 카드를 등록할 수 있고, 등록한 후에는 모바일 카드처럼 실물 카드가 없어도 모바일 카드 바코드를 스캔해서 사용할 수 있다.

하지만 전자상거래 전용 화폐는 사용이 편리하고 혜택을 제공받을 수 있지만, 다른 플랫폼에서 사용할 수 없는 한정성을 가지고 있다.

마지막은 중앙 은행 디지털 화폐이다. 이는 중앙 은행이 발행하는 디지털 형태의 법정 화폐를 말한다. 위에서 말한 CBDC는 중앙 은행의 통제를 받고 있으며 법정 화폐와 동일한 가치를 가진다. 또한 몇몇 국가에서는 이 중앙 은행 디지털 화폐 프로젝트를 계획하고 있다.

4) 전자화폐 적용 기술

전자화폐에 적용된 기본 프로토콜은 크게 두 가지로 나눠서 볼 수 있다.

첫째, 인출 프로토콜이다. 인출 프로토콜이란 사용자가 은행을 이용하여 전자화폐를 인출하는 프로토콜이다. 인출 프로토콜에서 활용하는 대표적인 기법은 블라인드 서명이다. 블라인드 서명이란 인출된 전자화폐와 사용자를 직접적으로 연결시키지 못하도록 하는 기법으로, 이용자의 개인정보를 보호하기 위해 도입된 것이다. 블라인드 서명의 작동 원리를 간단하게 서술해보면 이용자는 본인이 계좌의 주인이라는 것을 증명할 수 있는 ID 카드와 인출하고자 하는 금액을 입력하여 은행에 전달한다. 이 과정에서 여러 가지의 숫자 가운데 하나의 숫자가 랜덤으로 선택되어 은행에 같이 전달된다. 은행은 ID 카드와 선택된 번호를 확인하여 이용자의 계좌에서 지정된 금액을 인출하고 서명한다. 이용자는 은행의 서명과 인출된 금액을 확인할 수 있다. 이 프로토콜의 핵심은 이용자에게 랜덤으로 배정된 숫자를 넣어 은행이 내용을 하나씩 확인하지 않고도 서명할 수 있도록 하여 전자화폐의 익명성을 실현한다는 것이다. 블라인드 서명으로 전자화폐가 은행에 예치되어도 이 전자화폐가 어떤 이용자에 의해 인출되었는지 은행은 확인할 수 없다. 즉 이용자는 전자화폐를 이용하여 돈을 인출하는 과정에서 이용자의 익명성을 보장받을 수 있다는 것이다.

둘째, 지불 프로토콜이다. 위에서 언급한 것처럼 이용자는 블라인드 서명을 이용하여 인출된 전자화폐를 제품이나 서비스를 구매한 후, 그 가치에 맞는 대금을 지불할 수 있다. 상점은 이용자가 건네는 전자화폐를 받고 은행에게 이중 사용 유무에 대한 검사를 요청한다. 은행은 사전에 진행했던 전자화폐 내에 있는 서명을 확인하고, 동일한 숫자의 전자화폐가 과거에 사용된 적이 있는지를 은행 내 예치 데이터베이스를 활용하여 이중적으로 검사한다. 은행은 이러한 과정이 마무리되면 상점의 전자화폐 결제 승인을 허락하고, 상점은 전자화폐 이용자에게 사전에 거래하기로 한 제품이나 서비스를 제공한다. 지불 프로토콜의 핵심은 은행에 기존까지 축적된 예치 데이터베이스인데, 은행은 본인 은행에서 발행한 전자화폐에 대한 모든 숫자 및 정보를 데이터베이스에 저장한다. 이용자가 전자화폐로 제품이나 서비스에 대한 결제를 할 때, 동일한 숫자의 전자화폐가 예치된 이력이 있다면 은행은 그 거래를 이중 사용으로 간주하고 취소할 수 있다. 이처럼 컴퓨터의 발전으로 특정 회사의 모든 정보를 기록할 수 있게 된 빅데이터의 도움을 받아 전자화폐의 지불 프로토콜이 실행될 수 있다.

전자화폐를 이용한 거래를 조금 더 자세히 분석해보면 마찬가지로 두 가지로 분류해서 살펴볼 수 있다.

첫째, 전자서명이다. 전자서명은 전자서명의 이용자와 상점이 제품이나 서비스를 거래하는 과정에서 안정성을 더하기 위한 기술이다. 상점에서 공유지갑으로 전송할 때, 누군가 전송되고 있는 패킷을 가로채 재연 공격(replay attack)을 시도하거나 상점 주인이 돈을 받고 나서 받지 않았다고 거래를 부인하는 경우가 생길 수 있다. 이러한 재연 공격과 거래의 부인을 방지하기 위해서 전자서명이 활용될 수 있다. 전자화폐의 이용자가 상점과 거래하는 과정에서 데이터가 변조되거나 위조되지 않았다는 것을 증명함으로써 전자화폐 이용의 안전성을 보장한다.

둘째, 복수서명(Multi-signature)이다. 앞서 언급했듯이 전자서명은 전자서명을 통해 거래되는 데이터의 유효성을 검증하는 데 사용할 수 있다. 하지만 전자화폐를 어디에 보관할 것인가라는 문제가 남는다. 개인정보와 전자화폐는 컴퓨터나 모바일 기기를 이용해 보관할 수 있지만, 기존 컴퓨터와 모바일 기기의 보안성을 고려하면 별다른 대책 없이 한 기기에만 전자화폐를 보관하는 것은 불가피하게 위험이 따른다. 이런 문제를 보완하기 위해 복수서명이 존재한다. 전자화폐에서 개인정보를 볼 수 있는 소위 개인키 하나만 사용하는 대신, 여러 개의 개인키를 이용해 거래를 활성화하는 방식이다. 사용자의 개인키 외에 매장의 개인키도 존재하기 때문에 사용자와 매장 간에 상품이나 서비스 거래가 발생할 때 개인키를 조합해 거래를 확인할 수 있다.

5) 전자화폐 활용 사례

전자화폐는 디지털 기술의 발전과 함께 급속도로 성장하고 있으며, 특히 다양한 모바일 결제 서비스가 성장을 확대하고 있다. 이러한 서비스는 기존의 신용카드나 현금을 대체하거나 보완하는 역할을 하며, 편리성과 신속성, 안전성 등의 편의성을 제공하며 사용폭이 확대되고 있다.

(1) 애플페이와 삼성페이

모바일 결제 서비스로 전 세계에서 사용하고 있는 애플페이와 삼성페이는 스마트폰을 이용한 모바일 결제 서비스로, 사용자는 자신의 신용카드 정보를 스마트폰에 등록하고, 이를 이용하여 상점에서 결제를 할 수 있다. 이러한 서비스는 NFC(Near Field Communication) 기술을 활용하여 스마트폰과 결제 단말기 간에 정보를 교환한다.

특히 삼성페이는 MST(Magnetic Secure Transmission) 기술을 추가로 활용한다. 이 기술은 기존의 마그네틱 스트라이프 카드 결제 단말기와 호환성을 가지며, 이를 통해 더 넓은 범위의 상점에서 결제가 가능하다. 이러한 기술의 도입은 사용자에게 더욱 다양한 결제 환경을 제공하며, 이를 통해 모바일 결제의 범위와 편리성을 높이는데 크게 기여하고 있다.

(2) 페이코, 카카오페이, 네이버페이

이 서비스들은 전자화폐의 한 형태로, 사용자는 자신의 계좌를 서비스에 연결하거나 충전된 금액을 사용하여 다양한 결제를 할 수 있다. 온라인 및 오프라인 매장에서 사용 가능하며, 송금, 택시 요금 결제, 배달 음식 결제 등 다양한 분야에서 활용된다. 또한 이 결제 서비스는 QR 코드, 바코드 등의 기술을 활용하여 결제를 진행한다. 사용자는 스마트폰의 카메라를 이용하여 QR 코드나 바코드를 스캔하면, 이를 통해 결제 정보가 전송되어 결제가 이루어진다. 이와 같은 기술은 사용자에게 더욱 편리한 결제 환경을 제공하며, 이를 통해 모바일 결제의 범위와 편리성을 높이는데 크게 기여하고 있다.

(3) 페이팔

전자화폐 시스템 중 하나로, 온라인 상에서 안전하고 편리한 금전 거래를 위한 도구로 사용자들에게 널리 활용되고 있다. 온라인 상거래, 송금, 결제 처리, 금융 거래 등 다양한 금융 서비스를 제공하며, 사용자들이 이를 활용하여 상품 및 서비스 구매, 송금 및 결제를 수행하며, 금융 투명성과 보안을 중시하며, 사용자들의 금전 거래를 보호하고 편의를 제공하는 역할을 한다.

페이팔은 전 세계적으로 널리 사용되는 온라인 결제 시스템으로, 전자화폐의 선도적인 역할을 해왔다. 페이팔은 사용자의 신용카드나 은행 계좌를 연동하여, 이를 통해 온라인 상에서 다양한 결제를 할 수 있게 한다. 페이팔을 통한 결제는 이메일 주소와 비밀번호만으로 이루어져, 더욱 편리하고 안전한 결제 환경을 제공한다. 또한, 페이팔은 송금 서비스도 제공한다. 사용자는 페이팔 계정을 통해 전 세계 어디서든 손쉽게 송금을 할 수 있다. 이러한 서비스는 국제적인 거래에서 큰 장점을 가지며, 이를 통해 전 세계적으로 널리 사용되고 있다.

이처럼 전자화폐 서비스들은 기존의 결제 방식에 비해 더욱 빠르고 편리하며, 사용자의 생활을 풍요롭게 만든다. 그러나 이와 동시에 개인 정보 보호, 보안 문제 등에 대한 대비책이 반드시 필요하다. 따라서 이러한 서비스를 이용할 때에는 충분한 주의가 필요하며, 사용자는 이를 잘 이해하고 이용해야 한다. 또한, 이러한 전자화폐 서비스들은 계속 발전하고 변화하고 있으며, 이를 통해 더욱 다양하고 편리한 결제 환경이 제공될 것이다.

3 가상화폐(Virtual Currency)

4차 산업 시대가 열리면서 화폐는 단지 국가에서 신용을 보증하는 지폐와 동전만을 의미하지 않게 되었다. 디지털 기술의 급속한 발전은 금융 시스템 전반에 혁신을 가져왔다. 현대에는 법정화폐인 지폐와 동전뿐 아니라, 신용카드, T-머니, 핀테크에 바탕을 둔 카카오페이, 네이버페이, 토스 등과 같은 결제 시스템 그리고 블록체인 기술을 활용한 가상화폐 등이 화폐 기능을 하고 있다. 또 전통적인 백화점 상품권, 전통시장 상품권도 해당 영역에서 화폐 역할을 맡고 있다.

비트코인, 이더리움, 리플과 같은 것들을 가상화폐라고 지칭하는데, 이는 지폐나 동전과 같은 실물이 없이 네트워크로 연결된 가상공간에서 전자적 형태로 사용되는 디지털 화폐를 말한다. 현재까지 전 세계적으로 통용되는 대부분의 가상화폐는 블록체인 기술을 기반으로 하고 있어서 블록체인의 특징이 반영되어 있다.

즉, 가상화폐(Virtual Currency)는 온라인 네트워크상에서 발행되는 디지털 화폐로, 온라인과 오프라인 모두에서 사용할 수 있다. 또한, 컴퓨터나 기타 장치에 디지털 정보 형태로 저장되어 물리적 형태 없이 온라인에서만 거래되는 전자화폐의 한 종류이다.

즉, 가상화폐는 전자적으로만 존재하며, 블록체인과 같은 분산원장기술을 기반으로 거래되는 디지털 자산이다. 전통적인 화폐와는 달리, 정부나 중앙은행 등에 의해 발행·관리되지 않고, 분산된 네트워크 참여자들 간의 합의에 의해 운영된다. 가상화폐는 2008년 사토시 나카모토에 의해 최초로 언급되었으며, 이때 비트코인은 중개기관 없이 개인 간 직접 송금이 가능한 디지털 화폐 시스템으로, 기존 금융 구조의 근본적 문제를 해결하고자 했다.

2012년 유럽중앙은행은 가상화폐를 가상화폐 발행자가 중앙화된 관리체제로 발행·관리하고, 특정 가상 커뮤니티의 구성원들 사이에서 이용되고, 대부분 법적 규제를 받지 않으며, 중앙은행이나 금융기관 등 공인기관이 관여하지 않는 디지털화폐라고도 정의하였고, 2013년 미국 재무성은 한 보고서를 통해 “진짜 통화의 모든 속성을 가지고 있지는 않으나, 특정 환경에서 통화처럼 사용되는 교환 수단”이라고 가상화폐를 정의하였다. 이와 같은 정의에 따르면 우리가 일상생활에서 어렵지 않게 볼 수 있는 인터넷쿠폰, 모바일 쿠폰, 게임머니 등도 가상화폐로 볼 수 있겠다.

현재 비트코인처럼 블록체인 기술을 통해 구현되고 있는 가상화폐는 뚜렷한 발행주체가 없고, 따라서 화폐에 대한 지불을 보증해 주는 주체도 존재하지 않는다는 특징을 가지고 있다. 그저 블록체인이라는 네트워크 내에서 서로의 신뢰하에서 화폐로 통용되고 각자 그 위험성을 부담하는 것이다.

가상화폐를 대표하는 비트코인은 인터넷 경제와의 융합이 가능한데, 인터넷을 매개로 하기 때문이다. 그리고 가상화폐를 이동시킬 때는 실물 매개체에 의존할 필요가 없기 때문에 제품 유통의 편의성이 두드러진다. 그래서 비트코인과 같은 가상화폐는 법정화폐가 갖추지 못한 우위를 가지고 있으며, 화폐와 유사한 기능을 일부 담당할 수 있다.

1) 가상화폐와 사회문화적 변화

가상화폐, 특히 비트코인 등의 암호화폐의 등장은 사회, 경제, 문화의 다양한 영역에 큰 변화를 가져왔다.

첫째, 투자의 새로운 패러다임이다. 가상화폐는 투자의 새로운 패러다임을 제시하고 있다. 전통적인 주식, 채권, 부동산 등의 투자 방식 외에도 이제는 가상화폐를 통한 투자가 활발히 이루어지고 있다. 예를 들어, 비트코인, 이더리움, 리플 등 다양한 가상화폐들이 투자 대상으로 부상하면서, 많은 사람들이 이를 통해 높은 수익률을 추구하고 있다.

둘째, 결제 방식의 변화이다. 가상화폐는 기존의 결제 방식에도 변화를 가져왔다. 일부 온라인 쇼핑몰이나 서비스에서는 가상화폐를 통한 결제를 받고 있으며, 이를 통해 국제적인 거래를 더욱 쉽게 할 수 있게 해준다. 예를 들어, 일부 국제적인 온라인 쇼핑몰에서는 비트코인 등의 가상화폐로 결제를 받고 있다.

셋째, 기술의 발전과 혁신이다. 가상화폐의 등장은 블록체인 등의 새로운 기술의 발전과 혁신을 촉진하였다. 이러한 기술의 발전은 금융, 유통, 보안 등 다양한 산업 분야로 확산되며, 새로운 비즈니스 모델과 서비스를 창출하고 있다. 예를 들어, 블록체인 기술을 활용한 스마트 계약, 분산형 애플리케이션 등이 개발되고 있으며, 이는 전통적인 업무 프로세스를 혁신하고 있다.

넷째, 사회적 문제이다. 가상화폐는 도전과 문제점도 동반하고 있는데, 가상화폐의 가치 변동성, 사기, 해킹 등의 위험성은 사용자들에게 큰 위험을 초래할 수 있다. 또한, 가상화폐는 불법적인 거래를 촉진하는 수단으로도 악용될 수 있다는 문제점도 있다. 예를 들어, 실명이나 신원을 확인하기 어려운 가상화폐의 특성 때문에, 이를 통한 불법 거래나 돈세탁 등의 범죄가 발생할 수 있는데, 이처럼 가상화폐의 익명성과 국경을 넘나드는 특성이 범죄에 악용될 수 있다는 점은 큰 사회적 문제로 나타났다.

위와 같은 변화는 더욱 편리하고 효율적인 결제 환경을 제공하며, 사람들의 생활 방식을 크게 변화시키고 있다. 그러나 동시에 이러한 변화가 모든 사람에게 동등하게 이점을 제공하지는 않으므로, 이에 대한 적절한 대응과 정책이 필요하며, 이러한 가상화폐 시스템은 기술의 발전과 함께 계속해서 발전하고 변화하고 있으며, 이를 통해 더욱 다양하고 편리한 결제 환경이 제공될 것으로 기대된다.

2) 가상화폐 기반 기술

가상화폐에 대표적인 사례인 비트코인을 언급했을 때 나오는 블록체인은 혁신적인 기술이다. 블록체인이 가져다줄 수 있는 편리함은 우리의 일상생활에 큰 도움이 될 것임은 분명하다. 현재보다 더 확실한 편리성을 제공해줄 수 있는 기술이 생겨나고 발전할수록 사람들의 가상화폐에 대한 인식과 익숙함이 늘어날 것이고, 기술적인 측면의 혁신성은 사람들의 사회, 문화적인 영역에 스며들 수 있다. 결국 사람들의 가상화폐 일상적 사용은 기술적 측면에서 사회, 문화적인 측면으로 이동하는 과정에서 형성된다는 것이다.

블록체인 기술이 발전하면서 비트코인을 포함한 가상화폐는 단순히 투자 목적으로만 거래되는 것이 아니라 결제 수단으로도 활발하게 관심을 받고 있다. 블록체인이란 많은 양의 거래를 통합하여 블록이라고 부르고, 그러한 블록을 체인처럼 연결하여 다수의 사람들이 복사, 분산, 그리고 저장할 수 있도록 만든 방법론을 가리킨다. 이러한 기술은 분산원장 기술이라고 하는데 회계의 원장처럼 다수의 사람들이 각 거래를 분산하여 누구든지 볼 수 있도록 만든 것이 핵심이다. 블록체인 기술은 거래를 만들고 그 거래를 열람하는 것만 가능하다. 새로운 거래를 생성하여 볼 수는 있지만, 기존의 거래를 수정하거나 변형할 수는 없다는 것이다. 이렇게 돈과 관련된 거래를 제3자 없이 자동화하여 거래할 수 있는 개방형 금융시스템 속에서 블록체인 기술은 비트코인을 가능하게 만들었다.

예를 들어 미국의 자동차 회사인 테슬라는 비트코인과 도지코인을 이용하여 테슬라의 차를 구매할 수 있도록 가상화폐 결제 시스템을 지속적으로 검토하고 있다. 물론 가상화폐를 결제 수단으로 활용했을 때 문제점도 있다. 가상화폐 중에서도 비교적 안정적이라고 평가되는 비트코인도 시세의 변동성이 높은 편이다. 비트코인으로 거래했을 때 언제 거래하는지에 따라 비트코인의 가치가 달라져 안정된 가치를 보장하기 힘들다는 것이다. 이러한 가상화폐의 변동성은 가상화폐를 이용한 거래 시스템을 개발하기에 어려움을 초래한다. 이러한 부분을 보완해 줄 추가적인 기술이 필요하다.

3) 가상화폐의 기능 및 장·단점

(1) 가상화폐의 기능

비트코인으로 대표되는 가상화폐가 기존의 실물 화폐의 기능을 문제없이 수행하기 위해서는 화폐가 가지고 있는 기능을 그대로 수행할 수 있어야 한다.

가상화폐의 기능은 크게 세 가지가 존재한다.

첫째, 가치의 저장성이다. 화폐 외에 다른 제품을 동반하지 않아도 화폐의 존재 자체에 추상적인 가치가 저장되어 있어야 한다. 화폐를 건네줌으로써 화폐의 가치는 자연적으로 이전되며, 화폐가 가지고 있던 가치는 변질되지 않는다. 변형되지 않고 유지되는 화폐의 가치 때문에 화폐는 개인의 자산적인 성질을 가질 수 있다. 가상화폐의 가장 큰 관건 중 하나인 변동성은 별다른 기술적인 통제나 경제적, 법적 제도가 없다면 화폐의 첫 번째 속성인 가치의 저장성이 확실히 보장되지 않는 문제가 일어날 수 있기에 비트코인을 포함한 여러 코인의 가치를 어떻게 저장할 것인지 명확하게 설정해야 할 필요가 있다.

둘째, 가치 척도이다. 이러한 가치의 척도는 시장에서 상품을 교환하는 과정에서 발생되었다. 상품화폐 이론에 따르면 화폐는 상품 교환에서 비롯되었으며, 사람들끼리 물물교환을 하는 과정에서 보편적으로 교환할 수 있는 매개물이 자생적으로 출현했다. 과거에는 쌀이나 고기 등 음식물을 중심으로 매개물을 설정했으나, 음식은 오랜 시간 동안 보존될 수 없다는 단점이 있기에 가치가 형상화될 수 있도록 화폐를 만든 것이다. 화폐는 불로 태우거나 찢는 등의 물리적인 행위가 있지 않다면 형태가 쉽게 사라지지 않으면서도 거래를 진행하는 과정에서 특정 가치를 보유하고 있음을 입증하지 않아도 되는 통용성을 갖추고 있다. 가상화폐 역시 화폐의 실물성은 사라지지만 가치 자체가 사라지지 않는다는 점에서 거래에서 가치의 척도로 활용될 수 있는 것이다.

셋째, 교환성이다. 경제적인 논리 속 모든 거래는 Give And Take가 이루어진다. 제품과 서비스를 제공하거나 받는 대가로 일정 수준의 가치를 지불해야 한다는 것이다. 이러한 경제적 거래에서 화폐는 특정 국가의 시민들의 기본적인 합의 하에 교환의 매개로 활용될 수 있다. 가상화폐 역시 오늘날 이루어지는 거래의 대가로 지불될 수 있다. 거래가 완료되는 시점에서 한 사람의 가상화폐는 다른 사람의 자산으로 쌓이며, 거래의 교환이 무사히 이루어졌음을 보증한다.

기존의 화폐와 비교했을 때, 가상화폐가 가지는 새로운 이점은 크게 두 가지로 설명할 수 있다.

첫째, 편의성이다. 기존의 실물 화폐는 거래를 진행하기 위해서 직접 들고 다녀야 한다는 번거로움이 존재했다. 들고 다니는 과정에서 분실하거나 도난을 당하는 범죄도 발생되었다. 그러나 가상화폐는 유형의 화폐가 아니기 때문에 분실 및 도난의 걱정이 없다. 게다가 상대방과의 합의 및 시스템적인 배경이 갖춰져 있다면 국가나 은행의 직접적인 개입이 없는 상황 속에서 전 세계의 사람들과 시간적, 공간적인 제약 없이 원하는 시간에 효율적으로 거래를 진행할 수 있다.

둘째, 투자성이다. 기존의 화폐는 화폐의 가치는 유지되지만 그 화폐로 추가적인 돈을 벌기 위해서는 은행의 이자를 활용하는 등의 부가적인 경제활동을 진행해야 했다. 그러나 가상화폐는 새로운 유형의 금융자산으로 떠오르며 가상화폐 자체로 투자적인 성격을 가지고 있다. 아직은 비트코인 등의 가상화폐에 대한 법적 제도가 완벽하게 마련되어 있지 않아 문제점이 발생하고 있으나, 법적 제도가 점차적으로 갖추어진다면 가상화폐가 가지고 있는 투자성은 사람들에게 매력적으로 다가올 것이다.

(2) 가상화폐의 장·단점

다음은 가상화폐가 가지고 있는 장·단점에 대해서 알아보겠다.

먼저 장점으로는 다음과 같다.

- 가상화폐는 중앙 기관 없이도 운영될 수 있는 분산화된 시스템을 가지고 있다. 이는 거래의 투명성을 높이고, 중앙 기관의 실패나 부정 행위로부터 시스템을 보호할 수 있다.
- 거래의 신속성이다. 가상화폐는 전 세계 어디서나 거래가 가능하며, 이는

특히 국제 거래에서 큰 장점으로 작용한다. 또한, 거래 처리 속도가 빠르기 때문에 실시간으로 송금이 가능하다.

- 익명성이다. 가상화폐의 거래는 익명성을 통해 이루어지기 때문에 개인 정보를 보호하며, 개인의 프라이버시를 유지할 수 있다.
- 효율성이다. 가상화폐를 이용한 거래는 중개기관의 참여를 줄여 빠르게 이루어진다. 그렇기 때문에 금융 거래의 시간이 감소하고 개인 간의 송금이 더욱 편리하다. 또한 국제 송금 및 송금 수수료가 전자화폐에 비해 저렴하다.

반면에 단점으로는 다음과 같다.

- 가치의 변동성이다. 가상화폐의 가치는 매우 변동성이 크다. 가상화폐 시장은 매우 높은 가격 변동성을 가지고 있기 때문에 높은 수익의 기대도 있지만 동시에 높은 손실의 가능성도 있다. 시장의 수요와 공급에 따라 가격이 급변할 수 있으며, 이는 투자 리스크를 높게 한다.
- 보안 위협이다. 가상화폐는 해킹의 위험에 노출되어 있다. 디지털 지갑이나 거래 플랫폼 해킹 등, 사용자는 자산을 위협받을 수 있다.
- 법적 불확실성 및 규제이다. 가상화폐는 법적으로 불확실한 지위를 가지고 있다. 일부 서비스에만 사용 가능하고 환전 과정이 필요한 경우가 많아 사용에 제한과 한계가 있을 수 있으며, 일부 국가에서는 가상화폐를 합법적인 결제 수단으로 인정하지 않거나, 거래를 제한하고 있다.
- 부정적인 사용이다. 가상화폐의 익명성은 돈세탁, 사기, 불법 물품 거래 등 불법 행위에 악용될 수 있다.

4) 가상화폐의 유형과 특성

(1) 가상화폐 유형

가상화폐는 일반적으로 용도에 따라 다음과 같이 분류된다.

첫째, 결제 토큰(Payment Token) 가상화폐로 실제 상품·서비스의 결제 수단으로 사용된다. 비트코인(Bitcoin)은 이러한 유형의 대표적인 예로, 중앙은행의 개입 없이 사용자 간 직접 거래가 가능한 최초의 탈 중앙 디지털 화폐이다. 그 외에 라이트코인(LTC), 비트코인 캐시(BCH), 리플(XRP), 도지코인(DOGE) 등이 주로 송금이나 결제 목적으로 사용되는 코인인데, 중앙 없이 개인 간 직접 송금이 가능하고 휴대성이 뛰어나며, 일부 국가나 업체에서 결제 수단으로 활용되고 있다. 다만 결제형 코인의 대부분은 가격 변동성이 높아 안정적 화폐로 사용되기엔 한계가 있다는 지적이 있다.

둘째, 플랫폼 토큰(Platform Token)은 스마트 계약과 분산 애플리케이션을 실행하는 블록체인 기반의 생태계를 구축하기 위해 설계된 유형으로, 자체 블록체인을 기반으로 탈중앙화 애플리케이션 실행 환경을 제공한다. 플랫폼 코인은 다양한 서비스를 제공하고 서비스를 사용하기 위한 목적으로 고안된 암호화폐를 말한다. 예로써, 이더리움(Ethereum)은 스마트 계약을 통해 복잡한 금융 계약을 포함한 다양한 계약에 활용될 것이다. 그 외에 카르다노(ADA), 솔라나(SOL), 폴카닷(DOT), 트론(TRX), 이오스(EOS) 등이 확장성과 특화 기능을 내세운 플랫폼 코인들이며, 이들의 가치는 해당 플랫폼 생태계의 성장과 활용도에 연동되고, 많은 유틸리티 토큰들이 이들 플랫폼 위에서 발행되어 에코시스템을 확장하고 있다.

셋째, 스테이블 코인(Stable Coin)은 가치의 안정성을 목표로 하는 가상화폐로, 일반적으로 법정화폐나 기타 자산에 연동되어 있으며, 가상화폐의 변동성을 줄이고, 실생활에서의 사용성을 높이기 위한 목적을 가지고 있다. 또한 스테이블 코인은 다른 암호 화폐와는 달리 가치가 일정하게 유지되는 화폐이며, 일반적으로 암호 화폐는 가격 변동성이 크고 안정적이지 않기 때문에 일상에서 사용하기에 부적절해 이를 해결하기 위해 만든 코인이 바로 스테이블 코인이다. 테더와 USD코인을 예시로 들 수 있다. 스테이블코인은 변동성이 낮아 실제 거래에서 화폐처럼 사용하거나 디파이(DeFi)에서 담보자산으로 널리 쓰인다. 예를 들어 투자자들은 암호화폐 시장에서 급락이 예상될 때 변동성 자산을 매도하고 USDT 등의 스테이블코인으로 옮겨 가치 보존을 하기도 하며, DeFi 플랫폼에서 스테이블코인을 맡기고 이자를 받거나 대출의 담보로 활용하기도 한다.

넷째, 유틸리티 토큰(Utility Token)은 특정 블록체인 서비스 내에서 제공되는 특정 기능이나 서비스를 이용할 때 사용하는 디지털 토큰으로, 특정 블록체인 생태계 내에서 서비스 이용, 수수료 할인 등의 기능을 수행한다. 체인링크

(Chainlink)는 스마트 계약과 외부 데이터 소스를 연결해주는 오라클 서비스 플랫폼으로, 블록체인과 현실 데이터를 연결하는 데 활용되며 모든 블록체인 네트워크 내 스마트 계약의 위변조 방지가 목적이며, 바이낸스코인(BNB)의 경우는 바이낸스 거래소의 수수료 지불 및 생태계 참여에 사용된다. 유틸리티형의 가치는 해당 플랫폼의 성공 여부와 토큰의 효용성에 달려 있으며, 플랫폼 성장에 따라 가치가 상승할 가능성이 있지만 플랫폼 실패 시 무용지물이 될 위험도 있다.

다섯째, 증권 토큰(Security Token)은 주식, 채권 등 실제 자산에 대한 소유권을 디지털화한 형태로, 전통 금융자산의 대체 수단으로 활용된다. 증권형은 기업 주식, 부동산 자산, 채권 등 다양한 전통 자산을 블록체인상에 디지털화하여 발행하며, 이를 통해 자산 유동성과 거래 효율성을 높인다. 특히 기존 IPO 대비 비용이 낮고 글로벌 거래 가능성이 크다는 점에서 기업의 자금 조달 및 투자자 접근성을 높이는 효과를 가지고 있다.

마지막으로, 중앙 은행 디지털 화폐(CBDC)이다. CBDC란 중앙 은행이 발행하는 법정화폐로, 기존 화폐의 디지털 전환을 의미한. 이는 결제 효율성 향상, 금융 포용성 증대 등을 목표로 하며, 전자적 형태로 저장한다는 점에서 암호 화폐와 비슷하지만 중앙 은행이 관리한다는 점에서 비트코인 등의 민간 암호 화폐보다 안전성이 높은 것이 장점이다.

(2) 가상화폐 특성

가상화폐의 특성을 살펴보기 전에 이와 비슷한 형태로 현재 널리 통용되고 있는 전자결제에 대해 살펴볼 필요가 있다. 국내 현행법상 인정되는 전자화폐는 가상화폐와 전자방식이라는 형태상 또한 화폐라는 명칭상 가장 유사하기 때문이다.

전자화폐는 가치의 저장매체 종류에 따라 IC 카드형과 네트워크형으로 구분된다. IC 카드형은 IC 카드라는 물리적 매체에 전자적 가치를 저장한다. 주로 금융권에서 IC 카드형태의 전자화폐를 이용해왔다. 네트워크형 전자화폐는 네트워크 내 저장소에 전자적 가치를 저장하였다가 인터넷을 통하여 사용된다. 현재 주로 인터넷을 통해 서비스를 제공하는 온라인 포털, 콘텐츠를 확보한 방송사, 교육업체, 사이버 커뮤니티, 게임업체 등에서 소액결제 수단으로 네트워크형 전자화폐를 이용하고 있다.

일상생활에서 어렵지 않게 마주하는 전자화폐가 지닌 의의는 전자적 가치가 실물화폐를 대신하는 수단으로 존재한다는 점이다. 즉 실물가치를 전자적 가치로 대체할 뿐이어서 과학기술의 발전에 당연한 결과로 사용상의 편의성 증대가 목적이다. 과거 채무를 감당하지 못해 모라토리엄이나 채무불이행을 선언한 국가들 사례에서 보듯이 법정화폐는 해당 화폐를 발행하는 국가의 신용을 기반으로 한다.

하지만 가상화폐인 비트코인은 완벽하게 투명한 수학적 방법론을 기반으로 만들어졌고, 투명한 거래 시스템과 암호화 이론, 명확한 프로세스 설계 등을 통해 발행 규칙의 불변성과 투명성을 확보하고 있다. 따라서 누군가가 화폐를 조작할 가능성을 철저히 제거하였다. 또한 화폐와 통화량을 관리하는 중앙기구가 없고 국가의 관리감독을 받지 않기 때문에, 비트코인을 비롯한 가상화폐는 국경을 넘나들며 자본의 자유로운 흐름을 실현할 수 있다.

(3) 중앙은행 디지털화폐(CBDC)와 기존 가상화폐와의 차이

CBDC(Central Bank Digital Currency)는 각국 중앙은행이 발행하고 관리하는 디지털 화폐로써, 가상화폐와 달리 법정통화와 1:1의 가치를 보장하며, 발행 주체가 명확하다. CBDC는 은행 예금처럼 중앙기관 계좌에 디지털 원장을 기록하므로, 분산형 가상화폐와 달리 중앙은행이 직접 통화정책 도구로 활용할 수 있으며, 기술적으로 CBDC는 허가형 블록체인 또는 중앙집중형 데이터베이스 방식을 채택하여 중앙은행과 지정 기관에 거래 승인 권한을 부여한다. 이를 통해 거래 투명성과 실시간 결제 편의성을 확보하고, 자금세탁방지(AML) 및 테러자금조달방지(CFT) 규정을 철저히 준수한다.

기존 가상화폐는 탈중앙화, 익명성, 투명성에 중점을 두고 금융 포용성과 혁신을 추구하지만, 가격 변동성, 규제 불확실성, 확장성 제한 등의 한계에 직면하고 있다. 반면, CBDC는 안정적인 가치와 법적 신뢰를 제공하지만, 중앙 통제로 인한 개인정보 침해 우려, 기술적 운영 비용, 기존 금융기관과의 역할 재편 등의 과제를 안고 있다. 중앙은행은 금리 등의 요인과 달리 가상화폐의 상용화에 따른 변화를 원하는 범위 내에서 정확하게 예측하거나 통제하기 어렵기 때문에,

중앙은행 역시 변화에 적응하고, 사용자 편의성을 추구하며, 기술 발전에 함께 해야 한다.

5) 가상화폐 적용 기술

가상화폐의 편의성 및 투자성으로 실물 화폐에서 가상화폐로 점진적인 움직임이 발생하고 있다. 그러나 위에서 언급한 것처럼 가상화폐의 문제점도 존재하기 때문에 이를 보완할 방법을 모색해야 한다. 가장 큰 불안요소 중 하나인 가상화폐의 변동성을 해결하고 일상생활의 거래에서 활용하기 위해서는 추가적인 기술의 지원이 필요하다. 또한, 가상화폐를 일상생활에서 사용하기 위해서는 관리자 및 이용자가 활용할 수 있는 온라인적인 매체도 존재해야 한다. 가상화폐의 원활한 이용을 위해 필요한 기술과 매체는 크게 세 가지로 나눠서 설명할 수 있다.

첫째, 하이퍼레저 패브릭 네트워크(Hyperledger Fabric Network)이다. 하이퍼레저 패브릭 네트워크란 기존의 블록체인에 보안성을 더한 네트워크이다. 기존의 블록체인은 누구나 가상화폐에 접속하여 정보를 열람할 수 있었다. 그러나 하이퍼레저 패브릭 네트워크는 블록체인에 접속할 수 있도록 사전에 허가된 이용자만 접속할 수 있다. 즉 관리자만이 가상화폐를 생성하고 배포할 수 있게 함으로써 다양한 이용자들이 채굴하여 발생하는 가상화폐의 변동성을 최대한 억제하고자 했다. 하이퍼레저 패브릭 네트워크가 허가된 이용자를 확인하는 방법은 체인코드를 활용한 트랜잭션이다. 체인코드 내에는 자산의 유형, 가상화폐를 어떻게 생성하고 전송할 것인지에 대한 로직이 정의되어 있다. 개별적인 블록체인의 관리자는 사용자의 요청을 하이퍼레저 패브릭 네트워크로 전송받고, 결과를 받아 다시 사용자에게 전송하는 서버를 구축할 수 있다. 모든 사용자의 목록, 거래의 기록, 가상화폐의 목록, 그리고 각 사용자가 보유하고 있는 가상화폐의 양은 하이퍼레저 패브릭 네트워크 내에 존재하는 데이터베이스에 저장되어 사용된다.

둘째, 관리자 웹 프론트이다. 일반적인 사용자는 가상화폐 시스템을 이용할 때 애플리케이션을 통해 접속할 수 있다. 관리자는 일반적인 사용자와 구별되기 위해 관리자 전용 웹을 활용하여 가상화폐 시스템에 접속한다. 웹의 구현은 간단하다. 웹 페이지에 진입하여 관리자의 아이디와 비밀번호를 입력하면 서버에 전송되어 로그인을 요청한다. 이루어진 요청은 반환되어 JWT(Json Web Token) 토큰과 함께 로컬에 저장된다. 메인 페이지는 각 기능의 정보를 보여주는 대시보드가 활용될 수 있다.

오늘날 많은 웹은 방대한 양의 데이터 혹은 빅데이터를 모두 다 보여주는 것이 아니라, 한 눈에 정보를 쉽고 빠르게 파악할 수 있도록 방안을 모색하고 있다. 가상화폐 관련 웹 역시 관리자가 최근 거래 기록, 보유하고 있는 가상화폐의 비율, 가상화폐의 거래량 등을 표나 그래프로 효율적으로 파악할 수 있다. 관리자 웹 프론트의 가장 핵심적인 기능은 가상화폐의 관리이다. 가상화폐의 발행, 배포, 전송, 그리고 제거의 모든 수행은 관리자 웹 프론트를 통해 이루어진다. 관리자 웹 프론트에서 생성한 정보는 서버로 전송된다. 서버에서는 요청 받은 기능의 파라미터 값을 위에서 언급했던 하이퍼레저 패브릭 네트워크로 전송한다. 네트워크에서는 정보를 처리한 결과값을 다시 웹 프론트로 반환한다. 이 과정에서 정보의 처리는 보안성을 갖추면서도 실시간으로 빠르고 정확하게 이루어져야 한다.

셋째, 사용자의 애플리케이션이다. 사용자는 애플리케이션을 이용하여 가상화폐에 대한 본인의 자산을 확인할 수 있으며, 제품이나 서비스에 대한 거래를 완료한 후 그에 따른 가치에 맞게 가상화폐를 전송할 수 있다. 위에서 언급한 관리자의 웹 프론트와 마찬가지로 각 영역별로 자산 확인, 가상화폐 전송 및 거래, 그리고 사용자의 정보를 빠르고 신속하게 확인할 수 있도록 미리 설계된 템플릿 내 표와 그래프로 배치되어 있다. 그리고 무엇보다도 회원가입을 위한 활동, 사용자의 아이디나 패스워드와 같은 로그인 정보를 서버에 전송하는 과정, 그리고 서버에서 이동하는 토큰을 데이터베이스에 저장하여 기존 거래에 대한 정보를 열람할 수 있는 기능 등이 모두 원활하게 이루어질 수 있어야 한다.

가상화폐는 실물 화폐에 비해 편리성은 존재하지만, 실시간으로 가상화폐의 가치가 변할 수 있다는 변동성이 존재한다. 따라서 부가적인 기술의 도움을 받아 가상화폐의 변동성을 통제하고, 관리자와 사용자가 보안성이 갖춰진 환경 속에서 안전하게 가상화폐를 생성, 배포, 관리, 그리고 거래할 수 있도록 시스템을 구현해야 할 필요성이 있다.

비트코인(Bit Coin)

비트코인은 디지털 형태의 통화이다. 실제 화폐와는 다르게 종이로 만들어진 돈이나 동전과 같은 물리적인 형태로 존재하지 않으며 모든 거래는 온라인을 통해서 이루어지고 있다.
비트코인 거래는 블록체인이라 불리는 분산원장 기술을 기반으로 하고 있으며, 이 원장의 거래 내역을 체인 형태로 기록하고 있으며 네트워크의 사용자들이 이를 검증하는 방식으로 이루어져 있다. 비트코인 거래는 암호화 기술을 사용하여 보호되고 거래의 안전성이 유지된다. 또한 가장 중요한 특징 중 하나로 비트코인의 총 공급량은 2100만 개로 제한되어 있으며 한정된 공급량은 자산으로서 일부 투자자들에게 미래의 가치 상승 가능성을 부여하고 있다.
비트코인이 가지고 있는 특징으로는 첫째, 은행과 같은 중앙 기관이나 정부의 통제를 받지 않으며, 사용자들 간의 직접 거래를 허용하는 것이다. 둘째, 한정된 공급량으로 인플레이션을 억제하고 장기적인 관점에서 가치를 높일 수 있다. 셋째, 비트코인 거래는 익명성을 높여 거래 주체를 확인하기 어렵지만, 완벽한 익명성을 보장하는 것은 아니다.
비트코인을 활용하는 방법은 첫째, 투자 수단으로 사용한다. 비트코인을 투자 수단으로 활용하여 가격 상승을 통한 수익을 기대하며 보유하는 방법이 있다. 둘째, 결제 수단으로 이용할 수 있다. 부분적으로 결제에 비트코인 사용을 허용하고 있다. 셋째, 비트코인을 이용한 해외 송금을 빠르고 낮은 비용으로 할 수 있다. 넷째, 자금 보호이다. 일부 사람들은 비트코인을 활용하여 자금을 보호하려고 한다. 마지막으로, 블록체인 기술을 활용한 스마트 계약 및 분산 애플리케이션이다.

이더리움(Ethereum)

이더리움은 블록체인 기술을 기반으로 스마트 계약 기능을 구현하기 위한 분산 소프트웨어 플랫폼이다. 다시 말하면, 이더리움은 암호화폐 자체가 아닌 누구에게나 암호화폐를 보낼 수 있는 기술을 말하며, 암호화폐 이더를 사용하는 탈중앙화 블록체인 네트워크이며 플랫폼이다.
스마트 계약을 사용하면 누구나 전 세계에서 24시간 연중무휴로 운영되는 자신만의 디지털 자산과 분산형 애플리케이션을 만들 수 있고, 인터넷에 연결된 사용자는 누구나 스마트 계약에 접근할 수 있다.
이더리움이 가지고 있는 특징은 첫째, 자체 실행 계약인 스마트 계약 기능이다. 자동으로 트랜잭션을 실행하고 중개자 없이 규칙을 시행한다. 둘째, 탈중앙화이다. 이더리움은 전 세계에 퍼져 있는 노드로 알려진 컴퓨터의 탈중앙화 네트워크에서 작동한다. 이 분산형 아키텍처는 단일 엔티티가 네트워크를 제어하지 못하도록 하여 검열 및 단일 실패 지점에 대한 내성을 갖게 한다. 이더리움 네트워크는 작업 증명이라는 합의 메커니즘을 사용하여 트랜잭션을 보호하고 블록을 검증한다. 마지막으로, 가상 머신이다. 이더리움 가상 머신은 이더리움 네트워크에서 스마트 계약을 실행하는 런타임 환경이다. 스마트 계약이 모든 노드에서 안전하고 일관되게 실행될 수 있는 샌드박스 환경을 제공한다.

카카오 클레이튼(Klaytn)

카카오는 2018년 블록체인 전문 자회사 그라운드X를 설립하고, 기업 친화형 블록체인 플랫폼인 클레이튼을 2019년 정식 출시하였다. 클레이튼은 빠른 거래 처리 속도와 낮은 수수료, 사용자 중심의 API를 강점으로 내세워 NFT, 게임, 콘텐츠 플랫폼 등에 광범위하게 응용되었으며, 이를 기반으로 발행된 유틸리티 토큰 KLAY는 다양한 디앱 생태계에서 결제 및 보상 수단으로 활용되었다. 특히 카카오톡과 연동되는 디지털 지갑 '클립', 웹브라우저 지갑 '카이카스', NFT 플랫폼 '클립 드롭스' 등을 통해 사용자 친화적 서비스를 제공하며 국내 블록체인 산업의 대중화를 선도해왔다.

하지만 2024년, 클레이튼은 새로운 도약을 위해 라인의 블록체인 플랫폼 핀시아(Finschia)와 전략적 통합을 결정했다. 이 통합은 양사의 기술력, 생태계, 사용자 기반을 결합하여 아시아 최대 규모의 Web3 생태계를 조성하기 위한 목적에서 추진되었으며, 그 결과 새로운 통합 블록체인 메인넷 '카이아(Kaia)'가 같은 해 8월 공식 출범하였다. 카이아는 클레이튼의 빠른 블록 생성 구조와 핀시아의 정교한 스마트 계약 기능을 결합한 EVM(Ethereum Virtual Machine) 호환 레이어1 블록체인으로, 1초 이내 블록 생성, 높은 트랜잭션 처리율, 웹3 서비스의 대중적 확장성을 특징으로 한다. 또한, 카카오톡과 라인 메신저를 통해 약 2억 5천만 명에 달하는 아시아 사용자 기반을 동시에 확보하여 Web2 사용자들의 자연스러운 Web3 전환을 유도할 수 있는 구조를 갖추었다 .

토큰 경제 측면에서도, 기존 KLAY 및 FNSA 토큰은 KAIA라는 새로운 통합 토큰으로 전환되었으며, 클레이튼 보유자는 1:1 비율, 핀시아 보유자는 1:148 비율로 전환되었다. 카이아는 향후 '미니 디앱' 플랫폼을 통해 메신저 내에서 다양한 블록체인 서비스를 손쉽게 이용할 수 있도록 하고, DAO 기반 거버넌스 구조를 통해 점차 커뮤니티 주도의 생태계로 진화할 계획이다. 이러한 통합과 개편은 단순 기술 연합을 넘어, 블록체인의 대중화와 아시아 시장 내 Web3 주도권 경쟁에서의 전략적 입지 강화를 의미하며, 국내 대표 플랫폼 기반 블록체인의 중요한 전환점으로 평가된다.

제 9 장

핀테크
(Fintech: Financial Technology)

1. 핀테크 개요
2. 핀테크의 특징 및 장·단점
3. 핀테크 발전에 따른 기대효과 및 위험요소
4. 핀테크 유형 분류
5. 핀테크 적용 기술
6. 핀테크 활용 사례

제9장

핀테크 (Fintech: Financial Technology)

현대 사회에서 전자상거래는 ICT의 발전과 함께 다양한 서비스를 제공하고 있다. 특히 전자상거래의 핵심 서비스 중 하나인 결제와 관련되어서 핀테크(FInTech)란 새로운 분야가 시작되었고, 다양한 최신 기술들과 융합 및 적용으로 영역이 확대되고 있다.

IT기술과 금융서비스의 결합으로 탄생한 핀테크는 금융산업의 다양한 분야로 확장되고 있다. 핀테크의 확산은 자본시장의 효율성 증대와 편리성을 향상시켜 경제 전반에 긍정적인 영향을 미치고 있다.

더불어, 전자상거래의 필수 요소인 결제 시스템은 사용자의 편의성을 높인 서비스들이 제공되고 있으며, 새로운 기술의 등장과 핀테크 산업의 발전과 함께 사용이 확대되고 다양한 서비스들이 제공되고 있다.

온라인 금융 서비스애서 E*Trade와 같은 혁신적인 온라인 기업들이 중개 업계를 혁신하는 데 중요한 역할을 했지만, 전자상거래가 대형 은행, 보험, 부동산 회사에 미친 영향은 초기 소비자들의 저항과 업계 혁신의 부재로 인해 다소 지연되었다. 오늘날에도 온라인 은행들은 기존 은행을 대체하지 못했지만, 전자상거래는 은행 및 금융 산업을 혁신했다. 주요 금융 기관들은 점점 더 연결되는 온라인 고객층에 서비스를 제공하기 위해 자체 온라인 애플리케이션을 구축했다. 보험 상품은 더욱 표준화되고 온라인 가입이 더욱 쉬워졌다. 보안은 여전히 중요한 문제이지만, 소비자들은 과거보다 온라인 사이트를 통해 금융 정보를 얻는 것을 훨씬 더 신뢰하고 있다.

핀테크 기업들은 지속적인 성장을 이어가고 있는데, 특히 소비자의 오프라인 거래 능력을 제한했던 코로나19 팬데믹은 이러한 성장을 가속화하였다. Mint, SmartyPig, Credit Karma, Moven, Simple 등의 핀테크 기업들은 지속적인 성장을 보이고 있으며, 멀티채널을 기반으로 하는 기존 금융 서비스 기업들 또한 온라인 거래에서 꾸준히 성장세를 보이고 있다.

1 핀테크 개요

핀테크(FinTech)는 금융(Financial)과 기술(Technology)이 합쳐져 만들어진 말로써, 금융위원회에서는 핀테크를 모바일 결제 및 송금, 온라인 재정 관리 등 IT 기반 금융 서비스 또는 혁신적 비금융기업이 신기술을 활용해 금융 서비스를 직접 제공하는 현상이라고 정의했다. 다시 말하면, 핀테크란 금융 기술을 의미하고 온라인과 모바일상에서 구현할 수 있는 모든 금융 서비스를 말한다.

핀테크라는 용어를 일반적으로 사용하는 영국은, 기술 기반 금융 서비스 혁신을 전통적 핀테크(Traditional Fintech)로, 혁신적 비금융기업의 금융 서비스 직접 제공을 신흥 핀테크(Emergent Fintech)로 정의하며, 전통적 핀테크는 전자적 채널을 통해 금융 서비스를 제공하는 것을 의미하고, 기존 금융 서비스의 효율적인 개선이 목적이며, 신흥 핀테크는 기술을 핵심 요소로 사용하는 혁신적인 금융 서비스를 말하며, 기존 금융 기관이 아닌 기술을 통해 소비자의 새로운 금융 서비스 요구를 충족하고자 한다(표 9.1).

전통적인 핀테크는 기존 금융 서비스의 효율성을 향상시키며, 이러한 전통적 핀테크는 금융 인프라 지원을 통해 ICT를 기반으로 금융 프로세스를 자동화하고 간소화하며, 본질적으로 은행 지점 운영을 디지털화한다. 다시 말해, 금융 회사는 전자 금융의 핵심이며, ICT 회사는 후방에서 업무를 지원한다.

반면 신흥 핀테크는 기존 금융서비스 전달체계를 온전히 전환시킬 수 있는 혁신적인 파괴자의 속성을 가지고 서비스를 제공한다. 핀테크 기업들은 기존 금융기관이 제공하는 전통적인 서비스를 뛰어넘어 고객과 직접 소통하는 새로운 유형의 금융 서비스를 창출하고 있다. 이들은 스마트폰과 같은 모바일 기기를 활용하여 고객과 직접 소통하는 등 새로운 채널을 적극적으로 활용한다. IT 기업들이 이러한 소프트웨어나 시스템적인 부분을 담당하는 반면, 금융기관은 기본적인 금융 거래 지원만 제공하며 다양한 금융 서비스를 온라인으로 제공한다.

또한 핀테크는 4차 산업혁명과 함께 모바일, SNS, 빅데이터 등 새로운 정보통신 기술 등을 활용하여 기존에 존재하는 금융 처리 활동과 차별화된 서비스를 제공하는 방향으로 발전하였고, 지금은 일상생활에서 우리가 이용하고 있는 모바일 뱅킹, 애플리케이션과 앱 카드 등 모두 핀테크이다.

표 9.1 전통적 핀테크와 신흥 핀테크 비교

구분	전통적 핀테크	신흥 핀테크
정의	• 전자적 채널을 통한 금융 상품 및 서비스 제공	• 기술이 주가 되는 금융 서비스 혁신
목적	• 기존 금융 서비스의 효율적 개선	• 기존 금융서비스 체계 혁신, 새로운 방식 제시 • 기술 기반 새로운 금융 서비스 수요 충족
주요 기업	• 솔루션: IBM • 금융소프트웨어: Sunguard • 하드웨어: Infosys • 결제처리 솔루션 FirstData • 정보보안: Symantec	• 지급결제: 페이팔, 삼성페이, 알리페이 • 크라우드 펀딩: 텀블벅, 인디고, 텐스푼 • P2P 대출: Lending Club, 테라펀딩 • 외화송금: Transfer Wiser • 사이버 코인: CoinBase • 인터넷 전문은행: 케이뱅크, 카카오뱅크, 토스뱅크
주요 역할	• 금융 인프라 지원 • 기존 금융 인프라 유지, 보수, • 단순 지원 업무에 초점	• 기존 인프라 우회 등, 직접 금융 서비스 제공 • 기존 인프라 사용 또는 완전 대체
수익모델	• 거래비용 절감, 라이센스 비용 • 고객 접점은 금융회사가 주도 • 금융거래처리, 효율성 향상	• 기본 수익 외 광고, 데이터 판매 등 다양한 수익기반 보유 • 고객 접점은 비금융회사가 주도 • 고객 경험 개선

이러한 핀테크는 2008년 미국 금융시장의 서브프라임 모기지 사태로 인해 미국뿐만 아니라 글로벌 시장마저 큰 위기를 직면하면서 등장하기 시작했다. 서브프라임 모기지 사태로 인해 금융권은 신용거래를 통해서 고수익을 낼 수 없게 됐고, 이를 만회하기 위해 IT 기술을 접목한 사업을 시작했다. 이 사업의 시작은 인력을 감축하기 위한 시스템 전산화였다. 이 과정에서 엄청난 양의 고객 데이터를 얻게 되면서, 이를 기반으로 고객에게 다른 방식의 접근이 가능하다는 사실을 알게 되면서 핀테크 서비스가 등장하기 시작했다.

이렇게 시작한 핀테크는 빠른 속도로 성장했는데, 여기에는 빨리 성장할 수 있었던 몇 가지 배경이 있다.

- ICT 발전과 함께 모바일 사용자의 급속한 확산이다. 모바일 기기, 인터넷, 이동 통신, 소셜 네트워크, 빅데이터, 인공지능 등 첨단 ICT 기술들의 발전과 모바일 사용자의 급속한 확산으로 금융 서비스 이용자들이 정보 접근 능력의 향상과 함께 기존의 서비스보다 진화된 서비스를 요구하게 되었고, 핀테크 기업들은 기술과 서비스가 융합된 수준 높은 금융 서비스를 제공하게 되었다.
- 금융 소비자의 라이프 패턴 변화이다. 온라인 상의 구매나 서비스 등 소비 형태가 모바일 중심으로 변화면서 기존의 PC 중심의 전자상거래가 고객과의 접점 채널이 추가되면서 폭발적으로 증가하고, 금융소비자의 선택권과 주도권이 고객 중심으로 강화되었다.
- 글로벌 금융위기 이후 대안 금융의 모색에 기인했다. 금융 규제가 완화되고, 지점의 수익감소에 따른 규모의 경제 우위가 축소되었고, 그리고 금융업의 신뢰도 저하에 따른 탈중개화 등으로 위기를 맞은 금융기관들은 혁신적인 금융 기법을 이용하여 새로운 수익모델을 찾기 위한 과정에서 핀테크가 등장했다.
- 금융 서비스에 대한 기존 서비스 이용자의 불만과 불신이 생겼고, 진입장벽이 높고 규제가 많은 기존 금융회사에 대한 불신이 높아지면서 대안적인 금융 서비스에 대한 소비자들의 요구가 증가하기 시작했다.
- 정부의 전폭적인 지원과 규제 해제이다. 전 세계적으로 국가들은 핀테크 사업을 기존의 금융 서비스를 대체하거나 보완하는 것이 아닌 새로운 사

업 분야로써 스타트업 육성을 통해 일자리 창출 등 새로운 성장 동력으로 인식하고 이와 관련된 규제를 적극적으로 개선했기 때문이다.

즉, 이용자들은 시장의 성장과 함께 전자상거래의 발달을 뒷받침할 수 있는 간편하고 안전한 결제 시스템을 원했고, 금융과 IT 기술의 융합을 통해 기존 금융과는 다른 차별화된 서비스를 제공하는 핀테크가 새로운 고객가치를 창출해서, 이용자들의 니즈를 충족시켜서 빠른 속도로 성장하게 되었다.

2 핀테크의 특징 및 장·단점

1) 핀테크의 특징

기존 금융서비스와 비교했을 때 핀테크의 특징들을 살펴보면 다음과 같이 요약할 수 있다.

(1) 접근성

핀테크는 기존의 금융시스템과 달리 PC, 스마트폰, 태블릿 PC 등과 같은 접근성이 좋은 기기를 이용하여 유·무선방식으로 서비스를 제공하므로 시간과 공간의 제약이 없다. 기존에는 관련 업무 처리를 위해 소비자들이 금융기관을 직접 방문해야 했고, PC 기반 온라인 뱅킹과 같은 서비스가 주로 기존 고객들의 서비스 이용 편의성을 위해 제공되었으나, 모바일 결제 증가에 따라 다양한 결제 관련 애플리케이션이 사용되고 있다.

기존에는 소비자들이 직접 금융기관을 방문하여 신분증을 통해 실명을 확인해야 계좌를 개설할 수 있었으나 2015년 금융실명법을 변경하여 비대면 실명확인이 가능하게 되었다. 즉, 직접 영업점을 방문하지 않고도 본인의 신분증 사진을 제출하는 방법만으로도 여러가지 금융 서비스들을 이용할 수 있다. 또한 간편결제 서비스의 경우 초창기에는 가맹점을 구하지 못하여 시민들에 불편함이 있었지만 현재의 경우 많은 사업체에서 간편결제 서비스를 제공하고 있다.

한국의 간편결제 서비스의 경우 대표적으로 삼성페이, 토스, 카카오페이, 네이버페이 등이 있다.

(2) 신속성

핀테크 서비스는 모바일 기반이므로 기존 금융서비스에 비해 자동화가 확대되고, 오프라인 영업 지점은 축소되고 있다. 과거 불편함과 달리 현재는 온라인상에서 언제, 어디서나 모든 금융 업무를 처리할 수 있다. 이를 통해 업무처리 시간이 단축과 더불어 핀테크 기업은 소비자들이 필요로 하는 정보를 신속하게 제공할 수 있으며, 고객과의 실시간 소통을 통해 신속한 의사결정을 가능하게 한다.

다시 말해서, 핀테크는 자동화 및 디지털 워크플로우를 통해 보다 빠른 거래 처리, 대출 승인, 계좌 개설 및 기타 금융 활동을 실현하고 금융 서비스에 대한 액세스 및 사용 시간을 단축하여 고객들의 만족도를 향상시켰다.

(3) 경제성

간편 해외송금 핀테크 기업들은 글로벌 송금 및 결제망을 보유하고 있는 플랫폼과 협력하여 송금 비용 및 속도를 개선하여 서비스를 제공하고 있다. 전통적인 시중은행보다 빠르고 간편한 송금 서비스를 제공하고, 속도, 최대 90%까지 저렴한 수수료를 제공해 해외송금의 비효율을 줄이고 있다. 핀테크 기업의 해외송금 서비스의 경우, 시중은행 서비스와 비교해서 상대적으로 경제적이며, P2P 랜딩 방식을 통하여 해외로 자금이 이동하지 않고 해당 국가 내에서만 자금 이동되며 해외 국가와는 정산만 이루어지는 혁신적인 서비스이다.

또한 핀테크는 대출자와 대출자를 직접 연결하고 투자자를 투자기회와 직접 연결하며 소비자를 금융상품과 서비스로 직접 연결함으로써 전통적인 금융중개업을 타파함으로써 중개와 관련 비용에 대한 수요를 줄인다.

비용 효율성 핀테크 기업은 기술을 활용함으로써 일반적으로 기존 금융 기관보다 더 낮은 관리 비용으로 운영된다. 그들이 경쟁력 있는 가격과 더 낮은 서비스 요금을 제공할 수 있도록 한다.

(4) 보안성

핀테크는 스마트폰과 태블릿 PC와 같은 모바일 기기를 주로 이용하기 때문에 보안 및 안정성에 대한 우려가 항상 존재한다. 특히 모바일 결제 적용범위가 확대되고 있는 상황에서 정보유출과 보안 관련 문제는 관련 산업의 존폐를 결정할 수 있을 정도로 중요한 요소이다. 이러한 보안문제는 핀테크의 편의성과 접근성을 높이기 위해 인증방법과 결제단계를 간소화했기 때문이다. 그러므로, 핀테크 기업들에게는 기존에 신분확인이나 보안시스템의 안정성을 확보하기 위해 사용했던 보안 프로그램 등이 폐지되고 비대면 인증방식이 활성화되면서 보안 사고 방지를 위한 투자 등 노력이 더욱 요구되고 있다.

따라서, 핀테크 기업은 암호화, 생체인증, 사기 탐지 시스템과 같은 보안 조치를 우선하여 사용자 데이터와 금융 자산을 사이버위협 및 무단 액세스로부터 보호하며, 이러한 노력으로 핀테크 솔루션은 사용자에게 비용에 대한 명확한 정보를 제공함으로써 금융 거래에 대한 신뢰를 높여준다.

(5) 간편성

핀테크는 시간과 공간의 제약 없이 은행이나 증권 등 금융거래가 가능하고, 오직 본인확인을 통해 서비스를 이용할 수 있게 된다. 카카오페이나 삼성페이와 같은 모바일 결제 서비스의 경우 별도의 앱을 설치하지 않아도 NFC기능이 탑재된 단말기를 이용하여 기존의 카드 단말기에 태그만 하면 결제가 가능하고, 포인트 적립 등의 간편결제 서비스 등 또한 존재한다. 이처럼 핀테크 서비스는 소비자와 판매자 모두가 사용하기 편하도록 간편성을 향상시키고 있다.

(6) 빅데이터 분석

데이터에서 필요한 정보를 추출하여 분석, 소비자의 성향을 예측하는 것 또한 일반적인 마케팅 전략의 하나이다. 핀테크 서비스 기업들은 고객이 은행 등의 금융기관에 제공하는 기본적인 정보 외에도 더욱 많은 데이터와 정보를 활용하여 적극적인 빅데이터 활용이 가능하다. 분석된 결과를 활용하여 개인의 신용등급을 설정하거나 마케팅 등의 기초자료로 이용하며, 빅데이터 분석으로 얻어진 다양한 금융 관련 정보를 소비자들에게 제공하여 소비자들의 의사 결정에 도움을 준다.

2) 핀테크의 장점과 단점

핀테크는 사용의 확대와 함께 여러 장점과 단점을 가지고 있는데, 전통적인 금융 서비스는 번거로운 연결 고리가 많고 효율성이 낮으며 인건비가 높은 반면, 금융 기술은 지능적이고 자동화된 서비스를 통해 상당한 비용 절감과 효율성 향상을 달성할 수 있다. 예를 들어 디지털 은행은 운영 비용을 크게 절감하고 고객 서비스 품질을 개선할 수 있으며, 모바일 결제의 대중화로 실제 대기열에서 대기하는 고객이 줄어들고, 지능형 고객 서비스, 로봇 공학 및 기타 기술을 적용하면 고객 경험을 향상하고 고객 충성도와 금융 기관의 경쟁력을 더욱 높일 수 있다.

이처럼 전반적으로 핀테크는 편의성, 효율성, 금융서비스 확대, 혁신, 개인화 등 측면에서 많은 장점을 제공하지만, 그 잠재력을 충분히 발휘하기 위해서는 보안, 프라이버시, 규제, 정보격차, 중계 리스크, 기술적 위험과 관련된 단점들도 함께 가지고 있다(표 9.2).

표 9.2 핀테크 장점 및 단점

장점	편의성	• 다양한 플랫폼을 통해 편리한 금융 서비스를 제공하며, 사용자는 스마트폰이나 PC로 언제 어디서나 금융서비스 이용
	비용 효율성	• 일반적으로 기존 금융 기관에 비해 관리 비용이 낮아 경쟁력 있는 가격 책정 및 저렴한 서비스 비용을 제공 • 더 낮은 수수료와 효율적인 금융 거래 과정을 통해 비용 절감과 빠른 거래가 가능
	혁신 및 경쟁력 향상	• 지속적으로 신기술과 비즈니스 모델을 도입하여 금융 산업의 혁신을 촉진하고 금융 서비스의 효율성, 편의성 및 접근성을 향상 • 이를 통해 기존 금융 기관들의 경쟁력 향상
	금융서비스 확대	• 대체 은행, 대출 및 결제 솔루션을 제공함으로써 서비스가 부족한 인구가 금융 서비스를 받을 수 있도록 확대
	개인화	• 핀테크 플랫폼은 데이터 분석 및 인공지능을 사용하여 개인의 요구와 선호도를 충족시키기 위해 개인화된 맞춤형 금융 상품 및 서비스를 제공

단점	보안 위협	• 핀테크 플랫폼은 데이터 유출, 신원 도난, 사기 등 사이버 보안 위협에 취약 • 사용자 정보 및 금융 거래의 보안 및 프라이버시에 대한 우려
	데이터 프라이버시 문제	• 개인 정보와 데이터 수집, 저장, 사용에 대한 논란 가능
	규제	• 급속한 혁신 속도는 종종 규제 프레임워크를 초과, 핀테크 기업과 기존 금융 기관이 규제 불확실성과 규정 준수 도전에 직면 • 금융 규제나 법적 쟁점으로 인해 서비스 제약이 가능
	정보격차	• 핀테크의 사용이 증가, 여전히 정보격차가 존재, 노인, 저소득 개인 및 농촌 지역의 사람들은 기술이나 인터넷에 접근할 수 없어 핀테크 서비스의 혜택을 받을 수 있는 능력이 제한
	중개 리스크	• 소비자를 금융상품과 서비스로 직접 연결함으로써 전통적인 금융중개기관을 무너뜨려 기존 은행과 금융기관의 역할과 소득을 하락
	기술 결함 및 서비스 중단	• 금융서비스의 기술 의존도가 높아짐에 따라 기술적 장애, 중단 또는 중단의 위험 발생 가능

그 외에도 핀테크는 전통 금융의 효율적인 발전을 촉진할 수 있지만, 금융서비스의 동질화로 이어져 혁신성을 제한할 수도 있고, 핀테크의 급속한 발전으로 인해 관련 법규의 제정과 시행이 상대적으로 뒤쳐져 있어 법적 리스크와 운영 리스크가 발생할 수 있다는 우려도 있다. 또한 핀테크는 금융 리스크의 전염성, 확산성, 취약성, 특히 네트워크 의존성과 IT 기술에 대한 의존도가 높다는 우려도 함께 있다.

3 핀테크 발전에 따른 기대효과 및 위험요소

1) 핀테크 발전에 따른 기대효과

핀테크 발전에 따른 기대효과는 금융소비자 측면과 금융산업 측면으로 다음과 같다.

(1) 금융소비자 측면

4차 산업혁명과 함께 금융 산업의 발전은 디지털 금융의 성장과 핀테크를 통한 금융 포용 확대가 함께 성장하고 있다.

기술과 결합된 디지털 금융은 온라인 서비스를 중심으로 규모의 경제를 이루면서 비용 절감 효과를 나타내고 있다. 직접적인 고객과의 소통을 통해서 보다 많은 고객들에게 빠르고 간편하며 신뢰성 있는 서비스로 인식되면서 핀테크는 고객 편의성을 향상시키는 등 고객 중심의 서비스를 제공하고 있다.

또한 온라인과 디지털 기술을 활용한 서비스를 제공하면서 얻어진 비용절감을 저금리 대출이나 고금리 예금, 수수료 완화 등 보다 효율적인 금융정책과 서비스를 제공할 수 있다.

특히, 전통적인 금융서비스가 원활하게 지원되지 않는 지역에서는 온라인 기반의 혁신적인 핀테크 서비스가 온라인을 통해 고객과 소통하면서 보다 쉽게 금융 서비스를 이용하게 할 수 있다.

금융 소외층도 온라인상의 금융서비스를 통해서 금융 포용이 확산되고 소비자 후생도 증가할 수 있다.

빅데이터 분석이나 로보어드바이저(Robo-Advisor) 등을 이용해 고객의 요구에 부합하는 다양한 종류의 맞춤형 금융 상품과 서비스를 제공할 수 있다.

또한 핀테크는 대면채널이 아닌 모바일, 웨어러블 기기 등 비대면 채널을 통해 시간과 공간의 제약을 극복하고 고객들에게 언제 어디서나 가능한 금융 서비스를 제공한다. 따라서 고객들은 금융서비스가 필요할 때 자신이 가장 선호하는 채널이나 방식을 통해서 금융상품과 서비스를 이용할 수 있다. 더불어, 기술의 지속적인 발전은 비용 절감효과와 함께 고객들에게 양질의 서비스를 제공할 수 있게 되었고, 금융서비스 이용자들은 이에 따른 다양한 혜택을 받게 되었다.

(2) 금융산업 측면

기존의 국내 금융시장은 자본시장법, 금산분리의 원칙 등의 법률, 행정 조치 등으로 새롭게 기업들이 금융서비스를 시작하기가 매우 어려웠다. 이러한 높은 진입규제로 인해 국내 금융시장은 몇몇 대형 금융 기업을 중심으로 경쟁이 거의 없는 과점적인 시장이 형성되었다.

그러나, 여러 어려운 상황에도 국내시장에 새로운 핀테크 기업들이 생겨나고, 기존 금융 기관들과의 수많은 갈등 속에서도 혁신적 금융서비스를 소개하면서 기존의 금융기관들과 함께 금융서비스를 시작하였다. 핀테크 기업은 온라인 기반의 금융서비스를 제공하면서 비용 절감 등을 통한 운영 효율성을 높이고, 수수료 인하, 대출금리 인하 등 고객 혜택을 향상시키며, 고객을 유치하고 오프라인 은행 등 기존의 금융 기관들과 경쟁하게 되었다.

인터넷 전문은행들이 금융서비스 영업을 시작하자 기존 은행들도 경쟁적으로 대출금리 인하, 수수료 인하, 고객서비스 개선 등을 시작하였고, 마이데이터 사업 등으로 금융기관이나 핀테크 기업들이 시장에서 고객을 대상으로 맞춤형 서비스 제공 등 다양한 서비스와 함께 치열한 경쟁을 하고 있다.

기존의 금융기관들은 그동안 운영하던 금융서비스나 업무 프로세스를 기술 기반으로 새롭게 재설계하여, 핀테크 기업들과 경쟁하고 고객이탈을 방지하기 위해 전통적인 금융서비스와 핀테크를 결합하여 새로운 금융 상품과 서비스를 제공하게 되었다.

또한 금융기관들은 기존 고객에게 온라인 서비스 향상 등 디지털 플랫폼을 활용한 신규 서비스를 제공하고 고객유지를 통해 시장에서의 경쟁우위를 확보하려고 하였으며, 다른 온라인 기업들과 전략적 제휴나 소셜 네트워크 등을 대상으로 적극적인 마케팅을 통해 신규 고객을 유치를 위한 많은 노력을 하고 있다.

그리고 시장에서는 예전보다 다양하고 풍부한 엄청난 규모의 데이터와 분석 및 평가 방법들을 활용하여 신용평가체계가 향상되었고, 이러한 결과들은 금융기관들이나 핀테크 기업들이 금융 업무를 수행하는데 빠른 의사결정을 할 수 있도록 도움을 준다.

2) 핀테크 발전에 따른 위험요소

핀테크 발전에 따른 위험요소 역시 금융소비자 측면과 금융산업 측면으로 나눠 볼 수 있다.

(1) 금융소비자 측면

핀테크를 활용한 금융시장에서 결제 서비스 관련, 간편결제, 간편송금 등 비대면 거래 급증에 따라 개인정보 유출로 인한 소비자 피해가 발생하고 있다. 핀테크 서비스의 특징인 본인확인 등의 절차 간소화가 잘못 악용되어 부작용이 나타나고 있다.

핀테크가 제공하는 다양한 간편 서비스는 보안에 대한 많은 우려를 갖게 되었고, 핀테크 기업은 개인정보 유출이나 간편결제나 간편송금 등의 부작용이 발생하지 않도록 인증 수단 등 적절한 보안 정책을 유지하고 적용해야 한다. 이러한 준비가 부족하면 정보 유출 등 지속적으로 악용되어 고객들과 기업들에게 심각한 피해가 발생할 수 있다.

(2) 금융산업 측면

핀테크의 대표적인 금융서비스 중 하나인 P2P 대출 서비스 경우, 감독기관이나 자체적으로 지속적인 모니터링과 감독이 있더라도 P2P 대출 플랫폼은 신용이나 기타 관련 위험을 최종 투자자에게 전가할 수 있다. 이는 금융 상품이나 그 내재된 위험을 제대로 파악하지 못한 투자자들에게 상당한 손실을 줄 수 있다.

예를 들어서 개인이나 기업이 P2P 대출 플랫폼을 통해 대출을 할 경우에 최종 투자자가 대출한 개인이나 기업의 신용이나 유동성 리스크를 직접 부담하게 되며, 만약 대출자가 대출금을 상환할 수 없게 되었을때 이러한 모든 손실을 최종 투자자가 부담하게 된다.

또한 대출이 어려운 신용 불량자나 금융기관의 대출심사를 통과하지 못한 개인과 기업이 P2P 대출을 이용하여 대출을 받으려고 하는 문제가 발생하고 있으며, 이는 새로운 사회 문제를 발생시킬수 있다.

이러한 잘못된 선택이 발생하지 않기 위해서는 P2P 대출 플랫폼 기업이 투자자에게 발생할 수 있는 위험과 문제들에 대해서 적절한 정보와 안내 및 가이드라인을 제공하여 투자자가 오해없이 올바른 결정을 내리도록 지원해야 한다.

4 핀테크 유형 분류

핀테크 서비스는 크게 간편결제, 간편 송금, 인터넷 전문은행, P2P 대출, 자산관리 등 5가지 분야로 구분할 수 있다(표 9.3).

첫째, 간편결제 서비스이다. 간편결제는 금융 인증서, 공동 인증서, 휴대폰 인증 등을 이용한 절차를 생략한 결제 서비스이다. 이는 핀테크 금융서비스를 처음으로 사용하게 되는 사용자가 가장 먼저 사용하는 서비스 중 하나이다. 스마트폰과 같은 휴대폰 등에 설치된 금융 서비스 앱에서 신용카드와 같은 결제수단을 등록한 뒤 온라인과 오프라인에서 QR코드 등 다양한 방식으로 결제를 할 수 있다. 국내에서 대표적으로 많이 사용되는 간편결제 서비스로는 카카오페이, 네이버페이, 삼성페이, 애플페이, T페이, 페이코 등 다양한 서비스가 제공되고 있다.

간편결제 서비스가 시작되었을 때는 주로 온라인에서 소비자들이 쇼핑을 쉽고 편하게 하도록 하는데 목적이 있었는데, 예를 들면, 네이버는 네이버페이를 네이버 쇼핑과 결합했고, SSG는 여러 계열 온라인 쇼핑몰에 사용할 수 있는 SSG페이를 출시했다.

카카오페이, 네이버페이, 삼성페이, 애플페이, T페이, 페이코 등은 신용카드나 직불카드, 은행계좌 등을 미리 휴대단말기의 결제 서비스 앱에 결제수단으로 등록한 후 사용하는 서비스이다. 일반적인 온라인, 오프라인 매장에서의 결제와 더불어 페이코, T페이 등은 티머니 등과 연계 서비스를 통해 편의점 등 소액결제가 많은 오프라인 매장에서 사용할 수 있도록 하였으며, 또한 일반 가맹점을 상대로 간단한 본인 확인 절차와 함께 할인과 결제를 동시에 할 수 있도록 하였다.

점차 간편결제 서비스 사용자가 늘어나고 서비스가 다양해지면서 기존의 카드사들은 앞에서 언급한 간편결제 서비스들처럼 온라인이나 오프라인에서 카드 없이 휴대폰 등으로 결제가 가능하며 기존의 카드로 결제했을때와 같은 서비스와 혜택을 제공하기 시작하였다. 국민카드, 삼성카드, 신한카드, 하나카드, 현대카드 등에서 앱카드 또는 페이 앱의 형태로 서비스를 제공하고 있으며, 결제시 비밀번호나 지문인증으로도 간편하게 결제할 수 있도록 하고 있다.

둘째, 간편 송금 서비스이다. 기존에는 은행에 가지 않고 송금 서비스를 이용하기 위해서는 해당 금융기관의 온라인 뱅킹이나 모바일 뱅킹 서비스를 이용해야 했다. 하지만 토스와 카카오페이는 송금을 하는데 공인인증서, 금융인증서 등 인증서와 계좌번호가 필요없는데, 토스는 미국의 벤모(Venmo)와 같이 전화번호 기반의 송금 서비스를 제공하고, 카카오페이는 카카오톡 친구 기반의 송금 서비스를 제공한다.

토스의 경우, 주로 친구나 지인 간의 돈을 주고받는 데 사용되는 모바일 결제 서비스로 계좌번호 문자 메시지를 복사하면 앱에서 정확히 인식하고 원하는 송금액을 입력하여 간편하게 송금할 수 있으며, 계좌번호를 촬영해서 인식하는 기능도 추가되었다. 즉, 토스 앱을 실행하면 자동으로 정보가 입력되는 서비스를 제공한다.

또한 송금을 받는 상대방이 토스 사용자가 아니어도 송금할 수 있는데, 송금 링크가 담긴 메시지를 문자나 메신저를 통해 보내면 상대방이 은행과 계좌번호를 입력해 송금을 받을 수 있다.

카카오페이는 카카오톡 내에서 바로 사용 가능하며, 복잡한 절차 없이 간편하게 시작할 수 있다. 카카오톡 채팅창에서 송금 버튼 선택하고 송금 금액을 입력, 비밀번호를 입력하면 송금을 보낼 수 있다. 카카오톡 친구 목록과 연결되어 있어서 전화번호를 몰라도 송금할 수 있으며, 채팅창에서 상대방이 계좌번호를 메시지로 보내면 메시지가 바로 계좌 송금 항목으로 이동하여 송금을 보낼 수 있다.

셋째, 인터넷 전문은행이다. 인터넷 전문은행은 오프라인 지점이 없이 비대면으로 운영되는 은행을 말하며, 대표적으로 케이뱅크와 카카오 뱅크가 있다.

케이뱅크와 카카오뱅크를 이용하려면 우선 앱에서 본인 인증과 신분증 등록, 계좌등록 등 회원가입을 해야 한다. 본인 인증과 신분증 등록을 거치고 나면 계좌등록을 진행한다. 계좌등록을 할 때 카카오뱅크는 타행계좌 인증이 요구되고, 케이뱅크는 타행계좌에서 케이뱅크 쪽으로 소액을 이체하거나 직원과의 영상통화를 통해서 계좌등록을 한다.

금융 상품을 살펴보면, 두 인터넷 전문은행의 차이가 있는데, 케이뱅크는 예금·적금, 대출 상품과 체크카드 발급이 가능하지만, 해외송금은 제공하지 않는다. 시중은행의 금융상품에서는 제공되지 않았던 새로운 형태의 다양한 금융 상품과 서비스를 제공하고 있다.

반면, 카카오뱅크는 예금·적금, 대출 상품과 해외송금 등 외환 서비스, 체크카드 발급이 가능하다. 예금·적금 서비스는 케이뱅크가 더 다양하지만, 시중은행보다 낮은 송금 수수료와 낮은 이자율의 대출 상품을 카카오뱅크는 제공하고 있다.

넷째, 대출(P2P 금융) 서비스이다. P2P 금융 대출은 금융기관의 중개 없이 온라인상에서 투자자와 대출자가 직접 대출 거래를 하는 서비스이다.

대표적인 국내 P2P 금융 서비스로는 테라 펀딩, 에잇퍼센트, 렌딧, 빌리, 어니스트 펀드 등이 있다. 테라 펀딩은 부동산을 담보로 건축 자금을 대출해주는 서비스로 건축사업자들에게는 대출금을 지원해주고 투자자들은 부동산 담보 채권을 통해 소액으로 일정 수익을 얻을 수 있는 간편 투자 플랫폼이다.

렌딧은 초기에는 국내 P2P 금융 기업 중 개인신용 대출에만 집중하였으나, 추후대출이 필요한 개인이나 집단과 투자가 필요한 개인이나 집단을 온라인으로 연결해주는 서비스를 제공한다. 에잇퍼센트는 인공지능 챗봇 등 신기술과 자동분산투자 서비스를 도입하여 서비스를 제공한다. 또한, 대출 고객을 위한 최저금리 보상제도 시행하여 다른 금융기관이 더 낮은 대출금리를 제공하면 보상을 해주는 제도이다.

미국의 P2P 대출 서비스인 렌딩 클럽(Lending Club)은 공유경제와 유사한 특징인 잉여 금융 자원을 활용하는데, 렌딩 클럽은 투자자와 대출을 원하는 차용자를 연결하는 플랫폼을 제공하지만, 서비스 안정성과 투자자와 소비자 간의 신뢰 구축 등에 어려움을 겪고 있다.

다섯째, 자산 관리 서비스이다. 대부분의 소비자들은 여러 은행과 금융 거래를 하고 있으며 예금, 대출, 카드, 보험 등 가입된 상품이 많을수록 관리에 어려움이 있고, 이를 효율적으로 도와주는 자산관리 서비스들이 등장했다.

핀테크 자산관리 서비스는 스마트폰 앱 등 디지털 플랫폼을 통해 개인의 금융자산을 통합 관리하고, 맞춤형 금융상품 추천·소비 분석 등 다양한 자산관리 기능을 제공하는 혁신적 금융 서비스이다.

대표적인 자산관리 서비스로는 미국의 민트(Mint)와 미국의 알버트, 한국의 브로콜리 등이 있다. 민트는 사용자의 은행 계좌 정보를 통합해서 관리하도록 하는데, 사용자의 계좌조회, 수입 및 지출 현황, 사용 카드 추천, 맞춤형 예금 추천, 투자상품 추천, 퇴직연금 관리, 보험 추천, 신용등급 관리 등 많은 기능을 제공하며 관리한다.

보유한 계좌의 수입과 지출의 흐름 등 잔액과 거래내역을 그래프로 한눈에 확인하게 하고, 사용자가 본인의 자산현황을 일일이 입력하지 않아도 자동으로 보여주는 서비스를 제공한다.

알버트는 자산 조회 서비스 뿐만 아니라 자산을 어떻게 관리하면 좋을지 자산현황 및 소비패턴을 파악하여 자산관리를 해주며 금융상품 추천 등 가이드를 제시한다. 사용자 상황에 따라 수입에서 저축이 차지하는 비율, 수입대비 보험의 적정 수준 등을 제시하는 기능이 있고, 예금이나 대출의 경우 대출의 경우 금융 기간별 이자율 현황을 통해 가장 낮은 이자율을 제공하는 금융기관을 추천하는 서비스도 제공한다.

자산현황 및 소비패턴을 파악하여 자산관리를 해 주는 것은 물론 개인에게 적합한 금융상품 추천까지 가능하고 개인 소비 패턴에 맞는 카드상품 추천, 개안의 필요 목적에 맞는 보험, 적금과 예금 비교 등 소비자들의 합리적인 선택에 도움을 준다.

브로콜리는 자산 및 금융 계좌를 통합하고 관리하는 서비스를 제공한다. 자산 관리 외에도 은행 금융 상품 추천, 개인 소비 패턴에 맞는 카드 추천, 사용자에게 적합한 보험 상품 추천 등 사용자의 선택에 도움을 주는 서비스도 제공한다.

그 외에도, 영국의 멀티플라이(Multiply), 캐나다의 웰쓰심플(Wealthsimple), 국내의 카카오페이, 삼성페이 등은 간편결제 서비스와 연계된 자산관리 기능을 제공하고 있다. 디지털 시대로의 전환과 함께 자산운용 서비스의 대상 고객은 고액 자산가와 기관 투자자에서 소매(Retail) 고객 등으로 확대되었다. 특히 핀테크 기술의 발전으로 자산관리 서비스는 일반 고객을 대상으로 더욱 활성화되고 보편화되고 있다.

표 9.3 핀테크 서비스 분류

간편결제 서비스	• 송금과 결제를 보다 간편하게 할 수 있는 기능을 제공 • 은행계좌나 신용카드와 연동된 송금서비스를 제공하거나 오프라인과 온라인에서 결제 서비스를 제공 • 삼성페이, 스퀘어, 카카오페이, 애플페이 등
간편 송금 서비스	• 모바일 기기 앱에서 계좌이체 등 송금 • 은행 계좌, 휴대폰 번호, 이메일, SNS 계정으로도 간편하게 송금 • 핀테크 기술 활용 중계 사업자 없이 지급결제 가능, 사용자 편의성 향상
인터넷 전문은행	• 인터넷 전문은행들은 오프라인 점포를 갖고 있지 않은 형태로 존재
대출 서비스 (P2P)	• 기존 금융기관의 대출이 가지고 있는 한계로 인해 해외에서 크게 각광 • 렌딩클럽은 미국의 최대 P2P 대출 기업인데, 이는 대출을 원하는 사람과 투자자를 모집하여 연결해주는 서비스를 제공 • 온덱은 소상공인을 주요 고객층으로 삼는 고객서비스
자산 관리 서비스	• 사용자의 은행 계좌 정보를 통합해서 관리 • 자산을 어떻게 관리하면 좋을지 투자 등 자산운용에 대한 가이드를 제시

5 핀테크 적용 기술

핀테크를 구성하는 기술들은 여러가지이지만 특히 인공지능, 빅데이터, 블록체인 클라우드 컴퓨팅 등 4차 산업혁명 기술들이 집중적으로 적용되고 있다.

1) 인공지능

인공지능 기술이란 인간과 유사한 사고를 실시하는 컴퓨터 지능을 일컫는 포괄적인 개념으로 학습 능력, 추론 능력, 언어 이해, 문제 해결 등의 개념을 갖춘 컴퓨터 시스템을 의미한다. 하위 개념으로 머신러닝(Machine Learning)과 딥러닝(Deep Learning)이 있다. 딥러닝은 인공 신경망을 통해 복잡한 패턴 및 특징을 학습하는 기술인데, 대규모의 데이터에서 자동으로 특징 추출 및 학습할 수 있다는 특징을 갖고 있다. 이를 기반으로 핀테크 적용 시 고객 문의사항에 자동으로 답변하는 자연어 처리, 금융 관련 서류 처리를 자동화하는 이미지 인식, 음성 명령을 통해 금융 서비스를 이용하는 ARS 음성 인식 등의 효과를 얻을 수 있다. 대표적인 예로 Chat GPT, Gemini, Deep Seek 등과 같은 생성형 AI, 대화형 AI가 있다.

머신러닝, 다른 말로 기계학습은 명시적인 프로그래밍 없이 시스템이 데이터를 학습하며 예측을 수행할 수 있도록 하는 기술이다. 마찬가지로 핀테크에 적용 시 비정상적인 거래 패턴을 감지하고 예방하는 효과도 기대해 볼 수 있고, 기존 고객 투자 성향에 맞도록 투자 포트폴리오를 추천할 수도 있는 기능이라고 볼 수 있다.

금융권에서는 핀테크에 인공지능을 활발하게 사용하며 업무 효율성 및 정확성을 높이고 있다. 투자 분야부터 신용평가, 콜센터 및 챗봇 등에 도입하는 등 전반적인 업무에 모두 적용 중인데, 예를 들면 은행이 개발한 앱은 상대방 목소리를 실시간 분석해 보이스피싱 확률이 일정 수준에 도달할 시 경고 음성 및 진동을 발생시키기도 한다. 또한 업무용 AI 로봇은 기존 학습을 바탕으로 16개 업무영역에서 지식 채팅을 지원하기도 한다. 인공지능 시스템 도입으로 기업이나 개인 모두가 긍정적인 효과를 얻고 있으며 보다 유용하게 활용되리라 기대한다.

2) 빅데이터

빅데이터 기술이란 여러 형태의 대규모 데이터를 빠른 속도로 처리할 수 있는 특성을 가진 데이터를 의미한다. 대량의 데이터에서 유의미한 정보를 도출해 내는 것이 핵심이며, 4차 산업혁명에서 핵심으로 사용되는 기술 중 하나라고 볼 수 있다. 특히 금융권에서는 집적된 데이터양이 많고 정확성이 높아 빅데이터의 가치가 상당히 높게 평가된다.

그 활용성이 매우 다양하며 높은데, 예를 들어 고객 거래 데이터 분석해 맞춤형 상품을 추천해 줄 수도 있고, 빅데이터 기반의 신용 평가 모델 사용해 개인의 신용 위험 관리를 강화시키기도 하며, 빅데이터 분석을 통해 금융 시장의 향후 트렌드를 예측해 볼 수도 있다. 빅데이터는 데이터 결합을 통해 더 큰 가치를 창출할 수 있기도 하다.

하지만 빅데이터 기술은 정보 유출이 발생할 경우 개인에게 치명적일 수 있기에 정부나 기업 차원에서 데이터의 익명 처리 및 보안성 확보 등의 노력이 필요하다.

3) 블록체인

블록체인 기술이란 네트워크 참여자가 공동으로 거래 정보를 검증 및 기록해 공인된 중앙 집중기관 없이도 거래 기록의 무결성 및 신뢰성을 확보하는 인프라 기술이다.

이 과정에서는 중앙 서버 없이 거래 정보가 블록 단위로 연결되어 모두가 같은 정보를 공유하는 분산 원장 기술과, 데이터 보안 및 위변조 방지를 위한 암호화 기술과, 코드로 작성된 계약 조건에 따라 실행이 자동적으로 발생하는 스마트 계약 기술 등이 포함되어 있다.

핀테크에 적용된 블록체인 기술들은 여러 장점을 지니고 있다. 해외 송금 비용 및 시간을 절감시켜주는 효과가 있고, 무역 금융 프로세스 간소화시키며 과정을 효율성 높게 해 준다. 중개자 없이 이뤄지는 P2P 송금으로 중간 수수료가 크게 줄어들기도 하며, 과정 단축을 통해 거래 속도 또한 향상될 수 있다. 공동 검증 과정은 신원 정보 보안과 관리를 강화할 수 있다.

그러나, 잠재적 리스크들이 존재하는데, 중앙통제장치가 없는 것은 과정 간소화를 실천시킬 수 있으나 거래 내용 수정을 어렵도록 만들어 통제하기 어려워진다. 또한, 신규 거래에 대해 검증 시간이 필요해 처리 속도 문제도 있다. 하지만 개인에게 주는 혜택이 상당하기에 핀테크에서 유용하게 사용될 수 있는 기술이다.

4) 클라우드 컴퓨팅

클라우드 컴퓨팅 기술이란 로컬 서버나 물리적 장치가 아닌 원격 서버 및 서비스에 의존하는 컴퓨팅 유형의 기술이다. IT 자원의 직접 소유가 필요 없는 것은 물론, 구매, 설치, 유지 관리의 의무가 사라지기에 낮은 비용의 데이터 처리를 통한 생산성 증진과 비용 절감 효과 등을 기대해볼 수 있다. 이 기술은 서비스 종류에 따라 나눌 수 있는데, IT 인프라를 제공하는 IaaS, 개발환경을 제공하는 PaaS, 소프트웨어를 제공하는 SaaS로 분류된다(표 9.3).

표 9.4 클라우드 컴퓨팅 분류

IaaS (Infrastructure as a Service)	• 서버, 스토리지, 네트워크 등 인프라 자원을 가상화를 통해 논리적으로 분할하고 인터넷을 통해 탄력적으로 이용하는 서비스
PaaS (Platform as a Service)	• 프로그램을 개발·배포하는데 필요한 플랫폼을 제공, OS, DB, API, 런타임 환경 등 관리 서비스
SaaS (Software as a Service)	• IaaS·PaaS를 기반으로 제작된 응용 소프트웨어 프로그램 또는 애플리케이션으로 웹에서 직접 사용할 수 있도록 제공되는 서비스

공유 범위에 따라서 클라우드가 구분되기도 하는데, 특정회사가 직접 구축해 전용 공유가 이뤄지는 프라이빗 클라우드, 불특정 다수가 공유가능한 퍼블릭 클라우드, 앞의 두 형태가 조합된 하이브리드 클라우드, 공통 목적을 가진 특정 기업들간의 공유가 이뤄지는 커뮤니티 클라우드 등으로 나눠볼 수 있다.

핀테크에 클라우드 컴퓨팅 기술이 도입되면서 고객들은 시공간의 제약 없이 모든 장치에서 자신의 정보가 담긴 계정에 로그인하고 접근하는 것이 가능해졌고, 고객들의 고객 경험은 향상될 수 있었다. 반면 기업들은 방대한 양의 데이터들 실시간으로 저장 및 처리할 수 있게 됐으며, 금융 기관들의 경우 값비싼 하드웨어 및 소프트웨어에 투자 비용을 획기적으로 줄일 수 있게 되어 다른 분야에 대해 많은 투자를 지원할 수 있게 됐다.

5) 토큰화

사용자가 핀테크 결제 시스템에 사용할 카드를 등록하는데 해당 카드번호는 암호화되어 관리용 서버에 전송되고, 이렇게 암호화된 정보는 다시 암호화되어 카드사에 전송된다. 카드사는 이중으로 암호화된 카드번호와 사용자를 확인하고, 가상카드 번호(토큰)와 카드번호 인증 값을 생성하여 사용자 스마트폰에 전송한다. 이렇게 되면 사용자가 입력했던 실제 카드 번호는 사용자 이외엔 아무도 알 수 없게 되고 가상의 카드번호와 인증 값만 사용자의 스마트폰과 카드사 서버에 저장된다. 다시 말하면 중요한 개인정보를 직접 노출하지 않고 데이터를 토큰정보로 치환화여 사용할 수 있는 것이다. 이는 기존에 모바일 결제 방식에서 사용해온 가상카드번호 방식보다 편리해진 방식이다.

토큰은 이용 시에 초기에 사용자가 입력했던 실제의 카드정보나 사용자 개인정보가 포함되어 있지 않고 임의로 대체된 값으로만 존재하기 때문에 한정된 대상이나 장소에서만 사용 가능하지만 덕분에 정보가 유출되는 만약의 상황에서 개인정보를 악용할 수 없다는 점이 가장 큰 장점이다. 이러한 장점은 토큰이 DB서버 또는 응용 프로그램 서버에서의 암호화 작업을 가능하게 한다. 데이터들을 큰 값으로 대체하여 원본 데이터의 식별이 불가능하도록 하는 방식으로 암호화하여 아무나 해당 데이터에 접근하여 식별할 수 없게 만드는 것이다.

6) FIDO(Fast Identity Online)

FIDO는 온라인상에서 빠른 신원인증을 의미한다. FIDO 기술은 여러 인증 기술들과 지속적으로 발전되어 온 암호 기술들이 결합되어 등장하게 된 기술이다. FIDO 기술 표준을 통해 지식기반 인증, 생체기반 인증, 소유기반 인증 등 다양한 사용자 인증방식의 지원이 가능하게 되었다. 대표적으로 사용되는 FIDO 기술을 이용한 서비스는 생체인증 기술이다. 이는 사용자에게는 안전하고 편리한 인증을, 서비스 기업에는 표준기반 인증 서비스를 구축할 수 있다.

FIDO 기술의 특장점 하나의 인증서버에서 여러가지 방식의 인증 수단을 동시에 제공할 수 있다는 것이다. 스마트폰에 내재된 기능과 연계된 인증수단으로 로컬 인증 후, 단일 인증 프로토콜을 이용하여 서버와 원격인증을 하는 구조이다. 해당 인증 기술들은 사용자가 스마트폰에서 익숙하게 사용하는 인증수단이기 때문에 보다 쉽고 익숙하게 서비스를 쉽게 제공받을 수 있고 또한, 사용자의 생체정보가 사용자 소유의 스마트폰 기기에만 저장되어 생체정보가 유출되는 문제를 해결할 수 있다는 점에서 프라이버시의 우수성 또한 장점이라고 할 수 있다.

이러한 기술을 응용한 덕분에 사용자를 식별할 수 있는 정보가 다수 포함되지 않도록 고유의 프로토콜이 설계되어, 다른 사이트로 정보가 유출되거나 하는 피해를 애초에 막을 수 있다. 이러한 특장점들을 바탕으로 다양한 인증 수단을 결합한 멀티팩터 인증 방식이 등장하는 등 FIDO 기술은 계속적으로 발전하고 있다.

7) NFC(Near Field Communication)

NFC기술은 서비스 활용 분야에 따라 3가지의 운용모드를 지원하는 스마트카드로, 스마트폰이나 스마트워치 등의 보급으로 인해 보다 다양한 방식으로 서비스를 제공 중에 있다. 이러한 NFC를 활용한 개인 정보 및 금융 거래 서비스의 측면에서 활용되고 있다.

NFC는 비접촉식 근거리 무선 통신 기술로써, 사용자와 서비스 제공자 모두 접근의 용이성을 누릴 수 있기 때문에 다양한 형태의 편의 서비스 제공이 가능하다. NFC 서비스를 통해 스마트카드를 이용한 다양한 정보제공이 가능하고, 금융 서비스 분야에 있어서도 활용이 가능하다. 또한, 모바일 단말기끼리 태그하여 데이터 통신과 정보 제공도 가능하고, 마트 카드 및 RFID와 상호 호환이 되기 때문에 기존의 인프라 역시 활용할 수 있다는 장점이 있다. 하지만, NFC를 사용하기 위해서는 기존 결제 단말기 외에도 NFC용 단말기가 필요하다는 단점도 존재한다.

8) MST(Magnetic Secure Transmission)

MST는 범용성 측면에서 NFC기술보다 높은 평가를 받는다. NFC는 전용 단말기 설치에 많은 설비비용이 들지만 MST는 기존 마그네틱 신용카드 결제 단말기를 그대로 활용할 수 있기 때문에 이러한 비용이 추가로 필요하지 않다. MST기술은 마그네틱 신용카드 정보를 MST 시스템을 통해 무선으로 전송하여 결제하도록 하는 기술이다. 신용카드 정보가 있는 기기가 장착된 스마트폰을 신용카드 결제 단말기에 접촉하면 단말기가 신용카드 정보를 자동으로 읽어 결제를 진행한다.

미국의 모바일회사 루프페이가 해당 기술의 특허를 가지고 있는데, 특허기술의 핵심은 마그네틱 신호를 방출할 때 기존 신용카드의 마그네틱 선을 모방해 작동하는 원리이다. 루프페이는 미국의 결제 단말기중에서 90%이상에서 사용가능 할 정도로 범용성 측면에서 우위에 있다. 국내에서도 대부분의 가맹점에서 MST 기술을 이용한 단말기를 보유중이기 때문에 거의 모든 곳에서 사용이 가능하다고 봐도 무방할 정도로 범용성이 높다. 이는 NFC기술을 이용한 단말기를 보유중인 지점이 10%로도 안된다는 점과 비교해 봤을 때 압도적으로 높은 우위를 차지하고 있다고 볼 수 있다.

이 기술은 신용카드를 앱에 등록해서 서비스를 이용하며 여러 개의 카드 등록이 가능하고 카드를 선택 사용할 수 있다. 카드 단말기에 앱을 실행한 스마트 기기를 가까이 대면 결제가 이루어진다. 이는 자기장의 원리를 이용해 단말기에 실물카드를 직접 접촉하지 않아도 결제 단말기의 마그네틱 리더기에 간접 접촉하여 루프페이 신호를 실물카드를 직접 긁은 것과 같이 인식하기 때문이다. 다시 말하면 스마트폰에 마그네틱 신용카드 정보가 저장되어 있기 때문에 마그네틱 카드 단말기로 간편하게 결제가 가능하게 된 것이다.

6 핀테크 활용 사례

핀테크 기술을 통해 우리가 많이 접할 수 있는 서비스는 간편결제 서비스이다. 대표적인 서비스는 모바일 결제나 모바일 송금이다. 이 외에도 핀테크는 여러 종류의 서비스로 구현되는데 그중에는 투자형 크라우드 펀딩, P2P 대출, 온라인 포트폴리오, 주식, 대출, 자산관리서비스 등 다양한 핀테크 서비스들이 제공되고 있다. 핀테크 기술의 발전으로 카카오뱅크나 케이뱅크 같은 인터넷 전문

은행도 생겨났고 이 외에도 오프라인에서만 구현 가능했던 서비스들을 온라인을 통해서 간편하게 서비스 받을 수 있는 여러 분야에서 다양한 형태로 핀테크 기술이 접목되고 있다.

1) 간편결제 서비스

간편결제는 온라인이나 오프라인에서 상품이나 서비스를 구매할 때 실물 신용카드나 체크카드 대신에 스마트폰과 같은 모바일 기기를 이용한 결제방식이다. 스마트폰에 결제 서비스 앱을 설치하고 거래 시 지급할 때 사용할 은행계좌 또는 신용카드 등 결제 관련 정보를 스마트폰에 등록하고, 거래 시 NFC를 활용한 단말기 접촉, QR코드 또는 애플리케이션 등을 통해 간편하게 결제할 수 있다. 또한 공동인증서, 금융인증서 등 복잡한 본인 인증 절차 없이 간단한 PIN 번호, 비밀번호나 지문인식, 얼굴인식 등 생체인증 등을 통해 간편하고 빠르게 인증하고 결제할 수 있다.

페이팔, 삼성페이, 알리페이 등 간편결제 서비스 시장은 모바일 및 O2O(Online-to-Offline) 비즈니스 성장과 함께 더욱 성장하고 있다.

2) 인터넷 전문은행

기존 은행의 대안으로 주목받는 인터넷 전문은행은 국내 최초로 지난 2017년 케이뱅크, 카카오뱅크가 영업을 개시하면서 온라인 기반 은행 서비스가 시작되었다. 인터넷 전문은행은 매장 없이 온라인 상에서만 업무를 보는 은행으로 영업점은 아예 없거나 최소한으로만 유지하며 대부분은 온라인 상에서만 업무가 이루어지도록 운영하는 은행이다. 기존 금융사 대비 간결한 인증 절차와 낮은 수수료 등 온라인에 의존하는 비용 구조의 장점에 기인한 낮은 대출금리 서비스로 시장에서 그 영역을 확장해 나가고 있으며, 국내 인터넷 전문 은행에는 대표적으로 카카오뱅크, 케이뱅크, 토스뱅크 등이 있다.

토스뱅크는 별도의 앱을 출시하지 않고 기존 토스 앱에 은행 서비스를 담아 소비자 접근성을 높였고, 젊은층을 상대로 사업을 확대하였다. 직관적이고 편리한 간편 송금 서비스인 토스의 혁신적인 사용자 경험과 노하우를 은행 서비스에도 그대로 구현하고 있다.

3) 크라우드 펀딩

크라우드 펀딩(Clowd Funding)은 대중들 로부터 자금을 조달 받는 것을 의미하는 용어로서 2000년대에 처음으로 등장한 개념이다. 자금 조달이 힘들어서 프로젝트나 사업을 진행하기 어려운 개인, 단체 또는 기업이 SNS등의 정보 공유 플랫폼을 통해 불특정 다수의 익명의 개인들로부터 투자금을 유치하는 방법이다. 아이템을 보고 투자에 가치가 있을 것이라고 판단한 개인들은 중개사이트의 계좌로 투자금을 보내고, 모금 기간 내에 목표액을 달성하게 된다면 일정액의 중개사이트 수수료를 제하고 투자유치자에게 투자금이 전달되는 방식이다. 크라우드 펀딩에는 후원형 펀딩과 증권형 펀딩, 그리고 대출형 펀딩으로 세 가지 방식이 존재한다.

먼저 후원형 펀딩은 금전적인 보상을 바라지 않는 성격의 크라우드 펀딩이다. 홍보의 성공 여부에 따라 크라우드 펀딩의 성패가 달려있기 때문에, 목표금액과 마감일, 프로젝트 설명과 후원 시 혜택 사항 등을 상세히 알림으로써 익명의 다수에게 크라우드 펀딩을 독려한다. 후원형 크라우드 펀딩은 주로 영화나 연극, 콘서트나 음악앨범, 공익 프로젝트나 개인단위의 창작활동 등 다양한 예체능 분야에서 활용되는 펀딩 방법이다. 대표적인 후원형 크라우드 펀딩 국내업체는 국내의 인디고, 유캔펀딩, 텐스푼 등이 있다.

증권형 펀딩은 기업이 진행하고 있는 프로젝트에 투자금 형식으로 자금을 지원하는 방식으로 마치 비상장기업의 공모주 모집과 비슷하다. 기업은 금융기관의 힘을 빌리지 않고도 투자금을 조달할 수 있는 장점이 있고 투자자 입장에서는 아직 상장하지 않았지만 미래가치가 있어 보이는 기업에 투자하여 지분을 가지게 된다는 점에서의 장점이 있다.

그리고 대출형 펀딩은 다수의 개인들로부터 자금을 대여하는 방식이다. 이는 펀딩의 이름을 가지고 있지만 사실상 대출이기 때문에 대출형 펀딩이라고 칭한다. 따라서 대출형 펀딩을 이용하는 업체들은 구체적으로 얼마가 필요하고 자금을 어디에 사용할 목적인 것인지 언제 어떤 방식으로 구체적으로 밝히지 않으면 투자금 유치가 쉽지 않다. 말 그대로 투자라기보단 대여에 가깝기 때문에 자금을 못 받을 지도 모르는데 이유 없이 자금을 빌려줄 대중들은 없을 것이기 때문이다. 대표적인 대출형 펀딩 방식을 이용하는 곳으로는 머니옥션, 펀딩트리, 팝펀딩 등이 있다.

4) 지불결제 서비스

지불결제 시장은 핀테크 시작 초기부터 핀테크 서비스 중 사용자가 급증하고 서비스적인 면이나 기술적인 면에서 가장 발전하였으며, 국내 지불결제 시장의 경우, 은행에서 개설한 통장과 연결된 신용카드와 체크카드를 통해 대부분의 금융 거래와 서비스가 이뤄지고 있기 때문에 간편결제, 간편 송금으로 분류되는 지불결제 서비스 중 간편결제 서비스에 개발 및 투자가 집중되었다.

국내 간편결제 서비스는 사용자가 간편하게 사용할 수 있는 결제의 편리함과 빠른 결제 처리로 이용자가 지속적으로 늘어나고 있으며, 시장 규모 또한 빠르게 증가하는 추세이다. 국내 주요 지급결제 서비스로는 네이버페이, 카카오페이, 케이페이, 페이나우, 삼성페이 등이 있다.

현재 한국의 대표적인 지급결제 서비스는 삼성의 삼성페이와 토스로 꼽을 수 있다. 삼성페이는 삼성의 기기와 연동된 서비스로, 마그네틱 보안 전송 기술(MST)이 적용된 것이다. 신용카드나 체크카드 정보를 스마트폰에 입력해 결제 시 마그네틱 신용카드 결제 단말기 근처에 스마트폰을 갖다 대면 기기 간 통신으로 결제가 이루어진다. 상점에서 별도의 단말기를 설치하지 않아도 되기 때문에 한국 전체 상점의 90% 이상에서 사용이 가능하다.

간편송금 업체 토스는 휴대형 단말기기에서 송금을 받을 상대방 연락처나 계좌번호와 간단한 패스워드 입력을 통해 송금하는 서비스이다. 상대방에게 송금 받은 금액은 토스 잔고라는 공간에 저장되며, 사용자가 등록된 계좌로 출금하거나 다른 사용자에게 송금을 보낼 경우, 토스 잔고에서 인출해 송금할 수도 있다.

5) 대출 서비스(P2P)

크라우드 펀딩 형식으로 대출이 진행되는 P2P 금융 시장은 지속적인 성장을 하고 있는데, 대표적 서비스 업체로는 개인신용대출을 전문으로 하는 렌딧, 어니스트펀드, 부동산을 담보로 건축 자금을 대출해주는 테라펀딩 등이 있으며, 그 외에도 학자금 대출, 중소기업 대출 등 다양한 분야로 P2P 대출 서비스가 확대되고 있다.

이 분야의 핀테크 기업으로는 랜딩클럽, P2P 대출 시장인 프로스퍼, 학자금 대출에 주로 중점을 둔 소피, 기계학습 및 분석, 그리고 소비자 데이터를 활용하여 잠재 고객에게 제공할 신용 한도를 결정하는 아반트, 신용 기록이 없는 사람들에게 신용 등급과 대출을 제공하는 크레디테크, 그리고 기계학습, 공공 데이터 및 기타 정보를 활용하여 중소기업의 신용을 판단하는 중소기업 대출 기관인 캐비지 등이 있다.

6) 전자화폐 서비스

미국의 페이팔이나 중국의 알리페이 등 활성화된 해외의 전자화폐 시장과 다르게, 국내 전자화폐 시장은 활성화되지 않은 상태다. 해외 핀테크 시장과 달리 국내 핀테크 시장은 전자화폐를 사용하려면 사용자의 은행계좌와 직접 연결해 모바일 지불결제 등을 처리하면서 사용성이 다소 떨어지기 때문이다.

페이팔은 미국 최대 오픈마켓인 이베이의 결제 서비스로 이메일로 사용자 등과 함께 결제에 사용할 신용카드로 사용자 본인 인증을 하고 결제 시마다 이메일과 비밀번호를 사용하는 간편결제 서비스로, 전 세계적으로 온라인 쇼핑몰과 온라인상의 다양한 결제에 이용되고 있다.

서비스 초기에는 신용카드나 체크카드를 이용한 온라인 결제 등 간편결제 서비스를 주로 제공했으나, 현재는 송금, 결제청구, 후불결제, 가상화폐 결제 등 다양한 결제 서비스를 온라인으로 제공하고 있다.

사용자는 페이팔 계정을 사용하여 송금, 입금 및 신용카드 결제를 할 수 있다. 온라인에서 상품이나 서비스를 구매하고 결제할 때 판매자에게는 결제 금액과 결제 완료 상태만 전달되고, 구매자의 개인 정보 등은 판매자에게 알려지지 않는다.

중국 알리바바의 페이팔과 비슷한 서비스인 알리페이를 이용하려면 사용자는 본인의 알리페이 계좌에 미리 자금을 입금하고, 입금된 자금을 사용하여 결제할 수 있다.

현재 모바일 결제, 전자상거래 결제, 송금, QR 코드 결제는 물론 대출 및 펀드 가입 등 다양한 서비스를 제공하고 있다. 알리페이플러스(Alipay+)를 통해 해외 현지 결제 수단과 연동하여 글로벌 사용성을 강화하고 있다. 국내에서는 이니시스와의 파트너십을 통해 서비스를 확대하고 있으며, 글로벌 파트너사를 통해 글로벌 시장으로 진출하고 있다.

7) 증권 및 금융 정보 서비스

요들리(Yodlee)는 미국 은행, 기업과 제휴하고 많은 사용자를 보유하고 있는 계정 통합 서비스 기업이다. 요들리는 여러 기관에 흩어져 있는 금융 정보를 취합하여 고객의 금융 자산 현황을 조회할 수 있고, 송금 등이 금융 활동이 가능하게 하는 기능을 가지고 있다. 요들리는 소비자들의 데이터 접근 허가와 함께 데이터 수집 서비스를 제공하고, 소비자의 여러 계좌로부터 통합된 계좌 정보를 개인에게 제공한다.

또한, 요들리는 예금, 대출, 주택 담보 대출 정보, 신용카드, 연금 등 소비자의 모든 금융 정보들을 수집하여 투자자들이나 연구자, 기관, 앱 개발자들에게 제공하여 수익을 얻기도 한다.

8) 온라인 보험 서비스

가이코(Geico), 올스테이트(AllState), 스테이트팜(StateFarm), 프로그레시브(Progressive), 트레블러스(Travelers)와 같은 미국의 주요 보험사는 모두 웹과 모바일 앱을 통해 상당한 온라인 서비스를 운영하고 있으며, 이를 통해 소비자들은 보험금 청구, 보험 변경, 보험료 납부 등을 할 수 있다. 또한 Insure.com, Esurance, Insurance.com, Selectquote, QuickQuote, NetQuote와 같이 비교 보험 견적 서비스를 제공하는 온라인 사이트도 많다. 소비자가 실제로 온라인으로 보험 상품을 구매하지 않더라도, 인터넷은 검색 비용을 획기적으로 줄이고 가격 발견 프로세스를 변화시킴으로써 소비자 보험 의사 결정에 강력한 영향을 미치는 것으로 입증되었다.

인슈어테크(InsurTech)는 보험(insurance)과 기술(Technology)의 합성어로, 상품 개발, 계약 체결, 고객 관리 등 보험 운영 및 사업 전반에 걸쳐 새로운 기술을 적용한 서비스를 말한다.

대표적인 사례로는 보험회사의 건강보험이 웨어러블 기기를 통해 가입자의 운동량 등의 건강 관련 정보를 수집하여 보험료 할인 혜택을 제공하고, 보험회사가 스마트폰 내비게이션, 앱, 디지털 기기 등을 통해 가입자의 운전시간, 운전 습관 등의 운전자 정보를 수집하여 보험료 할인 혜택을 제공하는 자동차보험이 있다.

또한 다양한 고객 데이터 분석을 통해 고객의 환경이나 선호도를 반영한 맞춤형 상품을 추천하고, 잠재 고객을 예측하거나 목표 고객을 찾아서 마케팅에 활용할 수 있다. 또한, 계약 심사를 강화하고 사기 탐지 방법 등을 적용하여 보험 사기를 사전에 예방하거나 적발하고 있으며, 고객 상담이나 단순 업무에 인공지능 기술을 적용한 챗봇(Chatbot)을 활용하여 고객의 서비스 만족도를 높이고 업무 효율성을 향상시키고 있다.

또한 다양한 고객 관련 데이터를 수집, 빅데이터 분석을 통해 기업은 고객의 상황과 요구사항에 적합한 맞춤형 보험상품을 추천하거나, 분석을 통해 잠재고객을 예측하고 신규 고객유치를 위한 마케팅을 수행할 수 있다. 사기 탐지 방법 등을 사용해서 사전에 보험사기를 탐지하는 등 보험 계약 심사를 강화하고 있다. 더불어 고객 대상 보험상담과 각종 단순업무에 인공지능 기술이 적용된 챗봇을 활용하여 보험 업무의 효율성을 향상시키고 있다.

카카오페이 손해보험의 경우와 같이 핀테크 기업은 기존의 보험사가 제공하고 있지 않는 틈새시장을 공략하고 있으며, 생활밀착형 보험, 펫 보험, 모빌리티 보험 등에서 세분화된 고객을 대상으로 하는 상품을 출시하고 있다. 또한, 사용자의 건강 및 행동데이터를 기반으로 보험료 할인 등의 합리적인 가격을 제시하고 보험사의 손해를 개선 및 보험사기 방지 등 보험 비즈니스 전반에 걸쳐 상품과 프로세스 고도화를 추진하고 있다.

레모네이드(Lemonade)는 설계사 인력을 줄이고 경쟁력 있는 보험료를 제공하며, 인공지능으로 구동되는 챗봇 모바일 앱을 활용하여 주택 소유자 및 세입자 보험 시장을 혁신하고 있으며, 히포는 공개 데이터 세트를 분석하여 고객 부동산에 대한 더욱 정확한 프로필을 구축하고, 자격을 갖춘 고객은 60초 이내에 종합 견적을 받을 수 있도록 하고, 데이터 기반 가격 책정 방법론을 통해 보험료를 최대 25%까지 절감할 수 있다고 한다.

토스(Toss)

국내 핀테크를 이야기할 때 빼놓을 수 없는 기업이 있다면 바로 토스를 운영하고 있는 비바리퍼블리카일 것이다. 간편 송금 서비스로 토스의 출시를 알린 후 계좌조회, 카드조회, 신용점수 조회 등 자산 조회 서비스, 오픈 뱅킹 서비스 등으로 사업을 확장했다. 토스의 등장으로 고객들은 송금할 때 상대방의 계좌번호를 물어볼 필요 없이 전화번호만 가지고 있기만 하면 되는 편리함을 누릴 수 있게 되었으며, 타인에게 나의 계좌번호를 노출시킬 필요가 없어져 좀 더 안전한 금융생활을 하고 있다는 느낌 또한 받을 수 있게 되었다. 토스의 등장 이전까지만 하더라도 우리나라의 핀테크 시장은 잠재력은 높지만 불확실성이 높다고 점쳐져 관련 서비스 론칭을 망설이는 기업들이 많았다. 하지만 토스의 성공 이후 핀테크 시장이 예상을 훨씬 웃도는 가능성을 지녔음을 확인했고 이제는 네이버페이, 카카오페이 등 빅테크 기업들까지 하나 둘 핀테크 사업에 출사표를 던지고 있다.

토스는 결제 및 송금 신용평가 서비스에서 걸음을 멈추지 않고 법인보험대리점(GA)를 설립하며 인슈어테크로도 손을 뻗고 있다. 그러나 아직 보험 분야의 핀테크는 완전히 인터넷 기술로만 대체하기에는 무리라는 평가 역시 나오고 있다. 사람의 생명이나 안전과 관련되어 있다 보니 보험설계사의 설명 없이, 인간적 접촉 없이는 소비자들이 보험 구매에 소극적 태도를 보인 것이다. 이에 따라 토스는 자체 설계사를 정규직으로 고용해 대면 서비스도 병행하는 등 돌파구를 찾고 있다.

카카오페이

카카오페이는 모바일 메신저인 카카오 톡을 기반으로 한 종합 핀테크 서비스로, 2014년 결제 기능을 통해 서비스를 시작했다. 이 서비스는 사용자가 카카오 톡에 등록한 신용카드 또는 체크카드 정보를 통해 간편하게 온라인 쇼핑몰 등에서 물건을 구매할 수 있는 것을 중심으로 하였다. 이후에는 카카오페이가 개발한 결제 시스템으로 변경되어 신용카드, 체크카드, 계좌이체 등 수단으로 결제할 수 있게 되었다.

과거에는 직불결제 수단이 존재했지만, 가맹점 수가 제한적이어서 널리 퍼지지 못했다. 카카오페이는 온라인·오프라인 모든 가맹점에서 직불결제를 목표로 하였고, 2018년 5월 9일에는 카카오페이가 오프라인 결제 서비스를 시작했다. 이 서비스는 카카오머니를 이용하는 방식으로 이루어지며, 잔액이 부족할 경우 연결된 계좌에서 자동으로 충전된다. QR코드와 바코드를 활용하여 결제하며, 카카오머니 잔액으로 결제가 가능하고, 자동으로 현금영수증을 발급한다.

카카오페이는 코로나19 팬데믹 이후 온라인 및 비대면 결제 수요가 증가함에 따라 온라인 쇼핑몰 및 오프라인 가맹점과의 제휴를 확대하였고, 전통적인 오프라인 시장에서도 카카오페이를 이용할 수 있는 가맹점이 확대되고 있어, 사용자들은 보다 편리하게 결제를 할 수 있게 되었다. 뿐만 아니라, 카카오페이는 디지털 화폐인 카카오머니를 활용한 다양한 혜택과 이벤트를 지속적으로 제공하고 있다. 카카오머니를 통한 결제 시 적립된 포인트를 활용한 할인 혜택, 이벤트 참여를 통한 추가 포인트 적립 등을 통해 사용자들에게 가치 있는 서비스를 제공하고 있다.

카카오페이는 계속해서 혁신적인 서비스와 기술을 도입하여 사용자들에게 더 나은 결제 경험을 제공하기 위해 노력하고 있으며, 금융 기술과 디지털 플랫폼을 활용하여 다양한 혁신을 이끌어낼 것으로 기대된다.

제 10 장

O2O 서비스와 공유경제

1. O2O 서비스
2. 공유경제(Sharing Economy)

제10장

O2O 서비스와 공유경제

O2O(Online-to-Offline)란 ICT(Information and Communications Technologies) 기술을 기반으로 온라인을 통해 고객을 유치하여 오프라인으로 소비자를 유도하는 방식을 말한다. 다시 말하면, O2O는 온라인 플랫폼을 통해 오프라인의 비즈니스 기회를 온라인으로 연결하는 새로운 커머스 모델을 의미한다. 대표적인 서비스로는 우버(Uber), 에어비앤비(Airbnb) 등이 있다. 특히, O2O 서비스의 여러 유형 중에서 P2P유형은 공유경제형이라 할 수 있다.

일반적으로 공유경제는 플랫폼 및 기타 수단을 활용하여 유휴 자산과 서비스를 다른 사람들과 공유함으로써 수익을 창출하고 효율성을 높이는 경제 모델이다. 공유경제라는 개념은 처음 생산된 제품을 많은 사람들이 함께 공유하면서 사용하는 소비 방식으로 변형되었다. 공유경제를 이용하는 사람들은 시장 안에서 도서, 공간, 이동수단 등의 유형자원은 물론 재능, 서비스와 같은 무형자원까지 함께 공유를 하며 이용하고 있다.

10장에서는 전자상거래에 나타난 O2O모델과 공유경제 그와 관련 서비스들에 대해서 알아보겠다.

1 O2O 서비스

O2O는 온라인과 오프라인의 상호작용을 통해 소비를 촉진하는 비즈니스

모델을 말하며, 온라인 플랫폼을 통해 오프라인 매장의 서비스나 상품을 이용하도록 연결하는 모델을 나타낸다.

스마트폰 등 모바일 기기의 확산으로 어디서나 인터넷, 이동통신 등을 활용해서 온라인화가 가능해지면서 다양한 유형의 O2O 서비스가 등장하였고, 기업-소비자 중심의 거래에서 벗어나 개인 간 유휴자원의 거래가 온라인 플랫폼을 통해서 실시간으로 이루어지는 변화를 가져왔다.

1) O2O 서비스의 개요

O2O(Online-to-Offline) 방식은 새롭게 등장한 전자상거래의 한 형태로, 온라인 구매와 오프라인 서비스와 연결된 전자상거래 모델이다. 소비자들이 온라인 쇼핑몰을 통하여 다양한 상품 및 서비스를 비교한 후 거래를 진행하고 온라인 상태에서 지불한다. 그 다음에는 여러 종류의 증거물을 가지고 오프라인의 현실세계의 상가를 찾아서 상품이나 서비스의 소비를 완료한 것이다.

초기 O2O는 오프라인 매장을 운영하는 기업이 고객을 매장으로 유치하거나 매출을 증대시키기 위해 소셜 커머스에 간편하게 진입하는 형태의 서비스를 제공했다. 하지만 이제는 온라인과 오프라인을 실시간으로 연결하는 플랫폼 서비스가 방향성에 관계없이 제공된다.

특히 2000년대 중반부터 스마트폰의 보급과 사용자가 확산되면서 모바일 서비스사용자도 급격히 증가하였고, 쿠폰 발행 등 혜택 제공 서비스나 예약 등의 단순한 서비스를 벗어나, 음식배달, 대리운전, 택시, 부동산, 뷰티 서비스 등 일상 생활에 필요한 모든 분야로 서비스가 확대되었다.

O2O는 전자상거래의 한 유형으로 B2C에서 진화된 모델로, 온라인 플랫폼에서 고객을 유치하여 오프라인 매장이나 서비스로 소비자를 연결하는 방식이다. 예를 들어 근거리통신(NFC)기술이나 위치기반(LB) 기술을 활용하여 오프라인 매장 근처의 소비자를 파악하고, 할인 쿠폰이나 이벤트 정보와 같은 푸시 마케팅 메시지를 전송하여 잠재고객을 오프라인 매장으로 유치하는 것이다.

이렇게 유치한 고객들로부터 데이터를 수집하고, 축적된 데이터를 분석해 효과적인 마케팅 방법을 만들어 낸다. 매장 방문고객들로부터 수집된 데이터를 분석하여 고객의 충성도를 도출하는 등 다양한 분석 활동을 통해서 충성도가 높은 고객을 찾아내고, 이들에게 더 많은 혜택을 제공하는 등 고객유지를 위한 고객관리를 실행하고 오프라인 매장의 수익을 높이는 방법으로 사용한다.

O2O 서비스는 온라인 플랫폼을 통해 다양한 서비스를 제공하는 것으로, 오프라인 서비스를 제공하는 기업이나 개인, 그리고 이러한 기업이나 개인이 제공하는 서비스를 이용하는 소비자와 이를 연결해주는 플랫폼 역할을 하는 중개자로 구성된다.

O2O 플랫폼을 통해 서비스 이용자와 제공자가 연결되는데, O2O 서비스는 온라인과 오프라인 시장을 연결함으로써 기존 거래 구조인 온·오프라인 거래의 한계를 극복하고, 거래 당사자 간의 거래 비용을 절감하며 수익을 창출하고, 더 많은 거래가 시장에서 효율적으로 이루어질 수 있도록 한다.

O2O 서비스는 기존 시스템에서는 실현하기 어려웠던 개인 간 거래와 맞춤형 상품 및 서비스 유통을 가능하게 하며, 사용자 간 정보 공유를 통해 정보 비대칭을 줄이는 효과가 있다.

서비스 제공업체의 경우, 기존 거래 방식에서 요구되었던 간접비와 중개자가 감소하여 새로운 사업자가 시장에 진입할 수 있게 되고, 개인 대 개인, 개인 대 기업 등 다양한 거래 방식이 거래 가능성을 확대하고 그동안의 재화의 소유에서 사용 또는 공유로 시장의 전환을 가져왔다. 이러한 변화는 O2O 서비스와 관련된 소비자, 공급자, 산업 구조, 그리고 새로운 고용 방식의 등장 등 사회 전반에 걸쳐 변화를 가져왔다.

O2O 방식의 특징으로는 소비자에게 O2O는 풍부하고 빠른 공급자의 정보를 제공하고 소비자는 신속히 원하는 상품이나 서비스를 찾고 예약할 수 있다. 또한 O2O 서비스는 오프라인 매장의 잠재적 활성화 요인이 될 수 있는데, 스마트폰 사용이 보편화된 오늘날의 디지털 사회에서, 소비자들이 온라인을 통해서 오프라인 매장을 방문할 때 온라인에서 수집된 소비자 정보를 기반으로 한 맞춤형 서비스를 통해 구매를 유도할 수 있다.

[그림 10.1]은 O2O의 기본적인 프로세스를 보여주는데 O2O 플랫폼은 결제, 고객, 마케팅, 서비스 플랫폼의 역할을 한다.

그림 10.1 O2O 프로세스

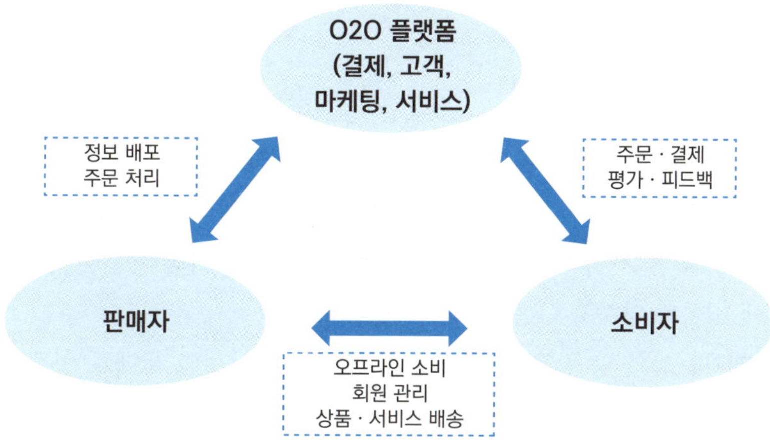

표 10.1 국내외에서 제공되는 O2O 서비스의 종류

서비스 종류		서비스 제공 사업자
음식 서비스	음식배달	• 배달의 민족, 요기요, 쿠팡이츠, 우버이츠, 도어대시 등
	신선식품·재료배달	• 마켓컬리, SSG, 오아시스 등
	음식점 예약	• 식신, 시럽테이블, 서빙 등
차량 서비스	택시호출	• 카카오택시, 티맵택시, 우버, 리프트, 볼트 등
	대리운전	• 카카오드라이버, 티맵대리, 버튼대리 등
	차량공유	• 쏘카, 그린카, 짚카(Zipcar) 등
	승차공유	• 타다, 카카오 카풀, 풀러스 등
	주차 차량관리	• 주차의 달인, 모두의 주차장 등
숙박	숙박업체 예약	• 호텔스컴바인, 여기어때, 호텔스, 아고다 등
	주택공유	• 에어비앤비 등

O2O 서비스는 다양한 기준에 의해서 분류되어질 수 있으나, 일반적으로 사업분야나 제공하는 서비스의 종류에 따라서 분류한다. 서비스 유형별로 국내 대표적인 O2O 서비스의 종류에 따라서 분류하면 [표 10.1]과 같다.

2) O2O 서비스의 특성

O2O 서비스는 기존에 오프라인과 온라인 시장에서 별도로 운영되던 거래 시스템을 연결함으로써 시장 환경에 변화를 가져왔고, 거래비용을 절감하고 시장의 효율성을 높여 거래의 혁신을 가져왔다. Lobel은 이러한 온라인 플랫폼이 상거래에 미치는 영향을 다음과 같이 설명하고 있다.

- 거래가능성의 증가: 모바일 기술의 발전과 연결성의 확대로 인해 플랫폼은 전 세계를 연결하는 서비스를 제공할 수 있게 되었고, 이전에는 거래가 불가능했던 개인 자산의 거래도 가능해졌다.
- 유휴자산의 감소: 플랫폼은 집, 자동차 등 유형의 자산과 노동, 기술, 지식 등의 무형의 자원을 포함하는 유휴 자산을 시장에서 거래할 수 있도록 하여 새로운 소득을 창출하게 하였고, 유휴자산의 공급이 늘어나면서 비용 감소와 사회 전체의 효율성이 향상되었다.
- 거래단위의 다양화: 플랫폼은 상품 및 서비스의 대여 및 공급 단위를 다양화하여 시간제 렌터카나 심부름 서비스와 같은 단기 거래를 가능하게 하고, 함께 여행하는 가족이 여러 개의 호텔 객실 대신 주택이나 아파트를 임대할 수 있도록 할 수 있다. 이러한 서비스는 필요한 사람들이 플랫폼에서 실시간으로 소통하여 적합한 거래 파트너를 찾을 수 있기 때문에 가능하다.
- 비공식적인 서비스의 시장화: 이전에는 무료로 제공되거나 가족, 친구, 지인 간에 주고받던 서비스가 이제는 거래를 기반으로 하는 관계로 변화하였다. O2O 플랫폼에서 이러한 비공식적인 교환이 상품화될 수 있었던 것은 대여와 거래 가치를 비용으로 계산할 수 있게 되었기 때문이다.
- 맞춤형 제품의 유통: 경기침체나 1인 가구의 증가는 소비자들에게 보다 저렴한 가격에 소규모 단위로 포장된 상품을 찾게 만들었다. 반면에, 소비자

들은 자신의 선호하는 상품이나 서비스를 구매하기 위하여 검색에 시간과 비용 등 사용한다. O2O와 같은 온라인 플랫폼에 등록되는 상품이나 서비스의 종류가 많고 다양할수록 개인의 요구에 적합한 소비를 할 수 있다.

- 소비 패러다임의 전환: 유휴 자산의 감소는 소유에서 사용으로 소비 패턴이 변화한 데 따른 결과이며, 이용자가 필요할 때 언제든 사용할 수 있는 편의성이 자산으로 자동차를 보유하는 것보다 중요해졌다. 특히, 대도시를 중심으로 도시화가 지속적으로 진행됨에 따라 장기간에 걸쳐 집적화가 축적되면서 소비 패러다임의 변화는 더욱 가속화되었다.
- 필요할 때 차를 사용할 수 있는 것이 차를 소유하는 것보다 더 중요해진다. 특히 도시화가 진행됨에 따라 쌓이는 단점은 이러한 소비 패러다임의 변화를 더욱 심화시키고 있다.
- 간접비의 감소: 온라인 플랫폼은 중개자의 필요성을 줄이고 분산된 거래를 가능하게 하며, 거래할 때 오프라인 중개자에 비해 더 낮은 비용을 제공한다.
- 낮아지는 진입장벽: 온라인 거래에서 간접비는 감소하고 온라인에서 초기 비용을 줄여주며, 온라인 시장에 신규 사업자가 특정 분야를 제외하고 언제든지 진입할 수 있는 기회를 주었다.
- 정교해지는 가격 설정: 에어비앤비가 처음 서비스를 시작했을 때, 리스트에 등록되는 숙소에 대한 적정 가격을 책정하는데 어려움이 있었으나, 서비스가 진행되고 새로운 기술이 적용되고 다양한 데이터가 축적되면서, 숙소의 위치, 다른 숙소와의 유사성과 비교, 사용 일시 등을 고려한 맞춤형 가격 책정 방법론을 사용하여 적정가격을 제시하였다.
- 우버와 리프트 같은 승차 공유 서비스 또한 지역 및 시간대별 수요를 측정하고 예측하여 가격을 적절하게 조정하고, 수요에 따라 운행 차량 수를 효율적으로 조정한다. 다양한 데이터를 기반으로 데이터 분석 및 인공지능 기술 등을 적용하여 최적화된 가격 결정 방법이 지속적으로 발전하고 있다. 이러한 노력은 제공되는 제품과 서비스의 가치를 높이고 조정, 협상 및 불확실성으로 인한 비용을 절감한다.
- 정보: 정보 비대칭은 거래 비용을 증가시켜 소비자가 구매 시점에 제품 및

서비스의 상태와 현황을 확인하기 어렵게 한다. 온라인 플랫폼은 평점, 리뷰, 정보 등을 제공함으로써 구매 시 필요한 정보 부족을 해소하며, 사용자 간 정보 공유를 통해 정보 비대칭을 줄이고 소비자 신뢰를 강화한다.

O2O 서비스의 영향은 서비스를 제공하는 기업과 이를 이용하는 소비자의 복지에 영향을 미칠 뿐만 아니라, 산업구조와 고용 패턴에도 상당한 변화를 가져온다.

특히 국내에서는 새로운 유형의 서비스가 등장하면서 발생하는 규제, 이슈 및 기존 사업자와의 갈등은 국내 서비스 산업의 혁신을 가로막는 주요 요인으로 인식되고 있다. 그러나 O2O 서비스의 파급이 가져오는 변화는 O2O서비스의 사업모델에 따라서 다르게 나타난다.

국내에서는 새로운 유형의 서비스 등장에 따른 규제, 이슈, 특히 기존 사업자와의 갈등 등이 국내 서비스 산업 혁신을 저해하는 주요 요인으로 인식되고 있다. 예로써, 국내에서 우버 등 차량공유서비스에 대한 이해당사자들의 갈등은 매우 심각했으며, 사회적인 문제로까지 확대되었다. 그러나 O2O 서비스 확산이 가져오는 사회적 변화는 O2O 서비스가 어떤 분야에서 어떤 서비스를 누구를 대상으로 하는지 등의 사업 모델에 따라 다르게 나타난다.

따라서 O2O 서비스가 시장에 미치는 영향을 분석하기 위해서는 국내에서 제공되고 있는 O2O 서비스의 사업 모델을 이해하고, 각 사업 모델이 어떻게 운영되는지, 발생하는 이슈는 무엇인지 분석하여 사회적 갈등보다는 사회적 효과를 창출하도록 해야 한다.

3) O2O 서비스의 유형

O2O 서비스의 유형은 사업부문이나 제공하는 서비스의 종류에 따라서 분류되는데, 사업모델이나 사업자와 이해관계자들 간의 갈등 구조, 사회 경제적인 효과를 분석하기 위해서 O2O 서비스의 참여 유형과 서비스의 제공 방식에 따라 P2P형, B2P형, B2B형으로 분류하고 있다.

(1) P2P유형(공유경제형)

P2P유형은 공유경제형으로도 불리는데, 공급자와 이용자가 모두 개인인 경우의 서비스로, O2O 서비스와 함께 새롭게 나타난 유형이며 승차공유나 숙박공유, 일자리중개 등 O2O 서비스가 이에 해당한다.

P2P유형 O2O 서비스는 기존 사업자와 동일하지 않지만 유사한 서비스를 제공하기 때문에, 유사 서비스를 두고 기존 사업자와 신규 사업자 간에 갈등이 발생한다. 서비스 공급자 관점에서 기존 서비스 업체들의 서비스를 사용하던 일부 고객들이 신규 P2P 서비스로 이동함에 따라 기존 서비스 사업자들의 매출과 일자리는 감소하고, 신규 공급자의 경우 새로운 O2O 서비스를 시작하여 일자리 창출과 함께 매출이 발생한다.

그러나 이러한 현상이 시장 전반에 걸쳐 신규 고객을 창출하는 효과를 가져오지만, 그렇다고 해서 전체 시장 규모가 신규 고객 수에 비례하여 확대되는 것은 아니다. 다시 말해, 전체 공급업체 시장 관점에서 볼 때, 기존 공급업체의 매출 및 일자리 감소와 신규 공급업체의 매출 및 일자리 증가는 전체 시장 확대 효과와 거래량 증가를 가져올 수 있지만, 반드시 전체 시장 매출이나 이익의 증가로 이어지는 것은 아니다.

사용자 관점에서 기존 서비스 이용자들은 O2O 서비스를 통해 기존에 사용하던 서비스와 동일한 서비스를 제공받는다. 하지만 기존 서비스와 O2O 서비스들 간의 경쟁은 사용자에게 비용 절감 및 서비스 품질 향상과 같은 더 큰 편익으로 이어질 수 있다. 신규 서비스 이용자들은 O2O 서비스 도입 이전보다 더 큰 편의성을 누리고 있는데, 이들은 서비스 이용에 대한 선택의 폭이 예전보다 다양해지면서 기존 서비스보다 간편하고 더 높은 효용과 편익을 제공하는 서비스를 선택하게 되었다.

플랫폼 운영자는 많은 편익을 얻지만, 이것이 반드시 영업이익으로 이어지는 것은 아니다. 고용 측면에서 O2O 서비스는 일자리를 창출하지만, 이러한 일자리는 일반적인 일자리가 아니라 임시직이거나 변형된 형태의 자영업자 등 특수한 형태의 근로종사자에 해당되기 때문에 실제로 안정적인 고용이라 보기 어렵고, 고용 불안정성과 소득 변동성 문제도 존재한다.

즉, P2P유형 O2O 서비스는 개인 같은 개별 공급자가 플랫폼을 통해 소유한 자산이나 노동력을 제공하고, 이를 필요로 하는 다른 개인들이 구매하여 활용하는 서비스를 나타낸다. P2P유형에서 개별 공급자는 대부분 개인 또는 자영업자이며, 사업자 등록을 하지 않은 경우가 일반적이다. 따라서 O2O 플랫폼을 이용하지 않고는 소유 자산이나 노동력을 거래할 상대방을 찾기가 어렵다. P2P유형의 O2O 서비스는 더 많은 개인에게 일자리를 제공하지만, 제공되는 일자리는 이전에는 없었거나 잘 알려지지 않았던 일자리일 수 있다.

P2P형의 대표적인 사례로 우버(Uber), 리프트(Lyft) 등 승차공유 서비스와 에어비앤비(Airbnb)와 같은 숙박공유 서비스가 있다.

에어비앤비는 전 세계의 숙박 공급자와 수요자를 연결하는 O2O 플랫폼 서비스로, P2P유형의 네트워크와 시스템을 통해 각 지역의 숙박 정보와 함께 예약 서비스를 제공하고 있다.

숙박 공급자인 집주인과 수요자인 여행이나 숙박이 필요한 사람은 중개서비스인 에어비앤비 홈페이지나 앱을 통해 숙박을 공유할 수 있으며, 에어비앤비는 집이나 방 등 객실 제공자로부터 대여 비용의 3%, 이용자로부터 사용료의 6~12%의 수수료가 수익모델이다.

숙소나 방을 제공하고자 하는 공급자는 판매하고자 하는 가격을 결정한 후, 웹사이트나 앱을 통해서 임대 장소와 임대 관련 정보를 등록할 수 있으며, 사용자는 웹사이트나 앱에서 가고자 하는 여행지와 취향에 맞는 등록된 숙소나 방 목록을 검색하여 원하는 숙소나 방을 선택한 후 예약을 진행하고 사용할 수 있다.

이용자는 이용 전에 숙소에 대한 정보를 얻을 수 있으며, 여행 중 머물게 될 집이나 객실에 대한 정보, 숙소 주인(호스트)에 대한 정보, 이용자(게스트)에 대한 정보, 이용자의 리뷰 등과 숙소 주인이 제공하는 정보를 통해 신뢰와 안전을 얻을 수 있다.

또한, 공급자인 숙박 업체와 이용자 간의 신뢰를 구축하기 위해 예약 전 서로의 페이스북, 인스타그램, X(트위터) 등의 소셜 네트워크 계정을 확인할 수 있게 하였다. 또한 숙박 업체는 숙박지역 주변 관광지의 다양한 레저 활동을 제공하여 종합적인 글로벌 여행 O2O 플랫폼 서비스를 제공한다.

(2) B2P유형

B2P유형은 기업이나 소상공인 등이 공급자로 O2O 플랫폼에 자신의 상품이나 서비스를 등록하면 사용자인 개인이 플랫폼을 통해서 계약하는 형태의 서비스로, 계약이행 방식에 따라 이용자 방문형과 공급자 방문형으로 나뉜다.

이용자 방문형은 이용자가 온라인에서 상품이나 서비스 계약 체결 후에 오프라인 실제 매장이나 지정 장소를 방문하여 서비스를 이용하는 O2O 서비스를 말한다. 여기에는 숙박, 레스토랑, 미용실, 액티비티 등 예약 중심의 O2O 서비스가 포함된다.

공급자 방문형은 온라인 플랫폼을 통해 소비자와 공급자를 연결하고, 공급자나 공급자 대리인이 직접 소비자의 장소로 방문하여 서비스를 제공하는 유형의 O2O 서비스로, 일반적으로 기존에 유사한 서비스를 제공하던 전통적인 중개 사업자가 존재하고, 공급자가 대리인과 같은 고용인을 활용하기 때문에 특수한 형태의 고용관계가 발생한다. 한편, 소비자는 편리하게 온라인상에서 예약 및 결제를 하고, 본인이 이동하지 않고 서비스를 받을 수 있다. 예로써 배달 서비스, 가사 도우미 서비스, 세차 서비스, 홈케어 서비스 등이 있다.

① 이용자 방문 B2P형

이용자 방문 B2P형은 온라인이나 모바일 예약 서비스가 중심으로, 오프라인에서 제공되는 기존의 서비스와 동일하기 때문에 공급자나 이용자가 명시적인 편익을 얻는 것은 아니다. 온라인 플랫폼을 이용한 예약 관리, 홍보 등의 수단을 활용하면 거래비용이 감소하고, 시장의 전체적인 규모는 확장된다. 이용자는 예약을 통해서 본인의 일정을 조정하고 서비스 관계의 신뢰를 높일 수 있으나, 노쇼라는 개념으로 예약을 하고도 나타나지 않아 공급자에게 비용적 손해가 발생할 수 있는 문제가 있다.

플랫폼은 거래 수수료나 광고 수수료를 통해 수익을 창출하지만 플랫폼 사업 자체는 시장 진입이 어렵지 않다. 기존 ICT 플랫폼 기업들은 본인들 사업의 이용자를 기반으로 언제든지 O2O 시장에 진입할 수 있다. 플랫폼 사업 이해관계자 간의 갈등이 발생하기 쉽고 이에 따른 고용에 미치는 영향은 크지 않다.

앞에서 언급했듯이, 이용자 방문 B2P형은 플랫폼 상에서 계약이 체결된 이후 계약의 이행을 위하여 실제 매장이나 지정 장소를 방문하여 서비스를 이용하는 경우를 가리킨다. 야놀자나 여기어때 등에서 예약하고 실제 숙소 이용하거나 요기요, 식신 등에서 주문하고 매장에서 픽업하거나 식사하고, 미용실 등 뷰티 관련 앱에서 예약후 방문하여 서비스 받고, 스포츠 관련 앱에서 티켓 구매하고 현장에서 이용하는 등의 O2O 서비스가 이 유형에 해당한다.

이 유형의 서비스에서 공급자는 O2O가 등장하기 이전과 같은 서비스를 제공하였으며, 그동안 오프라인에 한정적으로 제공되던 서비스를 온라인을 통해서 확장한 개념이다. O2O 플랫폼의 역할은 공급자가 등록하는 제품과 서비스 정보의 제공과 이용자간 경험 등 정보의 공유, 예약, 결제 등과 같은 서비스이다. 그리고 이용자가 상품과 서비스 공급자를 방문하여 상품을 인도받거나 서비스를 받아야 거래가 완료되기 때문에 추가적인 고용도 창출도 발생하지 않는다.

사용자 입장에서 이전에는 전화나 직접 방문을 통해서 이용하던 상품구매나 서비스를 온라인상에서 검색하고, 정보를 얻고 예약 및 결제까지 한번에 할수 있게 편리해졌다. 그리고 공급자 입장에서는 기존에 오프라인상에서 전화 예약이나 고객이 매장에 방문하여 이뤄지던 거래에 온라인 플랫폼이 등장하여 거래 채널을 확대하였다는 것이 기존의 거래 방식과 달라진 점이고, 공급자는 플랫폼을 사용하면서 전에는 없었던 수수료를 지불해야 하는 부담도 생겼다.

이용자의 입장에서 이용자 방문 B2P유형 서비스를 통해서 엄청난 혜택의 증가를 기대하기는 어렵다. 새로운 공급자가 추가로 생기거나 시장 경쟁이 심해지지는 않으며, 가격의 큰 변화를 가져오지는 않지만, 언급한것처럼, 공급자들이 부담하는 수수료가 가격에 영향을 미쳐 가격이 인상될 수 있다.

그러나 O2O 플랫폼이 공급자에 대한 자세한 정보를 제공하고 이용자의 경험 등 다양한 정보를 제공하여 정보 획득 비용이나 불확실성을 감소시켜 준다. 또한 온라인에서 예약, 결제 등이 쉽게 할 수 있고, 기존에 이용했던 내역을 확인할 수 있는 등 사용자 편의성을 높여준다.

플랫폼 사업자의 경우는 수수료를 통한 수익도 가능하며, 무료로 서비스가 제공되더라도 광고 등을 통해 추가 수익을 얻을 수 있으며, 서비스 이용자의 예약 및 방문 이력 등 정보를 수집할 수 있는 것도 플랫폼 사업자에게는 매력적이라 할 수 있다.

하지만, 이용자 방문 B2P유형의 서비스는 다른 유형의 서비스보다 상대적으로 진입장벽이 낮아 쉽게 진입할 수 있는데, 특히 네이버나 카카오 등 대형 플랫폼 기업이나 O2O 기업들이 새로운 영역으로 사업을 확장하려는 경우, 기존에 자사의 플랫폼 위에서 거래하던 이용자를 바탕으로 쉽고 빠르게 확장할 수 있기 때문에 O2O 사업자 간의 갈등이 많이 일어나는 분야이다.

② 공급자 방문 B2P형

공급자 방문형은 서비스 구매 예약과 결제 후에 서비스를 제공하기 위해서 공급자나 공급자의 대리인 등이 방문하여 서비스를 제공하는 유형인데, 일반적으로 기존에 전화 등을 사용하여 유사한 서비스를 제공하던 전화 기반의 중개 사업자가 현재도 서비스를 제공하고 있고, 신규 서비스 제공자인 공급자의 고용인이나 대리인이 추가되기 때문에 새로운 형태의 고용이 발생한다.

공급자 방문 B2P형 서비스는 음식 배달, 가사 도우미, 홈케어, 택시, 대리기사 호출 등 플랫폼 상에서 예약과 결제를 하고 공급자나 공급자의 대리인이 이용자를 방문하여 상품을 전달하거나 서비스를 제공하는 유형의 서비스이다.

공급자 방문 서비스는 기존에 존재하던 유사 서비스들이 많은데, 전화로 구매나 서비스 요청을 해서 중개업자들을 통해 제공되던 서비스와 유사하다. 음식 배달, 택시, 대리운전 등은 기존에 전화 기반으로 많이 이용되던 서비스들이며, 이 서비스들은 중개 콜센터를 통해서 거래가 이뤄지고 있으며, 새롭게 등장한 O2O 서비스 업체들과 갈등이 발생하고 있으며, O2O 서비스의 시장 잠식으로 운영에 어려움을 겪고 있다. 또한 서비스의 이행을 위하여 택배 배달원 등 공급자의 고용인이나 대리인이 포함되기 때문에 추가적인 고용이 발생하기도 한다.

공급자 방문 B2P유형은 초기에 배달 서비스가 중심으로, 성장과 기존의 사업자들과 많은 갈등이 동시에 일어나고 있는 분야이다. 서비스 공급자의 입장에서 온라인 플랫폼을 통해서 제공하는 서비스의 본질은 크게 변하지 않으나, 구매, 결제, 그리고 제공되는 제품이나 서비스 배송 과정이 어떻게 수행되는지에 따라서 시장이나 사업 모델의 확장 등 변화를 가져온다.

대표적으로 음식배달 서비스의 경우 기존에는 사용자들이 전화나 직접방문을 통해서 예약, 결제, 배송까지 모든 과정을 처리하였으나, 배달 서비스가 등장한 이후에는 O2O 서비스 플랫폼에서 음식 주문과 예약, 결제, 배송까지 처리하고, 관리해 준다. 따라서 음식 서비스 공급자는 음식 준비에 집중하고 다른 거래와 관련된 과정은 O2O 서비스에서 운영하는 형태로 구성되며, 여러 이유로 기존에는 배달 서비스를 제공하지 못했던 업체도 배달 서비스를 제공할 수 있게 되었다.

신선식품과 식재료 배달 서비스의 경우도 공급자는 식품과 식재료 준비만 담당하고 O2O 서비스 플랫폼이 구매, 결제, 포장 배송부터, 공급자 유치, 물류 관리 등 업무 프로세스의 많은 부분을 수행하고 있다. 따라서 배달 서비스 공급자의 입장에서는 수요 증가가 거래량의 증가로 나타날 수 있으나, 플랫폼의 역할이 커지면서 수수료 등의 추가 비용이 발생하고, 이러한 비용을 플랫폼이 공급자에게 전가하면서 가격과 수익에 대한 갈등이 발생하였으며, 비용의 증가는 가격상승과 수익 감소를 초래하였고, 결과적으로 사용자나 공급자 모두의 혜택이 감소하게 되었다. 이러한 O2O 플랫폼 서비스를 통한 거래량의 증가가 공급자에 반드시 수익을 높이는 것은 아니고, 거래량이 플랫폼 서비스 사용전과 같다면 수익의 감소가 발생할 수 있다.

이러한 수익배분에 대한 문제로 공급자와 O2O 플랫폼 사이의 갈등이 있으며, 또한 O2O 플랫폼 서비스의 활성화에 따른 거래량 증가는 공급자의 직원수의 증가를 가져올 수 있으나, 거래량 증가를 통해서 공급자의 수익이 향상된다고 할 수는 없다.

소비자의 경우에도 이러한 O2O 서비스가 늘어나면서 제품이나 서비스를 구매할 수 있는 선택이 많아졌으나, 플랫폼에서 부가적인 서비스를 제공하면서 배달비나 수수료를 받고 이러한 추가 비용이 공급자에게 전가되어 가격이 상승한 효과가 나타나며 이는 소비자에게 부담으로 나타나고 있다. 초기에는 서비스에서 배달 비용이 일정 금액 이상 주문하게 되면 무료였는데, O2O 서비스의 수수료 인상 등 영향으로 모든 주문에 배달비용을 부과하고 있다. 하지만 배달 수수료와 관련된 여러 갈등에도 불구하고 O2O 서비스는 구매자에게 마일리지나 쿠폰 등을 통해 소비자 혜택 향상을 제공하고 있다.

공급자 방문 B2P유형에서 플랫폼 운영자는 공급자와 이용자로부터 플랫폼 서비스 이용에 따른 수수료나 광고 수익을 발생시키지만, 신규 사업 모델에 따른 시설 투자에 많은 비용을 지출하고 있다. 또한 유통, 물류, 배달 등의 업무 역할을 하면서 플랫폼 기업의 고용이 증가하는데, 직접 고용과 외주 형태로 고용을 하고 있는데, 외주 형태의 고용은 P2P나 B2B 유형과 연계되어 배달원이라는 특수고용인 형태로 고용이 발생하게 되지만, 보험 적용이나 직업의 불안정성 등 여러 가지 사회적 문제가 이슈가 되고 있다.

(3) B2B유형

O2O 서비스는 이용자가 개인 이용자인 경우가 일반적이지만, 온라인 플랫폼이 확장하면서 B2B 유형의 기업 간 서비스가 나타나고 있다. 국내 O2O 서비스 중에서 바로고나 부릉과 같은 배달 대행 서비스가 이 유형에 해당하는데, 서비스가 필요한 기업이나 업체에서 O2O 플랫폼을 통해서 서비스 요청을 하면 전문 라이더라고 불리는 운전자가 배정되어 맞춤형 배송업무 등을 수행하는 서비스 형태이다. 이 유형은 공급자 방문형 서비스와 연계하여 기존에는 배달을 제공하지 않았던 음식점에도 배달 서비스가 가능하도록 시장의 변화를 가져왔다.

다시 말하면, B2B 유형은 기업 간 서비스에 해당하는 것으로, 예를 들면, 여기어때는 출장과 직원복지 목적의 호텔과 리조트는 물론 펜션, 캠핑 및 글램핑, 게스트하우스, 중·소형호텔 등 숙박시설을 예약할 수 있는 여기어때 비즈니스를 시작했다.

4) O2O 서비스의 경제적 파급 효과

P2P유형의 O2O 서비스는 공유경제 형태의 서비스와 관련되어 있다. 이 유형의 서비스는 온라인 플랫폼을 이용한 서비스가 등장하기 이전에는 없던 비즈니스 모델로, 기존에 존재하던 사업들과 유사하지만 같지 않은 서비스를 제공한다. 예를 들어서, 우버나 리프트 등의 차량공유 O2O 서비스는 플랫폼을 통해서 예약 및 결제한다는 것과 개인의 유휴 차량을 활용한다는것을 제외하면 기존의 택시 사업과 유사한 서비스를 제공하며, 에어비앤비 등의 숙박공유 O2O 서비스는 플랫폼을 통해 예약 및 결제하고, 사용하지 않는 집이나 방을 빌려주는 방식으로 기존의 전문 숙박 사업자와 유사한 서비스를 제공한다.

기존 사업들은 사업을 운영하기 위하여 인·허가, 면허, 신고, 정기점검 등 여러 형태의 규제를 받고 있는데 반해, O2O 서비스는 상대적으로 규제가 없거나 간단해서 기존 사업자와 신규 사업자인 O2O 서비스 업체와 갈등이 있다.

서비스 제공자 측면에서의 변화는 기존 제공자와 신규 O2O 서비스 제공자로 구분할 수 있는데, 기존 서비스 제공자의 일부 사용자가 새롭게 출시된 O2O 서비스로 이동함에 따라 사용자 수요와 매출이 감소하고 일자리 또한 감소할 가능성이 높다.

반면, O2O 서비스를 활용하는 신규 공급업체의 경우, 기존에 서비스를 제공한 적이 없고 신규 사업이기 때문에 일자리 창출이나 매출 창출을 통해 수익을 창출하게 된다. 이 경우에 소비자들의 선택은 다양해지고 혜택도 향상될 수 있지만, 기존의 공급자들과 신규공급자들이 경쟁하는 시장에서는 기존 공급자들의 수익을 신규 공급자들과 나누는 형태가 되며, 전체적인 수익이 증가 효과는 별로 없을 것이다. 하지만 O2O 서비스가 제공하는 효율적인 업무 프로세스와 편리성, 맞춤형 서비스 등은 기존의 서비스를 사용하지 않던 사람들을 수요로 유인할 가능성이 있으며, 이는 시장의 확대를 가져올 수 있다.

또한 공급자들 간의 경쟁은 치열하게 되며, 고객 유지를 위한 많은 노력을 기울게 되면서 서비스의 질을 높이는 효과가 발생할 수 있다. 예를 들어서, 우버나 리프트 등의 서비스에 대한 이용이 증가하면서 기존 택시들과 경쟁이 시작되었고, 택시 서비스에 불만이 많았던 고객들은 우버나 리프트로 이동하였으며, 이러한 신규 서비스의 등장과 시장에서의 경쟁은 기존 택시 서비스를 향상시키는 결과를 가져왔다.

이용자 측면에서도 기존 방식 서비스 이용자와 신규 서비스 이용자로 분류할 수 있는데, 기존 방식의 서비스 이용자는 지속적으로 이전과 같은 서비스를 이용하고, 신규 공급자들과의 경쟁으로 비용의 감소나 서비스 향상과 같은 혜택을 얻을 수 있다. 또한 이러한 공급자들간의 경쟁 심화는 서비스 품질 개선 등의 개선 효과가 나타나며, 공급자들에게는 많은 스트레스를 주겠지만 이용자들에게는 서비스 가치 향상이라는 편익과 만족도가 높아질 수 있다.

O2O 서비스를 이용하는 신규 서비스 이용자이 경우는 기존의 서비스를 이용할 수 있지만 신규 서비스가 온라인상에서 예약, 결제, 정보 제공 등 다양하고 편리한 서비스를 제공하면서 이용자들에게 더 많은 혜택이 발생하는 것을 알 수

있다. 또한 O2O 플랫폼에서 거래되는 제품이나 서비스는 다른 이용자들의 평가나 후기, 그리고 공급자들의 정보 공유를 통해서 제품과 서비스에 대한 신뢰와 함께 이용자의 불확실성을 감소시켜 이용자의 만족도를 향상시킬 수 있다.

고용 측면을 보면 P2P유형의 O2O 서비스에서 공급자는 특수형태 업무 종사자에 해당이 되는데, 이들은 일반적인 고용주와 종업원의 관계가 아닌 일정기간 계약에 따라 일하는 개인 사업자로 업무 성과에 따라 보상을 받는 새로운 개념의 노동시장 참여자라 할 수 있다. 하지만, 단기, 임시직 등 여러 업체와의 개별적인 계약관계 등은 고용 수요와 소득 창출이라는 의미도 있지만, 고용의 불안정성과 소득의 변동성이 높아진다는 문제도 가지고 있다.

5) O2O 서비스가 가져온 시장의 변화

O2O 서비스는 오프라인과 온라인 리테일의 장점을 융합해 통합 판촉 효과를 높이는 것이 O2O 커머스이다. O2O 서비스는 특히 영세 자영업자들에게 자신의 제품이나 서비스 등 마케팅 할 수 있는 기회를 제공해 주었고, 이는 기존에 어려움을 겪던 시장에 자신을 쉽게 알리게 되었다. 이들은 마케팅의 부족과 지역적 제한을 O2O 서비스를 통해 해결할 수 있게 되었고, 시장 참여의 기회가 넓어졌고, 상거래의 효율성은 향상되었다.

O2O 커머스는 온라인과 오프라인을 결합하는 새로운 방식의 서비스를 제공하여 시장 가치 창출과 활성화 효과를 가져왔고, 이는 시장에서 새로운 경쟁력의 패러다임이 되었으며, 특히 O2O서비스는 소매분야에서 많은 변화와 영향을 주었으며 오프라인과 온라인의 장점들을 활용해 시너지 효과를 높이고 영업 및 마케팅 활동을 높이게 되었다.

예를 들면, O2O 커머스의 선두주자인 아마존은 전통적인 전자상거래 업체로 온라인과 오프라인 융합의 장점을 가장 잘 활용하는 기업이다. 즉, 온라인 기반의 아마존이 오프라인 셋톱박스인 파이어TV(FireTV)와 파이어TV스틱(FireTVStick)을 활용해서 비디오 판매량을 늘렸으며, 아마존은 오프라인 스피커인 에코(Echo)와 온라인 인공지능 개인 비서인 알렉사(Alexa)를 연결해 언제 어디서나 아마존의 제품을 음성으로 주문할 수 있는 O2O 커머스 전략을 시작했으며 온라인과 오프라인을 융합한 O2O 커머스 혁신에 앞장서고 있다.

O2O 커머스는 시장에 세 가지 커다란 변화를 가져왔다.

첫째, 소비자 선택권의 확장이다. O2O 커머스는 온라인 서비스를 통해서 소비자의 선택권을 새로운 방식으로 확대하였다. 예를 들어서, 힐튼호텔은 모바일 앱을 사용해서 온라인으로 호텔 객실을 직접 예약할 수 있는 서비스를 시작했는데, 고객은 모바일 앱으로 원하는 객실과 호수까지 직접 선택할 수 있다. 또한 방송 콘텐츠 회사들은 개별 메뉴 방식으로 세분화된 선택권을 제공하고, 고객이 필요한 콘텐츠에만 비용을 지불하는 다양한 선택을 제시하였다.

전화나 방문 등 오프라인으로 이뤄지던 호텔 예약방식에 온라인 서비스가 결합되어 고객은 컴퓨터나 스마트폰에서 본인이 원하는 호텔 객실까지 지정해서 예약할 수 있게 선택이 다양해졌다. O2O 서비스로 인해 소비자들은 보다 다양한 선택을 요구하게 되었고, 소비자의 높아진 선택 요구를 맞추기 위해서 HBO나 CBS같은 방송 콘텐츠 회사들은 개별 메뉴 방식으로 세분화된 선택을 제공하고 있다. 시청자가 케이블방송 전체를 구독하지 않고 원하는 콘텐츠 채널만을 개별로 선택해서 시청할 수 있도록 이용자 선택을 세분화해서 확장하였고, 또한 시청자가 필요한 서비스 등에만 비용을 지불하는 선택도 가능하다.

둘째, 개인 사업자나 영세 소매상인 등 그동안 시장 참여가 어려웠던 사람들의 참여 기회가 확대되었다.

예를 들어서, 스타일시트(StyleSeat)는 위치기반 서비스와 검색 기능을 활용해서 내 주변의 미용실, 메이크업 샵, 마사지 샵, 네일 샵 등을 찾고 예약할 수 있는 서비스를 제공하는데, 전문적인 기술을 가진 미용사들은 기존의 시장에서 요구했던 마케팅 비용 등 비용에 대한 부담 없이 스타일시트 서비스를 통해서 시장에 본인을 알리는 등 참여할 수 있다.

고객은 본인이 원하는 미용사와 미용실을 찾아서 예약하고 사전 결제나 현장 결제 등 할 수 있으며, 특히 소규모 미용실과 미용사들은 O2O 서비스를 이용해서 그동안 비용 등의 부담으로 어려웠던 홍보와 물류 문제 등을 해결하면서 시장에 참여할 수 있는 기회가 확대되었다.

글로벌 업체인 아마존도 홈서비스(Home Service)란 이름으로 전문 인력 중개서비스를 제공하여 홈서비스 관련 개별 전문 인력들의 새로운 시장 참여 기회를 확대했으며, 국내에서도 유사한 서비스로 숨고가 전문 인력 연결 서비스를 제공하고 있다.

아마존의 플랫폼 서비스를 활용해서 개별 전문 인력들이 집수리, 도배 등 홈케어나 가사도우미, 자동차 수리 및 관리, 가전 및 전자제품 수리, 이사 등의 다양한 분야에서 시장 참여를 하고 있다.

O2O 서비스의 확대는 전문 인력만 참여가 확대된 것이 아니라 그동안 경제활동이 없던 사람들이 자신의 유휴 자산을 대여하는 등 서비스를 통해서 시장에 참여할 수 있게 되었다. 에어비앤비 서비스를 이용해서 소유한 집이나 방의 여유 공간을 여행자에게 빌려줄 수 있으며, 우버를 이용해 영업용 차량인 아닌 개인 소유 차량으로 택시 영업을 할 수 있게 되었다. 경제활동이 없는 사람들의 새로운 시장 참여는 시장 전체 경제의 효율성을 높여 준다.

그리고 O2O 서비스는 기업의 사용하지 않는 유휴 자산과 자원의 시장 활용 기회도 높여 주는데, 호텔투나이트(HotelTonight)는 호텔의 남는 객실을 저가에 예약할 수 있는 O2O 서비스를 제공하여, 사용하지 않아 비어 있는 객실을 온라인을 통해 저렴한 가격에 이용할 수 있게 했다. 이렇듯 활용성을 극대화하기 위해서 기업은 O2O 서비스의 생태계와 연계해서 브랜드와 재고율을 최적화하는 효율성 제고 전략을 추구해야 한다.

셋째, 새로운 기술의 도입을 통한 전자상거래의 자동화이다. 인공지능, 빅데이터, 로봇, 무인 배송 등 기존 오프라인 소매 영역에 온라인에 활용 가능한 신기술이 적용되면서 전자상거래 자체가 변화하고 있다. 파네라(Panera)는 계산원을 한 명만 남기고 전부 키오스크로 대체했고, 기존의 계산원은 고객 서비스에 재배치했다. 키오스크의 활용으로 고객은 구매를 위해 계산원을 기다릴 필요가 없게 되었으며, 키오스크가 제공하는 자세한 메뉴 등 정보를 통해 편하고 높은 수준의 주문이 가능하게 되었다.

O2O 서비스는 온라인과 오프라인을 연결하여 서비스를 제공하는데 인공지능 등 신기술을 적용하는데, 이러한 기술들을 온라인과 오프라인 매장에 효율적으로 적용하여 영업 및 마케팅에 활용하고 고객들에게 편의성의 제공하여 신뢰를 높이고 충성도를 향상시켜 고객의 매장 재 방문율과 구매율을 높이는 것이다.

판매자는 O2O 서비스를 효과적으로 활용해서 고객이 매장에 머무는 시간을 줄이고, 고객회전율을 높이는 방식으로 활용한다. 앞으로 인공지능과 대화를 통한 쇼핑, 생체인식, RFID(Radio Frequency Identification), AR·VR, 3D프린팅과 같은 4차 산업혁명 기술들이 O2O 서비스에 적극적으로 적용되면 쇼핑 모습은 또 다른 변화를 가져올 것이다.

2 공유경제(Sharing Economy)

공유경제는 만들어진 제품이나 서비스를 필요로 하는 여러 사람이 공유해 쓰는 협력 소비를 기본으로 한 경제 방식이다. 즉, 물품, 생산 시설, 장비, 서비스 등을 개인이 소유하지 않고 사용하고자 하는 이용자가 필요한 만큼 빌려 쓰거나, 소유자 자신이 필요 없는 경우 다른 사람에게 빌려주는 공유소비 및 공유경제의 기업 공유가치를 나타낸다. 디지털 기술의 발전과 함께 나타난 새로운 경제 모델로, 개인이나 기업이 자산을 공유하고 서로 협력하여 경제 활동을 진행하는 형태를 말한다.

일반적으로 사람들이 인지하고 있는 공유경제란, 플랫폼 등을 활용해 소유하고 있는 자산이나 서비스를 다른 사람과 공유해 사용함으로써 자산의 재활용이란 개념으로 효율성을 높이는 경제 모델이다. 공유경제는 O2O 서비스 모델의 P2P유형으로 공급자와 이용자가 모두 개인인 경우이며 차량공유나 숙박공유, 인력중개 등 O2O 서비스가 이에 해당한다.

공유경제는 지난 수년 동안 우버, 에어비앤비, 위워크(WeWork) 등과 같은 회사가 앞장서면서 급속도로 성장하였다. 공유경제의 성장은 기술 발전, 변화하는 소비자 선호도, 더 큰 경제적 기회에 대한 욕구 등 여러 요인에 기인할 수 있다. 소비자는 점점 더 저렴하고 편리한 교통, 숙박 및 기타 서비스 옵션을 찾고 있으며, 활용도가 낮은 자산을 소유한 개인은 공유 플랫폼을 통해 자원을 수익화 할 새로운 방법을 찾고 있다.

1) 공유경제 개요

공유경제는 개인이 소유하고 있지만, 활용하지 않는 물건, 지식, 경험, 시간 등의 유형, 무형 자산을 상호 대여하거나 교환함으로써 거래 참여자가 상호 편익과 이익을 얻는 경제활동 방식이다. 공유경제는 사용하지 않거나 활용도가 낮은 자산을 공유하거나 다른 사람에게 임대하여 효율성을 높이고 자산에 대한 접근성을 높일 수 있다. 이는 소비자에게는 비용 절감을, 자산을 소유한 사람들에게는 더 큰 경제적 기회를 제공할 수 있다.

온라인을 중심으로 ICT기술이 발전하면서 개인과 개인의 거래는 편리해졌다. 따라서, 이러한 ICT기술을 바탕으로 플랫폼을 이용하여 자산 및 서비스를 타인과 공유하는 경제모델을 공유경제라고 한다. 공유경제는 생태계 발전에 크게 기여하고 있는데, 기존의 공유경제의 자산은 중고의류, 도서, 장난감, 공구, 자동차와 같이 쉽게 주고받을 수 있는 형태였지만, 현재 공유경제는 여분의 방이나 사무실, 주차장 같은 공간을 대여하는 경우가 많다.

최근에는 각종 온라인 플랫폼을 통해 재능, 기술, 지식, 정보, 경험 등의 무형 자원도 활발하게 공유되고 있다. 특히 온라인 공유 플랫폼 비즈니스가 활성화되고 있는데, 이는 사용자들 간의 자원 거래를 체계적으로 중개하고 이용 후기 및 SNS 홍보를 통해 커뮤니티를 형성하고 신뢰를 쌓아가는 구조이다. 공유경제에 참여하는 공급자는 이익을 얻고, 사용자는 비용을 줄이며, 공유경제 중개자는 수수료를 얻는 시스템으로 이루어진다(그림 10.2).

앞에서 언급한 대로, 공유경제는 O2O플랫폼 서비스 등을 활용해 소유하고 있는 자산과 서비스를 필요로 하는 다른 사람과 공유해 사용함으로써 물품이나 서비스 활용의 효율성을 높이는 경제 모델이다. 개인이나 기업, 공공기관 등 단체가 보유한 유휴자원을 일시적으로 공유하는 활동도 공유경제라 할 수 있다.

그림 10.2 공유경제 서비스 구성도

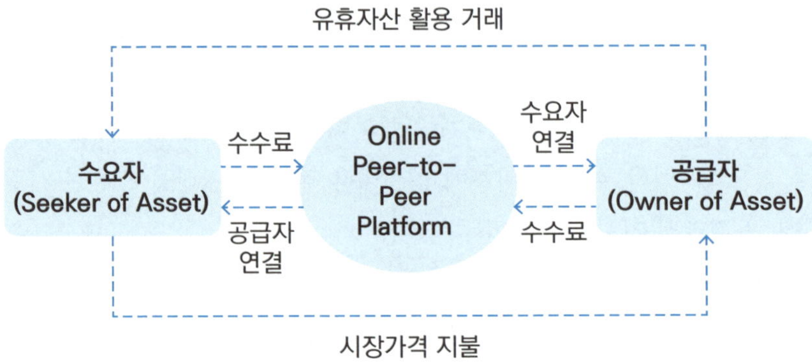

다시 말해서, 공유경제는 개인이 자산, 제품 및 서비스를 완전히 구매하는 대신 서로 공유하는 경제 시스템을 설명하는 데 사용되는 용어로써, 개인이 직접 상품과 서비스를 임대, 공유 또는 교환할 수 있는 P2P경제 시스템이다. 여기에는 우버 및 리프트와 같은 차량 공유 서비스부터 에어비앤비 및 홈어웨이와 같은 휴가 렌털 서비스에 이르기까지 모든 것이 포함된다. 또한 위워크와 같은 공동 작업 공간과 랜딩클럽과 같은 P2P 대출 플랫폼도 포함된다.

공유경제는 여러 개인이 협력하여 본인 소유의 상품, 공간, 경험, 재능 등을 다른 사람들과 공유하고 빌려주는 온라인 개방형 비즈니스 모델을 말한다.

즉, 개인이나 경제주체가 소유한 잉여 또는 유휴 자산을 조직적인 온라인 상호작용을 통해 지불이나 서비스 제공의 형태로 상호 교환하여 사용하는 것을 말하는데, 본인 소유의 물품이나 서비스를 서로 빌려주고 빌려서 쓰는 경제활동을 의미한다.

현재는 물건이나 공간, 서비스 등을 빌리거나 나눠 쓰는 온라인 기반의 사회적 경제 모델이라는 뜻으로 많이 쓰인다. 인터넷과 이동통신 등 온라인과 소셜네트워크의 발전으로 공유경제는 시간적, 공간적 제약 없이 확산될 수 있었다. 공유경제는 자신이 소유한 것을 다른 사람과 공유하고, 교환하고, 임대함으로써 가치를 창출하는 협력적 소비라고 할 수 있다.

표 10.2 전통경제와 공유경제 차이점

	전통경제	공유경제
비즈니스 모델	B2C (Business-to-Consumer)	P2P (Peer-to-Peer)
기본개념	소유	공유
	자원고갈	자원 절약
	이윤창출	가치창출
	경쟁	신뢰
	과잉 소비	협력적 소비
핵심가치	제품과 서비스의 품질 및 신뢰성	저렴한 가격과 가치 있는 사용자 경험

전통경제와 공유경제의 차이점으로는 크게 5가지가 있다.

- 소유와 공유의 개념이다. 전통경제의 경우, 소유하기 위해 유·무형 자산을 구매하는 것에 반해, 공유경제의 경우 하나의 유·무형 자산을 수많은 사람과 공유하여 자원의 불필요한 낭비를 방지할 수 있다.
- 전통경제는 자원의 불필요한 낭비를 유도함으로써 자원고갈을 이끌 수 있지만, 공유경제는 자산을 절약할 수 있다.
- 전통경제는 이윤을 창출하지만, 공유경제는 가치를 창출한다.
- 전통경제는 경쟁을 기반으로 하지만, 공유경제는 신뢰를 기반으로 한다. 전통경제의 경우, 이윤을 창출하기 때문에 동일한 자산에 대한 공급자들 간의 경쟁이 있지만, 공유경제의 경우 사람들이 공유를 하므로 사람들 간의 신뢰가 가장 중요한 가치이다.
- 전통경제는 과잉 소비를 유발할 수 있지만, 공유경제의 경우 협력적 소비를 강조한다(표 10.2).

2) 공유경제 특징

공유경제는 디지털 기술을 활용한다는 기본적인 특징이 있다. 온라인 플랫폼 또는 시장은 디지털 기술을 활용하여 유휴자산을 파악하여 잠재적 수요자와 자산 제공자를 실시간 연결하고, 유휴자산을 자본화 한다. 유휴자산 소유자는 수익 창출 또는 여타 자원의 교환 수단으로 활용하며 소유보다는 저렴한 비용으로 활용한다. 그리고 거래 당사자 간 신뢰도를 제고한다는 점이 있다. 리뷰 등급, 제3자 확인, 책임 보험 등을 통해 거래 당사자간 신뢰도를 제고한다.

이러한 공유경제의 특징은 크게 세 가지로 구분할 수 있다.

- 디지털 기술 활용이다. 온라인 플랫폼 혹은 시장은 디지털 기술을 활용하여 유휴자산을 파악하고 잠재적 수요자와 자산 제공자를 실시간으로 연결한다. 이 과정에서 온라인 플랫폼 혹은 시장은 중개료를 받으며 수익을 창출한다.
- 유휴자산의 자본화다. 유휴자산의 소유자는 그들의 자산을 수익 창출 또는 다른 자원의 교환수단으로 활용한다. 다시 말해서, 그들이 가진 유·무형 자산을 수요자에게 돈을 받고 빌려주거나 타인의 유·무형 자산과 교환한다는 의미이다. 소유보다는 저렴한 비용으로 활용할 수 있다는 것이 가장 큰 특징이다.
- 거래 당사자 간의 신뢰도 재고이다. 앞서 말했던 것처럼, 플랫폼 내 이용후기와 같은 시스템을 통해 공급자의 신뢰도를 파악할 수 있다. 또한, 피어리뷰 등급이나 제3자 확인, 책임보험 등을 통해 거래 당사자 간 신뢰도를 높임으로써 거래의 위험도를 낮출 수 있다.

3) 공유경제의 장점과 단점

공유경제는 소비자와 기업 모두에게 여러 가지 이점을 제공한다. 소비자에게 공유 플랫폼은 더 큰 편의성과 경제성 및 리소스에 대한 액세스를 제공할 수 있다. 이는 비용 절감, 이동성 증가 및 더 큰 경제적 기회로 이어질 수 있다.

이러한 협력적 소비는 공유경제의 핵심 원리로서, 자신의 소유물에 대한 접근 및 사용을 타인과 공유, 교환, 대여를 하며 새로운 가치 및 수익을 창출해 내는 것이다.

기업에게 공유경제는 새로운 수익원을 제공하고 고객에게 더 많은 접근성을 제공할 수 있다. 플랫폼을 공유하면 활용도가 낮은 리소스를 보다 효율적으로 활용하여 기업이 비용을 절감할 수 있다.

공유경제는 다음과 같이 다양한 장점을 제공한다. 이러한 장점들은 공유경제의 지속적인 성장과 발전을 촉진하고 있으며, 미래의 경제 모델에 있어서 중요한 요소로 간주된다.

- 효율적인 자산 활용: 기존에는 개별 소유로 사용되던 자산을 다수의 사람이 공유함으로써 자산을 효율적으로 활용할 수 있다. 이는 환경적으로 친화적이며, 유리한 경제적 효과를 가져올 수 있다. 자주 사용하지 않는 자산이나, 혹은 유휴 자산을 다른 사람들과 공유함으로써 수익을 얻는 등 자산을 효율적으로 이용할 수 있다.
- 비용 절감: 공유경제는 자산을 공유함으로써 개인이나 기업이 필요한 경우에만 사용할 수 있게 된다. 따라서 고정 비용을 절감하고 가변 비용을 최소화할 수 있다. 고객은 주기적으로 필요하지 않은 상품 및 서비스에 대한 고정 지출을 피할 수 있으므로 비용을 절감할 수 있다.
- 소비자 편의성: 사용자들은 필요한 자산이나 서비스를 쉽게 이용할 수 있으며, 종종 기존 옵션보다 저렴하고 편리한 대안을 찾을 수 있다. 소비자가 원하는 자산 및 서비스를 저렴하고 편리하게 제공하기 때문에 소비자의 만족도를 높인다.
- 새로운 경제 기회: 공유경제는 새로운 비즈니스 모델과 경제 활동을 유발한다. 이는 기존 산업의 변화를 가져오면서 새로운 일자리와 경제 활동을 창출할 수 있다. 수요자와 공급자를 모아서 경쟁시장을 형성하게 하고, 필요한 서비스를 창출하며 거래의 범위를 확장한다.
- 지역 커뮤니티 강화: 공유경제는 종종 지역 커뮤니티를 강화한다. 이웃 간의 자원 공유와 협력은 지역 사회의 유대감을 증진시키고 상생을 장려할 수 있다.
- 환경 보호: 자원을 공유하고 재활용하는 것은 자원 소비를 줄이고 지구 환경을 보호하는 데 도움이 된다. 이는 지속 가능한 발전을 촉진할 수 있다.

반면 공유경제는 다양한 단점들 또한 가지고 있다. 관련 이슈들을 고려하고 극복함으로써 공유경제 모델의 지속 가능성을 높일 수 있다.

- 규제와 법적 문제: 기존 산업과는 다르게 공유경제는 새로운 법적 문제와 규제 문제를 야기할 수 있다. 특히 택시 업계나 숙박 업계와 같이 기존 산업과 경쟁하는 경우, 규제 문제가 복잡해질 수 있다. 더 문제가 되는 점은 기존의 이해당사자들과의 이해충돌이다. 예를 들어, 여객 운송에 대한 일반 사업체의 경우, 여객자동차 운수사업법상 면허가 필요하다. 또한, 숙박업은 일반적으로 소방법에 따라 소화시설, 경보시설, 피난시설을 설치하고 소방 안전관리자를 임명해야 한다. 하지만, 공유경제의 경우 사실상 본인의 소유물을 대여하는 개념이므로, 이러한 법적 규제 사항에서 벗어나게 된다. 이는 일반 사업체들이 가격경쟁력을 갖출 수 없다는 점이고, 차별적인 규제가 되어 형평성에 문제가 발생할 수 있다.
- 고용 문제: 공유경제가 일자리를 감소시킬 우려가 있다. 특히 전통적인 산업에서의 일자리가 줄어들고, 대체로 저임금이나 불안정한 일자리로 대체될 수 있다는 우려가 있다.
- 사생활 문제: 일부 공유경제 플랫폼은 개인 정보를 수집하고 사용할 수 있다. 이는 사생활 보호 문제를 야기할 수 있으며, 데이터 보안과 개인 정보 보호에 대한 우려를 증가시킬 수 있다.
- 불균형한 이익 분배: 공유경제의 이익이 모든 이해관계자에게 공평하게 분배되지 않을 수 있다. 일부 공유경제 플랫폼은 플랫폼 운영자나 특정 공급자에게 이익이 집중될 수 있으며, 이는 불균형한 경제력의 형성을 야기할 수 있다.
- 안전과 보안 문제: 일부 공유경제 서비스는 안전과 보안 문제에 직면할 수 있다. 특히 공유된 자산이나 서비스를 이용하는 사용자들의 안전을 보장하기 위해 철저한 검증을 통한 신뢰 있는 시스템이 필요하다. 예를 들어, 숙박 공유의 경우, 화재나 범죄 행위, 소음으로 인해 지역 주민의 삶의 질이 감소할 우려가 있다. 또한 차량 공유의 경우에는 운전에 미숙한 운전자들이 승차 서비스를 제공할 경우 교통사고가 증가할 가능성이 높다. 실제로 숙박, 차량, 금융의 공유 유형에 따른 사고 사례는 [표 10.3]을 통해 볼 수 있다.

표 10.3 공유경제 위험사고 발생 사례

공유유형	위험유형	사례
숙박	절도, 자산 손괴	• 에****를 통해 대여된 빈집에서 절도 등 사건 • 숙박객의 의도적인 가구 파손과 호스트의 거짓 파손 신고 등
	화재 위험	• 숙박공간을 대여하는 호스트들이 숙박업체로 등록하지 않아 관련 소화시설·경보시설·피난시설의 설치를 명령하는 소방규제를 준수하지 않고 있음
	몰래 카메라와 성범죄 등	• 몰래카메라 범죄와 성범죄 등의 강력범죄도 발생 • 숙소 내 몰래카메라 범죄와 수면제를 이용한 성폭행 사건
차량	교통사고 시 책임소재 불분명	• P2P 차량공유 플랫폼에서 차량을 대여했던 운전자가 교통사고를 일으켰는데 사고 배상 책임이 플랫폼, 운전자, 차량 대여자 중 누구에게 귀속되는지 불명확하여 소송 발생
	살인, 폭력, 성폭행 등	• 우*, 리** 등 이용승객 인종차별, 폭행, 성폭행 사고 • 우* 기사가 20대 승객을 납치하고 살인한 사건
금융	금융사기	• P2P 금융 플랫폼을 사칭하여 투자자로부터 자금을 받아 가로챈 불법 사고

- 정보의 비대칭성 문제: 정보의 비대칭성으로 수요자 입장에서 상품이나 서비스의 질을 예측하기 어려울 수 있다. 이러한 질에 대한 불확실성 문제는 공급자의 도덕적 해이 문제로 이어진다. 반대로 공급자 역시 수요자의 사용을 모니터링 할 수 없으므로 수요자의 도덕적 해이 역시 발생할 우려가 있다. 또한, 정보의 비대칭성으로 수요자 입장에서는 자신이 요구하는 서비스가 공급자 입장에서 어느 정도의 가치인지 파악할 수 없는 문제가 발생한다. 이에 따라, 공급자는 공급에 있어 어려움을 겪게 될 수 있다.

4) 공유경제 서비스 유형

공유경제 서비스는 크게 세 가지 유형으로 나뉜다. 상품이나 제품의 단기 임대 및 대여, 상품의 재활용 및 재분배, 지식과 투자의 공유이다.

- 우버나 에어비앤비처럼 상품이나 제품의 단기 임대 및 대여는 상품이나 재화같은 자산을 일시적으로 공유하는 방식이다. 기업이 소유한 다양한 상품을 공유하는 카셰어링(Carsharing)이나 개인이 소유한 상품을 공유하거나 임대하는 질록(Zilok) 등이 이러한 운영 방식의 예이다.
- 상품의 재활용 및 재분배는 물물교환이나 중고거래, 나눔 등을 통해 기존 상품이나 재화를 재활용하거나 재분배하여 물품을 장기적으로 공유하는 것이다. 구체적인 방식으로는 거래 물품을 무료로 교환하거나 현금이나 포인트로 물품을 구매하거나 옷, 책, 게임 등 유사한 물품을 교환하고, 가치가 비슷한 다른 물품과 교환 등을 예로 들 수 있다.
- 지식과 투자 공유의 예로는 위키피디아나 크라우드 펀딩과 같은 지식 및 투자 공유 방식으로 선택적으로 공유나 협업을 하고 제품 개발을 위한 공동 아이디어나 자금 지원을 하는 방식이다. 구체적인 예로는 공유 사무실, 상품 교환, 프로젝트 및 시간 공유, 기술 교류, 공유 주차, P2P 대출, 여행 정보 공유 등이 있다.

5) 공유경제 필수 요소

공유경제는 기본적으로 브랜드, 네트워크, 경험의 세 가지 요소로 구성된다.

브랜드는 평판, 참여, 연관성의 세가지 요소로 구성되는데, 평판은 브랜드에 대한 확신성이고 참여는 거래 일원으로의 참여이며, 연관성은 네트워크상의 연결성이다. 공유경제 서비스 제공자는 일반적으로 개인이거나 개인사업자이다. 공유서비스 플랫폼을 제공하는 중개업체는 P2P 모델 전문의 수요자와 공급자를 연결하는 공유경제 플랫폼 제공 기업이다.

공유경제 초기에는 공급자와 수요자를 연결하는 중개자는 공급자가 중개자 역할을 하는 구조였다. 그러나 공유경제에서는 중개자가 주로 해당 분야의 전문 공유플랫폼 서비스 기업이며, 공급자가 중개자 역할을 같이 하지 않고 전문 서비스 중개자 역할만을 하는 구조이다.

공유경제에서 네트워크라는 개념은 신뢰, 공동체, 그리고 개인정보보호를 포함한다. 공유경제 시스템은 시장경쟁보다는 거래 당사자 간의 신뢰를 기반으로 운영된다. 온라인에서 공유경제에 참여하려면 신원 확인이 필요하며, 페이스북이나 인스타그램과 같은 소셜 네트워크 서비스를 통해 개인 정보를 공유함으로써 공급자와 소비자 간의 신뢰가 강화된다. 공유경제 참여자들은 시스템의 개인 정보 보호 기능 등 안전한 공유경제 네트워크 내에서 활동할 수 있다.

공유경제에서 경험은 편의성, 가치, 그리고 추천을 포함한다. 공유경제 서비스는 컴퓨터나 스마트폰의 앱을 통해 간편하게 사용하도록 서비스를 제공한다. 예를 들어, 에어비앤비는 지역 주민들의 라이프스타일과 문화적 특성, 그리고 사용자 경험 등을 포함하는 가치 있는 숙박 경험과 정보를 제공한다. 이러한 경험은 게시판, 사용자 리뷰, 정보 공유 등 다양한 채널을 통해 공유되며, 이용자들이 원하는 숙소를 선택하는데 효과적으로 활용된다.

6) 공유경제 적용 기술

공유경제 서비스에 적용되는 기술은 기본적으로 전자상거래에 적용되는 기술들을 포함한다. 특히 강조되는 기술들로는 플랫폼 기술, 클라우드 기술, 사물인터넷 기술, 빅데이터 기술, 인공지능 기술, 블록체인 기술 등이다.

- 플랫폼 기술: 공유경제의 핵심은 플랫폼이며, 이를 통해 자원을 공유하고 서비스를 제공한다. 이러한 플랫폼은 모바일 앱, 웹 플랫폼 등 다양한 형태로 제공될 수 있다.
- 클라우드 기술: 클라우드 기술은 자원을 효율적으로 공유하고 필요한 경우 확장 가능한 인프라를 제공할 수 있다. 이를 통해 비용을 절감하고 유연한 서비스를 제공할 수 있다.
- 사물인터넷: 사물인터넷 기술은 물리적 자산을 연결하여 실시간으로 모니터링하고 관리할 수 있다. 이를 통해 자원의 효율적인 활용 및 공유가 가능하다.
- 빅데이터 및 인공지능: 빅데이터 및 인공지능 기술은 수많은 데이터를 분석하여 예측 및 최적화를 수행할 수 있다. 이를 통해 수요 예측, 가격 설정, 리소스 할당, 고객 분석 등에 활용될 수 있다.

- 블록체인: 블록체인 기술은 탈 중앙화된 거래 기록을 제공하여 신뢰성을 확보할 수 있다. 이를 통해 투명하고 신뢰성 있는 거래 및 계약을 보장하고 중개없는 거래를 가능하게 한다.

7) 공유경제 활용 사례

공유경제의 대표적인 서비스로는 에어비앤비 등 숙박 서비스, 배달의 민족, 요기요, 도어대시, 우버이츠, 쿠팡이츠 등 배달 서비스, 그리고 우버, 리프트 등 차량 서비스 등이 있으며 다음과 같다.

(1) 숙박 서비스

공유경제에서 숙박 서비스는 일반적으로 숙박공유 서비스와 숙박예약 서비스로 분류된다. 숙박공유 서비스는 사용하지 않거나 비어 있는 집이나 아파트, 여분의 방과 같은 유휴 자원을 활용하여 숙박을 제공한다. 에어비앤비가 대표적인 공유경제 서비스 제공업체인데, 서비스 공급자는 자신이 보유한 유휴 자산을 공유서비스 플랫폼에 단기 및 장기 임대하여 수익을 얻을 수 있고, 서비스 이용자는 숙박 예약 서비스를 통해 원하는 지역의 숙소, 지역 정보, 다양한 경험, 그리고 사용자 후기 등 정보를 얻고 숙박 선택에 도움을 받는다.

그리고 숙박예약 서비스는 집, 아파트와 같은 공유 자산 이용 예약 뿐만 아니라 호텔, 리조트, 모텔 등 다양한 숙박 시설의 예약 서비스를 제공하는 온라인 플랫폼으로, 검색, 문의, 예약, 결제 등의 서비스를 제공한다.

[그림 10.3]은 에어비앤비의 비즈니스 구조를 나타낸다. 플랫폼 사업자, 공급자(주인), 그리고 수요자(방문자)로 구성되어 있으며, 각각에 따른 역할과 수익구조 등을 나타낸다.

그림 10.3 에어비앤비(Airbnb) 비즈니스 프로세스

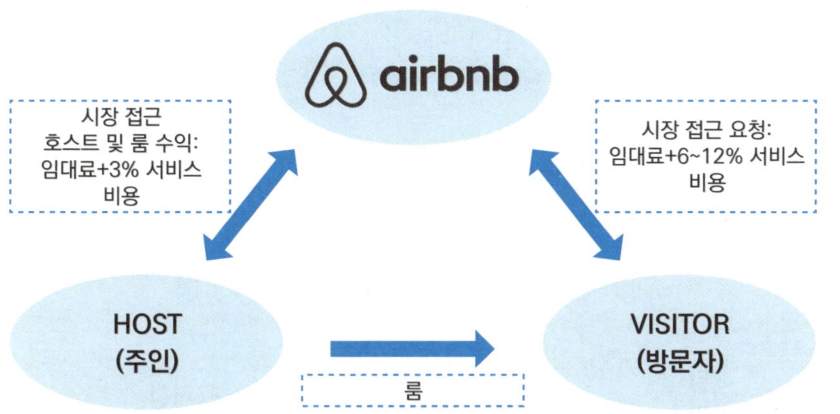

(2) 음식 관련 서비스

음식 관련 서비스 시장은 식자재를 생산 및 유통하고, 식자재, 반조리식품, 완제품을 판매 및 배달하고, 음식이나 재료 판매 및 소비 결과를 공유하는 다양한 업체들로 구성되어 있다. 다양한 음식 관련 O2O 서비스 중에서도 배달 서비스가 가장 큰 주목을 받고 있는데, 스마트폰의 배달 앱을 통해 고객은 음식이나 식재료 등 상품과 서비스를 제공하는 업체를 확인하고, 주문 및 결제, 그리고 실시간으로 배송 현황을 확인할 수 있다.

음식물 판매 업체는 배달 앱을 통해서 기존 보다 더 많은 고객에게 노출되어 더 많은 판매 기회를 얻을 수 있으며, 자체 배달 서비스가 없었던 소상공인들의 경우, 배달 앱을 통한 서비스 제공으로 추가 판매와 수익을 얻을 수 있는 기회가 되었으며 판매 시장 확장이 가능하게 되었다.

국내에서는 배달의 민족, 요기요, 쿠팡이츠 등이 있으며, 해외에서는 도어대쉬(DoorDash), 우버이츠(Uber Eats) 등 많은 서비스들이 있다.

그림 10.4 배달의 민족 서비스 프로세스

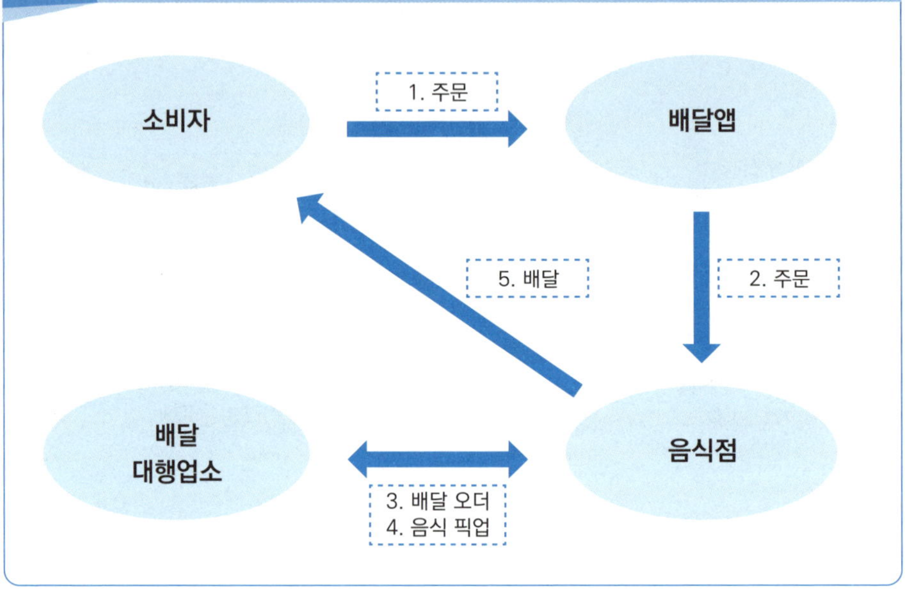

(3) 차량 서비스

카셰어링은 차량을 공유함으로써 자원의 효율적 활용을 촉진할 수 있다. 개인이 보유한 차량을 다른 사람들과 공유함으로써 공간과 자원의 낭비를 최소화하고 환경에도 긍정적인 영향을 미친다. 이용 방식 측면에서는, 카셰어링은 사용자들에게 유연한 이용 방식을 제공한다. 필요한 때에 차량을 대여하고 반납할 수 있으며, 다양한 차종과 모델을 선택할 수 있는 선택의 폭이 크다. 환경 친화적인 선택 측면에서 카셰어링은 환경 보호를 위한 선택으로 인식된다. 차량을 공유함으로써 자동차의 생산과 폐기에 따른 환경 오염을 줄이고 도심 교통 체증을 완화하는 등의 긍정적인 환경적 영향을 가져온다.

공유경제 차량 서비스는 자동차와 관련해서 차량을 제공하는 공급자와 이용하고자 하는 사용자를 중개하는 플랫폼 서비스로, 승차공유서비스, 차량공유서비스, 차량호출서비스 등이 있다.

승차공유서비스는 공유 서비스 플랫폼에서 차량을 소유한 운전자와 이용자인 승객을 연결하는 중개 서비스이며, 해외에서는 우버, 리프트, 볼트, 디디추싱,

그랩 등과 국내의 카카오T, 우버, 타다 등의 서비스가 있다.

차량공유서비스는 P2P 또는 B2C 방식으로 차량을 공유하는 플랫폼 서비스로 단기 렌터카 방식의 쏘카, 타운카, 카투고(Car2Go), 짚카(Zip Car)가 대표적인 업체이며, 승차공유서비스 업체들도 일부 차량공유서비스를 함께 제공한다.

승차호출서비스는 사용자가 서비스 앱을 통해 목적지까지 이용할 차량을 호출하면 주변에 있는 서비스에 등록된 택시들을 제시한 가격과 시간을 선택하여 이용할 수 있도록 연결해주는 서비스이다. 국내에서는 차량공유서비스에 대한 규제와 사회적 갈등으로 서비스가 활발히 진행되지 못하고 있지만, 해외에서는 차량공유 서비스에 대한 규제의 영향이 상대적으로 적기 때문에 승차공유 서비스가 활발히 이용되고 있다.

미국의 우버와 리프트, 유럽의 볼트, 중국의 디디추싱, 동남아시아의 그랩 등 전 세계적으로 차량공유서비스가 널리 활용되고 있으며, 전기 스쿠터, 전기 자전거, 전동 킥보드 등 여러 방식의 라이드 셰어링이 빠르게 확산되고 있다.

[그림 10.5]는 차량공유서비스인 우버와 리프트의 비즈니스 모델을 나타낸다. 차를 소유하고 있는 사람과 차가 필요한 사람을 연결해주는 플랫폼으로 전기 스쿠터, 킥보드, 자전거 공유 등으로 확대되고 있다.

그림 10.5 우버(Uber) & 리프트(Lyft) 비즈니스 모델

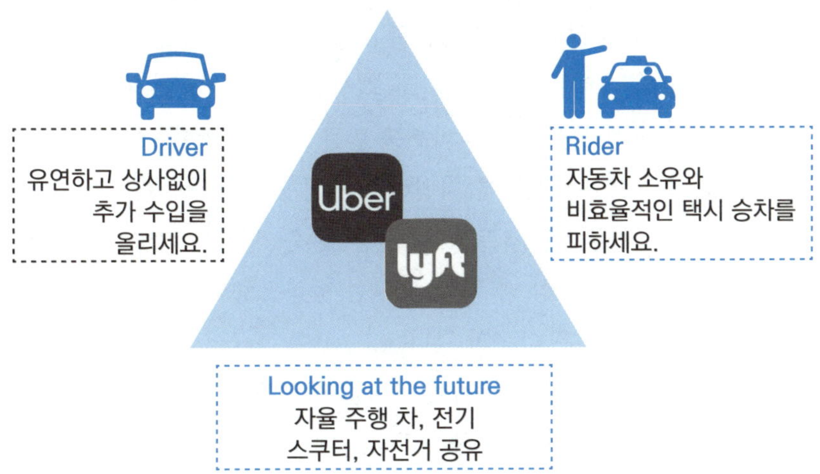

쏘카(SOCAR)

쏘카는 사용자들이 필요할 때 언제든지 차량을 예약하고 대여할 수 있도록 하며, 이를 통해 차량 소유에 따른 비용과 번거로움을 줄일 수 있다. 모바일 애플리케이션을 통해 이용자들이 차량을 검색하고 예약할 수 있도록 하며, 다양한 차종과 가격대의 차량을 제공하여 사용자들이 자신의 용도나 취향에 맞는 차량을 선택할 수 있다. 이를 통해 도심 교통 체증을 해결하고 자동차 공유경제를 촉진함으로써 환경에도 긍정적인 영향을 미친다. 사용자들은 회원가입 후 쏘카 서비스를 이용할 수 있으며, 이용료는 이용시간과 주행 거리에 따라 책정된다. 또한, 쏘카는 차량 예약, 이용 내역 확인, 결제 등을 간편하게 관리할 수 있는 편리한 기능을 제공하여 이용자들의 편의를 높이고 있다.

쏘카는 자신의 차량을 공유하는 카셰어링 공유경제 서비스이다. 스마트폰만으로도 가입부터 예약, 사용이 가능한 편리함을 갖추고 있다. 사용을 하기 위해선 운전면허와 결제카드 등록을 통한 회원 가입을 해야 하는데, 이는 홈페이지와 공식 앱을 통해 예약할 수 있으며, 현장에서 스마트키로 예약 차량을 사용한 뒤 반납하면 이용 금액은 등록한 결제카드로 청구되는 공유서비스이다.

(4) 크라우드 펀딩

크라우드 펀딩은 온라인 또는 모바일 네트워크를 통해 개인이나, 기업 등 불특정 다수로부터 자금을 모으는 방식이다. 여러 사람이 특정 프로젝트나 사업을 지원하기 위해 자금을 제공하는 것으로, 개인, 단체, 기업 등이 자신의 프로젝트나 사업을 소개하고, 투자자로부터 자금을 조달하는 방식으로 사용된다.

크라우드 펀딩의 유형은 투자 대가로 회사의 지분을 받는 지분 투자 방식, 투자 금액에 따라 특정 상품이나 서비스를 받는 보상형 방식, 투자 금액을 대출해주는 대출형, 그리고 프로젝트를 지원하는 후원형 방식이 있다.

주로 벤처 사업, 예술 프로젝트, 사회 활동, 상품 개발 등 다양한 분야에서 활용되며, 지분 투자, 대출, 보상, 후원 등 다양한 방식으로 자금을 모집할 수 있다

크라우드 펀딩의 장점은 다음과 같다.

- 자금 조달의 어려움 해결: 부족한 자금을 빠르게 조달할 수 있다.
- 사업 홍보 효과: 프로젝트를 많은 사람들에게 알릴 수 있다.
- 투자자 참여: 투자자들은 자신이 지원하는 프로젝트에 참여할 수 있다.

크라우드 펀딩의 단점은 다음과 같다.

- 성공 보장 어려움: 목표 금액을 달성하지 못할 경우 자금을 조달할 수 없다.
- 시간 소요: 크라우드 펀딩 캠페인 준비 및 운영에 시간이 필요하다.
- 경쟁 심화: 크라우드 펀딩 플랫폼에서 경쟁이 심화될 수 있다.

또한, 크라우드 펀딩은 일반인에게 창의적인 아이디어나 프로젝트를 실현할 기회를 제공하는 동시에, 투자대상자와 투자자 모두에게 혜택을 제공한다는 이중적인 특징을 가지고 있다.

대표적인 예로는, 와디즈, 크라우디, 텀블벅, 스토리펀딩 등 다양한 크라우드 펀딩 플랫폼이 있다.

텀블벅

텀블벅은 크라우드 펀딩을 통해 자금을 모으는 서비스를 제공하는데, 이는 전통적인 금융기관을 통한 자금 조달 방식과는 다르다. 크라우드펀딩은 온라인과 소셜 미디어 등을 통해 다수의 개인이 소액 자금을 모아 프로젝트나 기업에 투자하는 대안적 펀딩 방법이다.

네트워크에서 생성되는 가치에는 화폐나 지식, 상품이나 비상품의 물체, 예술 작품, 콘텐츠 등을 포함한다. 네트워크에 참여하는 행위자들은 다른 행위자들과 어느 정도의 가치를 생성할 수 있는지를 판단하며 거래를 맺고 관계를 형성하고 경쟁하고 활동한다. 이 네트워크 관계에서 다수 노드들을 연결하여 상호작용을 운영하는 네트워크 허브들이 작동하는데 그 대표적 사례가 플랫폼이다. 크라우드 펀딩 출판 연구에서 참여 행위자들과 크라우드 펀딩 플랫폼에 집중해야 하는 이유가 여기에 있다.

한편, 텀블벅은 기존의 중간 역할을 하는 금융 기관 없이 직접 창작자와 후원자를 연결시켜주는 플랫폼이다. 텀블벅은 디지털 기술과 온라인 플랫폼을 활용하여 자금 모집, 프로젝트 관리, 후원자와의 소통 등을 효율적으로 처리한다.

텀블벅은 문화 예술 분야에 관심을 갖고 독립 창작자들을 지원하는데, 문화 예술 분야의 다양한 활동을 지원하고 독립적인 문화 예술 콘텐츠 제작을 지원하는 것이 목적이다.

또한, 텀블벅은 블록체인 기술을 활용하여 자금 모금 및 관리의 투명성과 신뢰성을 높이는데 기여하고 있다. 블록체인은 거래 정보를 분산된 네트워크에 저장하고 관리함으로써 데이터의 위·변조를 방지하고 안전한 거래를 보장한다. 따라서 텀블벅은 창작자와 후원자 간의 신뢰를 증진시키는데 도움을 줄 뿐만 아니라, 금융 거래의 투명성을 높여 핀테크 산업의 발전에 기여하고 있다.

이러한 점에서 텀블벅은 핀테크의 한 분야로서 금융 서비스의 혁신과 효율화를 이끌어내는 좋은 사례로 평가될 수 있다. 함께 텀블벅을 통해 창작자들과 후원자들이 협력하여 다양한 프로젝트를 성공시키고 새로운 가치를 창출하는데 기여할 수 있다.

참고문헌

국내 참고문헌

강경란. (2022). 금융과 사회, 박영사.

강준모, 김성옥, 이은님. (2018). O2O서비스 사회·경제적 가치창출 효과에 관한 연구, 방송통신정책연구.

권용관, 차재상. (2016), 근거리 통신 기반 오프라인 모바일 결제 기술 동향 분석, 한국위성정보통신학회논문지, 11(1).

김광현, 이건희. (2022). C2C 플랫폼의 발전방향과 전자상거래에 미친 영향, 한국지식정보기술학회 논문지, 17(6).

김광현, 이건희. (2022). 모바일 C2C 플랫폼의 현황과 문제점 분석 및 블록체인 기반 해결방안, 디지털융복합연구, 20(5).

김대완. (2024). 디지털 경영, 박영사.

김동환. (2021). 가상화폐 규제에 관한 비교법적 고찰, 법학연구, 21(3), 45-68.

김문환. (2019). 가상화폐 해킹에 대한 사례 연구, 한국산업보안연구학회지, 9(1), 23-54.

김민정, 이화령, 황순주. (2016). 공유경제에 대한 경제학적 분석: 기대효과와 우려요인 및 정책적 함의, 한국개발연구원.

김예지. (2018). 공유 플랫폼 경제로 가는 길, KCERN.

김우석, 허경옥. (2023). 공유경제 가치, 공유경제 서비스 만족 영향요인 분석, 생활과학분야 춘계공동학술대회.

김일준, 이대철, 임규건. (2014). 서비스제공자와 사용자의 인식차이 분석을 통한 소셜커머스 핵심성공요인에 대한 연구: 한국의 티켓몬스터 중심으로, Asia Pacific Journal of Information Systems, 24(2).

김재욱, 박상범, (2021). 전자상거래와 공급망관리(SCM) 통합 전략 연구, 한국유통학회지, 26(3).

김정무, 강내영, 박윤정. (2019). 가상화폐와 전통적 자산 및 화폐 가치 간의 상호영향에 관한 연구, 한국경영교육학회지, 34(34), 151-169.

김정훈. (2020). 전자결제시스템의 유형별 비교연구, 한국국제상학회.

김준호, 김영희. (2024). 블록체인 기반 탈중앙화 금융 시스템의 현황과 과제, 한국금융연구원 연구보고서.

김혁수, 이승재, 이중희, 김명선. (2025). 보안성 강화된 다중 블록체인 지원 암호화폐 지갑 개발, 한국정보통신학회논문지, 29(1), 99-107.

김홍식. (2020). 간편결제서비스에 관한 연구: 전자지급결제대행(PG)을 중심으로. 경영법률, 30(4).

김희연. (2023). 전자상거래 유형별 구조 비교 연구: B2C, C2C, P2P 모델을 중심으로, 정보사회와미디어, 19(2).

박병주, 최슬기, 김득훈, 곽진. (2017). 국내·외 핀테크 서비스 및 정책 동향 분석, The Journal of Korean Institute of Communications and Information Sciences, 34(3).

박선종. (2019). 가상화폐의 법적 개념과 지위, 일감법학, 42(42).

박소정, 박지윤. (2017). 인슈어테크 혁명: 현황 점검 및 과제 고찰, 보험연구원.

박재석, 김민진, 황병일. (2016). 핀테크의 발전 배경과 주요 동향, The Journal of Korean Institute of Communications and Information Sciences, 33(2).

박정국. (2015). 핀테크(Fintech)와 정보보안, 정보과학회지, 제33권 제5호.

빈창현, 전병준. (2019). 전자상거래 경쟁력 확보를 위한 플랫폼과 물류 혁신: 아마존 사례, 전자무역연구, 17(4).

송순원. (2015). 공유경제 서비스와 소비자 권익증진 방안 연구, 한국소비자원.

신영호, 이정희. (2021). e커머스와 디지털 마케팅의 융합: 현황 및 과제, 한국경영학회지, 32(1).

윤영진. (2020). 전자결제 서비스 모델에 관한 사례 연구: 모바일 결제 활성화를 중심으로, 경영컨설팅연구.

이경민, 배채윤, 정남호. (2018). 4차 산업혁명 시대의 공유경제 생태계 정책 제안: 우버(Uber) 사례를 중심으로. 지식경영연구, 19(1).

이기훈, 이찬희. (2019). 블록체인 기반 P2P 플랫폼 서비스의 발전 방향, 한국IT서비스학회지, 18(2).

이동훈. (2021). e-비즈니스 개론, 한빛아카데미.

이수민. (2023). 가상화폐 시장의 변동성 요인 분석, 한국증권학회지, 제52권 제3호.

이재호. (2019). 간편결제 서비스의 등장 배경과 현황 및 향후 대응방안에 관하여, 한국국제상학회.

이정도. (2018). 온라인 쇼핑몰의 마케팅 전략: 성공 사례 분석, 마케팅 연구, 33(3).

이종수, 박현숙. (2021). 한국의 가상화폐: 연구동향 및 향후연구 시사점, Journal of Internet Computing and Services, 제22권 제4호, 한국인터넷정보학회.

이종호. (2021). P2P 공유경제 플랫폼의 거래 특성과 이용자 만족도에 관한 연구: 에어비앤비를 중심으로, 경영과학연구, 제38권 제1호.

이철웅. (2014). 글로벌 온라인 비즈니스를 위한 빅데이터 활용에 대한 연구: 전자 무역을 중심으로, 한성대학교 대학원 석사학위 논문.

이현정. (2019). 전자상거래의 발전과 공급망 관리의 변화, 정보통신정책연구, 26(4).

임철수. (2017). 핀테크 기술과 서비스 활성화 이슈 및 시사점 연구, 한국차세대컴퓨팅학회 논문지, 13(1).

정석완. (2018). 공유경제 개념의 변화와 한국의 공유경제, 산업은행 미래전략연구소.

정성호 외 9명. (2023). 디지털 신질서 정립을 위한 ICT 기술 혁신에 관한 연구, 정책연구 23-30-04, 정보통신정책연구원.

정호정. (2015). 소셜커머스의 특성이 소비자 구매 결정에 미치는 영향, 한국외국어대학교 경영대학원 석사학위 논문.

조주홍, 고채은, 백현미. (2022). 국내 100대 기업 페이스북 콘텐츠 전략과 인게이지먼트 연구: B2B·B2C 기업 간 차이를 중심으로, 지식경영연구, 23(3).

조준서. (2019). 4차산업혁명과 CRM, HUINE.

조준서. (2020). 전자상거래, HUINE.

조준서. (2022). IT혁신과 e비즈니스, HUINE.

주강진. (2016). 공유경제와 미래사회, KCERN.

진한나, 박석천, 최원태. (2015). 핀테크를 이용한 모바일 간편결제 기술 비교 분석, 한국인터넷정보학회 추계학술발표대회 논문집, 제16권 제2호.

최창열. (2019). 금융투자 자산으로서 가상화폐 규제에 관한 연구, e-비즈니스연구, 20(1).

한국행정연구원. (2024). 가상자산 이용자 보호 등에 관한 법률 시행 및 국내 가상자산 규제 동향.

한국은행. (2015). 분산원장 기술과 디지털통화의 현황 및 시사점.

한국은행. (2021). 지급결제 환경 변화.

한국은행. (2024). 중앙은행 디지털화폐(CBDC) 발행이 통화정책 파급경로에 미치는 영향.

해외 참고 문헌

Armstrong, G, Kotler, P., & Opresnik, M. (2019). Principles of Marketing. 17th ed. Prentice Hall.

Andress, J. (2022). The Basics of Information Security: Understanding the Fundamentals of InfoSec in Theory and Practice, 3rd ed. (Cambridge: Syngress).

Badev, A., & Chen, G. (2020). Cryptocurrency: A New Challenge for Financial Regulation. Journal of Financial Regulation, 6(1).

Botsman, R. and Rogers R. (2010) What's Mine Is Yours: The Rise of Collaborative Consumption. Harper Business, New York.

Caliskan, Aylin, Yeşim Deniz Özkan Özen, and Yucel Ozturkoglu. (2021). Digital transformation of traditional marketing business model in new industry era, Journal of Enterprise Information Management 34.4.

Chen, Ching-Yaw. (2023). The comparison of structure differences between internet marketing and traditional marketing, International Journal of Management and Enterprise Development, Vol. 3, No. 4.

Chopra, S., & Meindl, P. (2022). Supply Chain Management: Strategy, Planning, and Operation (8th Edition), Pearson.

Choi, H. Y., & Lee, D. S. (2019). SCM Strategies for Reducing Delivery Time in Online Retail: A Case of Coupang, Asian Journal of E-commerce Studies, 9(2).

Ding, S,, Tukker, A. & Ward, H. (2023). Opportunities and Risks of Internet of Things (IoT) Technologies for Circular Business Models: A Literature Review, Journal of Environmental Management, Vol. 336, No. 15.

Dubey, N. (2022). Comparative Analysis of Traditional Marketing vs. Digital Marketing Strategies, International Journal of Innovative Research in Modern Applied Sciences (IJIRMPS), 10(2).

Gorla, N., & Chiravuri, A. (2016). Developing electronic government success models for G2C and G2B scenarios, In Proc. 2016 Int. Conference on Information Management (ICIM).

Guo, Hongfeng, et al. (2021). Game analysis of merchants and consumers confronting fakes on e-commerce platforms, Systems Science & Control Engineering, Vol. 9, No.1.

Gupta, A. (2014). E-Commerce: Role of E-Commerce in today's business. International Journal of Computing and Corporate Research, 4(1).

Hamed, T. & Madanchian, M. (2023). Blockchain-based e-commerce: A review on applications and challenges, Electronics, Vol. 12, No. 8.

Homburg, Christian, and Dominik M. Wielgos. (2022). The value relevance of digital marketing capabilities to firm performance, Journal of the Academy of Marketing Science, Vol. 50, No. 4.

IBM Security. (2022). Cost of a Data Breach Report 2022 (Armonk, NY: IBM).

Kang, Y., & Moon, J. (2022). Integrating CRM for Enhanced Customer Experience in E-commerce: Case Study of eBay, International Journal of Digital Commerce, 17(2).

Kotler, P., & Keller, K. L. (2016). Marketing Management (15th ed.). Pearson Education.

Kuhzady, S., Seyfi, S., & Béal, L. (2020). Peer-to-peer (P2P) accommodation in the sharing economy: A review, Current Issues in Tourism, Vol. 25, No.19.

Kumar, V., Abdul R. Ashraf, and Waqar Nadeem. (2024). AI-powered marketing: What, where, and how?, International Journal of Information Management, Vol. 77.

Laudon, K. C., & Traver, C. G. (2021). E-commerce 2022: Business, Technology, Society (17th ed.). Pearson.

Lee, H., & Park, J. (2020). Effective SCM Implementation in E-commerce: The Case of Amazon, Journal of Supply Chain Management, 15(2).

Lee, Philip Tin Yun, Feiyu E, and Michael Chau. (2022). Defining online-to-offline (O2O): A systematic approach to defining an emerging business model. Internet Research, 32(5).

Ma, Xiuli, and Xue Gu. (2024). New marketing strategy model of E-commerce enterprises in the era of digital economy, Heliyon, Vol. 10, No. 8.

Malik, J. (2023). Adaptive Authentication: Balancing Security and User Experience, Journal of Information Security, Vol. 14, No. 3.

Mu, W. & Yi, Y. (2024). The impact of characteristic factors of the direct-to-consumer marketing model on consumer loyalty in the digital intermediary era, Frontiers in Psychology, Vol. 5.

Pan, Chung-Lien, et al. (2021). How Business Intelligence Enables E-commerce: Breaking the Traditional E-commerce Mode and Driving the Transformation of the

Digital Economy, IEEE, 2021, 2nd International Conference on E-Commerce and Internet Technology (ECIT).

Park, H. J., & Shin, Y. (2020). Case Study on ERP Implementation in E-commerce: The Success of Coupang, Korean Journal of Information Systems, 8(1).

Pascalau, S. & Urziceanu, R. (2020). Traditional marketing versus digital marketing, Agora International Journal of Economical Sciences, Vol. 14.

Pride, W. & Ferrell, O. (2019). Foundations of Marketing, 8th ed., Cengage Learning.

Puentes-Poloche, M., Rincon, A., & Cala-Vitery, F. (2023). Study about the implementation of E-government and digital government policies from the G2G approach: Systematic review, International Journal of Electronic Governance, 15(3).

Stallings, W. (2023). Cryptography and Network Security: Principles and Practice, 8th ed., Pearson.

Stair, R. & Reynolds, G. (2021). Principles of Information Systems, 14th ed., Cengage.

Taher, G. (2021). E-commerce: advantages and limitations, International Journal of Academic Research in Accounting, Finance and Management Sciences, 11(1).

Tapscott, D. & Tapscott, A. (2016). Blockchain Revolution: How the Technology Behind Bitcoin is Changing Money, Business, and the World, Penguin Books.

Vivek, S. & Vidani. J. (2024). E-Commerce Supply Chain Efficiency: A Case Study of Amazon E-Commerce Company, Journal of Advanced Research in Business Law and Technology Management Volume 7, Issue 1.

Wang, L., & Kim, J. (2020). ERP-Driven Supply Chain Efficiency in E-commerce: A Study on Amazon, Supply Chain Management Review, 26(3).

World Trade Organization. (2024). E-Commerce, Trade and the COVID-19 Pandemic (Geneva: WTO).

Wright, R. & Marett, K. (2022). The Influence of Consumer Trust and Attitudes Toward Online Payment Systems, Information Systems Research, Vol. 33, No. 2.

Yang, L. & Cho, J. (2021). The Effect of E-commerce Live Streaming Shopping on Consumers' Purchase Intention in China-Focusing on Features of Streamers and Contents, Archives of Business Research, 9(10).

Yao, P., Osman, S., Sabri, M. F., & Zainudin, N. (2022). Consumer Behavior in Online-to-Offline (O2O) Commerce: A Thematic Review, Sustainability, 14(13).v

색인

ㅅ

ㅇ

저자소개

조준서

조준서 교수는 경희대학교에서 학사, New York University, Rutgers University에서 석사 및 박사학위를 받았다. 미국 뉴욕의 여러 Investment Bank 등에서 경험을 쌓았고, IBM T. J. Watson연구소에서 연구를 하였다. 한국외국어대학교 경영대학 학장과 경영대학원 원장을 역임하였으며, 현재 한국외국어대학교 경영학부와 경영대학원에 교수로 재직 중이다. 연구 관심분야는 Electronic Commerce, Database, Data Mining, CRM 등이다.

전자상거래

초판발행 2025년 12월 19일

지은이 조준서
펴낸이 안종만·안상준

편 집 탁종민
기획/마케팅 박부하
표지디자인 BEN STORY
제 작 고철민·김원표

펴낸곳 (주) 박영사
서울특별시 금천구 가산디지털2로 53, 210호(가산동, 한라시그마밸리)
등록 1959.3.11. 제300-1959-1호(倫)
전 화 02)733-6771
f a x 02)736-4818
e-mail pys@pybook.co.kr
homepage www.pybook.co.kr
ISBN 979-11-303-9718-4 93320

* 이 저서는 2025학년도 한국외국어대학교 교원연구지원사업 지원에 의하여 이루어진 것임.

정 가 28,000원